曾运乾的音韵学研究

尹喜清 著

中山大学出版社
·广州·

版权所有　翻印必究

图书在版编目（CIP）数据

曾运乾的音韵学研究/尹喜清著. —广州：中山大学出版社，2021.6
ISBN 978 - 7 - 306 - 07174 - 3

Ⅰ.①曾… Ⅱ.①尹… Ⅲ.①汉语—音韵学—研究 Ⅳ.①H11

中国版本图书馆 CIP 数据核字（2021）第 054703 号

出 版 人：	王天琪
策划编辑：	王　睿
责任编辑：	王　睿
封面设计：	林绵华
责任校对：	邱紫妍
责任技编：	何雅涛
出版发行：	中山大学出版社
电　　话：	编辑部 020 - 84110283，84113349，84111997，84110779，84110776
	发行部 020 - 84111998，84111981，84111160
地　　址：	广州市新港西路 135 号
邮　　编：	510275　　传　真：020 - 84036565
网　　址：	http：//www.zsup.com.cn　E-mail：zdcbs@ mail.sysu.edu.cn
印 刷 者：	广东虎彩云印刷有限公司
规　　格：	787mm×1092mm　1/16　18.875 印张　360 千字
版次印次：	2021 年 6 月第 1 版　2021 年 6 月第 1 次印刷
定　　价：	58.00 元

如发现本书因印装质量影响阅读，请与出版社发行部联系调换

序

喜清博士的《曾运乾的音韵学研究》是一部研究民国时期音韵学家曾运乾的著作。作为与黄侃同时代的民国时期的著名音韵学家，曾运乾在音韵学史上给我们留下了《喻母古读考》《古本音齐部当分二部说》等名篇，但他的音韵学成果在学界似乎并没有引起足够的重视。比如说高校音韵学教材中，大家熟知的可能就是他在《喻母古读考》中提出的"喻三归匣、喻四归定"说，但《古本音齐部当分二部说》提出的"脂、微分部"说却没有多少人知道。可见，我们对历代的语言学家所做出的研究成果还需要进一步的了解，因此对历代语言学家尤其是他们的语言学著作进行研究是非常有必要的。

《曾运乾的音韵学研究》就是这样一部专门研究语言学家的著作。该书是喜清在他的博士学位论文基础上修改而成的。记得当初在确定选题之后，喜清特意去了曾运乾的故乡——湖南益阳实地调查，还去了一趟长沙。通过调查，他获取了很多宝贵的第一手资料，从他回来后洋溢在脸上兴奋的神情，我相信他一定会顺利完成博士学位论文的撰写。事实证明，喜清博士没有辜负我的期望，在毕业论文答辩时他交上了一份满意的答卷。

湖湘文化影响深远，湖南历史上涌现了一批又一批优秀的语言学家。在中国近代史上，有两位湖南籍语言学家不得不提及，一位是杨树达，另一位就是曾运乾。前者精于文字学，后者则在音韵学上有专攻。有意思的是，两人还为振兴湘学，达成"雪耻之盟"，这已经成为一段佳话。作为湖南籍年轻学者，喜清博士以湖南籍语言学家曾运乾作为研究课题是很恰当的，这个选题也是很有价值的。

我认为喜清博士的著作在以下三个方面做出了有益的探索。

一是系统地整理了曾运乾的年谱，厘清了学术界对曾运乾生平的一些含糊不清的认识。能做到这点，最重要的是作者通过大量调查找到了许多重要的第一手资料，并运用多重证据法，因而得出的结论更加可信。比如说有关曾运乾的传记,世人熟悉的是杨树达的《曾星笠传》,但喜清博士还找到了曾运乾早期的友人陈天倪所撰的《曾运乾传》、李肖聃所撰的《曾星笠君墓表》,这些资料对考证曾运乾的生平和学术是非常有价值的。

二是全面系统地研究了曾运乾的音韵学研究的成就和不足,这有助于我们客观公正地评价前贤。做学术研究,首要的是有理想的研究材料。应该说,曾运乾的研究成果是很突出的,但由于各种原因,曾运乾留下的音韵学著作却屈指可数,我们现在能够普遍看到的是中华书局出版的《音韵学讲义》。喜清博士不仅对这部《音韵学讲义》中的几篇重要论文进行了条分缕析的研究,还找到了湖南教育出版社出版的由曾运乾著、夏剑钦整理的《声韵学》,这本书提供的材料极大地丰富了研究内容。此外,喜清博士还颇费周折地找到了曾运乾在湖南大学任教的原始讲义。功夫不负有心人,正是在他的努力下,本书对曾运乾的今音学、古音学、等韵学等方面的内容都研究得很充分,正如一位毕业论文盲审专家所说:"论文全面系统地分析了曾运乾的今音学、古音学、等韵学研究,探讨其音韵学思想和方法论,对汉语语音史及曾运乾学术研究史都具有重要的参考价值。通过对音韵学成果的纵横比较,作者阐释和论证了曾运乾音韵学研究成果,为重新认识曾运乾对汉语音韵学史的贡献,进而为其准确定位提供了翔实而充分有力的证据。行文中表现出扎实的音韵学功底和缜密细致的学风文风。论证充分透彻,结论非常具有说服力。"

三是通过对曾运乾的音韵学理论进行研究,梳理了清代至民国古音学发展的脉络,为我们架设清代古音学和现代音韵学之间的桥梁做出了探索。比如,作者为了考证曾运乾的"喻三归匣、喻四归定"说,将江永、钱大昕、钱坫、李元、邹汉勋等人的相关研究进行了细致的梳理;为了探讨曾运乾的"脂、微分部"说,又对戴震与段玉裁、王念孙与江有诰有关脂、微分部的讨论,邹汉勋和章炳麟的对脂、微分部的相关研究都进行了分析。作者又把曾运乾的音韵学研究与江永、戴震、段玉裁、王念孙、江有诰、章炳麟、黄侃、王力等学者的古音学研究进行比较。以上这些研究,有助于梳理古音学发展的脉络,为清代至民国古音学的研究打下一定的基础。

当然,本书的不足之处也是在所难免的。"训诂之旨,存乎声音。"曾运乾的训诂著作就充分体现了他运用有关音韵理论解决训诂问题的特点。如《毛诗说》:追其谓之。马云:"谓之"为"会之"之假借(按:会,黄外切,匣母,谓,于贵切,喻a。古音喻a读同匣母,此古双声假借也)。又如《毛诗说》:葛之覃兮,施于中谷。《毛传》云:"覃,延也。"(按:覃,定母,延,喻母,古音双声,故覃训延)《毛传》云:"施,移也。"(按:并喻母双声）以上曾运乾所加的三条按语正是他运用"喻三归匣、喻四归定"说的训诂实践，这也说明他的理论是在不断的实践中发展和成熟的。本书若能够适当结合曾运乾的有关训诂论著分析其音韵学理论，那一定会增色不少。

学术的发展，需要一代一代的学者不断地去探索创新，希望喜清博士在新的工作岗位，兢兢业业，继续努力，为我国语言学的发展做出贡献。愿与喜清博士共勉。

是为序。

马重奇
2020年12月于福建师范大学

目　　录

第一章　绪　论 ·· 1
　第一节　相关的主要研究成果 ······································ 1
　第二节　研究意义、内容与方法 ···································· 10
　　一、研究意义 ··· 10
　　二、研究内容 ··· 11
　　三、研究方法 ··· 12

第二章　曾运乾年谱、著述以及音韵学思想与方法论 ········ 13
　第一节　曾运乾年谱 ·· 13
　第二节　曾运乾著述 ·· 19
　　一、讲义、专著和文集 ·· 19
　　二、论文类和其他 ·· 20
　　三、几种重要著述的简介 ··· 22
　第三节　曾运乾的音韵学思想与方法论 ·························· 25
　　一、音韵学思想 ·· 25
　　二、音韵学方法论 ··· 27

第三章　曾运乾的今音学研究 ······································ 29
　第一节　曾运乾对有关声母、韵母概念的分析 ················· 29
　　一、曾运乾对有关声母概念的分析 ····························· 29
　　二、曾运乾对有关韵母概念的分析 ····························· 37
　第二节　曾运乾对《广韵》声类、韵类的研究 ················· 43
　　一、曾运乾对《广韵》声类的研究 ····························· 43
　　二、曾运乾对《广韵》韵类的研究 ····························· 57

第四章　曾运乾的古音学研究 ······································ 67
　第一节　曾运乾上古音研究的材料与方法 ······················· 67

一、《说文》谐声字、《诗经》等先秦韵文可用来研究古声母 …… 67
　　二、秦汉是古今语音的分水岭，汉代的反切是研究上古声母的
　　　　宝贵材料 …………………………………………………… 76
　　三、考求古韵可依据《切韵》……………………………………… 77
　第二节　曾运乾的古声研究 ………………………………………… 80
　　一、曾运乾"喻三归匣、喻四归定"说 ……………………………… 80
　　二、曾运乾古声十九纽 ……………………………………………… 122
　　三、曾运乾古声十九纽与黄侃十九纽、王力三十三纽之比较 …… 134
　第三节　曾运乾的古韵研究 ………………………………………… 141
　　一、曾运乾"脂、微分部"说 ………………………………………… 141
　　二、曾运乾古韵三十部 ……………………………………………… 187
　　三、曾运乾古韵分部与黄侃、王力分部之比较 …………………… 197
　　四、曾运乾关于韵之正变的研究 …………………………………… 206
　第四节　曾运乾的古声调研究 ……………………………………… 222
　第五节　曾运乾的音转说研究 ……………………………………… 227
　　一、曾运乾的古声通转说研究 ……………………………………… 227
　　二、曾运乾的古韵通转说研究 ……………………………………… 240

第五章　曾运乾的等韵学研究 …………………………………… 252
　第一节　曾运乾《等韵门法驳议》…………………………………… 252
　　一、曾运乾论类隔切是切语上字沿用古音 ………………………… 252
　　二、曾运乾论等韵门法的产生是因等韵不符切语 ………………… 257
　　三、曾运乾驳各门法 ………………………………………………… 258
　第二节　曾运乾《广韵补谱》………………………………………… 265

第六章　曾运乾音韵学研究的贡献与不足 …………………… 277
　第一节　曾运乾音韵学研究的贡献 ………………………………… 277
　第二节　曾运乾音韵学研究的不足 ………………………………… 282

参考文献 ………………………………………………………………… 287

后　记 …………………………………………………………………… 295

第一章 绪 论

第一节 相关的主要研究成果

曾运乾（1884—1945年），字星笠，晚号枣园。今湖南桃江人。1926年起，其先后任教于东北大学、中山大学、湖南大学。毕生从事教学、著述，有"名师"之誉。任教期间曾先后担任过中山大学、湖南大学中文系主任职务。作为民国时期著名的语言学家，曾运乾所著《切韵五声五十一纽考》是对《广韵》声纽分类最严密的文章；《喻母古读考》提出的"喻三归匣"说，后人多以为定论；《古本音齐部当分二部说》是目前所知最早实施脂、微分部的；曾运乾所定古声十九纽系统，较黄侃更为完善；曾运乾所定古韵三十部系统，分阴声9部，入声11部，阳声10部，已与王力所分30部大致相同。

除上述优秀的音韵学成果外，还有训诂及语法专著《尚书正读》《毛诗说》《三礼说》《尔雅说》《荀子说》《庄子说》及诗文若干卷。

学界对曾运乾的研究资料，可分为以下四种类型。

第一类，对曾运乾的生平和学术成就进行全面介绍。

杨晓识等编撰的《湘中第一经师——曾运乾》[1]是目前见到较为全面介绍曾运乾的文章。文章分为七个部分，分别介绍了曾运乾的生平、交谊、教育、音韵、训诂等小学以及经学方面的成就。由于该文只是对曾运乾研究资料的整理，因此虽然资料搜集较为全面，但是并没有对曾运乾音韵学进行深层次的研究。比如文章虽然把曾运乾音韵学的研究成果归纳为五个方面，但只是大致地介绍了曾运乾音韵学思想的来源，而且对于曾运乾最重要的研究创见之一——"脂、微分部"说只一笔带过。

夏剑钦的《曾运乾先生与他的〈声韵学〉》[2]介绍了曾运乾的生平、著作，特别是曾运乾的音韵学代表作《声韵学》的主要内容。该文也是《湖湘文库》

---

[1] 杨晓识、席聪聪、朱效清：《湘中第一经师——曾运乾》，载曾常红编著《湘籍近现代文化名人·语言文字学家卷》，湖南师范大学出版社2011年版，第46～72页。

[2] 夏剑钦：《曾运乾先生与他的〈声韵学〉》，载《古汉语研究》2013年第2期，第80～82页。

与湖南教育出版社出版的曾运乾著、夏剑钦整理的《声韵学》一书的"前言"部分。因此，该文的写作目的是介绍这本书与中华书局版本的曾运乾《音韵学讲义》的不同之处。

宁继福的《佟老和他的老师曾运乾先生》①、金克木的《记曾星笠先生》②、杨树达的《曾星笠传》③、陈天倪的《曾运乾传》④、李肖聃的《曾星笠君墓表》⑤等论文或传记，也是我们了解曾运乾的生平和学术成就的重要史料。比如金克木《记曾星笠先生》中以下这段话就很重要：

> 关于音韵学，他曾对我说过："古书往往条理不明，严密不足，现在人说古人著的书不'科学'。其实我们有一部古书非常严密，那就是《切韵》。陆法言的序非常重要。那里面有几句话，读通了才懂《切韵》，才能读《广韵》，学音韵学。'支、脂、鱼、虞共为一韵，先、仙、尤、侯俱论是切。'这两句话一定要考究明白。"他又重复一遍那两句话，仿佛千言万语说不尽其中奥妙。⑥

曾运乾对学生的这段教导正是我们理解曾运乾音韵研究的出发点，也是他能够取得重要成果的一个原因。

吴仰湘、陈先初的《湖湘文化通史》对曾运乾的经学研究和声韵学成就进行了比较全面的梳理。经学方面，文章对曾运乾的三部代表性经学著作《尚书正读》《毛诗说》《春秋三传通论》进行了评述，认为曾运乾采取实事求是的态度，对前人有关《尚书》《诗经》《春秋》的训释成果做了继承与发展，对前人的阙失进行纠谬正讹。文章认为，曾运乾治经的一个重要特点就是善于吸取前人的优点，并利用自己精究音韵的长处，综合运用音韵、训诂、语法、修辞、文献等方面的知识。声韵学方面，文章主要讨论了曾运乾研究声韵学的

---

① 宁继福：《佟老和他的老师曾运乾先生》，载吉林省社会科学院（社科联）编《佟冬同志百年诞辰纪念文集》，吉林文史出版社2005年版，第100~102页。
② 金克木：《记曾星笠先生》，载金克木《比较文化论集》，生活·读书·新知三联书店1984年版，第255~261页。
③ 杨树达：《曾星笠传》，载曾运乾《音韵学讲义》，中华书局2011年版，第2~5页。
④ 陈天倪：《曾运乾传》，载《尊闻室剩稿》，中华书局1997年版，第970~973页。
⑤ 李肖聃：《曾星笠君墓表》，载《李肖聃集》，岳麓书社2008年版，第126~127页。
⑥ 金克木：《记曾星笠先生》，载金克木《比较文化论集》，生活·读书·新知三联书店1984年版，第257页。

经过与著述以及曾运乾研究古声、古韵的主要成就,认为曾运乾对中国古代音韵学理论的发展与完善做出了重要贡献。另外,文章还从湖湘文化的角度,认为曾运乾在湘学史上的地位更为突出。文章指出,曾运乾是湖南有史以来成就空前的音韵学家,他又充分发挥精通音韵、文字、训诂的长处,在经学研究中取得骄人的成就,与江浙朴学大师相比毫不逊色,一改湖南学者不通小学的旧局,曾运乾在湘学史上确实具有标志性的意义。文章还特别指出,曾运乾的生平事迹与学术成就,仍有待后人大力发掘与表彰。①

第二类,专门探讨曾运乾的音韵学研究。

李葆嘉的《附论曾运乾喻母古读考》总结了曾运乾在音韵学上的三个贡献:一是曾运乾的《切韵五声五十一纽考》为考定《广韵》声母缜密之最早者;二是提出"脂、微分部"说;三是写出了《喻母古读考》。李葆嘉的这篇论文叙述了曾运乾三个贡献的音韵学思想的来源,但是语焉不详(从作者把对曾运乾的有关研究作为《黄侃古音十九纽与古音研究系统论》一章的附论可以看出,该文不是作者所要论述的重点)。不过,李葆嘉对《喻母古读考》的分析是比较详细的,他把曾运乾所用的例证分别归纳为异文、重文、读为、读如、声训、古注、连字、类义、异名等。② 李葆嘉在《清代古声纽学》中还提出以考古与审音之歧衡量古声纽研究,那么曾运乾为考古派的观点。③

陈新雄的《曾运乾之古音学》分析了曾运乾古韵三十摄(一般称"韵部")的具体情况,把曾运乾古韵三十摄和王力古韵三十部进行了对比,作者认为曾运乾将《广韵》齐韵一分为二有得有失。文章还根据蔡信发《曾运乾古音三十摄表补正》补缀了曾运乾古韵三十摄谐声表。在古声方面,该文对曾运乾的《切韵五声五十一纽考》和曾运乾讲义中《喻母分隶牙舌音》进行了简单的介绍。文章最后的结论是:"可见曾运乾氏古音学与黄侃之学十分类似,曾运乾比黄侃二十八部所以多二部者,见先屑类无阴声相配,故分齐之半以配先齐,又以豪无入声,故割铎半以配之。虽有是有非,其据黄侃二十八部而加以增补,则脉络鲜明者也。古声方面,虽喻三古归匣、喻四古归定为其独见,实亦由于古声十九纽而来。曾运乾与黄氏,同在东北大学同事,二人或曾

---

① 参见吴仰湘、陈先初《湖湘文化通史》(第五册),岳麓书社2015年版,第205～218、第304～313页。

② 参见李葆嘉《附论曾运乾喻母古读考》,载《清代古声纽学》,上海古籍出版社2012年版,第313～323页。

③ 参见李葆嘉《清代古声纽学》,上海古籍出版社2012年版,第325页。

相互讨论,于黄氏之缺失有所深知,故能对黄氏古音学说加以补宜者也。"①此外,文章还对曾运乾古韵三十摄中邕摄改为翁摄、衣摄当改称伊摄、益摄当改称娃摄提出了自己的看法。陈新雄的《曾运乾古韵三十摄榷议》指出,曾运乾古韵三十摄各摄标目全仿戴震《声类表》以影纽字标目的做法(惟宫摄无影纽字,不得已借用见纽字)。对于曾运乾用"摄"来给三十韵部命名,陈新雄引用董同龢《中国语音史》韵部大致相当摄的说法,"或可解释曾运乾称摄之用意"。陈新雄曾在《曾运乾之古音学》中指出,曾运乾衣摄当改称伊摄、益摄当改称娃摄,该文中用陈氏将《诗经》用韵的例证来说明自己的理由。文章的第三部分,把王力古韵三十部谐声表的谐声偏旁归入曾运乾古韵三十摄,该表还适当采用了蔡信发《曾运乾古音三十摄表补正》的有关成果。②陈新雄的《黄侃与曾运乾之古音学》比较了黄侃的古声十九纽、古本韵二十八部与曾运乾古声十九纽、古韵三十摄的异同。该文认为:"黄侃与曾运乾古音学说之相类似……无论古声十九纽与古韵二十八部或晚年之三十部,皆黄侃倡之,而曾运乾和之。……曾运乾……无论古声古韵皆有以修正黄氏之说。"③该文对曾运乾的《古本音齐部当分为二部说》一文给予了高度评价:"其精要之处,非闭门十年思之弗能瞭。"④作者还对黄侃、曾运乾两人在古韵三十部的不足之处进行了修正并构拟了读音。

伏俊琏的《曾运乾先生对中国声韵学的杰出贡献——兼谈古声十九纽与三十二纽之争》一文,指出了曾运乾在三个方面对中国声韵学的杰出贡献:①以《广韵》作为研究古今声韵学的基础和桥梁,考求古今声音之变迁。知道《切韵序》四语乃《切韵》全书发凡而详细论证。能发其深意,用以推求古声韵学之条贯。进而得出《切韵》声纽为五十一类的结论。②对《广韵》的韵之正变的精辟论述是对《广韵》体例的又一重要研究成果。③作《喻母古读考》,纠正黄侃合并细声于洪声的做法,重新排定古声十九纽。作者同意

---

① 陈新雄:《曾运乾之古音学》,载《中国语文》2000年第5期,第399～406页。
② 参见陈新雄《曾运乾古韵三十摄榷议》,载《陈新雄语言学论学集》,中华书局2010年版,第185～188页。
③ 陈新雄:《黄侃与曾运乾之古音学》,载《陈新雄语言学论学集》,中华书局2010年版,第196～206页。
④ 陈新雄:《黄侃与曾运乾之古音学》,载《陈新雄语言学论学集》,中华书局2010年版,第196～206页。

以黄侃、曾运乾为代表的古声十九纽说，对王力提出的古声三十二纽提出了异议。① 伏俊琏的《曾运乾先生对中国声韵学的杰出贡献——兼谈古声十九纽与三十二纽之争》是《曾运乾先生对汉语音韵学的杰出贡献》一文的节选，后文又谈及曾运乾的另外两大贡献，即曾运乾的古韵三十部、韵转和声转之说。该文还探讨了曾运乾尽管在音韵学上有巨大的贡献，却名声不响的原因：一方面在于传播他的学问的门人不多；另一方面可能由于曾运乾的治学和教学的方式是传统的而不是现代化的，因此不容易为现代青年所理解。此外，曾运乾作为继承另一种旧传统的学者，他不轻易著作，尤其不肯发表，以致默默无闻，只限于音韵学界，这也是影响他的声望的重要原因。②

时建国的《曾运乾古韵三十部说略》中肯定了曾运乾是目前所知最早实施脂、微分部并定古韵为三十部的学者。论文阐述了三个问题：一是分析了曾运乾三十部的韵序反映的各部元音及收声。对第一类中收声跟近世诸师颇合，入声收声于诗［ʂ］、阳声收声于日［ȵ］，并进行解释。时建国认为，阳声收声于日［ȵ］是曾运乾根据《诗》韵和谐声中的通转状况，结合语音的演变特征，采取的一种折中形式而已；而对于入声收声于诗［ʂ］，则在于曾运乾所处的学术认识阶段，那么曾运乾说职、锡两部收声于诗［ʂ］，也就不足为奇，不该非难他。二是脂、微分部的问题。该文介绍了曾运乾脂、微分部的理论和依据。三是对古韵三十部谐声表的归字和勘误。该文指出，在归字上，曾运乾同各家存在着某些分歧，这些分歧有的是由所掌握的材料不同导致的，有的则是由对相同材料的看法不一而引起。因此，归字的分歧皆由作者自定，与今人较之，所异无多，亦无大碍。③ 时建国的《曾运乾的〈切韵〉五十一纽说》指出，曾运乾在《切韵五声五十一纽考》这篇文章里，用审音法以判定《切韵》切上字的类别总数，为正确归纳中古声母、构拟声母铺平了道路。曾运乾用审音法论《切韵》有五十一声类，是在对清代学者陈澧据反切和又音系联声类感到有所不足的情况下进行的。他采用审音法以补系联法之不足，在陆法言"轻重有异"的启发下，用"鸿细侈弇"为审音标准，认为《切韵》音系不只韵类有洪细的区别，声类也有洪细的不同，声类和韵类的洪细正好相对应。声类的洪细他用"鸿细"表示，韵类的洪细用"侈弇"表示，曾运乾曾指出，

---

① 参见伏俊琏《曾运乾先生对中国声韵学的杰出贡献——兼谈古声十九纽与三十二纽之争》，载《西北师大学报》（社会科学版）1993年第6期，第39~43页。

② 参见伏俊琏《曾运乾先生对汉语音韵学的杰出贡献》，载张士昉、郭令原等编《郭晋稀纪念文集》，甘肃教育出版社2000年版，第340~355页。

③ 参见时建国《曾运乾古韵三十部说略》，载《古汉语研究》2009年第2期，第11~15页。

"是故法言切语之法，以上字定声之鸿细，而音之弇侈寓焉；以下字定音之弇侈，而声之鸿细亦寓焉。见切语上字其声鸿者，知其下字必为侈音；其声细者，切其下字必为弇音矣"。① 见切语下字其音侈者，知其上字必为鸿声；其音弇者，知其上字必为细声矣。很显然，曾运乾的审音法就是根据《切韵》反切用字的规律，从切语上下字的相互配合中，用下侈上鸿、下有上细的用字规则审辨声类。这个方法，曾运乾自说是从陆法言《切韵序》的"先仙尤侯，俱论是切"一语中寻绎出来的。曾运乾就是运用这种方法，将影、喻、见、溪、疑、来、精、清、从、心这十母分作两类，加上陈澧误并于明的微母，比陈氏考定的四十声类多出了十一类，即五十一声类。这五十一声类按切上字分组的趋势归为两个大类：第一类是鸿声，共十九类；第二类是细声，总三十二类。总之，该文对曾运乾得出五十一类的审音法进行了详细的阐述。②

符岚的《笃情音韵 湘学第一——记音韵学家曾运乾》介绍了曾运乾的生平、他在音韵学上的成就（包括"喻三归匣、喻四归定"说、古声十九纽、古韵三十部）以及据戴维收集的曾运乾的论著目录。文末还附上曾运乾的一篇优美散文《凤凰阁记》。该文还指出，曾运乾在研究古声纽方面的两个特点：一是用《诗经》来研究古声纽；二是用谐声字来研究古声纽。③

金周生的《读曾运乾〈喻母古读考〉札记二则》指出，曾运乾的《喻母古读考》中有两个值得商榷的地方：一是曾运乾为证明"喻母三等字古隶牙声匣母"所举的古读"营"如"环"、古读"营"如"还"的例证。金周生指出，"营"应属喻四，"营"与"环"只是因义互通，与音无关。"营"与"还"音义皆异，不可以作为考究古音的证据。二是曾运乾为证明"喻母四等字古隶舌声定母"所举的古读"夷（姨）"如"弟"的例证。金周生指出，从"夷"得声的字多有"弟"音，"当源于形近所产生之误读"，中古从"夷"得声的字上古或读为零声母。④

第三类，涉及曾运乾的音韵学研究，包括著作和论文。

著作类一般是音韵学通论性（含教材）的，这类著作大都会提及曾运乾

---

① 曾运乾：《音韵学讲义》，中华书局 2011 年版，第 120 页。
② 参见时建国《曾运乾的〈切韵〉五十一纽说》，载张士舫、郭令原等编《郭晋稀纪念文集》，甘肃教育出版社 2000 年，第 330～339 页。
③ 参见符岚《笃情音韵 湘学第一——记音韵学家曾运乾》，载《书屋》2013 年第 2 期，第 66～69 页。
④ 参见金周生《读曾运乾〈喻母古读考〉札记二则》，载《声韵论丛》1994 年第 1 期，第 25～36 页。

的《喻母古读考》，偶有提及曾运乾的中古五十一声类说，而对曾运乾的脂、微分部贡献基本不提。不过何九盈的《中国现代语言学史》对曾运乾的音韵学成就给予了高度重视，在该书"上古音研究"一节论述了曾运乾的《喻母古读考》脂、微分部理论。在"中古音研究"一节论述了曾运乾的《切韵五声五十一纽考》，并对曾运乾用审音法定声类的情况进行了详细引述。①

论文类一般是涉及曾运乾的某项研究成果。这方面的论文大多是跟曾运乾对喻母的研究相关（可见学界一般把"喻三归匣、喻四归定"说看成曾运乾提出的最有影响的学术理论），如金理新的《再论喻母古读》②、邵荣芬的《匣母字上古一分为二试析》③、刘冠才的《论上古汉语中的匣母字》④、胡先泽的《喻母考》⑤、潘悟云的《非喻四归定说》⑥、殷寄明的《上古喻纽字浅议》⑦等。而李开的《围绕脂、微分部的古音学史演进》涉及曾运乾的脂、微分部理论⑧，王平的《孙文昱是〈广韵〉五十一声类说的创始人》认为，孙文昱提出的《广韵》五十一声类说早于曾运乾一年，因此，孙文昱才是《广韵》五十一声类说的创始人。不过该文同时指出，孙氏声类说的观察角度与理论说明与曾运乾颇为不同，因此，曾运乾的五十一声类说虽然发表在孙氏之后，但不能认为曾运乾袭用了孙氏之说，两人的结论只是不谋而合。⑨尽管如此，学术界仍一致认为曾运乾是《广韵》五十一声类说的创始人。周玉秀的《论〈广韵〉变韵与〈韵镜〉二、三等韵之间的关系》则涉及曾运乾的正韵变韵理论。⑩

---

① 参见何九盈《中国现代语言学史（修订本）》，商务印书馆2008年版，第270～406页。
② 金理新：《再论喻母古读》，载《温州师范学院学报》（哲学社会科学版）1998年第2期，第2～8页。
③ 邵荣芬：《匣母字上古一分为二试析》，载《语言研究》1991年第1期，第118～127页。
④ 刘冠才：《论上古汉语中的匣母字》，载《锦州师范学院学报》（哲学社会科学版）1995年第1期，第79～84页。
⑤ 胡先泽：《喻母考》，载《东北师大学报》（哲学社会科学版）1984年第1期，第68～73页。
⑥ 潘悟云：《非喻四归定说》，载《温州师范学院学报》（哲学社会科学版）1984年第1期，第114～125页。
⑦ 殷寄明：《上古喻纽字浅议》，载《杭州大学学报》（哲学社会科学版）1995年第3期，第59～64页。
⑧ 参见李开《围绕脂、微分部的古音学史演进》，载《东南大学学报》（哲学社会科学版）2007年第5期，第73～77页。
⑨ 参见王平《孙文昱是〈广韵〉五十一声类说的创始人》，载《汉字文化》1991年第4期。
⑩ 参见周玉秀《论〈广韵〉变韵与〈韵镜〉二、三等韵之间的关系》，载《西北师大学报》（社会科学版）2003年第2期，第63～66页。

第四类，专门探讨曾运乾的语法研究。

目前只见两篇论文。一篇是李斌、陈志萍的《曾运乾〈尚书正读〉语序观刍论》。该文指出曾运乾所著《尚书正读》是从训诂研究转向语法研究的发轫之作。文章认为，曾运乾对《尚书》语法的解读，有词法、句法两方面，且句法居多，在句法分析中，对"倒语"的研究又着墨最多，这些语法意识虽然尚未形成系统，但处处显示着曾运乾的语序意识。文章分析了曾运乾《尚书正读》语序观形成的历史因素和《尚书正读》体现的语序功能。最后认为："作为民国时期的一部训诂著作，曾运乾对语序有这样的认识，实属不易！……曾运乾在倒语分析时有些'矫枉过正'，并非每一条都言必有据，但他这种语序意识让人敬佩，他已经意识到了先秦原典语言中所体现的先民思维，虽然还不曾有系统，但在民国时期已经代表了较高的水平。"① 另一篇是陈志萍的《曾运乾〈尚书正读〉"倒语"研究》。该文主要将《尚书正读》中67例倒语进行类型分析、正误分析以及制约因素分析，最后总结出曾运乾的语序观。除了绪论和结语外，全文分为四章。第一章对《尚书正读》中的"倒语"进行类型的分析，第二章用现代语言学的理论分析《尚书正读》中"倒语"的制约因素，第三章用《孔传》《孔疏》《书集传》等注疏材料对《尚书正读》中的"倒语"进行辨正，第四章分析曾运乾的语序观。作者认为，曾运乾不囿于门户之见，其语言学理论和实践代表了民国时期的较高水平。②

综上，学术界对曾运乾的研究取得了一定的成果，但尚存不足，主要体现在四个方面。

（1）曾运乾的音韵学成就辉煌，然而目前其学术地位并不高，与其学术成果很不相称。尤其是脂、微分部的研究，虽然有少数学者如何九盈、陈新雄、冯蒸等已经给予其公正的评价，但总体而言，曾运乾"脂、微分部"说在学界影响并不大。但是，曾运乾对中国音韵学的发展是做出了巨大贡献的，学界对他的成就也给予了高度评价。杨树达的《曾星笠传》认为，"笃精音韵，所业过于汉勋。……以湘学论，近数十年来一人而已"③。董同龢的《汉语音韵学》指出："清儒……受钱氏影响而另有创获的，也只有近人章炳麟与

---

① 李斌、陈志萍：《曾运乾〈尚书正读〉语序观刍论》，载《湖南科技大学学报》（社会科学版）2011年第6期，第118～121页。
② 参见陈志萍《曾运乾〈尚书正读〉"倒语"研究》，扬州大学2011年硕士学位论文。
③ 杨树达：《曾星笠传》，载曾运乾《音韵学讲义》，中华书局2011年版，第5页。

曾运乾。"① 罗常培的《周秦古音研究述略》把曾运乾同章太炎、黄侃、钱玄同列为"集成期"的古音学家。② 伏俊琏的《曾运乾先生对中国声韵学的杰出贡献——兼谈古声十九纽与三十二纽之争》指出："如果说钱玄同是既持旧术、因旧材而又注意汲取现代语言学理论和方法，具有承前启后作用和从传统向现代过渡特点的音韵学家的话，那么曾运乾先生则是持旧术、因旧材的集大成者和最终总结者。"③ 周秉钧在《毛诗说》的"前言"中指出："先生没有经过师授而精于音韵。撰《切韵五声五十一纽考》，阐明《切韵》声类和韵类都分洪细，声和韵各依洪细配合而切出字音。又撰《喻母古读考》，证明喻母三等古读匣母，喻母四等古读定母。又定古韵为三十部。……罗常培先生读了《喻母古读考》，称先生为钱竹汀后一人；杨遇夫先生谓古韵三十部'臻于最密，无可复分'。可见先生音韵的造诣极高，是近代的音韵大家。"④ 曾运乾的音韵学创见应该让他在学术史上占有重要的地位，但是事实却并非如此。何九盈在《中国现代语言学史（修订本）》的"后序"中说："遗憾的是，近年才问世的《中国现代语言学家传略》，不仅对已过世的某些专家未能收入，就是一些名家也未能立传，如吴稚晖、董同龢、葛毅卿、闻宥、曾运乾、周法高……这些名家被遗忘，一部中国现代语言学史就会留下缺陷，不完整，其价值也大成问题。"⑤《中国现代语言学家传略》⑥ 收录了中国近代一百多年来的现代语言学家310人，共2000多页，达235万字。而在这样一部专门给中国语言学家立传的宏伟著作中，却没有曾运乾的一席之地，不能不让人深思，难怪何先生有此感慨了。曹述敬主编的《音韵学辞典》虽收录"喻三归匣、喻四归定"说，但并没有给曾运乾单独立词条，这不能不说是一种缺憾。⑦ 目前通行的高等学校音韵学教材一般只提及曾运乾的"喻三归匣、喻四归定"说以及《广韵》五十一声纽之说，而对作为曾运乾突出贡献的"脂、微分部"说却往往忽略不谈。

---

① 董同龢：《汉语音韵学》，中华书局2011年版，第227页。
② 参见罗常培《周秦古音研究述略》，载《罗常培文集》（第六卷），山东教育出版社2001年版，第293～420页。
③ 伏俊琏：《曾运乾先生对中国声韵学的杰出贡献——兼谈古声十九纽与三十二纽之争》，载《西北师大学报》（社会科学版）1993年第6期，第39～43页。
④ 曾运乾：《毛诗说》前言，岳麓书社1990年版，第1页。
⑤ 何九盈：《中国现代语言学史》（修订本），商务印书馆2008年版，第804页。
⑥ 中国语言学会《中国现代语言学家传略》编写组：《中国现代语言学家传略》，河北教育出版社2004年版。
⑦ 参见曹述敬《音韵学辞典》，湖南出版社1991年版。

（2）对曾运乾音韵学的研究还比较薄弱，仍需进一步研究。目前研究曾运乾音韵学的成果并不多，大多数学者仅在宏观上或论其得失，或谈其价值，系统及微观的研究不多。与研究顾炎武、江永、段玉裁、戴震、江有诰、黄侃等学者的古音学取得的成果相比，曾运乾的音韵学研究显得比较薄弱，仍需要进一步研究。

（3）对曾运乾的几篇音韵学名著虽有解读，但目前对他的音韵学研究缺少历时及共时层面的比较，这样就不能厘清曾运乾音韵学思想的渊源并把握其突出特点。

（4）学者大都从宏观上讨论曾运乾的音韵学成就，而直接征引或分析他的原著的材料不多，这样就不能真正把握其音韵学思想和实质。所以，我们要像李运富先生曾在福建师范大学所做的题为"学术研究的'史性'与'理性'"的学术讲座中说的那样，首先要全面考察某个人的学术思想，正确理解古人原意，真正替古人说话而不是说我们自己的话，要结合古人所举的例证以及见于别处的相关材料去体会，其次要结合学术大背景理解具体问题。这样就可以避免不符合学术背景的随意解释。

基于以上理由，本书拟从三个方面对曾运乾的音韵学研究展开深入细致的探讨。

（1）解读曾运乾的音韵学著作，深入了解曾运乾上古音、中古音、等韵学等方面的成就并进一步揭示曾运乾的音学理论和思想。

（2）将曾运乾与清代学者陈澧、顾炎武、钱大昕、戴震、段玉裁、江有诰、王念孙、邹汉勋、章炳麟、黄侃，以及近现代音韵学家王力等人的古音体系进行比较，厘清曾运乾古音体系之源流，梳理清代、民国直至近现代的古音学发展的脉络。

（3）运用现代语言学理论分析曾运乾的"侈弇鸿细""正韵变韵"等理论，以期更好地理解曾运乾的音学思想。

第二节 研究意义、内容与方法

一、研究意义

（1）丰富曾运乾的音韵学理论，将其音韵学研究推向新的高度。通过深入研究他的《音韵学讲义》和《声韵学》中的材料，考察、分析他的音韵学研究，揭示曾运乾音韵学理论的形成历程，进一步丰富曾运乾的音韵学理论。

（2）通过系统研究曾运乾的论著材料，分析前贤对曾运乾音韵学的评价，有利于重新认识他的音韵学成就，全面总结他对音韵学的贡献。

（3）有助于梳理清代至民国古音学发展的脉络，架设清代古音学和现代音韵学之间的桥梁。伏俊琏认为，曾运乾是持旧术、因旧材的集大成者和最终总结者。如果我们将曾运乾的音韵学研究与江永、戴震、段玉裁、王念孙、江有诰、章炳麟、黄侃、王力等学者的古音学研究进行比较，将有助于梳理古音学发展的脉络，可以为清代至民国古音学的研究打下一定的基础。

（4）有助于我们进一步认识《切韵》《广韵》的重要意义。曾运乾的成就很大程度上取决于对《切韵》音系的重要认识。曾运乾认为，陈彭年编定《广韵》只是"因法言韵就为刊益，则《广韵》即以《切韵》为蓝本也。《切韵》……实我声韵学中唯一无二之著作。盖说形之书，以《说文》为大宗；说声之书，以《切韵》为大宗也"①。陆法言《切韵》、孙愐《唐韵》、陈彭年《广韵》，"名为三书，实为一书。《广韵》之于《切韵》，文字注解虽有增加，而韵目次第，未尝更革"②。这是曾运乾全部声韵学理论的出发点，这个出发点是正确无疑的。《广韵》是研究古今声韵学的基础和桥梁，考求古今声音之变迁，必以《广韵》为准极。③ 曾运乾从《广韵》出发，在陆法言"轻重有异"的启发下，以"鸿细侈弇"为审音标准，认为《切韵》音系不只韵类有洪细的区别，声类也有洪细的不同，声类和韵类的洪细正好相应。曾运乾就是用这种声韵相配关系推证法得出《广韵》五十一声纽的结论。他还从《切韵》序言中的"因论南北是非，古今通塞，欲更捃选精切，除削疏缓"一句悟出了正韵变韵的道理。

二、研究内容

（1）曾运乾古音系统的构建。

（2）曾运乾的古音体系与诸家异同。

（3）对曾运乾"脂、微分部"说、"正韵变韵"说及"侈弇鸿细"理论的理解与阐释。

（4）曾运乾的音韵学思想与方法论，音韵学的成就与不足。

---

① 转引自伏俊琏《曾运乾先生对中国声韵学的杰出贡献——兼谈古声十九纽与三十二纽之争》，载《西北师大学报》（社会科学版）1993年第6期，第39～43页。

② 曾运乾：《音韵学讲义》，中华书局2011年版，第116页。

③ 参见伏俊琏《曾运乾先生对中国声韵学的杰出贡献——兼谈古声十九纽与与三十二纽之争》，载《西北师大学报》（社会科学版）1993年第6期，第39～43页。

三、研究方法

本研究将以汉语音韵学、历史语言学、语音学、音系学的理论为指导，主要采用文本分析法、比较法等方法。

（1）文本分析法：从曾运乾的音韵学各种版本讲义本身出发，从中挖掘重要的内在证据，从而对曾运乾的音学理论和音学思想进行全面的认识。

（2）比较法：将曾运乾的上古音、中古音体系进行整理归纳，并将曾运乾的音韵学研究与清代及近现代音韵学家的研究比较，厘清曾运乾古音体系之源流和发展，进一步明确曾运乾的学术定位。

第二章 曾运乾年谱、著述以及音韵学思想与方法论

第一节 曾运乾年谱

1884 年（0 岁）（以周岁计，下同）

曾运乾，谱名曾广铨，字星笠，自号激愚，晚年自号枣园。① 1884 年农历八月初三（清光绪甲申八月实姑未时）②，生于湖南益阳县桃花江（今属桃江县）牛潭河乡横木村。其先祖曾怀琛（字玉珊，号鹤退）于明洪武初由江西庐陵下符（今吉安市吉水县阜田镇下符村）迁益阳兰溪稠木曾家咀。又据《桃江县志》记载，其先祖名曾鹤霞（按③："鹤霞"和"鹤退"同音），明洪武初由江西吉水迁益阳，衍居曾家坪、牛潭河。④

祖父曾传梯，父亲曾纪乡（曾传梯第三子，号愈林，道光廿八年戊申十月十七日生），母亲谌氏（道光廿八年戊申九月初八生）。谌氏生子五人，依次为曾广懿、曾广进、曾广琦（号少林，1872 年 11 月 26 日生，即杨树达《曾星笠传》中的仁浦先生，陈天倪《曾运乾传》称"仁溥"）、曾广铨（即曾运乾的谱名）、曾广义。生女五人，不详。因其父弟曾纪洲（曾传梯第四子，杨树达《曾星笠传》记作"曾纪周"）无后，于是将先生过继给他。其兄曾广琦时为邑增生，颇有学问，先生"幼从受学。性聪颖沉静。工文善书"⑤。

1902 年（18 岁）

先生被补为益阳县学生（庠生，即秀才）⑥，与同乡陈天倪（先生与陈天

---

① 参见陈天倪《曾运乾传》，载《尊闻室剩稿》，中华书局 1997 年版，第 970 页。
② "实姑"一词不好理解。该词载于鲁国堂《湖南益阳曾运乾八房二修通谱》（编印本），2006 年丙戌孟春月。
③ 本书括号内"按"皆为笔者按语，"曾按"皆为曾运乾按语，下同。
④ 参见桃江县志编纂委员会《桃江县志》，中国社会出版社 1993 年版，第 499 页。
⑤ 陈天倪：《曾运乾传》，载《尊闻室剩稿》，中华书局 1997 年版，第 970 页。
⑥ 参见陈天倪《曾运乾传》，载《尊闻室剩稿》，中华书局 1997 年版，第 970 页。杨树达《曾星笠传》则云："年十六，补益阳县学生。"两者有出入，今采用陈天倪说法。

倪齐名，人称"资江二生"①）就读并肄业于湖南益阳箴言书院②。箴言书院由邑人胡林翼为纪念其先考胡大源公而设（胡林翼父子均为前清进士），命名也出自其先考传世之"弟子箴言"，书院筹建于同治初年，建成于同治三年（1864年），主院者均为宿学名儒，如安化黄自源、湘乡王龙文皆当代探花，官至编修，曾先后担任该院山长（院长），学生中多数是童生，但也有秀才附读者，先生和陈天倪就是以秀才身份附读该院。箴言书院藏书甚为丰富，岳麓、城南是湖南省城两大书院，且岳麓号称"天下四大书院"之一，但就藏书而言，两者藏书的总和也只有箴言书院总藏量的三分之二多一点。可见箴言书院藏书之丰富已冠甲湖南，这在全国书院中也是罕见的。③先生就读箴言书院期间，"得嘉定钱大昕氏遗书而笃好之。循涂致精，冥焉有述作之志"④，钱大昕的著作包括《古无轻唇音》《古无舌上音》等音韵学名篇，故先生应在箴言书院读书期间开始研习音韵学。

1905 年（21 岁）

科举考试废除，先生仍闭门在家研读经书，以至于《尔雅》十三篇皆能成诵，一字不漏。如此数年，先生一生治学，实于此时打下坚实基础。

1909 年（25 岁）

先生以第一名考取湖南省优级师范学堂史地部，同班者有益阳同乡陈天倪、湘潭黎锦熙（后成为著名语言学家）、湘乡王季范（毛泽东姨妈之子）。先生与陈、黎迭为前三名而获得奖学金。跟从湘阴郭焯莹⑤学习古今学术之流变，1911 年毕业于历史地理科⑥。

1910 年（26 岁）

2 月 23 日，次子曾昭泉（字子泉）出生。曾子泉后成为建筑工程师，湖

---

① 参见李肖聃《曾星笠君墓表》，载《李肖聃集》，岳麓书社 2008 年版，第 126～127 页。
② 胡有猷《胡林翼家书简述》："箴言书院……培养出来的人才不少，最后一邑的学生中还出有曾运乾、陈天倪这两位全国著名的教授。"［胡有猷：《胡林翼家书简述》，载《益阳师专学报》（哲学社会科学版）1984 年第 4 期，第 75 页］
③ 参见邓洪波《箴言书院及其藏书》（上），载《图书馆》1988 年第 6 期，第 36～39 页。
④ 李肖聃：《曾星笠君墓表》，载《李肖聃集》，岳麓书社 2008 年版，第 126～127 页。
⑤ 郭焯莹（1872—1929），字子燮，号耘桂，湖南湘阴县人，为晚清著名外交家郭嵩焘之子，他一生致力于楚辞研究，著有《读骚大例》一卷，敢发前人所未发之论，对《楚辞》有颇多独特见解。（郭建勋、陈聪灵：《论郭焯莹〈读骚大例〉的研究方法》，载《云梦学刊》2016 年第 2 期，第 23～27 页）
⑥ 陈天倪《曾运乾传》："年二十五。入湖南优级师范学校。与湘潭黎锦熙共笔砚。甫毕业，武昌起义，湘亦反正。"（陈天倪：《尊闻室剩稿》，中华书局 1997 年版，第 970 页）李肖聃《曾星笠君墓表》："君……寻入湖南优级师范学堂，卒业历史地理科。"（李肖聃：《李肖聃集》，岳麓书社 2008 年版，第 126～127 页）

南烈士公园是他的杰作。

1911 年（27 岁）

先生与陈天倪同任《长沙日报》主笔，期间与黎锦熙曾分任该报编辑。

1912 年（28 岁）

4月，黎锦熙、任懋沈等联袂辞职《长沙日报》，两人共同创办《湖南公报》。先生与黎锦熙、陈天倪共主《湖南公报》笔政。该报由于批评时政，主张全国统一，绝对民治，后于1916年被迫停刊。

1913 年（29 岁）

先生与陈天倪同入湖南官书局。①

1914 年（30 岁）②

先生与陈天倪同任职于湖南官书局，两人有志编述《中国通史》，先成《叙例》三卷。按两人原来分工，先生所分为小学、历数、目录诸科学。然遭时多故，《通史》惜未完成。③ 直到1931年，柳诒徵取《通史叙例》交南京史学会排印行世。④ 陈天倪晚年著《中华人民通史》，可以说是继承了当初二人的遗志，完成了他们的未竟大业。

---

① 陈天倪：《曾运乾传》："民国二年秋。袁氏篡国。汤芗铭督湘。设官书局招致儒士。而星笠与余同入选。"（陈天倪：《尊闻室剩稿》，中华书局1997年版，第970页）

② 陈天倪：《尊闻室剩稿》："民国三年。鼎忠运乾滥竽湖南官书局。"（陈天倪：《尊闻室剩稿》，中华书局1997年版，第557页）孙海林《湖南第一师范名人谱（1903—1949）》："陈天倪……，1914年，任湖南官书局编审。"（孙海林：《湖南第一师范名人谱（1903—1949）》，湖南省第一师范学校编印2003年版，第97页）张舜徽《湘贤亲炙录》："陈天倪……与曾星笠先生同乡里而友善，一九一四年，二人同任事湖南官书局"（张舜徽著、周国林编：《张舜徽学术文化随笔》，中国青年出版社2001年版，第358页）均可为旁证。故杨晓识、席聪聪、朱效清的《湘中第一经师——曾运乾》说的"1916年停刊。当年，时值汤芗铭任湖南都督，汤延请先生入官书局，编纂书册，先生与天倪共撰《中国通史》"有误。（杨晓识、席聪聪、朱效清：《湘中第一经师——曾运乾》，载曾常红《湘籍近现代文化名人·语言文字学家卷》，湖南师范大学出版社2011年版，第48页）

③ 陈天倪《尊闻室剩稿》："民国三年。鼎忠（按：即陈天倪）运乾滥竽湖南官书局。怆念国故。爱述通史。首成序例三卷。原始五篇。正史以下。先为长编。以待纂订。未几局解。书未及成。丛稿亦毁于兵燹。屡拟筹款续完。时局不宁。未能如愿。仅存之草。亦度置高阁。不忍再睹。阅今十七年矣。双鬓已颓。寸心未死。特将序例印行。质之海内人士。以备采择。倘有达者。赓成是书。以维神明之胄。而防陆沉之忧。是则下走之所馨香以祝。顶礼以奉者也。著者识。"（陈天倪：《尊闻室剩稿》，中华书局1997年版，第557页）

④ 参见张舜徽《湘贤亲炙录》，载周国林《张舜徽学术文化随笔》，中国青年出版社2001年版，第358～359页。

1917 年（33 岁）

先生执教于湖南第一师范①，一直工作至 1920 年夏。

1921 年（37 岁）

先生在长沙中学任教，但具体是一所还是几所不详。②

1923 年（39 岁）

先生将所著《声学五书》稿本给杨树达看，该书说喻母古读定匣二母，杨氏评价其"至精审"③。

1926 年（42 岁）

受同乡好友陈天倪推荐，应东北大学校长王永江之聘，前往东北大学任国文系教授。开设的课程有音韵学、《说文》研究、"六书"说、《尚书》正读、《尔雅》说。曾运乾担任专职教授，陈天倪担任教授。期间与黄侃、章士钊等为同事。在东北大学一直工作至 1931 年"九一八"事变。

10 月 20 日，《声学五书》出版，全书八册，20 余万言，由校方代为出版，作为学校丛刊之一。④

1927 年（43 岁）

《切韵五声五十一纽考》发表于《东北大学季刊》第一期。继而《喻母古读考》发表于《东北大学季刊》第二期。⑤

1929 年（45 岁）

1 月 13 日，与杨树达谈古韵，云拟分三十部。

1932 年（48 岁）

1931 年"九一八"事变后，因东北沦陷，先生离开东北大学，经杨树达推介，受聘于广州中山大学，任教至 1937 年，其间曾担任文学院下设的中国语言文学系第八任主任（鲁迅为首任，傅斯年为第二任，顾颉刚为第三任，罗常培为第四任）。先生开设文字声读异同研究法、音韵学专书、音韵学专题、《尚书》正读（讲义内容后改编为《尚书正读》六卷）。与郭沫若、鲁迅、傅斯年、顾颉刚、商承祚、罗常培等同誉为"名师"。⑥

---

① 参见孙海林《湖南第一师范名人谱（1903—1949）》，湖南省第一师范学校 2003 年编印，第 126 页。
② 参见李肖聃《曾星笠君墓表》，载《李肖聃集》，岳麓书社 2008 年版，第 126～127 页。
③ 杨树达：《积微翁回忆录》，北京大学出版社 2007 年版，第 14 页。
④ 参见杨佩祯等《东北大学八十年》，东北大学出版社 2003 年版，第 48 页。
⑤ 曾运乾《音韵学讲义》云"1928 年，《喻母古读考》发表于《东北大学季刊》第十二期"有误。
⑥ 参见吴定宇《中山大学校史（1924—2004）》，中山大学出版社 2006 年版，第 83 页。

1935 年（51 岁）

1 月 23 日，《尚书正读》（六卷）书成，嘱杨树达作序，杨氏评价"皆极精确"①。

1936 年（52 岁）

《广韵韵目原本陆法言切韵证》发表于《语言文学专刊》第 1 卷第 1 期，继而《等韵门法驳议》发表于《语言文学专刊》第 1 卷第 2 期。

1938 年（54 岁）

受杨树达邀请，先生到湖南大学任教，② 其间曾先后两次分别担任中国文学系（或中文系）主任。③ 先生回湘任教的原因，据杨树达《积微翁回忆录》云："一九四四年，六月一日。……按太炎先生尝云：'三王不通小学。'谓介甫、船山、湘绮也。三人中湘士居其二。余昔在北京，曾与星笠谈及此；余谓此时吾二人皆游于外他日当归里教授，培植乡里后进，雪太炎所言之耻。星亦谓然。故余廿六年到湖大，即邀星归里。"④ 这就是曾、杨两人为振兴湘学而达成的"雪耻之盟"。先生在湖南大学一直工作到 1945 年去世。

3 月 5 日，先生将所著《庄子说》示于杨树达，杨氏认为"说皆审谛"⑤。

3 月 31 日，先生与杨树达谈论音韵，谓拟定古韵为三十部。于黄侃二十八部外，取其豪、萧部分出入声一部，此与黄永镇、钱玄同相同者也。其他一部，则齐微部分为二，一为齐部，开口之字如衣、伊等属之，以与屑、真为一组；其余合口之字则仍为微部。《诗经》中齐、微二部虽偶有交错，大致划分云。

1940 年（56 岁）

在湖南大学校方的支持下，先生和杨树达、黄子通编辑出版了《文哲丛

---

① 杨树达：《积微翁回忆录》，北京大学出版社 2007 年版，第 65 页。
② 杨树达《曾星笠传》："寇难以来，与君朝夕相聚者七载，两人论学，欣合无间。"1937 年 8 月，杨树达应聘到湖南大学任教，故曾运乾应于 1938 年至 1945 年与杨树达同在湖南大学任教。又李肖聃《曾星笠君墓表》："君……主湖南大学中国文学系事七年。"又据杨树达《积微翁回忆录》记载，1938 年 3 月 5 日、31 日，4 月 21 日共计三天，曾运乾和杨树达面谈学术问题。1939 年更分别有 8 天时间记载与曾运乾的交往，尤其 5 月 21 日记载："曾星笠自益阳返辰溪。"更是曾运乾此时在湖南大学任教的确证。因此，宁继福《佟老和他的老师曾运乾先生》："1940 年曾先生从广州回湖南大学任教。"有误。（宁继福：《佟老和他的老师曾运乾先生》，载吉林省社会科学院（社科联）《佟冬同志百年诞辰纪念文集》，吉林文史出版社 2005 年版，第 100～102 页）
③ 参见湖南大学校史编委会《湖南大学校史（公元 976—2000）》，湖南大学出版社 2003 年版，第 218 页。
④ 杨树达：《积微翁回忆录》，北京大学出版社 2007 年版，第 151 页。
⑤ 杨树达：《积微翁回忆录》，北京大学出版社 2007 年版，第 99 页。

刊》杂志。

先生与吴绍熙、杨树达、宗子威、刘豢龙、熊正理诸教授组成五溪诗社，以吟咏宣忧救国。先生被奉为社长，每月一会，交换唱和之篇，以油印刻集。①

1941 年（57 岁）

1 月 24 日，先生为杨树达所撰《春秋大义述》作序。

1942 年（58 岁）

11 月 7 日，先生将所著《国语词尾音转来母考》示于杨树达，杨氏称："其说颇精。"②

是年先生归里，于桃江凤凰山凤凰阁建立诗社并主修曾氏族谱，并撰写《凤凰阁记》《凤凰阁有序诗》以缅怀屈原和歌颂家乡桃花江。

1943 年（59 岁）

1 月 12 日，先生与杨树达、熊雨生等三人被湖南大学推荐为南京国民政府教育部聘教授。

5 月 12 日，先生将所撰《诗文有字冠形况字当读重文说》示于杨树达，杨氏认为该书根据《毛传》，言之成理。

5 月 30 日，先生将所撰《召旻诗说》示于杨树达，杨氏称该书"精审之至，令人击节叹赏"③。

1944 年（60 岁）

6 月 1 日，先生"近感学校事，有归隐意"。杨树达"特为湖湘文化久远计，故据往事言之"。先生暑假返里，行前和杨树达韵云："船山湘绮各孤军，异世荆舒风议新。折角要张三户楚，敬乡合树百年人。吾愆寒吃如杨子，公自纷纶轶大春。但得孙卿三祭酒，不辞重溯武陵津。"④ 表明了先生培养家乡人才的宏愿。

1945 年（61 岁）

1 月 20 日，先生病逝于辰溪卫生站，终年 61 岁。先生葬于湖南大学抗日旧址辰溪陇头堖（一说龙头堖），其后裔若干年后又将先生移葬于益阳桃江县故里。挚友杨树达称赞先生云："湘中学者承东汉许、郑之绪以小学音韵训诂

---

① 参见夏剑钦《曾运乾先生与他的〈声韵学〉》，载《古汉语研究》2013 年第 2 期，第 80～82 页。
② 杨树达：《积微翁回忆录》，北京大学出版社 2007 年版，第 136 页。
③ 杨树达：《积微翁回忆录》，北京大学出版社 2007 年版，第 142 页。
④ 杨树达：《积微翁回忆录》，北京大学出版社 2007 年版，第 151～152 页。

入手进而治经者，数百年来星笠一人而已。"① 又撰写挽联云："钟期一去牙弦绝，惠子云殂郢质亡。"② 2月22日，杨树达又撰《曾星笠传》悼念先生。同乡好友陈天倪撰挽联云："礼堂述先圣元意，名山绸石室遗书。当年风雨晦明，期与君共成此志。湘中失第一经师，海内断千秋绝业。而后荒江老屋，谁为天继任斯文。"③

11月26日，经杨树达倡议，国民政府教育部下令号召全国教师学习先生。

第二节 曾运乾著述

据杨树达《曾星笠传》所说，曾运乾"上自诸经子史，下至小学训诂天文星象乐律，无不通晓，而尤邃于声韵"④。陈天倪《曾运乾传》则指出："星笠诗词骈文皆可传，与其学相称。"⑤ 今将笔者所搜集的曾运乾著述罗列如下。

一、讲义、专著和论文集

（一）国立湖南大学声韵学课程讲义

（1）曾运乾《古声韵学讲义》民国年间石印本，湖南省中山图书馆藏书。
（2）曾运乾《广韵研究讲义》民国年间石印本，湖南省中山图书馆藏书。
（3）曾运乾《声韵学》民国年间铅印本，湖南省中山图书馆藏书。

（二）专著和论文集

（1）曾运乾著、夏剑钦整理《声韵学》，湖南教育出版社2012年版。
（2）曾运乾《音韵学讲义》，中华书局2011年版。
（3）曾运乾《声学五书》（包括《声论》《群经声读考》《说文声类谱》

---

① 杨树达：《积微翁回忆录》，北京大学出版社2007年版，第156页。
② 杨树达：《积微翁回忆录》，北京大学出版社2007年版，第156页。
③ 陈天倪：《尊闻室剩稿》，中华书局1997年版，第972～973页。
④ 杨树达：《曾星笠传》，载曾运乾《音韵学讲义》，中华书局2011年版，第2页。
⑤ 陈天倪：《曾运乾传》，载《尊闻室剩稿》，中华书局1997年版，第973页。

《切韵释例》《切韵补谱》），1926 年。①

(4) 郭晋稀整理《曾运乾音韵学论文集》，中华书局 1964 年版。②

(5) 陈鼎忠、曾运乾《通史叙例》，南京钟山书局 1933 年版。

(6) 彭昺、曾运乾《古浈水考》，民国石印本。

(7) 曾运乾《尚书正读》，中华书局 1964 年版。

(8) 曾运乾著、周秉钧整理《毛诗说》，岳麓书社 1990 年版。

(9) 曾运乾《春秋三传通论》民国年间石印本，湖南省中山图书馆藏书。

(10)《三礼通论》。③

(三) 未出版专著

另有《尔雅义证》《三礼说》《尔雅说》《庄子说》《荀子说》《史记论稿》等，可惜都未能出版。

二、论文类和其他

(1) 曾运乾《声学五书叙》，载《东北大学周刊》1926 年第 9、11 期。

(2) 曾运乾《切韵五声五十一纽考》，载《东北大学季刊》1927 年第 1 期。

(3) 曾运乾《喻母古读考》，载《东北大学季刊》1927 年第 2 期。

(4) 曾运乾《六书释例》，载《东北大学周刊》1929 年第 71、72 期。

(5) 曾运乾《读敖士英关于研究古音的一个商榷》，载《学衡》1932 年第 77 期。

(6) 朱希祖、曾运乾《审查客方言报告书》，载《中山大学文史学研究所月刊》1933 年第 1 卷第 4 期。

(7) 曾运乾《论双声迭韵与文学》，载《文学杂志》（广州）1933 年第 1 期。

(8) 曾运乾《客方言跋》，载《文学杂志》（广州）1933 年第 2 期。

---

① 1926 年 10 月 20 日《东北大学周刊》第二期刊载曾运乾文，"尝从王湘绮、曾广钧诸先生治文字学，而于声音训诂，尤有研究，顷有《声学五书》之著，全书八册，都二十余万言"，"由校代为出版，作为学校丛刊之一"。（辽宁省地方志编纂委员会办公室编：《辽宁省志·社会科学志》，辽宁人民出版社 2000 年版，第 245 页）

② 参见伏俊琏《郭晋稀教授学术成就简介》，载《社科纵横》1991 年第 1 期，第 67 页。

③ 参见符岚《笃情音韵 湘学第一——记音韵学家曾运乾》，载《书屋》2013 年第 2 期，第 66～69 页。

（9）曾运乾《礼经丧服释例》，载《国立中山大学文学院专刊》1933年第1期。

（10）曾运乾《原礼》，载《新民月刊·通论》1935年第一卷第1期。

（11）曾运乾《说报》，载《新民月刊·通论》1935年第一卷第2期。

（12）曾运乾《人道篇》，载《新民月刊·通论》1935年第一卷第4、5期。

（13）曾运乾《广韵韵目原本陆法言切韵证》，载《语言文学专刊》1936年第一卷第1期。

（14）曾运乾《等韵门法驳议》，载《语言文学专刊》1936年第一卷第2期。

（15）曾运乾《买陂塘·题鲁实先〈史记会注考证驳议〉》，载《文史杂志》1942年第二卷第5、6期。

（16）曾运乾《说文转注释例》，载《中山大学文学院专刊》1943年第2期。

（17）曾运乾《雅诂例》，载湖南师范学院古汉语研究室编《古汉语论集》（第一辑），湖南教育出版社1985年版。

（18）曾运乾《国语词尾音转来母考》。[1]

（19）曾运乾《诗文有字冠形况字当读重文说》。[2]

（20）曾运乾《召旻诗说》。[3]

（21）曾运乾著、何泽翰整理《古语声后考》，载《湖南师大学报》"古汉语专辑"，1986年增刊。

（22）曾运乾《集韵叙略》。[4]

（23）曾运乾《尚书立具录》，载《语言文学专刊》第一卷第3、第4期。

（24）曾运乾《齐物论发微序》，载《湖南师范大学社会科学学报》1981年第3期。

曾运乾又撰有《武城曾氏五修支谱序》（1943）、《凤凰阁五修谱局堂联》、《曾氏蒙经》[5]、《凤凰阁记》、《凤凰阁有序诗》（1942）等。

---

[1] 参见杨树达《积微翁回忆录》，北京大学出版社2007年版，第136页。
[2] 参见杨树达《积微翁回忆录》，北京大学出版社2007年版，第142页。
[3] 参见杨树达《积微翁回忆录》，北京大学出版社2007年版，第142页。
[4] 参见符岚《笃情音韵湘学第一——记音韵学家曾运乾》，载《书屋》2013年第2期，第66~69页。
[5] 以上三部作品均载于鲁国堂《湖南益阳曾氏八房二修通谱》（编印本）。

三、几种重要著述的简介

(1)《音韵学讲义》(曾运乾著,中华书局 2011 年版)。该书由曾运乾的学生郭晋稀根据曾运乾生前授课讲义整理而成。全书共有宋元明清之等韵学、广韵学、古纽及古韵学三大部分,实际上包括了上古、中古、等韵三大部类。需要注意的是,整理者郭晋稀对本书增加了两方面的内容,实应视为曾运乾的研究成果:一是曾运乾授课讲义之外补充的授课笔记(书中以注文形式呈现);二是原讲义中没有的《广韵补谱》,虽然该书中的《广韵补谱》是郭晋稀所填,但实际上该谱是在曾运乾的指导下填写的,据郭晋稀介绍,曾运乾生前著有《广韵补谱》,但未印成讲义。张玉来评价称:"总的来说,该书材料丰富,重视文献本身类的区分,并用旧的语音理论(如侈弇等)解释变化。其中,曾运乾著名的喻母两分等成果在讲义里都有体现。这本书可以看作是新旧音韵学的混合物,不失为一个时代的代表。"①

(2)《声韵学》(曾运乾著、夏剑钦整理,湖南教育出版社 2012 年版)。该书以湖南省中山图书馆(今湖南省图书馆)所藏的民国时期湖南大学铅印本《声韵学》为底本,加上郭晋稀整理之中华书局本《音韵学讲义》中《广韵学》(即湖南省中山图书馆所藏《广韵研究讲义》)、《古纽及古韵》(即湖南省中山图书馆所藏《古声韵学讲义》)合编而成。又对采用的中华书局本《音韵学讲义》中郭晋稀所加"晋稀谨案"之校记酌情袭用,并改为"郭晋稀案",对郭氏所加"讲授笔记"及所填的《广韵补谱》,则因"非曾先生《声韵学》原刊文字而不予采用"。书末又补录了四篇论文,分别是《读敖士英关于研究古音的一个商榷》《声学五书叙》《说文转注释例》《论双声叠韵与文学》。其中,后两篇是较中华书局本《音韵学讲义》新增补的。该书特点有二:一是求全。即根据曾运乾原著的湖南省图书馆藏本的民国时期湖南大学铅印本《声韵学》,增补了第一编"语音学原理"和第二编"注音字母",因此,本书是曾运乾原始音韵学讲义的最完整本,是曾运乾于音韵学研究成果之集大成。二是求真。尽量反映曾运乾著作的原貌。

在内容上,该书共分为五编三十三章。其第一编"语音学原理"分为八章,先由语音学之学科定义而涉及语音学之心理、生理、物理及语音学本身规律诸问题,然后设第七章"我国声韵变迁略史"专论声韵学、韵书、韵部等

---

① 张玉来:《点检廿世纪汉语音韵学通论性著作》,载中国音韵学研究会等《音韵论丛》,齐鲁书社 2004 年版,第 94 页。

的变迁历史，第八章"本书编次之意"则阐述作者研究声韵学之六项"目标"及其"由近及远""详古略今"的研究方法。第二编"注音字母"，则就民国初教育部招集专家制定之注音字母，系统阐述各字母之来由及其"声""韵""拼音"之规则等，共分四章。第三编"宋元明清之等韵学"则分"守温三十六字母""平水韵""等韵谱""借韵转切法""协声归母例"和"门法"六章，是曾运乾系统研究宋、元、明、清等韵学之后深入浅出的理论概括和科学阐发。第四编"广韵学"是曾运乾建立其音韵学理论体系的基础，从"汉魏以来之切语""广韵之沿革"到"广韵之五声五十一纽""广韵之二百六部"，再到"广韵补谱""广韵之考订"，共分六章系统阐述，其音韵学研究之精华亦多在此编。第五编"古纽及古韵"，则从"谐声声母""诸家考求古纽之成绩""古声十九纽"到"诸家考求古韵之成绩""切韵二百六部与古韵"，再到古声韵"通转法""文字声读法""文字声音训诂相通之原理"，从古到今，系统搜理，洋洋洒洒九章，将我国清代以来诸家于古声韵研究之成果首次如此详悉阐发，尤显其学术研究之"征引赅洽，方法谨严"①。

（3）《尚书正读》（曾运乾著，中华书局1964年版）。该书根据曾运乾生前在中山大学和湖南大学的授课讲稿整理而成。该书所释以今文28篇为主，其余只存篇目与书序。曾运乾对汉唐以来诸家的注疏考证，多所折中，虽未能精治金文，以为参证，但注说简明，于训诂文法，两者兼顾，使素称诘诎的《尚书》略可通读。正如杨树达为该书所作序云："吾友益阳曾君星笠精通小学，于音韵既有所阐发矣，比设教于广州中山大学，以《尚书》课多士，为《尚书正读》一书，于训诂辞气二者，既极其精能矣，而又能以此通解全书，直不欲令其有一言之隔，读者依其训释以读经文，有如吾人读汉唐人之诏令奏议。"

（4）《毛诗说》（曾运乾著、周秉钧整理，岳麓书社1990年版）。该书根据曾运乾在湖南大学的授课讲稿、《诗经》的眉批和曾运乾学生的听课笔记整理而成。本书共分析了《诗经》240多篇诗作。这部书中，除《毛传》《郑笺》外，曾运乾还广采朱熹《诗集传》和清代戴震、王念孙、王引之、陈奂、胡承珙、马瑞辰、魏源、王先谦诸家之说，可谓博采众长。

作为著名的音韵学家，曾运乾善于以训诂为基础阐发诗意，而尤其善于结合声韵进行训释，今试举一例，可见一斑。

---

① 夏剑钦：《曾运乾先生与他的〈声韵学〉》，载《古汉语研究》2013年第2期，第80页。

《诗经》：麟之定。

　　马云："定即顶之假借。"今谓"定"，"题"之假借，支、青对转也。定、顶、题皆定母双声。定，题也；题，目之所在。麟不履生虫，不践生草，其目极明。故《左传·襄十四年》服《注》亦以"视明礼修"为麟应之征。故以麟题为兴。

　　正如杨树达《曾星笠传》所言，曾运乾"惟以声音训诂辞气推求古人立言真意之所在，其精谨绵密，实事求是"①。

　　伏俊琏评价该书："以训诂为基础阐发诗意，常于诗之关键之处，批点几句，则胜义皆现，奥理全出，训诂与文情密合无间，而且点到即止，不作彻底揭橥，留待读者深思明辨。"②

　　(5)《尔雅义证》（曾运乾著，未出版）。该书根据《尔雅》的卷目、次第和释词准则，解说每一个词义，再证以诸典籍及诸家笺注，故书名《尔雅义证》。在释义中主依《说文》，先指出《尔雅》某字训某为本义，某字训某为引申义，某字训某为假借，又参以诸家之说，并时下己意，分析推引，以求一解。在考证中，征引经典诸子百家之书，证明《尔雅》的训义。该书简明平实，征引贴切，对研究《尔雅》训诂学有一定的参考价值。③

　　(6)《古语声后考》（曾运乾著、何泽翰整理，载《湖南师大学报》"古汉语专辑"1986年增刊）。本文对84条"古语声后"进行诠释。声后之说源于陆德明《经典释文》，文中列举的"声后"均属古来母字，是"国语复辅音之证"。④

---

　　① 曾运乾：《音韵学讲义》，中华书局2011年版，第5页。
　　② 伏俊琏：《曾运乾先生对中国声韵学的杰出贡献——兼谈古声长九纽与三十二纽之争》，载《西北师大学报》（社会科学版）1993年第6期，第39～43页。
　　③ 参见万里《湖湘文化大辞典·语言文字分篇》（上卷），湖南人民出版社2006年版，第754页。
　　④ 参见赵秉璇、竺家宁《上古汉语复声母研究综述》，载《古汉语复声母论文集》，北京语言学院出版社1998年版，第417页。

第三节　曾运乾的音韵学思想与方法论

一、音韵学思想

(一) 具有历史发展的观点

自陈第在《毛诗古音考》中首次提出"时有古今，地有南北，字有更革，音有转移"的历史发展观点之后，清代的音韵学家们对古今语音演变的认识更为自觉、深刻和系统。顾炎武、江永、钱大昕、戴震、段玉裁、黄侃等人都有很精辟的论述。曾运乾是通过对《广韵》（前身即《切韵》，曾运乾撰有《〈广韵〉韵目原本陆法言〈切韵〉证》一书）的研究来建立他的全套声韵学体系的，曾运乾的诸多古音研究成果都援引陆法言《切韵序》为证，因而陆法言《切韵序》中"论南北是非，古今通塞"一语表达的语音发展观必然对曾运乾产生了深刻的影响。曾运乾语音发展观具体表现在三个方面。

(1) 曾运乾认为语音随时间、地域而演变，因此就产生了正韵和变韵的分别。[①]

(2) 曾运乾认为语音不仅是演变的，而且这种演变是有规律的。曾运乾认为无论上古音还是中古音分部，都各有侈弇，并且均有"条理可寻"。

>　　至于隋唐之间，其读法亦不能全如周秦。是故古音分部，各有弇侈，如：哈齐与登青对转为一大类，哈齐分部者，哈侈而齐弇也；登青分部者，登侈而青弇也。歌灰齐之半与寒魂先对转为一大类，歌灰齐之半分部者，歌灰侈而齐之半侈也；寒魂先分部者，寒魂侈而先弇也。模侯萧与唐东冬对转为一大类，而模侯萧分部者，模侯侈而萧弇也；唐东冬分部者，唐东侈而冬弇也。豪自为一类侈音也。覃添分部者，覃侈而添弇也。此古音阴声阳声十九部之条理可寻者也。
>　　至法言《切韵》分析愈微，每韵各制侈弇二韵，如哈之一韵，哈侈而之弇也；登蒸一韵，登侈而蒸弇也；齐支一韵，齐侈而支弇也；青清一韵，青侈而清弇也；模鱼一韵，模侈而鱼弇也；唐阳一韵，唐侈而阳弇也；侯虞一韵，侯侈而虞弇也；东钟一韵，东侈而钟弇也。《切韵》侈弇

[①] 参见曾运乾《音韵学讲义》，中华书局2011年版，第177页。

分韵之例，视此矣。①

（3）曾运乾认为古韵三十部与《切韵》二百零六部之间的演变也是"条理井然，部伍不乱"②。

（二）具有系统论思想

现代语言学之父索绪尔说："语言既是一个系统，它的各项要素都有连带关系，而且其中每项要素的价值都只是因为有其他各项要素同时存在的结果。"③

曾运乾的系统论思想首先表现在他对古声类的研究上。曾运乾在《读敖士英关于研究古音的一个商榷》中指出，研究古声类不可不知四事：第一当知古读例；第二当知旁纽双声；第三当知转语；第四尤不可不知声类系统。可见这四事当中，曾运乾认为最重要的是从整个声类系统出发研究声类。在系统论思想指导下，他把复杂的谐声声符进行了分类，虽然因为过分追求系统性而把喻四跟邪母的关系忽略，但其研究语音从系统性出发，注重观察语言的演变规律这一基本原则是正确的。

曾运乾研究古韵也是从系统出发的。他继承了戴震、孔广森以来的阴、阳、入三分相配的古韵分部体系，根据这种体系，他看到了黄侃屑（质）先（真）无阴声韵部相配、萧（幽）没有入声韵和阳声韵的缺陷，又根据这种体系，他得出了脂、微分部的结论。

曾运乾的系统观还表现在他对声韵关系的理解上。曾运乾认为："盖声音之理，音侈者声鸿，音弇者声细。《广韵》切语，侈音例用鸿声，弇音例用细声；反之，鸿声例用侈音，细声例用弇音。"④ 以此为标准，他对《广韵》的切上字进行了分析，并得出了《广韵》声纽为五十一声类的观点。曾运乾又认为："《广韵》二百零六部中，有三十二韵为古本音，此三十二韵中只有古本声十九纽。知此十九纽为古本声者，以此三十二韵为古本音也。知此三十二韵为古本音者，以其只具古本声十九纽也。古音古纽，互相证明。"⑤ 根据声韵之间的这种互相制约关系，他得出古本韵三十部，古本声十九纽的结论。曾

---

① 参见曾运乾《音韵学讲义》，中华书局2011年版，第179～180页。
② 曾运乾：《音韵学讲义》，中华书局2011年版，第487页。
③ 〔瑞士〕费尔迪南·德·索绪尔：《普通语言学教程》，商务印书馆1980年版，第160页。
④ 曾运乾：《音韵学讲义》，中华书局2011年版，第119～120页。
⑤ 曾运乾：《音韵学讲义》，中华书局2011年版，第441页。

运乾还在前人研究的基础上，制定出谐声声母表。该表最突出的特色是既把各谐声声符按古韵三十部之阴、阳、入三声分类，又把各谐声声符按喉、牙、舌、齿、唇分类，因此可以说是一份完整的声韵配合表。

曾运乾的系统论还表现在他把文字、音韵、训诂三者综合起来研究。传统的小学是文字、音韵、训诂三者合一的语言系统。黄侃《文字声韵训诂笔记》说："声韵文字训诂互相为用。音韵者何？所以贯串训诂而即本之以求文字之推演者也。故非通音韵，即不能通文字、训诂，理固如此。然不能文字训诂，亦不足以通音韵。此则征其实也。音韵不能孤立，孤立则为空言，入于微茫矣。故必以文字、训诂为依归。"① 为证明喻三归匣、喻四归定运用了大量的声训、通假、异文、同源词例，曾运乾为说明古声通转而制定的声转表《四气图》，为说明古韵通转而制定的阴阳对转表都是把文字、音韵、训诂结合起来研究的成果。曾运乾《毛诗说》运用音韵解决了大量的训诂疑难问题，因此，杨树达称赞曾运乾"惟以声音训诂辞气推求古人立言真意之所在"②。

二、音韵学方法论

一般认为，传统音韵学考求上古音系音类的方法可以分为考古法和审音法两种。考古法是指通过一定的途径从先秦两汉文献的语音材料中考求上古声类、韵类的方法。这些材料主要有《诗经》等韵文，《说文》谐声、重文、异文、声训、通假等。审音法是指从语音系统结构平衡对称的角度，对上古音系做符合音理的推断和调整。审音常常立足于中古音系的阴声、阳声、入声韵的配合关系，洪（鸿）细、侈弇的结构均衡等，比较由考古所得的上古音系的内部的对称平衡，判断音类分立与否是否符合音理，然后再在考古的基础上做出区分音类的调整。③

曾运乾的系统论思想决定了他在古音研究中更多地使用审音的方法，但这并不是说他只擅长运用审音法考求古音，应该说，曾运乾研究古音兼用了考古和审音两种方法。曾运乾考定中古五十一声类是根据声韵之间配合关系，即侈弇鸿细理论得出的，这是审音法；但更重要的是，和钱大昕、章炳麟等人相比，他更注重将这两种方法综合运用。他考定喻三归匣、喻四归定，既运用了异文、通假、声训、古今字、谐声字、双声、重文、联绵词等传统的语音材

---

① 黄侃：《文字声韵训诂笔记》，上海古籍出版社1983年版，第149页。
② 杨树达：《曾星笠传》，载曾运乾《音韵学讲义》，中华书局2011年版，第5页。
③ 参见刘晓南《汉语音韵研究教程》，北京大学出版社2007年版，第136页。

料，这自然属于清儒经常使用的考古方法，又根据声韵相配的规律（或者说根据等韵知识）来证明喻三为喉音，喻四为舌音，这种方法属于审音法。曾运乾研究脂、微分部，也是综合运用了考古和审音二法。表现在一方面运用考古的方法，即分析上古谐声声符和《诗经》的押韵；另一方面又运用审音的方法，即证明脂、微分部后形成阴、阳、入三声即脂—质—真、微—物—文相配的局面。曾运乾的古声十九纽和古韵三十部也都是在前人研究的基础上得出来的，而前人的研究本来就包括了考古和审音两派的成果，曾运乾在前人的基础上所做的研究也都兼用了考古和审音二法。事实上，考古法和审音法是相互推动的，正如王宁、黄易青所说：

> 考古派，除了主要持归纳的方法，同时也运用审音的方法；反之，审音派亦然。所以，考古与审音二者之相推动，既有两派成员之间的相互作用，也有同一学者综合运用两种方法而得出结果。此前，人们研究古音学史，多看到考古与审音二者的对立，而较少注意二者的相互推动作用，上面的论述说明，我们应该全面辩证地看待二者的关系。①

曾运乾的音韵学研究实践证明考古和审音是对立统一的，正是因为曾运乾能够把两种方法有机地结合起来，因而在古音研究上取得了辉煌的成就。

---

① 王宁、黄易青：《论清儒古音研究中考古与审音二者的相互推动》，载《古汉语研究》2001年第4期，第2～7页。

第三章 曾运乾的今音学研究

第一节 曾运乾对有关声母、韵母概念的分析

一、曾运乾对有关声母概念的分析

（一）清浊

"清""浊"是传统音韵学上的重要概念，音韵学上辨析"清""浊"由来已久。《潘徽传》说："李登《声类》、吕静《韵集》，始判清浊，才分宫羽。"① 李登是三国魏人，这说明汉末就有了"清""浊"的区分，但其具体内容并不清楚。唐代孙愐《唐韵序》中也说："切韵者，本乎四声……引字调音，各自有清浊。"② 由此可知，其清浊可能与声母相关。明确地对声母进行清浊分类的，则是南宋张麟之重刊的《韵镜》和无名氏的《四声等子》。

罗常培则根据《韵镜》所列"清、次清、浊、清浊"之名，并参酌各家异名，列《全清次清全浊次浊异名表》而将音韵学上的声母考定为四类："全清""次清""全浊""次浊"③。从现代语音学来看，"全清"指不带音不送气的塞音、塞擦音和擦音，如中古帮母 [p]、见母 [k]、端母 [t]、精母 [ts]、庄母 [tʃ]、心母 [s]、晓母 [x] 等。"次清"指送气的塞音和塞擦音，如中古透母 [tʻ]、滂母 [pʻ]、溪母 [kʻ]、清母 [tsʻ]、初母 [tʃʻ] 等。"全浊"指带音不送气的塞音、塞擦音和擦音，如中古并母 [b]、定母 [d]、从母 [dz]、船母 [dʐ]、邪母 [z]、禅母 [ʐ]、匣母 [ɣ] 等。"次浊"指带音的鼻音、边音和半元音，如中古泥母 [n]、娘母 [ɳ]、来母 [l]、喻母 [j] 等。

曾运乾则据王国维的论著分析指出，"清""浊"的概念唐代以前只用来

---

① ［唐］魏徵、令狐德棻：《潘徽传》，载《隋书》（卷七十六），中华书局1973年版，第1745页。
② ［唐］孙愐：《唐韵序》，载［宋］陈彭年《钜宋广韵》，上海古籍出版社1983年版，第4页。
③ 罗常培：《汉语音韵学导论》，中华书局1956年版，第44页。

分析韵，与声没有关系，宋以后才用来分析声母。曾运乾说：

> 清浊之辨，唐时以别声势（按：指韵）之侈弇，宋以来乃以分音节之高低。王国维论韵书云："唐人所谓清浊，盖以呼等言。陆孙诸家撰韵时，固亦以清浊分类。陆氏云'欲广文路，自可清浊皆通。'孙氏云：'欲令清浊昭然。'魏鹤山所藏唐韵，前有部序，于一东下注德红切，浊、满口声。自此至三十四乏，皆然，皆其证也。"据此，则唐人所言清浊，皆以别韵类之呼等，于声纽无与也。自宋以来，则以清浊言纽，指掌图卷首列三十六字母引类清浊图；韵会举要则有纯清、次清、纯浊、次浊之目，名目纷繁，艰于理董。至清江永著《音学辨微》，始据三十六字母为五十音图，注明无字三十四位，标列七音，清声浊声，一览昭然，最为明晰。兹依其例，为切韵五声五十一纽清浊图。①

曾运乾认为，清浊在音韵学史上最初用于分析韵，后来分析声母的沿革这一观点是有一定道理的。赵元任曾把音韵学史上对清浊的认识分为两派：切韵派、韵镜派。他根据《切韵序》和《广韵》卷五后附录中的"辨四声轻清重浊法"的分类情况，认为"以上可以叫作切韵派的清浊用法，大半是注意到韵母的分类，对于声母几乎没有关系"。他又把分清浊观念跟现代相近的一派称为韵镜派，这一派跟切韵派的不同之处是拿清、浊只用来分析声纽而不在韵。② 赵元任对清浊观点的两派分类可以说支持了曾运乾的观点。

以上曾运乾所谓的"兹依其例"，指的是江永的《音学辨微》"十辨无字之音"中所说："凡牙舌唇最清之字无浊，见、端、知、帮、非五位是也。次浊之字无清，疑、泥、娘、明、微五位是也。齿音最清亦无浊，精照两位是，而次浊则有清无浊者共七位，有浊无清者亦共七位。"曾运乾据此把自己所定的中古五十一声纽制定出清浊图。今按曾运乾弟子郭晋稀所构拟的五十一声纽音值，并按音位学合并的三十六字母，适当修改后见表 3-1③。

---

① 曾运乾：《音韵学讲义》，中华书局 2011 年版，第 140 页。
② 参见赵元任《说清浊》，载赵元任著，吴宗济、赵新那编《赵元任语言学论文集》，商务印书馆 2002 年版，第 541~547 页。
③ 郭晋稀构拟的五十一声纽及三十六字母音值参见时建国《曾运乾的〈切韵〉五十一纽说》，载张士舫、郭令原等《郭晋稀纪念文集》，甘肃教育出版社 2000 年版，第 330~339 页。

表 3-1　曾运乾中古三十六字母拟音

五音	清浊					
	全清	次清	全浊	次浊	清	浊
唇音	帮 p	滂 pʻ	並 bʻ	明 m		
舌音	端 t	透 tʻ	定 dʻ	泥 n 来 l 喻 j		
	知 ṭ	彻 ṭʻ	澄 ḍʻ	娘 ṇ		
齿音	精 ts	清 tsʻ	从 dzʻ		心 s	邪 z
	庄 tʂ	初 tʂʻ	崇 dʐʻ		生 ʂ	
	章 tɕ	昌 tɕʻ	船 dʑʻ	日 ȵʑ	书 ɕ	禅 ʑ
牙音	见 k	溪 kʻ	群 gʻ	疑 ŋ	晓 x	匣（于）ɣ
喉音	影 ø					

在《切韵五声五十一纽考》的清浊图中，曾运乾五十一纽以全浊配次清，则说明曾运乾认为全浊声母是送气的。因此，我们不赞成郭晋稀把全浊声母构拟成不送气的看法。① 至于全浊声母是否送气的问题，学界尚有不同的看法，罗常培说：

> 等韵字母旧谱，全浊只有奉定澄群从床一类。而清声则有不送气之全清邦非端知见精照及送气之次清滂敷透彻溪清穿两类。则全浊之送气不送气，殊成问题。清江永《音学辨微》、洪榜《四声韵和表》、陈澧《切韵考》外篇等均以全浊专承次清。西人之考订中国古音者，高本汉与江、洪、陈三家之说合；而马伯乐则谓浊应专承全清，适与旧说相反。然自李光地等韵辨疑以"定北方为透浊声，南方为端浊声"，其后劳乃宣、章炳麟两氏均从李氏之说。……今案，删梵语体文之二浊为一者，西藏字母已然，并不始自守温。且自元明以降，北方语音全浊声母已不复存在。所谓"平声读从透类，上去入读从夏类"者（按：引自劳乃宣《等韵一得》），实为变成清声以后之现象。若据以断定"古母以一浊对两清"（按：引自劳乃宣《等韵一得》），殊未见其可也。现代吴语中全浊尚多保存本值，且大部分读为送气。故本篇仍从江洪陈三家之说，以全浊配次清。于劳章

---

① 郭晋稀拟音参见时建国《曾运乾的〈切韵〉五十一纽说》，载张士舫、郭令原等《郭晋稀纪念文集》，甘肃教育出版社 2000 年版，第 339 页。

二氏之论，犹未敢苟同。①

杨剑桥也指出，明清音韵学家陈澧、江永、钱大昕、江有诰等均认为全浊声母是送气的，这种说法跟《韵镜》可能是一脉相承的。现代音韵学关于梵汉对音的研究则表明，中古全浊声母是不送气的，但在保留全浊声母的现代吴方言中，全浊声母大多是送气的，故这个问题尚待继续研究。②

（二）鸿细

音韵学"鸿""细"的概念原来不是指声母，依照曾运乾的说法，"鸿""细"的说法源自江永，此后戴震、李汝珍等各有阐发，但"鸿""细"应皆用来指"韵"。曾运乾说：

> 鸿细之说，原于江永《四声切韵表》凡例云："一等鸿大，二等次大，三四皆细，四等尤细。"（按：原文当为"音韵有四等，一等洪大，二等次大，三四皆细，而四尤细"。学者未易辨也。各于韵图标明，辨等之法，须于字母辨之……）戴东原亦论之。戴氏《答段若膺论韵》云："人之语此（按：原文'此'为'言'）音声，或此方读其字洪大，彼方读其字微细，或共一方，而此人读之洪大，易一人读之又微细；或一人语言，此时言之洪大，移时而言之微细；……"由是李汝珍有音分粗细之说③，然其例实自法言启之。④

以上江永的洪细之说影响很大，江永在《音学辨微》中也说："音韵有四等，一等洪大，二等次大，三四等皆细，而四尤细。学者未易辨也。辨等之法，须于字母辨之。凡字母三十六位合四等之音乃具，后人言字母与等韵者憒于此。前人为等韵图又未明言此理……凡有舌头齿头者非一等即四等，以粗细别之。凡舌上非二等即三等亦有粗细。……音学必能辨等乃见前人立母之精当，分韵分部之详密。苟未能然，慎毋轻著音韵之书也。"江永的意思是说韵有四等的区别，四等的区别即洪细的区别，而辨别四等即洪细又必须从分析声

---

① 罗常培：《汉语音韵学导论》，中华书局1956年版，第48～49页。
② 参见杨剑桥《音韵学入门》，复旦大学出版社1987年版，第34页。
③ 李汝珍的《李氏音鉴》是一部著名的代表时音的通俗韵书，该书阐述了音韵学的基本理论和方法。
④ 曾运乾：《音韵学讲义》，中华书局2011年版，第143～144页。

母入手。江永因此根据等韵图上的空位情况列出等位图，把三十六字母分列四等。其实，声母并没有等的区别，声母之所以分等，其主要是声韵之间的配合关系使然。所以，这里江永虽然引入了"洪细"的概念来解释韵之各"等"的区别，把洪细和声母联系在一起讨论，但是"洪细"本质上仍是用来分析韵的概念。

江永又在《古韵标准》的"平声第四部总论"中说："自十七真至下平二仙，凡十四韵，说者皆云相通，愚独以为不然。真谆臻文殷与魂痕为一类，口敛而声细。元寒桓删山与仙为一类，口侈而声大。而先韵者界乎两类之间，一半从真谆，一半从元寒者也。《诗》中用韵本截然不紊。读者自紊之。"《平声第六部总论》说："此部之音，口开而声大，十一部之音，口弇而声细。《诗》所用画然分明。"《平声第十二部总论》说："二十一侵至二十九凡九韵，词家谓之闭口音，顾氏合为一部。愚谓此九韵与真至仙十四韵相似，当以音之侈弇分为两部。"这里江永以侈弇洪细作为划分上古韵部的条件，"洪""细"仍是用来分析韵的概念。

对于江永的洪细之说，罗常培这样解释说："今试以语音学术语释之，则一二等皆无［i］介音，故其音大；三四等皆有［i］介音，故其音细。同属大音，而一等之元音较二等之元音略后略低，故也洪大与次大之别……。同属细音，而三等之元音较四等之元音略后略低，故有细与尤细之别……；然则四等之洪细，盖指发元音时，口腔共鸣之大小而言也。"① 唐作藩的《音韵学教程》② 对江永的洪细之说的解释与罗常培也基本相同。总的说来，"洪细"是用来分析元音的术语，其中，洪大是对低、后元音而言，如［ɑ］、［o］、［u］、［ə］等元音；"细"是对前、高元音而言，如［i］、［e］、［ɛ］、［a］等元音。

需要指出的是，江永的洪细和侈弇往往联系在一起，而且"洪"与"侈"，"细"与"弇"之间似乎没有明显的区别，均为用来分析元音的术语，这一点从《古韵标准》的叙述可以看出。③ 此外，江永还有粗细、口侈、声大、口弇、口敛、声细等说法，但均只用来分析韵。

戴震所谓"人之语言音声，或此方读其字洪大，彼方读其字微细，或共一方，而此人读之洪大，易一人读之又微细；或一人语言，此时言之洪大，移

---

① 罗常培：《汉语音韵学导论》，中华书局1956年版，第62～63页。
② 唐作藩：《音韵学教程》，北京大学出版社2002年版，第68～69页。
③ 可能受到江永的影响，曾运乾的侈弇鸿细似乎也并没有截然分开，具体表现在他把口腔开张、振幅较广、发较大之音响者称为鸿声或侈音，把口腔收缩、振幅较狭、发较细之音响者称为细声或弇音。

时而言之微细"，似乎很有道理，但仔细看来，还是概念混乱。此方洪大，彼方微细，这是方言的不同，指的是声母、韵母的不同；同一方言，某甲洪大，某乙微细，这是各人的体质不同，不是声母、韵母的不同，不能混为一谈。①戴震的《答段若膺论韵》中另有一段话涉及洪细问题，今补充如下云："盖定韵时有意求其密，用意太过，强生轻重，其一读东内一等字必稍重，读二冬内字必稍轻，观'东'德红切，'冬'都宗切，洪细自见。然人之语言音声……"（按：德、都同为端母，德红切和都宗切的洪细区别，只能是代表韵的反切下字"红""宗"的区别，"红"是一东韵字，"宗"是二冬韵字，在《切韵》时代，一东、二冬是有区别的）这可能就是戴震所谓洪细有别的原意。可见，戴震所指的"洪细"指的是等呼不同，也是相对于"韵"而言。②

"洪细"用来指声母，钱大昕的《音韵答问》已经初现端倪。兹录于下：

> 问：近儒言古音者，每谓古敛而今侈，如之之为哈，歌之为麻，由敛而侈，似乎可信。
>
> 曰：此说亦不尽然。盖有古侈而今敛者矣，如古之唇音皆重唇也，后人于其中别出轻唇四母，重唇侈于轻唇也。古多舌音，后人或转为齿音，齿音敛于舌音也。③

以上，钱大昕用侈弇来分析唇音和舌齿音，钱氏虽然用"侈弇"而没有明确用"洪细"来指称声母，但在钱氏看来，和江永一样，侈弇和洪细并没有什么区分，那么洪细也是可以用来指声母的。

曾运乾说："钱氏审声，谓古侈而今敛。"④ 这说明曾运乾明确提出用"鸿细"来指称声母很可能受钱大昕的启发。曾运乾认为，既然韵有侈弇的区分，声韵之间是相配的，那么声母就会有鸿细的区别。曾运乾从语音的生理属性和物理属性，并以乐律做比较，阐述了声母鸿细之分的道理。曾运乾说：

> 音有侈弇，而声复有鸿细，音以口腔为共鸣器，声以口中各部为节制机关。其因口腔之开合，而为振幅之广狭，因振幅之广狭而为音响之大小

---

① 参见王力《清代古音学》，中华书局2013年版，第153页。
② 参见李汝珍《李氏音鉴》的"音分粗细之说"的粗细也可能指韵而言。
③ 钱大昕：《潜研堂文集》卷十五《答问十二·音韵》，商务印书馆1935年版，第218~219页。
④ 曾运乾：《音韵学讲义》，中华书局2011年版，第179页。

者则同。此犹乐律之韵,既有大小之殊,而乐律之声,亦各有强弱之别也。依侈弇分韵之理,则振幅广,而所发之声鸿,振幅狭而所发之声细。以故同一舌声,亦有端透定泥知彻澄娘之别。同一唇声,而有帮滂并明非敷奉微之别。且同一舌头音同一重唇音,而音之鸿细又自有别,则皆口腔广狭为之也。由此而得鸿声与细声之别。口腔开张,振幅较广,发生较大之声响者谓之鸿声。口腔收缩,振幅较狭,发生较细之声响者谓之细声。①

曾运乾不仅从理论上阐述了声母鸿细之分的道理,并从《切韵》中寻找古声分鸿细的依据,认为鸿细"其例实自法言启之"。曾运乾说:

> 声有鸿细,古称轻重。法言切韵自序云:"先、仙、尤、侯,俱论是切。欲广文路,自可清浊皆通;若赏知音,即须轻重有异。"先、仙同隶心母,尤、侯在隋唐时同隶匣母,而以为轻重有异者,则一纽之读法有殊也。轻重之别,后人分为鸿细。大概一字之音,重读其声圆足,轻读则其声锐利。例如乌、於一字也,鸿声则为乌,细声则为於。或、域一字也,鸿声则为或,细声则为域。丐、巧同字也,鸿声则为丐,细声则为巧。鲁、旅同字也,鸿声则为鲁,细声则为旅。它、蛇同字也,鸿声则为它,细声则为蛇。朋、凤一字也,鸿声则为朋,细声则为凤。且、祖一字也,鸿声则为祖,细声则为且(子鱼切)。鼎、贞同字也,鸿声则为鼎,细声则为贞。声读之轻重,显出声纽之鸿细,是故法言定韵,依声读轻重之别,而分一纽为鸿细二声。先、仙今读无别,而法言以为轻重有异,则知心母当分为鸿细二声也。尤、侯今音有别,而法言亦以为轻重有异,则知匣、于二母相为鸿细也。②

以上陆法言认为先、仙、尤、侯的区别体现在轻重有异,而曾运乾分析这种区别其实就是鸿细的区别,因此曾运乾把鸿细和轻重联系在一起,并说"声有鸿细,古称轻重",又说"声读之轻重,显出声纽之鸿细"。曾运乾所谓的"轻重"与等韵图用轻重表示开合是不同的。罗常培指出,《七音略》所谓重、轻,若衡以《四声等字》"序"中"审四声开阖以权其轻重"一语,实亦

---

① 曾运乾:《声韵学》,湖南教育出版社2012年版,第15页。
② 曾运乾:《音韵学讲义》,中华书局2011年版,第141~142页。

开合之义。① 如《七音略》凡所谓"重中重""重中轻"相当于后代所谓的开口,"轻中轻""轻中重"相当于后代所谓的合口。曾运乾所谓的"轻重"意为声读的轻重。曾运乾又说"大概一字之音,重读其声圆足,轻读则其声锐利"。这话实则表示曾运乾认为语音分化(即重读或轻读)则是古今字分化的重要原因。因为,曾运乾认为,"乌"与"於"、"或"与"域"、"丂"与"巧"、"鲁"与"旅"、"它"与"蛇"、"朋"与"凤"、"且"与"祖"两两之间所谓"同字"或"一字"的关系,其实就是古今字的古字与今字的语音关系,而古字和今字在语音上都是相同或相通的。

根据曾运乾五十一纽之说,以上曾运乾举例可分析如下。

乌、於(按:乌,哀都切,影一;於,央居切,影二。乌为影一,於为影二。两字上古同属影母,鱼部)

或、域(按:或,胡国切,匣母;域,雨逼切,于母。两字上古同属匣母,职部)

丂、巧(按:丂,苦浩切,溪一,晧韵;巧,苦绞切,溪一,巧韵。两字上古同属溪母,幽部。曾运乾以为"丂"为溪一,"巧"为溪二,误)

鲁、旅(按:鲁,郎古切,来一;旅,力举切,来二。两字上古同属来母,鱼部)

它、蛇(按:它,托何切,透母;蛇,食遮切,床三。依曾运乾上古声十九纽系统,床三上古属定母,与透母同发音部位,发音方法上同为送气音,只有清浊的区别。又,两字上古同属歌部)

朋、凤(按:朋,步崩切,并母;凤,冯贡切,奉母。两字上古同属并母,"朋"上古属蒸部,"凤"上古属冬部,两者古韵蒸、冬旁转)

且、祖(按:且,子鱼切,精二;祖,则古切,精一。两字上古同属精母,鱼部)

鼎、贞(按:鼎,都挺切,端母;耕部;贞,陟盈切,知母。两字上古同属端母、耕部)

以上只是曾运乾对汉字声母轻重或鸿细的区分的初步认识,因为曾运乾自己也只是说:"大概一字之音,重读其声圆足,轻读则其声锐利。"但何谓"圆足"、何谓"锐利",实在不好理解,而且若仅分析古今字的语音分化,是很难得出一个所谓的声母鸿细体系的。但曾运乾另外找到了一个途径,这就是他所说的"辄依《广韵》切语用字,分各纽鸿声细声"。具体而言,就是从

---

① 参见罗常培《汉语音韵学导论》,中华书局1956年版,第63~64页。

《广韵》切语上下字的相配关系来分析,即"音侈者声鸿,音弇者声细",可见他对声母鸿细的分析是根据《广韵》反切上字来决定的。今将曾运乾所分声纽鸿细列表如下,详见表3-2。

表3-2 曾运乾所分声纽之鸿细

喉音		牙音		舌音		齿音		唇音	
鸿	细	鸿	细	鸿	细	鸿	细	鸿	细
影一	影二	见一 溪一 晓一 匣 疑一	见二 溪二 群 晓二 于 疑二	端 透 定 泥 来一	知 照三 彻 穿三 澄 床三 娘 审三 来二 禅 日	精一 清一 从一 心一	精一 清一 从一 心一 邪	照二 穿二 床二 审二	帮 滂 并 明	非 敷 奉 微

需要指出的是,曾运乾的声母鸿细之分实际上是建立在声韵相配的基础之上的,如果单独分析声母,就无所谓鸿细的区别,正如耿振生在《20世纪汉语音韵学方法论》中所说:"如果把介音部分也包含在声母内,才有声母的洪细之分;如果去掉介音部分,纯粹的辅音声母本无所谓洪细,同一声母,所配的韵母既可是侈音,也可以是细音。"① 以上耿振生所说的"介音部分"自然是属于韵的一部分了。

二、曾运乾对有关韵母概念的分析

曾运乾分析韵母用到"侈""弇"两个概念。"侈""弇"最早是江永的《古韵标准》里区别上古韵部时使用的名词。所谓"侈"是指发音时口腔开口度较大,也就是[ə]系统;所谓"弇"是指发音时口腔开口度小,也就是[a]系统。江永精于等韵,区别侈弇来研究古韵分部很可能是他从等韵学对等的看法中领悟出来的。他在《四声切韵表》的"凡例"中说:"音韵有四等,一等洪大,二等次大,三四等皆细,而四尤细。"② 这是我国音韵学史上首次对等韵学中的"等"这一核心概念做出科学的解释,其中"洪""细"和"侈""弇"实质上是一致的。江永认为,人类的语言中本来就存在侈弇的区

---

① 耿振生:《20世纪汉语音韵学方法论》,北京大学出版社2004年版,第177页。
② 唐作藩认为这是我国音韵学史上首次对等韵学中的"等"这一核心概念做出科学的解释。参见唐作藩《江永的音韵学与历史语言学》,载《语文研究》2001年第1期,第1~5页。

别，因此可以据此来研究古韵分部。他在《古韵标准》的"例言"中说："人灵万物，情动声宣，声成文谓之音。错综纵横，四七经纬，由是侈弇异呼，鸿杀异等，清浊异位，开发收闭异类，喉牙齿舌唇辗转多变，悉具众音。"① 正是在侈弇理论的指导下，江永的古韵分部，才确立了真元分立、宵侯分立、侵谈分立，江永因此在顾炎武十部的基础上多分出了三个韵部。江永的侈弇理论是有道理的。王力认为，区别侈弇是江永在古音学上的最大贡献，他说："汉语的语音，从古到今，都有［a］系统与［ə］系统的对立。江氏区别幽、宵两部，因为宵部是［a］系统，幽部是［ə］系统。区别真、元两部，因为元部是［a］系统，真部是［ə］系统。区别侵、谈两部，因为谈部是［a］系统，侵部是［ə］系统。这一发现是很重要的。"②

江永之后，清儒研究上古、中古音（和江永区分上古韵部相比，曾运乾还进一步用来区分中古韵部）时，也会用到"侈""弇"的概念。段玉裁则提出了"古音多敛，今音多侈""音之敛侈必适中，过敛而音变矣，过侈而音变矣"等观点。③ 段玉裁在《六书音均表》中说：

> 古音分十七部矣，今韵平五十七，上五十五，去六十，入三十有四，何分析之过多也？曰："音有正变也④。音之敛侈必适中，过敛而音变矣，过侈而音变矣。之者，音之正也，咍者，之之变也。萧宵者，音之正也。肴豪者，萧宵之变也。……歌戈者，音之正也。麻者，歌戈之变也。大略古音多敛，今音多侈。"⑤

钱大昕则认为段玉裁的"古音多敛，今音多侈"的说法不可一概而论。他认为古音有"古侈而今敛"的情况，钱大昕在《音韵答问》中说：

---

① ［清］江永：《古韵标准》，中华书局1985年版，第1页。
② 王力：《中国语言学史》，山西人民出版社1981年版，第146～147页。
③ 王力不同意段玉裁这个观点，他认为音韵变迁出乎自然，并非由于过敛或过侈。参见王力《清代古音学》，中华书局2013年版，第267页。
④ 曾运乾不同意段玉裁的正韵、变韵之说，他对段氏这段话评价说："此非音之正变也，如东冬之江，阳唐之庚，鱼模歌戈之麻，乃为变韵。"参见曾运乾《音韵学讲义》，中华书局2011年版，第179页。
⑤ ［清］段玉裁：《六书音均表》，载［东汉］许慎撰、［清］段玉裁注《说文解字注》，上海书店出版社1992年版，第815页。

> 问：近儒言古音者，每谓古敛而今侈，如之之为哈，歌之为麻，由敛而侈，似乎可信。
>
> 曰：此说亦不尽然。盖有古侈而今敛者矣，如古之唇音皆重唇也，后人于其中别出轻唇四母，重唇侈于轻唇也。古多舌音，后人或转为齿音，齿音敛于舌音也。……声音或由敛而侈，或由侈而敛，各因一时之语言，而文字从之。如"仪""宜""为"字，古音与歌近，今入支韵，即由侈而敛也。岂可执古敛今侈之说一概而论乎！①

章炳麟也不同意段玉裁的观点，他在《二十三部音准》中说：

> 段氏言古音敛，今音侈，悉以支韵还就正韵，则支、脂、之何以分，东、冬何以辨焉？钱君驳之曰：歌部字今多入支，此乃古侈今敛之徵也。余以古人呼泰若今北方呼麻之去，今乃与代、队、至乱，亦古侈今敛也。大氐声音转变，若环无端，终则有始，必若往而不返，今世宜多解颐之忧也。②

以上三家，曾运乾补充评论说："段氏论音，谓古敛今侈。钱氏审声，谓古侈而今敛。近人章氏谓鱼部音当读如模部，阳部音当读如唐部，是亦主张古侈今敛者。实则音有侈弇，声有鸿细，皆天地间自然之音；而文字之读法，大率古音侈今音敛，所谓昔吾有先正，其言明且清也。"③ 以上曾运乾指出段玉裁是从韵的角度认为"古敛今侈"，而钱大昕则不仅从韵（如钱氏所称"仪""宜""为"字，古音与歌近，今入支韵，即由侈而敛也），还从声母的角度认为"古侈今敛"，两人的观点不同，考察问题的角度也不同。曾运乾更赞成钱大昕、章太炎的观点，他认为"古侈今敛"④。

曾运乾还认为"音有侈弇，声有鸿细，皆天地间自然之音"，这和江永的看法是完全一致的。既然人类语音中必然有侈弇之分来显示读音的差别，那么

---

① [清]钱大昕：《潜研堂文集》卷十五《答问十二·音韵》，商务印书馆1935年版，第218～219页。
② 章太炎撰，庞俊、郭诚永疏证：《国故论衡疏证》，中华书局2008年版，第101页。
③ 曾运乾：《声韵学》，湖南教育出版社2012年版，第214页。
④ 王力也不同意段玉裁的"古敛今侈"的说法，他指出，若用音标表示段氏的古音十七部，那么支 [i]、[ui]，脂 [i]、[ui]，之 [i] 部三者之间的读音就没有分别了。参见王力《汉语语音史》，商务印书馆2017年版，第44页。

自然可以据以研究古韵分部。正是在这种认识的基础上,曾运乾进一步发挥了江永的学说。如果说江永是用侈弇理论来分析上古韵部的话,那么曾运乾不仅用来分析上古韵部,还进一步用来分析中古韵部。曾运乾说:

> 至于隋唐之间,其读法亦不能全如周秦。是故古音分部,各有弇侈,如:咍齐与登青对转为一大类,咍齐分部者,咍侈而齐弇也;登青分部者,登侈而青弇也。歌灰齐(之半)与寒魂先对转为一大类,歌灰齐(之半)分部者,歌灰侈而齐(之半)侈也;寒魂先分部者,寒魂侈而先弇也。模侯萧与唐东冬对转为一大类,而模侯萧分部者,模侯侈而萧弇也;唐东冬分部者,唐东侈而冬弇也。豪自为一类侈音也。覃添分部者,覃侈而添弇也。此古音阴声阳声十九部之条理可寻者也。
> 至法言《切韵》分析愈微,每韵各制侈弇二韵,如咍之一韵,咍侈而之弇也;登蒸一韵,登侈而蒸弇也;齐支一韵,齐侈而支弇也;青清一韵,青侈而清弇也;模鱼一韵,模侈而鱼弇也;唐阳一韵,唐侈而阳弇也;侯虞一韵,侯侈而虞弇也;东钟一韵,东侈而钟弇也。《切韵》侈弇分韵之例,视此矣。①

今根据现代语音学的有关知识,将曾运乾以上分析阴声、阳声十九部的侈弇情况列表如下(括号前为王力所标韵目和拟音,王氏拟音据其《汉语史稿》,括号内为对应的曾运乾韵目名称和拟音,曾运乾拟音据时建国《曾运乾古韵三十部说略》②),详见表 3 - 3。

表 3 - 3 阴声、阳声十九部侈弇情况

类别	阴声韵	拟音	阳声韵	拟音	侈弇
第一类	之(咍第一)	ə (ə)	蒸(登第三)	əŋ (əŋ)	侈
	支(齐半第四)	e (æ)	耕(青第六)	eŋ (æŋ)	弇
第二类	歌(歌戈第七)	a (a)	元(寒桓第九)	an (an)	侈
	微(灰第十)	əi (əi)	文(痕魂第十二)	ən (ən)	侈
	脂(齐半第十三)	ei (æi)	真(先第十五)	en (æn)	弇

---

① 曾运乾:《音韵学讲义》,中华书局 2011 年版,第 179~180 页。
② 参见时建国《曾运乾古韵三十部说略》,载《古汉语研究》2009 年第 2 期,第 11~15 页。

续表 3-3

类别	阴声韵	拟音	阳声韵	拟音	侈弇
第三类	鱼（模第十六）	ɑ（ɑ）	阳（唐第十八）	ɑŋ（ɑŋ）	侈
	侯（侯第十九）	o（ou）	东（东第廿一）	oŋ（ouŋ）	侈
	幽（萧第廿二）	əu（əu）	冬（冬第廿四）	əm（əuŋ）	弇
第四类	宵（豪第廿五）	au（au）			侈
第五类			侵（覃第廿八）	əm（əm）	侈
			谈（添第三十）	am（am）	弇

从表 3-3 可以看出，曾运乾所定的侈音的韵腹为央元音 [ə] 或后元音 [o]，如之（蒸）部；侵部、侯（东）部，弇音的韵腹为前元音 [æ] 或 [a]，如支（耕）部、脂（真）部、谈部。不过需要指出的是，所谓侈弇是相对的，如幽（冬）部，虽然韵腹为央元音 [ə]，但口腔的开口度还是不及同类的韵腹为后低元音 [ɑ] 的鱼（阳）部，韵腹为后元音 [o] 的侯（东）部大，因此也只能算是弇音。而宵部的韵腹为前元音 [a] 也定为侈音，则可能跟其后的韵尾 [u] 有关，[u] 是一个后高元音，由 [a] 向 [u] 过渡，有口腔开口度增加的过程，因此也被曾运乾视为侈音。

又，上述曾运乾所分析的中古韵部可列表 3-4（拟音据李荣《切韵音系》，括号前为王力所标上古韵目，括号内为对应的曾运乾韵目名称）。

表 3-4 中古音侈弇分韵例

上古韵部	中古韵目	等呼	拟音	侈弇
之（哈第一）	哈	开一	âi	侈
	之	开三	iə	弇
蒸（登第三）	登	开一　合一	əŋ　uəŋ	侈
	蒸	开三	iəŋ	弇
支（齐半第四）	齐	开四　合四	ei　uei	侈
	支	开三　合三	ie　iue	弇
耕（青第六）	青	开四　合四	eŋ　ueŋ	侈
	清	开三　合三	iäŋ　iuäŋ	弇

续表 3-4

上古韵部	中古韵目	等呼	拟音	侈弇
鱼（模第十六）	模	合一	o	侈
	鱼	开三	iα	弇
阳（唐第十八）	唐	开一　合一	âŋ　uâŋ	侈
	阳	开三　合三	iaŋ　iuaŋ	弇
侯（侯第十九）	侯	开一	əu①	侈
	虞	合三	io	弇
东（东第廿一）	东	合一　合三	uŋ　iuŋ	侈
	钟	合三	ioŋ	弇

从表 3-4 可以看出，曾运乾所定的侈音韵部均为一、四等韵（实际上还包括二等韵），弇音韵部均为三等韵。可见，曾运乾的侈弇理论和江永是有区别的，曾运乾的侈音包括一、二、四等韵，弇音是指三等韵；而江永的侈音是指一、二等韵，弇音是指三、四等韵。曾运乾的侈弇之分和《广韵》反切上字和下字的配合关系有关，《广韵》切上字和切下字匹配的不同其实就是"等"的不同。这种等的不同在《广韵》中基本上可以分为两类：一、二、四等为一类，三等为一类。按照现代学者构拟的音值，三等字有［i］介音，故其音"弇"或"细"，一、二、四等字没有［i］介音，故其音侈或鸿。

以上曾运乾分析的上古韵部和中古韵的侈弇之分，和王力说的"汉语的语音，从古到今，都有［a］系统与［ə］系统的对立"是一致的。

曾运乾还进一步从语音的生理属性对侈音、弇音做出了比较科学的阐释。曾运乾说：

　　音响之大小，依振幅之广狭而别。振幅之广狭又依共鸣器之侈弇而别。共鸣器侈，则振幅广而音响大。共鸣器弇，则振幅狭而音响自细。以人籁言之，为善于变化之共鸣器，能收缩其容积使振幅逼窄而成纤细之音，亦能展放其容积使振幅宽广。②

---

① 侯韵的拟音据邵荣芬《切韵研究》，中华书局 2008 年版，第 157 页。
② 曾运乾：《声韵学》，湖南教育出版社 2012 年版，第 14 页。

因此，曾运乾侈音、弇音之说是对前人有关理论的合理继承和发展，他对韵母的侈、弇之分和对声母的鸿细之分，为他根据"音侈者声鸿，音弇者声细"的声韵配合关系分析出《广韵》五十一声类打下了理论基础。而他的"音有侈弇，声有鸿细，皆天地间自然之音"这一认识使他正韵、变韵之说与黄侃区别开来，从而被后人认为是精辟的见解。

第二节 曾运乾对《广韵》声类、韵类的研究

一、曾运乾对《广韵》声类的研究

曾运乾研究《广韵》声类最重要的成果就是《切韵五声五十一纽考》[①]，后来在其《音韵学讲义》中改称为《广韵之五声五十一纽》[②]。《广韵之五声五十一纽》是以陈澧《切韵考》为基础，对《广韵》声类的进一步分析。

在《广韵之五声五十一纽》一文中，曾运乾既指出了陈澧的贡献："照、穿、床、审、喻各分二类，《广韵》切语，绝不相混。陈氏分为十类，既得之矣。"同时，指出"明、微二母，陈氏囿于方音，而并合之，非《切韵》本例然也"。又，"陈氏不知切语音侈声鸿、音弇声细之例，据《广韵》类隔切语，和明微二母为一，不知《广韵》互注切语多为类隔，盖欲藉此以明一声轻重之可互相通用，苟据是以议并合，则端知八母、帮非八母，皆可合并。钱大昕《考古声类》已全证明矣，宁独明微二母之可相并合耶？"又，"陈澧据《广韵》一字两音，互注切语，为同一声之证，大体固不谬，以云法言定例则未也。盖《广韵》互注之切语，多用类隔，以明声类之本同，如语韵褚丁吕切，同韵褚丑吕切，又张吕切，张吕切即丁吕切。养韵长知丈切，阳韵长直良切，又丁丈切，丁丈切即知丈切也。又线韵传知恋切，又丁恋切，丁恋切即知恋切也。陈氏既据多都互用，证二字声类之同，宁不可据丁知互用，证端知二母之同耶？且又模韵涂同都切，鱼韵涂直鱼切，又直胡切，直胡切即同都切也。字母同在定纽，直在澄母，又宁不可据直同互用，证定澄二母之同耶？一证其合，一任其分，此其为例之不纯者也。盖由不知声音鸿细之例，故于切语之不系联者，无法以处之，不得已而取互注切语为证，于是影、见、溪、晓、疑、来等之不相系联，应分轻重者，皆取互注切语以证其通为一类，而不知帮等八母，端等

[①] 《切韵五声五十一纽考》发表在《东北大学季刊》1927年第1期。
[②] 参见曾运乾《广韵之五声五十一纽》，载《音韵学讲义》，中华书局2011年版，第119～131页。

八母，各有此类互注切语，两相通假也。唯用鸿细侈弇之例，则孰为重声，孰为轻声，区以别矣"。总之，陈澧"所分声类，不循条理，囿于方音，拘于系联"。

以上曾运乾批评陈澧最重要的问题是陈氏对"一字两音，互注切语"（即又音和互见）的处理。事实上，所谓又音和互见，既可能指"同音异切"（即读音相同而反切用语不同，陈澧把凡是合并的反切上字的又音、互见都处理为这一种），也可能指"同字异读"（即同一个字具有两种以上的中古读音，如端、知组八母，帮、非组八母），但把切语形式完全相同的又音、互见处理为合并或分类，陈澧却没有一个明确的标准，这自然会受到曾运乾"一证其合，一任其分，此其为例之不纯者也"的指责。因此，陈澧依据又音和互见来合并反切上字的分类，其方法本身就有了一个很大的漏洞。此外，陈澧所使用的系联法，存在另一无法克服的弊病，正如陆志韦《证〈广韵〉五十一声类》所言："系联之法，病在唐五代之治韵学者用字如或偶尔疏忽，则切上字之本不系联者或因而系联焉。其本当系联者或因而不系联焉。"①

前修未密，后出转精。正是在认识到陈澧系联法不足的基础上，曾运乾另辟蹊径，使用了一种"声韵相配关系推证法"的审音法②，对《广韵》的切上字进行了分析，并得出了《广韵》声纽五十一声类的观点。曾运乾说：

> 至于喉音之影，牙音之见、溪、晓、疑，舌音之来，齿音之精、清、从、心，凡十母，依切韵声音之例，皆应各分二母者也。盖声音之理，音侈者声鸿，音弇者声细。《广韵》切语，侈音例用鸿声，弇音例用细声；反之，鸿声例用侈音，细声例用弇音。此其例即见于法言之自序云："支（章移切）脂（旨夷切）鱼（语居切）虞（遇俱切），共为一韵，先（苏前切）仙（相然切）尤（于求切）侯（胡沟切），俱论是切。"上四字移、夷、居、俱，明韵之易于淆惑者；下四字苏、相、于、胡，明切之易于淆惑者。故支、脂、鱼、虞皆举音和双声，以明分别韵部之意；先、仙、尤、侯皆举类隔双声，以明分别纽类之意。如先苏前切，苏相不能互易者，先为真韵之侈音，苏在模韵，亦侈音也。例：音侈者声鸿，故先为苏前切也。仙相然切，相苏不能互易者，仙为寒韵之弇音，相在阳韵，亦弇音也。例：音弇者声细，故仙为相然切也。又如：尤于求切，于胡不能

---

① 陆志韦：《证〈广韵〉五十一声类》，载《陆志韦语言学著作集》（二），中华书局1999年版，第373～374页。

② 参见耿振生《20世纪汉语音韵学方法论》，北京大学出版社2004年版，第175页。

相易者，尤为萧韵之弇音，于在虞韵亦弇音也。例：音弇者声细，故尤为于求切也。侯胡沟切，胡于不能相易者，侯为虞韵之侈音，胡在模韵亦侈音也。例：音侈者声鸿，故侯为胡沟切也。是故法言切语之法，以上字定声之鸿细，而音之弇侈寓焉；以下字定音之弇侈，而声之鸿细亦寓焉。见切语上字其声鸿者，知其下字必为侈音；其声细者，知其下字必为弇音矣。见切语下字其音侈者，知其上字必为鸿声；其音弇者，知其上字必细声矣。试以一东部首东、同、中、虫四字证之：东、中、同、虫皆类隔双声，此与先、仙、尤、侯一例。东德红切，同徒红切，德、徒鸿声也，亦侈音也；红侈音也，亦鸿声也。故曰音侈者声鸿，声鸿者音侈。中陟弓切，虫直弓切，陟直细声也，亦弇音也，弓弇音也，亦细声也，故曰音弇者声细，声细者音弇。四字同在一韵，不独德、陟、徒、直不能互易，即红、弓亦不能互易，此即陆生轻重有异之大例也。东塾举此四字，以明清浊及平上去入，而不知声音之弇侈鸿细，即寓其中，故其所分声类，不循条理，囿于方音，拘于系联，于明、微之应分者合之，影等十母之应分者亦各仍其旧而不分，殆犹未明陆生之大法也。今辄依切语音侈声鸿音弇声细之例，各分重轻二纽。陈氏原四十类，加入微、影二、见二、溪二、晓二、匣二（即陈氏所分之于类）、疑二、来二、精二、清二、从二、心二十一母，故四十类为五十一纽也。①

曾运乾所用的分析声类方法——声韵相配关系推证法，是把江永的《古韵标准》分析上古音所用的洪细侈弇理论运用到中古音的有益的尝试。② 曾运乾认为，代表中古音的《广韵》，其切语"音侈者声鸿，音弇者声细"的原则从陆法言《切韵序》所说的"支（章移切）脂（旨夷切）鱼（语居切）虞（遇俱切），共为一韵，先（苏前切）仙（相然切）尤（于求切）侯（胡沟切），俱论是切。欲广文路，自可清浊皆通；若赏知音，即须轻重有异"就已经体现出来。正是在陆法言"轻重有异"的启发下，曾运乾把《广韵》代表声母的反切上字分为鸿、细两类，相应地把代表韵母的反切下字分为侈、弇两类（曾运乾把口腔开张，振幅较广，发较大之音响者称为鸿声或侈音；把口腔收缩，振幅较狭，发较细之音响者称为细声或弇音③），它们之间具有"音

---

① 曾运乾：《音韵学讲义》，中华书局 2011 年版，第 119～121 页。
② 参见耿振生《20 世纪汉语音韵学方法论》，北京大学出版社 2004 年版，第 175 页。
③ 曾运乾：《音韵学讲义》，中华书局 2011 年版，第 120 页。

侈者声鸿，音弇者声细"的搭配关系。①

需要指出的是，曾运乾的侈弇鸿细虽然导源于江永，但两者的内涵是不同的，具体表现在：曾运乾的侈弇，是从等韵来说的，其中一、二、四等韵为侈音，三等为弇音；而江永的侈弇，是从韵腹的开口度来说的，其中开口度大的低元音为侈音，开口度小的高元音或半高元音为弇音。曾运乾的鸿细，专门用来分析声类，其中一、二、四等为鸿声，三等为细声；江永的洪细，不用来分析声类，而是大致跟分析韵腹的侈弇近似，也可以用来分析等韵学里的四等，②但江永把一、二等看作洪音，把三、四等看作细音。从字面上看来，曾运乾用鸿声、细声（曾运乾的"声"专指声母，"音"专指韵母，如侈音、弇音），江永用洪音、细音，也表现出曾运乾有意区别于江永的目的，至于曾运乾用"鸿"，江永用"洪"大概是没有区别的。

曾运乾用这种声韵相配的规律来分辨声类，其实质就是把韵类作为背景条件，考察代表声类的反切上字在不同条件下的分布规律。分布的规律是代表一、二、四等的"鸿声""侈音"相配成一系，代表三等的"细声""弇音"为一系。曾运乾最终得出的结论是《广韵》声纽为五十一声类，其中，鸿声十九类、细声三十二类。此后，陆志韦《证〈广韵〉五十一声类》用概率统计的方法也得出五十一声类的结论，周祖谟则进一步论证了曾运乾把精组一分为二的合理性。③ 其实，如果陈澧严格遵循他的"同用""互用""递用"体例，那么《广韵》声纽也为五十一声类。曾运乾的五十一声类已经得到音韵学界普遍的认可。

曾运乾所用的研究方法有其合理性，表现在三个方面。

（1）曾运乾用这种方法考察切语上字的分类，有其客观的声韵配合规律作为条件。汉语音节的一个重要特点是声韵之间是互相制约的，这在客观上造成韵母分等，声母也分等的情况。宋人等韵图也告诉我们，声韵配合呈现出一

---

① 曾运乾又说："声与韵之结合，在衍声之文字言之，则为并音。在衍形文字言之，则为反切。反切之上一字，必与本字同纽，而又同鸿细同清浊。反切下一字，必与本字同韵，而又同平仄，同等呼。"参见曾运乾《声韵学》，湖南教育出版社2012年版，第19页。

② 如江永《音学辨微》中说："音韵有四等，一等洪大，二等次大，三四皆细，而四尤细。"（[清]江永：《音学辨微》，中华书局1985年版，第37页）其中，洪大应指低、后元音而言，如[ɑ]、[o]、[u]、[ə]等元音；"细"应指前、高元音而言，如[i]、[e]、[ɛ]、[a]等元音。

③ 参见陆志韦《证〈广韵〉五十一声类》，载《陆志韦语言学著作集》（二），中华书局1999年版，第373～431页；周祖谟《陈澧切韵考辨误》，载《问学集》（下册），中华书局1966年版，第517～580页。

定的规律性。"声母在韵图上的特殊排列,其实质上是声母与韵母的拼合关系各有不同。"① 声母被排入不同的等,除了韵图框架的制约,主要原因是它们与韵母的拼合关系使然。从声韵拼合关系来看,《切韵》三十六字母在韵图上的分布见表3-5(表中的○表示这个位置声母与本等之韵不能相拼或缺声母)。

表3-5 《切韵》三十六字母在韵图中的分布

等级	唇音	舌音	牙音	齿音	喉音	舌齿音
一等	帮滂并明	端透定泥	见溪○疑	精清从心○	影晓匣○	来
二等	帮滂并明	知彻澄娘	见溪○疑	庄初崇生	影晓匣○	来
三等	帮滂并明	知彻澄娘	见溪群疑	庄初崇生 章昌船书禅 精清从心邪	影晓匣(于)以	来日
四等	帮滂并明	端透定泥	见溪○疑	精清从心○	影晓匣○	来

从表3-5可以看出,《切韵》三十六母拼合关系大致如下。

一、二、三、四等韵俱全的声母11个:帮滂并明、见溪疑、影晓匣、来。

只能拼一、二、四等韵的声母有1个:匣。

只能拼一、三、四等韵的声母有4个:精清从心。

只能拼一、四等韵的声母有4个:端透定泥。

只能拼二、三等韵的声母有8个:知彻澄娘、庄初崇生。

只能拼三等韵的声母有10个:群、章昌船书禅、邪、匣(于)、以、日。

曾运乾的"音侈者声鸿,音弇者声细"实际上是说:凡是切语下字的韵母无[-i]介音,代表声母的切上字也相应地采用无[-i]介音的字。凡是切语下字的韵母有[-i]介音,代表声母的切上字也相应地采用有[-i]介音的字。这种观点和赵元任提出的"介音和谐说"②如出一辙。"介音和谐说"认为,《广韵》的作者选用反切上字时考虑了反切下字和被切字以及被切字的韵类,尽量使用介音与被切字相同的字做上字,于是反切上字和反切下字就呈现出"等"的一致性。三等韵类的被切字,所用的反切下字自然要用三等字,而同时它们的反切上字也大多是三等字;在一、二、四等韵类,反切下字自然与被切字属于同样的韵类,同时它们的反切上字也大多是一、二、四等字,但

---

① 刘晓南:《汉语音韵研究教程》,北京大学出版社2007年版,第79页。
② 参见赵元任《中古汉语里的语音区别》,载《哈佛燕京学报》1941年第2期。

是不限定是同等字。这就是所谓的鸿声例用侈音,细声例用弇音。按照现代学者构拟的音值,三等字有 i 介音,一、二、四等字没有 [i] 介音。正如李荣所说:"一二四等全没有 [i] 介音,三等有 [i] 介音,所以反切上字为求介音和谐,有分组的趋势。"① 因此,上下字的配合关系,本质上就是介音的一致性。虽然他的论证方式表面上看来,难免会受到"循环论证"之嫌的批评,② 但是如果明白了声韵之间的客观配合规律,明白了曾运乾把五十一声类的论证放在中古和上古音语音系统中考察,明白了曾运乾论证过程的逻辑性,就不必指责曾运乾的论证方法了(按:详见下文分析)。

(2) 曾运乾对中古音系中声类、韵类的研究是和他的上古音系的研究相统一的。曾运乾以《广韵》为基础,进而推及上古音,他合理地建立了自己的全套音韵学体系。由于他完整的学术体系,使得他的中古五十一声纽、上古十九纽、中古三百零六韵类、上古三十韵部成为一个有机的整体,因此曾运乾对《广韵》五十一声纽的论证是从古今语音系统着眼的。如曾运乾分析说:"先为真韵之侈音,苏在模韵,亦侈音也。""仙为寒韵之弇音,相在阳韵,亦弇音也。"这两段话必须参照曾运乾自制的《广韵》二百零六部之正、变、侈、弇,那么开、合、齐、撮与古韵三十部的对应关系表才好理解。其中,"真韵"是上古韵部,不同于《广韵》的真韵,实为曾运乾所定的古韵三十部的因摄(相当于王力的真部);"寒韵"也是上古韵部,不同于《广韵》的寒韵,实为曾运乾所定的古韵三十部的安摄(相当于王力的元部)。而"模韵""阳韵"均为《广韵》之韵,"模韵"实属于曾运乾所定的古韵三十部的乌摄之韵(相当于王力的鱼部);"阳韵"实属于曾运乾所定的古韵三十部的鸯摄之韵(相当于王力的阳部)。曾运乾以五十一纽为基础,采用前人对古声纽的研究成果,分析出了古声十九纽,又根据古声十九纽推求出古本韵三十部,而古声十九纽、古本韵三十部的合理性反过来又证明了他研究的起点——中古五十一纽的合理性,因此把曾运乾的证明方式简单地归结为循环论证是不正确的。

(3) 曾运乾的论证方式符合形式逻辑的道理,因此增强了他的结论的说服力。曾运乾的推理过程可以分为如下两步。

第一步,论证反切上字或反切下字与被切字之间的声韵关系。

曾运乾以"先"与"侯"为例证明"音侈者声鸿"、以"仙"与"尤"为例证明"音弇者声细"的道理。曾运乾最终证明了被切字、切上字、切下

---

① 李荣:《切韵音系》,科学出版社 1956 年版,第 112 页。
② 参见耿振生《20 世纪汉语音韵学方法论》,北京大学出版社 2004 年版,第 177 页。

字各自的声韵之间存在"音侈者声鸿,音弇者声细"的关系,这说明任何一个字(无论它是什么身份)的声韵之间均存在"音侈者声鸿,音弇者声细"的关系,这是一个普遍的规律。这就是曾运乾所说的"是故法言切语之法,以上字定声之鸿细,而音之弇侈寓焉;以下字定音之弇侈,而声之鸿细亦寓焉"①的结论。不过,曾运乾的论证有一疏忽之处,即以上举例,曾运乾从未分析切下字,因此,无法推断出"以下字定音之弇侈,而声之鸿细亦寓焉"的结论。而据下文可知,曾运乾分析反切下字是为证明"声鸿者音侈""声细者音弇"的道理。今据曾运乾原意和行文体例补缀如下:

先苏前切,前然不能互易者,先为鸿声,前侈音也,亦鸿声也。例:声鸿者音侈,故先为苏前切也。仙相然切,然前不能互易者,仙为细声,然弇音也,亦细声也。例:声细者音弇,故仙为相然切也。又如:尤于求切,求沟不能互易者,尤为细声,求弇音也,亦细声也。例:声细者音弇,故尤为于求切也。侯胡沟切,沟求不能互易者,侯为鸿声,沟侈音也,亦鸿声也。例:声鸿者音侈,故侯为胡沟切也。

这段话置于曾运乾原文"故侯为胡沟切也"之后,"是故法言切语之法,以上字定声之鸿细,而音之侈弇寓焉"之前,则不仅文通理顺,而且论证有力矣!

第二步,进一步论证反切上字和下字的声韵关系。

既然被切字的声韵之间存在"音侈者声鸿,音弇者声细"的普遍规律,而被切字的声母由切上字决定,韵由切下字决定,那自然代表被切字的声母的切上字和代表被切字韵的切下字之间也必然存在"音侈者声鸿,音弇者声细"的关系。因此,很容易得出"见切语上字其声鸿者,知其下字必为侈音;其声细者,知其下字必为弇音矣。见切语下字其音侈者,知其上字必为鸿声;其音弇者,知其上字必细声矣"②的结论。与第一步通过举例得出结论不同的是,曾运乾在第二步是先根据推理得出结论,再举例证明自己的结论。这一步曾运乾以一东部首"东""同""中""虫"四字来证明。虽然曾运乾认为此四字与"先""仙""尤""侯"同例,但证明的方式并不相同。曾运乾说:"东德红切,同徒红切,德、徒鸿声也,亦侈音也;红侈音也,亦鸿声也。故曰音侈者声鸿,声鸿者音侈。中陟弓切,虫直弓切,陟直细声也,亦弇音也,

---

① 曾运乾:《音韵学讲义》,中华书局2011年版,第120页。
② 曾运乾:《音韵学讲义》,中华书局2011年版,第120～121页。

弓弇音也，亦细声也，故曰音弇者声细，声细者音弇。"① 可见，曾运乾直接证明切上字、切下字各自的声韵之间均存在"音侈者声鸿，声鸿者音侈；音弇者声细，声细者音弇"的关系。值得注意的是，第一步用"东""同""中""虫"四字分别证明"音侈者声鸿""声鸿者音侈""音弇者声细""声细者音弇"的道理，第二步则用"先""仙""尤""侯"四字证明"音侈者声鸿，声鸿者音侈""音弇者声细，声细者音弇"的道理，从形式逻辑上来说，如果说第一步分别证明了"音侈者声鸿""声鸿者音侈""音弇者声细""声细者音弇"四个充分条件的假言命题，那么第二步分别证明了"音侈者声鸿，声鸿者音侈""音弇者声细，声细者音弇"两个充要条件的假言命题。因此，虽然曾运乾说"东""同""中""虫"与"先""仙""尤""侯"同例，但其实他的论证绝不是简单的重复，而是进一步的论证，从而使他的结论更具有逻辑性，更具说服力，并进一步说明了曾运乾的证明方式绝非循环论证。其逻辑推理过程表述如下。

形式逻辑学认为，如果有事物情况 A，则必然有事物情况 B；如果有 B 事物不一定有 A 事物，那么 A 就是 B 的充分不必要条件，简称"充分条件"。

命题1：音侈者声鸿。

A = 音侈；B = 声鸿。命题 1 可以表述为：如果音侈，那么声鸿；如果声鸿，则不一定音侈，故此命题为充分条件的假言命题。

命题2：声鸿者音侈。

A = 声鸿；B = 音侈。命题 2 可以表述为：如果声鸿，那么音侈；如果音侈，则不一定声鸿，故此命题为充分条件的假言命题。

命题3：音弇者声细。

A = 音弇；B = 声细。命题 3 可以表述为：如果音弇，那么声细；如果声细，则不一定音弇，故此命题为充分条件的假言命题。

命题4：声细者音弇。

A = 声细；B = 音弇。命题 4 可以表述为：如果声细，那么音弇；如果音弇，则不一定声细，故此命题为充分条件的假言命题。

形式逻辑学认为，如果有事物情况 A，则必然有事物情况 B；如果没有事物情况 A，则必然没有事物情况 B，A 就是 B 的充分必要条件（简称"充要条件"）。换言之，A 可以推导出 B，且 B 也可以推导出 A。

命题1：音侈者声鸿，声鸿者音侈。

---

① 曾运乾：《音韵学讲义》，中华书局2011年版，第120～121页。

A＝音侈；B＝声鸿。命题1可以表述为：如果音侈，那么声鸿；如果声鸿，那么音侈，故此命题为充要条件的假言命题。

命题2：音弇者声细，声细者音弇。

A＝音弇；B＝声细。命题2可以表述为：如果音弇，那么声细；如果声细，那么音弇，故此命题为充要条件的假言命题。

第二步论证的两个充要条件的假言命题，很容易让人产生循环论证之嫌，但是当我们知道曾运乾的这两个命题是在第一步论证的四个充分条件的假言命题基础上推导出来的话，我们就不必怀疑这种论证方式是循环论证了。

曾运乾运用这种审音方法进一步把喉音影母，牙音见、溪、晓、疑母，舌音来母，齿音精、清、从、心母等共十母分作两类，又把唇音中陈澧误并于明母的微母分立出来，加上陈澧所分四十类，这样就析出共五十一声类。需要指出的是，曾运乾把《广韵》二百零六韵按正韵、变韵、侈音、弇音等纳入他的上古韵三十部体系，其中正、变韵中，鸿、细声和侈、弇音相配的区别，曾运乾是这样解释的："正韵者，音之合于本音者也。变韵者，音之混于他音者也。……至于正韵变韵之别，则凡正韵之侈音，例用鸿声十九纽，弇音例用细声三十二纽。凡变韵之侈音，喉音唇例用鸿声，舌齿例用细声，亦共十九纽；弇音喉牙唇例用细声，舌齿例无字（其有字为特例），此又《切韵》全书大例也。"① 又据曾运乾《广韵补谱》② 可知，正韵和变韵中的鸿声、细声跟侈音、弇音相配时略有差异，表现在舌齿音方面，今列为表3–6、表3–7。

表3–6　五十一纽与正韵配合情况

韵		声								
		喉音		牙音		舌音		齿音		唇音	
		鸿	细	鸿	细	鸿	细	鸿	细	鸿	细
侈音	开合	影一		见一 溪一 晓一 匣一 疑一		端透定泥来一		精一 清一 从一 心一		帮滂並明	

---

① 曾运乾：《声韵学》，湖南教育出版社2012年版，第212～213页。
② 补谱为曾运乾弟子郭晋稀填妥。参见曾运乾《音韵学讲义》，中华书局2011年版，第243～390页。

续表3-6

韵		声									
		喉音		牙音		舌音		齿音		唇音	
		鸿	细	鸿	细	鸿	细	鸿	细	鸿	细
弇音	齐撮		影二		见二溪二群晓二于疑二		知彻澄喻娘来二	照三穿三床三审三禅日	精二清二从二心二邪	照二穿二床二审二		非敷奉微

表3-7 五十一纽与变韵配合情况

韵		声									
		喉音		牙音		舌音		齿音		唇音	
		鸿	细	鸿	细	鸿	细	鸿	细	鸿	细
侈音	开合	影一		见一溪一晓一匣疑一		知彻澄娘来二			照二穿二床二审二	帮滂並明	
弇音	齐撮		影二		见二溪二群晓二于疑二						非敷奉微

陈澧的系联法面临处理复杂的又音、互见的材料的分析,这是系联法本身的客观不足。而曾运乾的声韵相配关系推证法则不必处理这种材料,只需要按照他定下的"音侈者声鸿,音弇者声细"的原则对《广韵》的反切上下字进行客观的分析,这是方法上的优越性。不过,由于《广韵》的切语来源复杂,"兼有古今"《切韵序》,曾运乾所谓的"音侈者声鸿,音弇者声细"的原则,

也不是没有例外，这种情况下，曾运乾认为"至于各类之别，本不过弇侈鸿细之间，依古声类言之，并非判然为二，故陆生切语，侈音间有用细声，弇音间有用鸿声者，此亦如端、知八母，帮、非八母之各有类隔也。谓为类隔，同可谓之类隔；谓为音和，同可谓之音和；分例之法，不当以小异害大同，即审声之理，亦不宜以音和淆类隔也"。曾运乾所谓"侈音间有用细声，弇音间有用鸿声者"如下。

握，於角切。（按：握，影二，细声；於，影二，细声；角，觉韵，变韵，侈音）

此一例曾运乾认为凡变韵，多鸿细互用。

诡，过委切。（按：诡，见二，细声；过，见一，鸿声；委，纸韵，正韵，弇音）

地，徒四切。（按：地，定母，鸿声；徒，定母，鸿声；四，至韵，正韵，弇音）

此两例曾运乾认为弇音而用鸿声，类隔切也。

五，疑古切。（按：五，疑一，鸿声；疑，疑二，细声；古，姥韵，正韵，侈音）

则，子德切。（按：则，精一，鸿声；子，精二，细声；德，德韵，正韵，侈音）

仓苍，七冈切。（按：仓苍，清一，鸿声；七，清二，细声；冈，唐韵，正韵，侈音）

桑，息郎切。（按：桑，心一，鸿声；息，心二，细声；郎，唐韵，正韵，侈音）

以上四例，曾运乾认为侈音而用细声，类隔切也。

宅，场伯切。（按：宅，澄母，细声；场，澄母，细声；伯，陌韵一，变韵，侈音）

拏，女加切。（按：拏，娘母，细声；女，娘母，细声；加，麻韵一，变韵，侈音）

争，侧耕切。（按：争，庄母，细声；侧，庄母，细声；耕，耕韵，变韵，侈音）

叉，初牙切。（按：叉，初母，细声；初，初母，细声；牙，麻韵一，变韵，侈音）

豺，士皆切。（按：豺，崇母，细声；士，崇母，细声；皆，皆韵，变韵，侈音）

查，鉏加切。（按：查，崇母，细声；鉏，崇母，细声；加，麻韵一，变韵，侈音）

生，所庚切。（按：生，生母，细声；所，生母，细声；庚，庚韵一，变韵，侈音）

山，所间切。（按：山，生，生母，细声；所，生母，细声；间，山韵，变韵，侈音）

以上八例，曾运乾认为凡变韵，舌齿声例用细声。

上述十五例中，除"诡，过委切，纸韵""地，徒四切，至韵"两例为鸿声切弇音外，其余十三例均为细声切侈音。（按：以下周祖谟补充《广韵》切语，其实不仅是精组，庄组也是）因此，陈新雄批评曾运乾说：

> 就《广韵》之切语及其所举之例言之，亦多有鸿细杂用之现象，曾运乾遂谓凡用细声切侈音者皆为类隔，如所举则子德切，仓七郎切是也。然《广韵》切语中尚有以鸿声切弇音者，如趙千仲切，钱昨仙切，皲先立切等是，曾运乾则置而不言，以此言之，则所谓鸿声切侈音，细声切弇音之例，《广韵》书中尚难定其界画，其说殆难成立，虽五十一类之说，屡为人所称引，实仍不能无疑也。①

陈新雄所指应是曾运乾论证精组而言，因为其所列代表字"则、仓、趙、钱、皲"均为精组字，而精、清、从、心各分为两类恰是曾运乾的创见。周祖谟则将《广韵》精组字的细声切侈音例、鸿声切弇音例进行了全面考察，对其原因进行了分析，并对曾运乾的精一、精二组之分进行了充分肯定。周祖谟称赞说："曾运乾寻其脉理，严为之别，亦审音之道矣。"②

曾运乾把齿头音精组按鸿细一分为二，动摇了高本汉认为中古音存在[j]化声母的说法。高本汉仅仅依据字母等呼，把中古声母不合实际地分为单纯音和[j]化音两套。由于齿头音精、清、从、心四母在韵图中不入三等，这就使他构拟的齿头音无法具备[j]化声母。此外，高本汉把正齿音照系二等看作单纯音，也无法解释照二中还有三等的现象，而这些现象依曾运乾的审音之

---

① 陈新雄：《〈广韵〉声类诸说述评》，载《声韵学》，台湾文史哲出版社2005年版，第88页。
② 周祖谟：《陈澧切韵考辨误》，载《问学集》（下册），中华书局1966年版，第526页。

法，就可以得到合理的解释。①

此外，陈澧虽然也把喻母分为喻三、喻四，但是曾运乾更进一步把喻三归为匣二（即匣母之细声），这与曾运乾认为"喻三归匣"有关。

曾运乾把五十一声类分为一喉声、二牙声、三舌声、三之二半舌声、三之三卷舌音、五唇声，其中喉声（即喉音）只有影母，把晓、匣母归入牙声（即牙音），这是因为晓、匣二母跟见、溪、群、疑四母的发音部位同在舌根音（各声母的拟音见下文）。舌声（即舌音）包括舌头音端、透、定、泥和舌上音知、彻、澄、娘等八母，喻四母也归入舌声，这与曾运乾认为"喻四归定"有关。半舌声，包括正齿音照三组（即章昌船书禅）和日母。卷舌音包括齿头音精组、照二组（即庄初崇生）和来母，把精组归入卷舌音，跟曾运乾认为"照二归精"有关，曾运乾照二组为卷舌音声母，而照二组和精组上古同为一组，则精组和庄组的发音部位及方法必然接近，至于曾运乾把来母也归为卷舌音则是错误的，据曾运乾五十一声纽鸿细表来看，来母应该归入舌音，即和知组、端组归为一类。唇声（即唇音）包括重唇音和轻唇音八母。

需要指出的是，曾运乾所分五十一声类并非中古五十一声母，如果从音位学的角度，曾运乾五十一声类实可合并为三十六字母。今按曾运乾弟子郭晋稀的归纳和构拟，②并据曾运乾所列五十一声纽清浊图中全浊声母为送气音的特点而适当修改，将曾运乾所考证之五十一声类切语上字罗列如下。

  一、影一 [ʔ]   哀乌安烟鷖爱
    影二 [ʔ (i)] 於央忆伊衣依忧一乙谒约纡挹握
  二、见一 [k]   公古过各格兼姑佳
    见二 [k (i)] 居九俱举规吉纪几诡
  三、溪一 [kʻ]   苦康牵空谦口楷客恪枯
    溪二 [kʻ (i)] 去丘墟祛诘窥羌钦倾起绮岂区驱
  四、群 [gʻ (i)]   巨其渠强求白衢具奇暨
  五、晓一 [x]   呼荒虎馨火海呵
    晓二 [x (i)] 许虚朽香義休况兴喜

---

  ① 参见时建国《曾运乾的〈切韵〉五十一纽说》，载张士舫、郭令原等《郭晋稀纪念文集》，甘肃教育出版社2000年版，第337页。
  ② 郭晋稀拟音转引自时建国《曾运乾的〈切韵〉五十一纽说》，载张士舫、郭令原等编《郭晋稀纪念文集》，甘肃教育出版社2000年版，第330～339页。

六、匣一 [ɣ]　　　　　　　胡乎户侯下黄何
　　匣二 [ɣ(i)]　　　　　于羽雨王云雲韋有永远荣为洧筠
七、疑一 [ŋ]　　　　　　　五吾研俄
　　疑二 [ŋ(i)]　　　　　鱼语疑宜牛虞拟愚遇危玉
八、端 [t]　　　　　　　　都丁多当得德冬
九、知 [ȶ(i)]　　　　　　陟竹知张中猪徵追卓
十、透 [t']　　　　　　　他讬吐土汤天通台
十一、彻 [ȶ'(i)]　　　　丑敕耻痴楮褚抽
十二、定 [d']　　　　　　徒杜特度唐同陀堂田地
十三、澄 [ȡ'(i)]　　　　直除丈宅持柱池迟伫治场
十四、喻 [j(i)]　　　　　以羊馀余与弋夷予翼移悦
十五、泥 [n]　　　　　　　奴乃那诺内妳
十六、娘 [ȵ(i)]　　　　　女尼拏
十七、照三 [tɕ(i)]　　　之职章诸旨止征正占支煮
十八、穿三 [tɕ'(i)]　　　昌尺充赤处叱春
十九、床三 [dʑ(i)]　　　食神实乘侯漦
二十、审三 [ɕ(i)]　　　　式书失舒施伤识赏诗始试矢释商
二十一、禅 [ʑ(i)]　　　　市是时常承视署殊氏寔臣殖植尝蜀成
二十二、日 [ȵʑ(i)]　　　而如人汝仍儿耳儒
二十三、来一 [l]　　　　　卢郎落鲁来洛勒赖练
　　　　来二 [l(i)]　　　力林吕离良里
二十四、精一 [ts]　　　　作则祖臧
　　　　精二 [ts(i)]　　子即借兹资将醉姊遵
二十五、清一 [ts']　　　仓苍采醋麤粗千青
　　　　清二 [ts'(i)]　七亲取迁此雌
二十六、从一 [dz']　　　在昨酢才徂前藏
　　　　从二 [dz'(i)]　秦匠疾自情慈渐
二十七、心一 [s]　　　　　桑速索苏先
　　　　心二 [s(i)]　　　相息悉思司斯私虽辛写须胥
二十八、邪 [z(i)]　　　　徐似祥辞详寺随旬夕
二十九、照二 [tʂ(i)]　　侧庄阻邹簪仄争
三十、穿二 [tʂ'(i)]　　　初楚测叉刍厕创疮
三十一、床二 [dʐ'(i)]　　士仕锄鉏床雏查助豺崇崱

三十二、审二 [ʂ(i)]　　　所山色数砂沙疏生史
三十三、帮 [p]　　　　　博北布补边伯百巴
　　　　非 [p(i)]　　　　方甫府必彼卑兵陂并分笔畀鄙封
三十四、滂 [pʻ]　　　　　普滂
　　　　敷 [pʻ(i)]　　　匹譬芳敷抚孚披丕妃峰拂
三十五、并 [bʻ]　　　　　蒲薄傍步部白裴
　　　　奉 [bʻ(i)]　　　符苻扶房皮毗防平婢便附缚浮冯父弼
三十六、明 [m]　　　　　莫暮模谟母摸
　　　　微 [m(i)]　　　武亡弥无文眉靡明美绵巫望

以上构拟跟现代音韵学者的拟音相比，其突出的特点有：全浊声母为不送气音；照系二等的音值为卷舌音 [tʂ] 组，而一般构拟为舌叶音 [tʃ] 组；泥、娘分立。

总之，曾运乾五十一声类说以及他使用的推论方法虽有一些不足，但总体而言，《广韵》五十一声类的说法是比较合理的。董同龢指出，如果尽可能地分，《广韵》的反切上字可依曾运乾氏订为五十一类。① 周祖谟也赞同曾运乾五十一声类说，并对曾运乾之说加以补充论证。② 陆志韦则采用统计法，也得出五十一声类的结论。③

二、曾运乾对《广韵》韵类的研究

（一）曾运乾的《广韵》三百零六韵类

曾运乾对《广韵》韵类的研究也是以陈澧《切韵考》为基础的，陈氏根据反切的原理，用系联法考求出《广韵》的二百零六韵中共含有三百一十一个韵类。有的韵只有一类，如冬韵、钟韵、江韵；有的韵有两类，如东韵、微韵、泰韵；有的韵有三类，如脂韵、真韵；有的韵有四类，如支韵、庚韵。如果说曾运乾考求声类使用的方法是独辟蹊径的话，那么考求韵类则基本上沿袭了陈氏的系联法。这个方法可以分为基本条例、分析条例和补充条例。基本条例就是"切语下字与所切之字为叠韵，则切语下字同用者、互用者、递用者，

---

① 参见董同龢《汉语音韵学》，中华书局2011年版，第75页。
② 参见周祖谟《陈澧切韵考辨误》，载《问学集》（下册），中华书局1966年版，第523～533页。
③ 参见陆志韦《证〈广韵〉五十一声类》，载《陆志韦语言学著作集》（二），中华书局1999年版，第373～431页。

韵必同类也"。分析条例就是"反切上字同类者，反切下字必不同类"。补充条例就是"切语下字既系联为同类矣，然亦有实同类而不能系联者，以其切语下字两两互用故也。……今考平上去入四韵相承者，其每韵分类亦多相承。切语下字既不系联，而相承之韵又分类，乃据以定其分类"。总体而言，陈氏"反切系联法作为音韵学的一种研究方法，它是科学的、可靠的"①。陈澧的反切法影响很大，受到音韵学界的普遍重视。曾运乾高度评价说："其方法可谓密矣。"

曾运乾运用反切系联法考求出《广韵》共有三百零六韵类，今依曾运乾《广韵补谱》及《〈广韵〉之考订》，将曾运乾所考订的三百零六韵类列表如下（见表3-8）。

表3-8 曾运乾所考订的三百零六韵类

平声	上声	去声	入声
一东二类 ①红东公 ②弓戎中融宫终	一董一类 孔董动摠蠓	一送二类 ①贡弄送冻 ②仲凤众	一屋二类 ①木谷卜禄 ②六竹逐福菊匊宿
二冬一类 冬宗	（二肿）一类 鵏湩	二宋一类 综宋统	二沃一类 沃毒酷笃
三钟一类 容恭封凶	二肿一类 陇勇拱踵奉冗悚冢	三用一类 用贡颂	三烛一类 玉蜀欲足曲录
四江一类 江双	三讲一类 项讲傋	四绛一类 绛降巷	四觉一类 角岳觉
五支四类 ①离支知移 ②规䧹隋 ③宜奇羁邪奢遮车 赊嗟 ④为垂危随吹	四纸四类 ①侈舓尒氏纸此 是婢弭俾 ②弭 ③绮彼倚下者也冶 野姐 ④诡委婢彼累捶毁 髓麊	五寘四类 ①赐企智义豉 ②避恚 ③义寄谢夜 ④伪睡瑞累	

---

① 李永斌：《反切与陈澧的反切系联法》，载《学术论坛》1983年第6期，第107页。

续表3-8

平声	上声	去声	入声
六脂三类 ①脂夷尼资饥私 ②追悲佳遗眉绥维 ③追	五旨三类 ①几履姊雉视矢 ②洧壘轨鄙美誄水 ③誄癸	六至三类 ①利至四冀二器寐自 ②萃媚备类醉位遂愧祕 ③悸季利	
七之一类 之其兹持而菑	六止一类 拟理里纪已市史止士	七志一类 记吏志置	
八微二类 ①希衣依 ②非韦微归	七尾二类 ①岂豨 ②鬼伟尾匪	八未二类 ①既家 ②贵胃沸味未畏	
九鱼一类 鱼居诸余	八语一类 吕与举许巨渚	九御一类 据倨恕御虑预署洳助去	
十虞一类 俱朱无于输俞夫逾诛隅刍	九麌一类 矩庾主雨武甫禹羽	十遇一类 遇句成注具	
十一模一类 都胡乌孤吾姑乎吴	十姥一类 古户鲁补杜	十一暮一类 故误祚暮路	
十二齐二类 ①奚鸡稽兮迷低 ②携圭	十一荠一类 礼启米弟	十二霁二类 ①计诣 ②惠桂	
		十三祭二类 ①劂例制祭憩弊袂蔽 ②芮锐岁卫税	
		十四泰二类 ①盖太艾带大贝 ②外会最	

续表 3-8

平声	上声	去声	入声
十三佳二类 ①佳膎 ②娲蛙緺	十二蟹二类 ①蟹买 ②买夥	十五卦二类 ①懈卖𢣻卦 ②卦卖	
十四皆二类 ①皆谐 ②怀乖淮	十三骇一类 骇楷	十六怪二类 ①拜介界戒 ②怪坏	
		十七夬二类 ①犗喝 ②夬迈快话	
十五灰一类 回恢杯灰	十四贿一类 罪猥贿	十八队一类 缋对内佩妹昧队	
十六哈一类 开哀来才哉	十五海一类 改亥宰乃恺	十九代一类 代爱溉耐概	
		二十废一类 废肺秽吠	
十七真二类 ①邻巾真珍邻人银宾 ②巾人	十六轸一类 忍肾谨引轸尽紖	二十一震一类 刃觐晋遴振印	五质二类 ①悉质吉一栗日七叱必毕 ②乙毕
十八谆一类 伦匀遵迪唇纶旬均赟	十七准一类 尹殒敏准允	二十二稕一类 闰顺峻	六术一类 聿律卹笔密
十九臻一类 臻诜			七栉一类 瑟栉
二十文一类 云分文	十八吻一类 粉吻	二十三问一类 问运	八物一类 勿物忽弗
二十一欣一类 斤欣	十九隐一类 谨隐	二十四焮一类 靳焮	九迄一类 讫迄乞

续表3-8

平声	上声	去声	入声
二十二元二类 ①言轩 ②袁元烦	二十阮二类 ①幰偃 ②远阮晚	二十五愿二类 ①建万堰 ②愿万贩怨	十月二类 ①竭谒歇讦 ②月伐越厥发
二十三魂一类 昆浑尊奔魂	二十一混一类 本损忖衮	二十六恩一类 困闷寸	十一没一类 没骨忽勃
二十四痕一类 痕根恩	二十二很一类 很垦	二十七恨一类 恨艮	（没） 没
二十五寒一类 干寒安	二十三旱一类 旱但笴	二十八翰一类 旰案赞按旦	十二曷一类 割葛曷达
二十六桓一类 官丸潘端	二十四缓一类 管伴满缓	二十九换一类 贯玩半乱段换唤算幔	十三末一类 括活拨末
二十七删二类 ①姦颜 ②还关班	二十五潸二类 ①赧 ②板版绾	三十谏二类 ①晏谏涧雁 ②患惯	十四黠二类 ①八黠拔 ②滑八
二十八山二类 ①闲山间 ②顽鳏	二十六产二类 ①限简 ②（绢）	三十一裥二类 ①苋裥 ②幻辨	十五鎋二类 ①鎋 ②刮頒
一先二类 ①前贤烟颠先年坚田 ②玄涓	二十七铣二类 ①典珍茧岘 ②泫畎	三十二霰二类 ①甸练佃电麵 ②县绚	十六屑二类 ①结蔑 ②决穴没
二仙二类 ①乾连延然仙焉 ②缘员权专园牵川宣全泉	二十八狝二类 ①善演免浅蹇辇展辨翦 ②兖转缅篆	三十三线二类 ①战箭线面扇贱碾膳变彦 ②恋绢眷倦卷钏啭	十七薛二类 ①烈薛热灭竭 ②劣悦雪绝爇辍
三萧一类 聊尧幺彫萧	二十九篠一类 了鸟皎皛	三十四啸一类 弔啸叫	

续表 3-8

平声	上声	去声	入声
四宵二类 ①宵遥昭招消焦邀霄 ②乔嚣娇	三十小一类 小沼兆夭少矫	三十五笑一类 照召笑妙肖要庙少	
五肴一类 交肴茅	三十一巧一类 巧绞爪饱	三十六效一类 教孝皃稍	
六豪一类 刀劳袍毛曹遭牢褒	三十二皓一类 皓老浩早抱道	三十七号一类 到报导耗	
七歌一类 何俄歌河	三十三哿一类 可我	三十八箇一类 贺过箇个逻佐	
八戈一类 禾戈和波婆	三十四果一类 果火	三十九过一类 卧过货唾	
九麻三类 ①加牙巴霞 ②瓜华花 ③遮邪车嗟奢赊	三十五马三类 ①下雅贾疋 ②瓦寡 ③者也野冶姐	四十祃三类 ①驾讶嫁亚骂 ②化呉霸 ③夜谢	
十阳二类 ①良羊庄章阳张方 ②王匡	三十六养二类 ①两丈奖掌养 ②往网昉	四十一漾二类 ①亮让向样妄放况 ②况访放	十八药二类 ①虐缚钁略约灼若勺爵雀药 ②缚籰
十一唐二类 ①郎当冈刚旁光 ②光黄	三十七荡二类 ①朗党 ②晃广	四十二宕二类 ①浪宕 ②旷谤	十九铎二类 ①各落 ②郭廓
十二庚四类 ①庚行 ②横盲 ③京卿惊 ④兵明荣	三十八梗四类 ①猛梗（景）杏誉 ②猛矿 ③影丙 ④永憬	四十三映四类 ①孟更 ②横 ③敬庆 ④病命	二十陌四类 ①格伯陌（戟）白 ②伯擭虢 ③戟逆剧郤 ④戟

续表 3-8

平声	上声	去声	入声
十三耕二类 ①耕茎 ②萌宏	三十九耿一类 幸耿	四十四诤一类 迸诤	二十一麦二类 ①革核戹厄摘赜 ②获麦摑
十四清二类 ①盈成贞征真情并 ②营倾	四十静二类 ①郢井整静 ②颎顷	四十五劲二类 ①正令郑盛政姓 ②正	二十二昔二类 ①昔益炙石亦隻迹积易辟 ②役隻
十五青二类 ①灵刑经丁 ②萤肩	四十一迥二类 ①泞挺顶颈鼎醒迥 ②迥熲	四十六径一类 ①定径佞	二十三锡二类 ①历击激狄 ②臭鬩鶂
十六蒸一类 陵冰兢矜膺蒸乘仍升	四十二拯一类 拯	四十七证一类 证孕应餕甑	二十四职二类 ①力职侧即翼直极 ②逼
十七登二类 ①恒登滕澄增朋崩 ②弘肱	四十三等一类 等肯	四十八嶝一类 邓亘隥赠	二十五德二类 ①黑得北则德勒墨 ②或国
十八尤一类 鸠求由流尤周州浮谋	四十四有一类 九久有柳酉否妇	四十九宥一类 救祐又咒副僦溜富就	
十九侯一类 侯钩娄	四十五厚一类 后口厚苟垢斗	五十候一类 候奏豆遘漏	
二十幽一类 虬（䋟）幽烋彪	四十六黝一类 黝纠	五十一幼一类 幼谬	
二十一侵二类 ①林金寻针深吟淫心旬今簪任 ②淫	四十七寝二类 ①荏锦甚稔饮枕朕禀瘩 ②锦	五十二沁一类 禁鸩荫任瀋	二十六缉二类 ①入立及戢执急汲汁 ②汲
二十二覃一类 含南男	四十八感一类 感禫晻	五十三勘一类 绀暗	二十七合一类 合答閤沓

续表 3-8

平声	上声	去声	入声
二十三谈一类 甘三酣谈	四十九敢一类 敢览	五十四阚一类 滥瞰暂蹔	二十八盍一类 盍腊
二十四盐二类 ①廉盐占 ②炎淹廉	五十琰二类 ①琰冉染渐敛 ②俭奄检险	五十五艳二类 ①艳赡验窆 ②验	二十九叶二类 ①涉辄叶摄接 ②辄叶
二十五添一类 兼甜	五十一忝一类 忝玷簟	五十六㮇一类 念店	三十帖一类 协颊惬牒
二十六咸一类 咸谗	五十二豏一类 广掩	五十七陷一类 陷欠	三十一洽一类 洽夹囚
二十七衔一类 衔监	五十三槏一类 减斩	五十八陷一类 陷韽賺	三十二狎一类 甲狎
二十八严一类 严醶	五十四槛一类 槛黤	五十九鉴一类 鉴忏	三十三业一类 业怯劫
二十九凡一类 凡（咸）	五十五范一类 犯泛范	六十梵一类 欠剑梵泛	三十四乏一类 法乏

（二）曾运乾的《广韵》三百零六韵类与陈澧的《广韵》三百一十一韵类之比较

曾运乾对《广韵》韵类的研究虽以陈澧《切韵考》为基础，但陈澧用系联法考求出《广韵》的二百零六韵中共含有三百一十一个韵类，而曾运乾考求出三百零六韵类。曾运乾韵类与陈澧韵类比较不同之处，见表 3-9。

表 3-9 曾运乾韵类与陈澧韵类之比较

	真韵	轸韵	质韵	仙韵	线韵	薛韵	小韵	笑韵	戈韵	陌韵	劲韵	径韵	职韵
陈澧	三类	二类	三类	三类	三类	三类	二类	二类	三类	一类	一类	一类
曾运乾	二类	一类	二类	二类	二类	二类	一类	一类	一类	四类	二类	二类	二类

（1）真韵：陈澧《切韵考》把真韵分为三类，曾运乾《广韵之考订》认为"赟、筠、麇、囷"一类字从谆韵窜入，故真韵应只分二类。周祖谟《陈澧〈切韵考〉辨误》认为："真韵囷去伦切，切三同，伦《广韵》在谆韵，

《切韵》真谆为一韵，自《唐韵》始分之为二，此囷字当为分析未尽者，今移入谆韵。又赟於伦切，（切三同）䇘为赟切，麕居䇘切（按：麕麕同音），并同。麕入谆韵与谆韵均居匀切同音。囷赟䇘三字为溪影喻三纽合口，正谆韵之所阙，今移入谆韵正合。"可见，曾运乾、周祖谟两人的意见是一致的。

（2）轸韵：陈澧把轸韵分为二类，曾运乾认为"窘、殒、愍"一类字从准部窜入，故轸韵应只分一类。周祖谟认为："窘殒则移入准韵，案窘殒为合口字，实与准韵尹字为一类。《广韵》准韵字麋丘尹切，王一作丘陨反，王二作丘殒反，是尹殒同韵之证。《切韵》王韵轸准未分，孙愐《唐韵》始分别为二，此窘殒二字又分析未尽者也。至于愍字虽音眉殒切（敏同音），实於殒窘二字不同一类。殒敏合口，愍则开口也，等韵图如《韵镜》《七音略》均列为开口，现代方言亦读开口。且此字与真韵第二类开口字珉，质韵第二类开口字密，四声相承。反之若移此字入准韵则龃龉难安。以谆韵之四声均无唇音字也。今故列为本韵开口字之第二类，与武尽切之泯为两类。"可见，曾运乾、周祖谟都认为"窘、殒"当移入准韵，而曾运乾认为"愍"字当移入准韵，周祖谟认为仍当入轸韵。

（3）质韵：陈澧把质韵分为三类，曾运乾认为"密、飓、率、笔、弼"一类从术韵窜入，故应分为二类。周祖谟认为："陈氏所举率字一类，今入术韵。盖率所律切，律在术韵，合口字也。又《广韵》本韵有苗飓獝三字，亦当移入术韵，以其均为合口一类耳。若依《广韵》之反切观之，似乎不然，苟详审字音，则碻乎不可移易也。……又飓《广韵》于笔切，切三王一王二唐韵并同。案飓从日声，当为合口字。依四声相承之例，飓与真韵之䇘，轸韵之殒，王一王二震韵之韵相承。同为匣母三等合口字。䇘殒如谆准，此字当入术韵。"可见，周祖谟的意见与曾运乾是相同的。

（4）仙韵：陈澧把仙韵分为三类，曾运乾认为"嬽、嫙、䡾、勬"一类是增加字，故分二类。

（5）线韵：陈澧把线韵分为三类，曾运乾认为"部末便下六纽，均增加字"且"徧"（方见切）是霰韵窜入字，故分二类。周祖谟认为"线韵徧方见切，王一王二《唐韵》均入霰韵"。可见，曾运乾、周祖谟对"徧"为窜入字的看法相同。

（6）薛韵：陈澧把薛韵分为三类。陈澧"妭"一类，曾运乾认为是增加字，故只分二类。周祖谟分为四类。

（7）小韵：陈澧把小韵分为二类，"小、沼、兆、少"为一类，"夭、表、矫"为一类，曾运乾合为一类。

(8) 笑韵：陈澧把笑韵分为二类，"要、妙、笑、肖"为一类，"召、庙、照、少"为一类。曾运乾合为一类。周祖谟仍依陈澧分为二类。

(9) 戈韵：陈澧把戈韵分为二类，"禾靴戈和波婆"为一类，"伽"为一类。曾运乾认为"伽"（按：即以下周祖谟所举"胜迦佉"一类）是增加字，故只分一类。周祖谟认为应当分为三类。理由是"鞾（按：即靴）切三无反语，是与戈类音不同。王一作火戈反，王二希波反，以无同类之字故取戈波切之也。今以鞾瘸别为一类。又胜《广韵》醋伽切，与迦佉为一类。案伽《切韵》云：无反语，噱之平声，噱药韵开口字，即云噱之平声，是与戈鞾均不同类，故定戈韵为三类"。

(10) 陌韵：陈澧把陌韵分为三类。曾运乾认为陈澧"剧、戟、逆、郤"一类中的"㘔"（弱戟切）本撮口呼，误用齐齿呼戟字为切，故应分为四类。周祖谟仍依陈澧分三类。

(11) 劲韵：陈澧把劲韵分为一类。曾运乾认为撮口呼"敻"一字休正切，借用齐齿呼字，故分二类。周祖谟与曾运乾意见相同。

(12) 径韵：陈澧把径韵分为一类。曾运乾认为合口呼"鎣"一字乌定切，借用开口呼字，故应分为二类。周祖谟与曾运乾意见相同。

(13) 职韵：陈澧把职韵分为一类。曾运乾认为职韵应分为齐撮二类，其中撮口呼"域、洫"二字（域，雨逼切；洫，况逼切）借用唇声逼字为一类，故应分为二类。周祖谟与曾运乾意见相同。

第四章　曾运乾的古音学研究

第一节　曾运乾上古音研究的材料与方法

一、《说文》谐声字、《诗经》等先秦韵文可用来研究古声母

曾运乾说：

> 《说文》序云："仓颉之初作书，盖依类象形谓之文，其后形声相益谓之字。"考《左传》称"止戈为武""皿虫为蛊"之文，则文得兼包象形、指事、会意者；而形声、转注，乃后起之孳乳字也。盖古代文字，以象形、指事、会意三者为其义，即以是三者为其声。凡形声、转注诸字，声母在某韵，从其声者即与之同韵；声母在某纽，从其声者亦与之同纽。其读法既能执简驭繁，故其声韵能历久而不变。①

曾运乾认为造字时代，谐声字的声符和它所谐的字一定同音。即"声母在某韵，从其声者即与之同韵；声母在某纽，从其声者亦与之同纽"。这说明利用谐声字可以研究上古韵部，也可以研究上古声母。

利用谐声字研究上古韵部，段玉裁提出了"一声可谐万字，万字而必同部。同声必同部"的著名论断。段氏的《六书音均表》中的《古十七部谐声表》就是这一理论的实践成果。但是，利用谐声字来研究上古声母历来有不同的看法。由于同一谐声偏旁的字，声母并不都相同，因此王力对运用谐声字来研究上古声纽持谨慎的态度，他说："声符和它所谐的字不一定完全同音。段玉裁说：同声必同部，这是指韵部说的。这只是一个原则，还容许有例外。如果我们说凡同声符者必同声母，那就荒谬了。……从谐声偏旁推测上古音，各人能有不同的结论。而这些结论往往是靠不住的。"② 但自从高本汉之后，

---

① 曾运乾：《音韵学讲义》，中华书局2011年版，第391页。
② 王力：《汉语语音史》，商务印书馆2017年版，第17～18页。

很多学者都认为谐声字是系统地研究上古声母的好材料。如李方桂就说："使我们可以得到上古声母的消息的材料，最重要的是谐声字的研究。"① 董同龢也认为利用谐声字研究上古声母有数量多、容易汇集、本身问题极少等优点。他还发现凡是常常谐声的字，声母必属于一个可以谐声的总类；而不谐声的，或仅偶尔谐声的，必属于另一类的。②

曾运乾已经认识到谐声字的复杂性，因此他把《说文》中谐声字的声符和谐声字的关系分为正例和变例。曾运乾所分正例两类由于都尊重"同谐声者必同部"这一原则，因此称为正例。而所谓变例，指甲类虽然声纽相同，但韵部不同。乙类虽然韵部相同，但声纽相差太远。其正例分为以下两类。

甲类：声韵全同者。如：

东（得红切）、栋（多贡切）、涷（德红、都贡切）、冻（德红、都贡切）、䍶（德红、多动切）。（按：以上五字上古音均为端母、东部）

乙类：韵同而声小变者。如：

今（居音切）、金（居音切）、衾（去金切）、芩（巨金切）、吟（鱼金切）。（按：今、金，见母；衾，溪母；芩，群母；吟，疑母。五字均属侵部，声纽虽然不同，但均属于牙音）

曾（昨棱切）、蹭（七邓切）、层（昨棱切）、僧（稣曾切）。（按：曾，从母；蹭，清母；层，从母；僧，心母。四字均属蒸部，声纽虽然不同，但均属于齿音）

丞（署陵切）、脀（煮仍切）、烝（煮仍切）、氶（署陵切）、蒸（煮仍切）。（按：丞、氶，禅母；脀、烝、蒸，章母。五字均属蒸部，声纽虽然不同，但按曾运乾古声十九纽系统，均属于舌音）

朋（步崩切）、鹏（步崩切）、倗（普等切）、淜（扶冰切）、掤（笔陵切）。（按：朋、鹏，並母；倗，滂母；淜，奉母；掤，非母。五字均属蒸部，声纽虽然不同，但均属唇音）

以上正例当中，曾运乾注意到了谐声字除韵部相同外，声母也相同的特点，特别是曾运乾已经注意到上古谐声字的声母因发音部位相同而相谐的情况。李方桂研究上古谐声字归纳了两条谐声原则。③

（1）上古发音部位相同的塞音可以互谐。①舌根塞音可以互谐，也有与

---

① 李方桂：《上古音研究》，商务印书馆1980年版，第10页。
② 参见董同龢《汉语音韵学》，中华书局2011年版，第228页。
③ 参见李方桂《上古音研究》，商务印书馆1980年版，第10页。

喉音（影及晓）互谐的例子，不常与鼻音（疑）谐。②舌尖塞音互谐，不常跟鼻音（泥）谐，也不跟舌尖的塞擦音或擦音相谐。③唇塞音互谐，不常跟鼻音（明）相谐。

（2）上古的舌尖塞擦音或擦音互谐，不跟舌尖塞音相谐。

以上曾运乾谐声字正例中的第二类（即韵同而声小变者）例举了"今、金、衾、芩、吟"五字互谐的情况，此五字在上古隶属"见、溪、群、疑"四母，学术界一般将这组声母拟音为见［k］、溪［kʻ］、群［g］、疑［ŋ］，除了疑母［ŋ］为鼻音外，其余均为舌根塞音，完全符合李方桂上古发音部位相同的塞音可以互谐（或舌根塞音可以互谐）的说法。以上曾运乾指出"曾、蹭、层、僧"四字互谐的情况，此四字在上古隶属"清、从、心"三母，学术界一般将这组声母拟音为精［ts］、清［tsʻ］、从［dz］、心［s］、邪［z］，均为舌尖塞擦音或擦音，也完全符合李方桂上古的舌尖塞擦音或擦音互谐的说法。因此，谐声字应该成为研究上古声类的一项重要材料。其变例也分为以下两类。

甲类：以双声为声者纽同韵异。如：

台（与之切）、冶（羊者切）。（按：台，喻四母、之部；冶，喻四母、鱼部）

疑（鱼其切）、凝（鱼陵切）。（按：疑，疑母、之部；凝，疑母、蒸部）

豕（丑六切）、冢（知陇切）。（按：豕，彻母、侯部；冢，知母、东部。豕、冢两字古不同韵，但属知彻旁纽相转或同位正转）

才（昨哉切）、存（徂尊切）。（按：才，从母、之部；存，从母、文部）

乙类：以叠韵为声者韵同纽异。如：

肊（於憾切）、馯（古案切）。（按：肊，影母、元部；馯，见母、元部。肊、馯两字韵同，声纽属喉牙变易①）

委（於为切）、綏（儒佳切）。（按：委，影母、微部；綏，日母、微部。委、綏两字韵同，声纽属喉舌变易）

葺（七入切②）、揖（伊入切）。（按：葺，清母、缉部；揖，影母、缉部。葺、揖两字韵同，声纽属喉齿变易）

约（於略切）、豹（北教切）。（按：约，影母、药部；豹，帮母、药部。约、豹两字韵同，声纽属喉唇变易）

殳（市朱切）、股（公户切）。（按：殳，禅母、侯部；股，见母、侯部。殳、股两字韵同，声纽属牙舌变易）

---

① "变易"一词采用曾运乾语，与"变转"不同。下同。

② 葺，曾运乾《音韵学讲义》作阻力切，精母，误。

公（古红切）、松（祥容切）。（按：公，见母、东部；松，邪母、东部。公、松两字韵同，声纽属牙齿变易）

　　交（古肴切）、駮（北角切）。（按：交，见母、宵部；駮，帮母、药部。交、駮两字韵部宵、药对转，声纽属牙唇变易）

　　千（仓先切）、年（奴颠切）。（按：千，清母、真部；年，泥母、真部。千、年两字韵同，声纽属舌齿变易）

　　录（卢谷切）、剥（北角切）。（按：录，来母、屋部；剥，帮母、屋部。录、剥两字韵同，声纽属舌唇变易）

　　必（卑吉切）、瑟（所栉切）。（按：必，帮母、质部；瑟，审母、质部。必、瑟两字韵同，声纽属唇齿变易）

　　以上变例当中，曾运乾注意到了韵同纽异的谐声现象，曾运乾对这种谐声现象解释道："其原因，或由音读之沿讹，或由制字时，只取叠韵为声，而声纽不必相同也。"① 一般说来，在造字时代，谐声偏旁相同的字，在读音上应该是相同或相近的。正如曾运乾所说："声母在某韵，从其声者与之同韵；声母在某纽，从其声者亦与之同纽。"但是，谐声字在不断增加，它不是一时一地的产物，时间和地域的因素使得它变得非常复杂，虽然也不排除曾运乾说的两种原因。曾运乾所举的变例中的韵同纽异这些例证表明了分属两个声类的某两个声母在某些谐声字上有着较密切的关系。由于所处时代的局限性，曾运乾虽不能像高本汉、董同龢、李方桂等学者那样，从复辅音角度来解释这个问题，但是他毕竟把这种客观存在的现象和规律揭示出来了，他这种重视《说文》等文献材料的研究思路是值得赞许的。

　　曾运乾总结说：

　　　　要而言之，形声正例，读法全从声母，凡同一声者，同韵亦必同纽；虽非同纽，

　　　　要必为旁纽双声。如今衾岑吟、曾蹭层僧之比。章太炎《古双声说》所谓字从其声，横则同韵，纵则同纽，其大齐（即今所谓正例）。不瑜是也。

　　　　至其变例，则有以双声为声，而韵则出乎对转旁转；以叠韵为声，而纽则出乎同位位同者。世人于形声正例，知同一声母从其声者，悉与之同韵；而不知从其声者，悉与之同纽。于形声变例，知有以双声为声，不知

---

①　曾运乾：《音韵学讲义》，中华书局2011年版，第409页。

复有以叠韵为声（段氏《说文解字注》于双声为声屡言之，于叠韵为声者，则未之及。盖视声纽为无关轻重也），则文字之始，语言之原，先民或未能穷究也（顾氏言古韵，始成条贯；于古人声类异同，全未道及。盖鄙夷字音，以为不足轻重。其余江段孔诸家，于声学，均所得甚浅。①

曾运乾指出清儒在研究谐声字时存在两个弊端："世人于形声正例，……而不知从其声者，悉与之同纽。于形声变例，……不知复有以叠韵为声。"即使是段玉裁的《说文解字注》，也是"于双声为声屡言之，于叠韵为声者，则未之及"。究其原因，应该是清儒在研究上古声纽的成绩不足所致。清儒直到章炳麟（一说邹汉勋）才初步建立起上古声纽系统，这自然影响了他们对谐声字的声纽分析。曾运乾对谐声字的正例和变例之分是建立在他比较成熟的上古十九声纽系统和他的古声韵通转理论基础之上的，因此他能够对谐声字所代表的声纽和韵部做出更加清晰的理解。

段玉裁的《古十七部谐声表》利用谐声字研究上古韵部，和段氏相比，曾运乾的三十摄谐声声母表最大的特点是根据他自定的古声十九纽把谐声偏旁按声韵分类。这种按声韵的排列完整展现了上古谐声偏旁声韵的配合关系。

兹引曾运乾《谐声声母表》之第一表如下（见表4-1）。

表4-1　曾运乾《谐声声母表》之第一表

声	韵		
	阴声噫摄	入声	阳声膺摄
喉	意醫②	啻肊	雍
牙	丌箕亀又友久疑亥己喜郵鼻牛丘灰戒	或棘亟黑克革苟夏戠	興𠀤厷弓兢冃冰
舌	里來臣𦥑而之目止已耳史乃毒臺	弋力匿𡱂食救陟直異戠	蠅丞徵登乘禹升夌孕
齿	絲思才兹巛司宰子采由甾辭辥士灾再	則息嗇㬎仄矢色	曾
唇	某母曰不富負婦佩備否	畐及伏北麥牧㠯珤	瞢朋夂憑

---

① 曾运乾：《音韵学讲义》，中华书局2011年版，第409～410页。
② 本表用繁体字以示区别。繁简字之间（含谐声偏旁）韵部或声纽可能有别，如几（脂部）、幾（微部）不同，于（匣母）、於（影母）有别。

曾运乾在《音韵学讲义》之"文字声读法"一章以雝摄（蒸部）为例说明，阐述了制定以上三十摄谐声声母表的原则和方法，曾运乾说：

> 古代文字象形、指事、会意皆为声母；形声、转注诸字，皆从声读，执简御繁，其方法最为明显。汉时声读法坏，反切代兴，用字虽夥，而其声类系统，未之或紊。试依《说文》声母条系，以《广韵》切语注之，则知凡字从某声者，必各同其声类。盖声读虽渐次迁易，而仍有百变不离其宗者，此切语所以可贵也。本篇系举例，令取《说文》全部，依声类条系之，辨其谬误，求其正音，亦有用之书也。①

曾运乾对自己的三十摄谐声声母表显得颇为自信。曾运乾说：

> 古韵家言《诗》三百篇，上自《商颂》，下逮陈灵，以十五国之远，千数百年之久，而其音未尝有异，固也。实则自皇古以来，凡经传中可信之韵语，未有不部分秩如者，则苍史之垂教远矣。考古韵之研究，自顾炎武始知就《说文》本声，傅合经韵，以后则有江永、段玉裁、戴震、孔广森、王念孙、江有诰、严可均、朱骏声、张惠言、黄以周诸家，率循斯道，引而勿替。大抵前修未密，后出转精。顾诸家于声母韵部，分别甚晰，而于声母纽类，则付阙如，未为完善也。兹特参考诸家，稽阴、阳、入三声之对转，辨喉、牙、舌、齿、唇五声之经界，为谐声声母表……②

曾运乾在参考诸家《说文》谐声研究成果的基础上，又以他建立的上古十九声纽系统为纲，最终制定出三十摄谐声声母表。但是，曾运乾《谐声声母表》并不是没有问题的，这一点我们将在结论部分讨论。

曾运乾还认为《诗经》《楚辞》等韵文材料也可以用来研究古声母，他说：

> 双声韵例：叠韵为韵，其常也；然亦有以双声为韵者。其议自钱大昕发之。③

---

① 曾运乾：《音韵学讲义》，中华书局2011年版，第521～522页。
② 曾运乾：《音韵学讲义》，中华书局2011年版，第391～410页。
③ 曾运乾：《音韵学讲义》，中华书局2011年版，第400页。

第四章 曾运乾的古音学研究

曾运乾把双声为韵分为两种情况。

第一种情况：以双声为韵者。以双声为韵者又包括声母完全相同和声母相近两种。如《诗经》以下押韵材料。

《君子偕老》：翟、髢；瑱、揥；天、帝。（按：翟，定母药部；髢，定母锡部。① 韵不同，但声母同属端母，故称双声为韵。瑱，透母真部；揥，透母锡部。韵不同，但声母同属透母，故称双声为韵。天，透母真部；帝，端母锡部。韵不同，但声母同属舌音，故称近纽双声为韵）

《车攻》：调、同。（按：调，定母幽部；同，定母东部。韵不同，但声母同属定母，故称双声为韵）

《斯干》：地、裼。（按：地，定母歌部；裼，透母锡部。韵不同，但声母同属舌音，故称近纽双声为韵）

《正月》：高、局。（按：高，见母宵部；局，群母屋部。韵不同，但声母同属牙音，故称近纽双声为韵②）

《有客》：宿、信。（按：宿，心母觉部；信，心母真部。韵不同，但声母同属心母，故称双声为韵）

《载芟》：且、兹。（按：且，精母鱼部；兹，精母之部。韵不同，但声母同属精母，故称双声为韵）

第二种情况：以双声假借为韵者。

《常棣》：务、戎。[按：务在幽摄（即幽部③），戎在宫摄（即冬部），以阴阳对转为韵。务他书引文多作侮，本篇《毛传》亦云："务，侮也。"是务为侮之双声假借字（同隶微母）。曾运乾所谓双声假借是指侮、务双声，务为侮的假借字，侮为务的本字，所以读务为侮，且原文应按侮（侮辱）义理解]

《小旻》：犹、集、咎。[按：集为音入（即缉部），不与犹咎韵。但《毛传》训集，就也。是集为就之双声假借（同隶从母）。咎、就、犹及下韵道，皆在幽摄。曾运乾所谓双声假借是指就、集双声，集为就的假借字，就为集的本字，所以读集为就，且原文应按就（成就）义理解。犹，喻四母幽部；就，从母觉部；咎，群母幽部。故犹、就、咎韵同]

双声为韵的情况还存在于《楚辞》中，曾运乾说："《离骚》亦以调同双

---

① 曾运乾认为：翟，端母夭入（即药部）；髢，端母阿摄（即歌部）。
② 曾运乾认为高属见母，局属群母，古亦读见母。故称双声为韵。
③ 郭锡良《汉字古音手册》认为"务"属明母侯部。

声为韵。"① 又说："《楚辞·怀沙》以匹程为韵，亦其例也。匹在衣入，程在婴摄，古不同韵。钱大昕云：'程读如秩，《尚书》平秩南讹《史记》作平程可证。'"②

曾运乾承认以上双声为韵说是钱大昕的发明。钱大昕在《潜研堂文集》卷十五《答问十二·音韵》中提出了许多音论，其中最重要的主张就是说《诗经》有正音、有转音。钱大昕说：

> 文字偏旁相谐，谓之正音；语言清浊相近，谓之转音。音之正有定，而音之转无方。正音可以分别部居，转音则只就一字相近，假借互用而不通于它字。③

正音就是从偏旁得声，转音与正音相对而言，包括"双声假借""声随义转"两类。钱大昕说：

> 且后儒所疑于《彖》《象》传者，不过"民""平""天""渊"诸字。此古人双声假借之例，非举两部而混之也。"民""冥"声相近，故《屯·彖》以韵"正"，读"民"如"冥"也。"平""便"声相近，故《观·彖》以韵"宾""民"，读"平"如"便"也。"渊"音近"环"，与"营"声相近，故《讼·彖》以韵"成""正"，读"渊"如"营"也。"天""汀"声相近，故《乾·彖》以韵"形""成"。《乾·文言》以韵"情""平"，读"天"如"汀"也。……古人之立言也，声成文而为音。有正音以定形声之准，有转音以通文字之穷。转音之例，以少从多，不以多从少。④

钱大昕所谓双声假借是指有转音关系的字的声母相同或相近。以上"民""冥"同为明母，"平""便"同为并母。"渊"为影母，"营"为喻四母，钱大昕认为影与喻四声近，"天""汀"同为透母。

钱大昕又说：

---

① 曾运乾：《音韵学讲义》，中华书局2011年版，第401页。
② 曾运乾：《音韵学讲义》，中华书局2011年版，第402页。
③ [清] 钱大昕：《潜研堂文集》卷十五《答问十二·音韵》，商务印书馆1935年版，第208页。
④ [清] 钱大昕：《潜研堂文集》卷十五《答问十二·音韵》，商务印书馆1935年版，第209～210页。

> 毛公诂训传每寓声于义；虽不破字，而未尝不转音。《小旻》之"是用不集"，训"集"为"就"，即转从"就"音；……《瞻卬》之"无不克巩"，训"巩"为"固"，即转从"固"音；《载芟》之"匪且有且"，训"且"为"此"，即转从"此"音。明乎声随义转，而无不可读之诗矣。①

钱大昕所谓声随义转是指随字义而发生的音转。以上"集"有"就"义，所以"集"读为"就"。"巩"有"固"义，所以"巩"读为"固"。"且"有"此"义，所以"且"读为"此"。

比较发现，曾运乾所谓"双声为韵者"即钱大昕转音中的"双声假借"，曾运乾所谓"双声假借为韵者"即钱大昕转音中的"声随义转"。但是，钱大昕"用这种理论解释先秦韵文中非同部字在一起押韵的现象，说服力不强，实际上与宋朝的吴棫等学者的叶音说如出一辙"②。王力也批评说："声随义转之说已有几分勉强，双声假借之说更与宋人叶音之说异名而同实。"③

不过，也有音韵学者利用《诗经》的材料成功研究上古声母。受钱大昕《诗经》中双声为韵说的影响，钱大昕侄子钱坫著《诗音表》专门研究《诗经》中的"连字"和"对字"。钱坫认为这些"连字"或"对字"大都存在双声关系，所以是考求古声母的好材料，由此他提出了"《诗》双声二十一位说"。钱坫的研究进一步发展了钱氏的理论。邹汉勋的《五均论》中"论双声宜讲求，姑举三百篇为例"则据《诗经》双声连字考求出周秦古声纽二十纽。黄侃的《论据诗经以考音之正变》也举例论述了根据连字、对字考求古声纽的方法，他还在《声韵略说》中说："就《诗》文求声，较之求韵，其用尤大。此在近日乃研究及之者也。"④

因此，和钱坫、邹汉勋、黄侃等人相比，曾运乾虽然将钱大昕的转音理论中的"双声假借""声随义转"换了不同的名称，但实质上没有进一步发展钱大昕的双声为韵说，因此他的有关研究并没有取得什么成果。

---

① [清] 钱大昕：《潜研堂文集》卷十五《答问十二·音韵》，商务印书馆1935年版，第212页。
② 许嘉璐：《传统语言学辞典》，河北教育出版社1990年版，第389页。
③ 王力：《王力文集》（第4卷），山东教育出版社1986年版，第296页。
④ 黄侃：《声韵略说》，载《黄侃论学杂著》，中华书局1964年版，第112页。

二、秦汉是古今语音的分水岭，汉代的反切是研究上古声母的宝贵材料

曾运乾说：

> 秦碑足以证音，汉以下辞赋则否。古今音韵之变迁，秦汉间殆成一鸿沟界画。盖由秦邈作隶，秦皇又务划去古文，声读法亡，音韵亦随之而乱（古声不在此限）。①

曾运乾又说：

> 汉人文不足以证古音，舆从异声，在乌摄，驺、俱、区在讴摄，本不同部。②

汉代是古今文字的分水岭，而曾运乾以此为据把汉代作为古今语音的分水岭。谐声字的特点是作为谐声字偏旁的声符和谐声字之间的读音相同或相近，但是随着文字字形的演变，隶书以后的今文字的谐声字的声符可能和谐声字读音不再相同或相近，这大概就是曾运乾所说的"声读法亡，音韵亦随之而乱"。

曾运乾看到了文字字形的演变破坏了谐声字的声符和谐声字之间读音的联系，因此以隶变以后的文字字形研究古音确实是危险的。但是，曾运乾也混淆了语言和文字的区别，文字只是记录语言的工具，但实际上任何文字记录的语言和音标符号都不同，它不可能百分之百地反映语言的实际面貌。换言之，文字和语言的演变有各自的原因，两者的演变也不是同步的，汉字的字形演变并不等于语音的演变，因此不能因为汉代是古今文字的分水岭，就进而把汉代作为古今语音的分水岭。

曾运乾认为既然汉代的谐声字不能作为研究上古音的材料，那么可以用来研究上古音的汉时反切材料就显得弥足珍贵了。曾运乾说：

> 古代文字象形、指事、会意皆为声母；形声、转注诸字，皆从声读，

---

① 曾运乾：《音韵学讲义》，中华书局2011年版，第444页。
② 曾运乾：《音韵学讲义》，中华书局2011年版，第445页。

执简御繁，其方法最为明显。汉时声读法坏，反切代兴，用字虽夥，而其声类系统，未之或紊。试依《说文》声母条系，以《广韵》切语注之，则知凡字从某声者，必各同其声类。盖声读虽渐次迁易，而仍有百变不离其宗者，此切语所以可贵也。①

曾运乾认为利用汉代的反切研究上古声母，这当然是正确的。不过，利用反切研究上古韵部同样是有价值的。比如《经典释文》中的反切，在声母方面，用来证明古无轻唇音、古无舌上音、喻三归匣的古反切甚多；在韵部方面，东、冬混用，祭与志、至混用，庚三与清混用之类的古反切也较常见。②

三、考求古韵可依据《切韵》

曾运乾说：

> 自顾而降，而江永、段玉裁、戴震、孔广森、王念孙、张惠言、朱骏声、章炳麟诸家，皆致力于古音之学，踵相考校，递有发明，则即章氏所谓"前修未密，后出转精"者。至于依据《切韵》，考求古音，古今对照，适相符合，以知陆氏之音学，通乎今，不硋乎古，实非有清一代考古诸家所能及者，则又余之研究所及，定为部类者也。③

清代以来研究上古韵部，可以分为两条思路。一条思路是以《诗经》《楚辞》等韵文材料为研究对象，采用"韵脚字归纳法"研究上古韵部。④ 顾炎武的《音学五书》是这方面的开山之作，他考察了《诗经》《周易》的入韵字，并参考先秦两汉直至魏晋南北朝的大量韵文，将古韵归纳为十部。通过《诗经》等先秦韵文归纳出来的古韵部是可信的，但由于韵脚字数量的局限性导致许多字没法归纳在韵部中，因此清代古音学家又找到数量最丰富的谐声字作为研究古韵的材料，采用"谐声推演法"研究上古韵部。这方面最突出的代表就是段玉裁，他著《古十七部谐声表》，并提出了"同谐声者必同部"的著名论断。这两种材料是互为补充的，如段玉裁《六书音韵表》既对《诗经》、

---

① 曾运乾：《音韵学讲义》，中华书局 2011 年版，第 521～522 页。
② 参见万献初《音韵学要略》，武汉大学出版社 2012 年版，第 143 页。
③ 曾运乾：《音韵学讲义》，中华书局 2011 年版，第 449 页。
④ "韵脚字归纳法"以及下文"谐声推演法"的说法均来源于耿振生的《20 世纪汉语音韵学方法论》，北京大学出版社 2004 年版。

群经的入韵字进行系联归纳，又证以《说文》谐声表，最终考定古韵十七部。如曾运乾所言，从顾炎武以来的多数古音学家都是按照这个路子研究古韵的，这种考求古韵的方法被称为考古法。

另一条思路则是戴震、黄侃、曾运乾等人开创的。他们认为研究古韵不仅要重视先秦的韵文和谐声字材料，更要重视语音的系统性及古今语音演变的规律，即重视音理。其方法是从中古《广韵》音系出发，或根据阴、阳、入三声相配的系统性或根据声韵"相挟而变"的理论去推求古本音。而从《广韵》音系出发研究上古韵的重要前提是《广韵》中含有古本纽、古本韵，《广韵》是研究古声、古韵的完整而又有系统的最好材料。这种以中古音系为研究起点，从语音系统内部声韵配合关系，对上古音系做符合音理的推断的研究方法被称为审音法。

以上论点可从黄侃、曾运乾的有关论述中得到证明。如黄侃《声韵略说·论声韵条例古今同异》说："从前论古韵者，专就说文形声及古用韵之文以求韵部；专就古书通借字，以求声类；而于音理，或不了然。"黄侃《文字声韵训诂笔记》说："推求古本音之法，最初为对比韵文（即押韵脚），陈、顾、江之言韵，不过挤韵脚之法；乾嘉以来，亦因此法，然非完全之法也。凡音之成，合声韵而成，其在声中探讨者，如钱大昕，由是知古韵与今韵不同，古声与今声亦不同。故专言韵以求古音，偏而不备；必知古声之说合古韵之说，由今声而推古声，而后古音可知。"黄侃《与人论治小学书》说："顾、江、段、王，虽能由《诗》《骚》《说文》以考古音，然舍《广韵》，亦无以为浇准。……古本音即在《广韵》二百六部中，《广韵》所收，乃包举周、汉至陈、隋之音，非别有所谓古本音也。"① 钱玄同《文字学音篇》说：

> 黄侃据章君之说，稽之《广韵》，得"古本韵"三十二韵（知此三十二韵为"古本韵"者，以韵中止有十九古本纽也。因此三十二韵中止有古本纽，异于其他各韵之有变纽，故知其为"古本韵"。又因此三十二"古本韵"中止有十九纽，故知此十九纽实为"古本纽"。本纽本韵，互相证明，一一吻合。以是知其说之不可易），合之为二十八部。②

---

① 黄侃：《与人论治小学书》，载《黄侃论学杂著》，中华书局1964年版，第149页。
② 钱玄同：《文字学音篇》，载《钱玄同文字音韵学论集》，上海古籍出版社2011年版，第237页。

曾运乾的音学主张、研究方法与黄侃"皆极为相近"①。曾运乾说：

> 《切韵》组分五十一母，韵分二百六部，赅括南北古今之音。一时一地，不必悉备。而合古今音论其正变，合南北音验其唇吻，各有所当，非苟为分析者。他如音之阴阳侈弇平仄，声之鸿细清浊强弱，亦全准诸音理，剖判入微。实我声韵学中唯一无二之著作。盖说形之书，以《说文》为大宗；说声之书，以《切韵》为大宗也。②

曾运乾又说：

> 《广韵》二百六部中，有三十二韵为古本音，此三十二韵中只有古本声十九纽。知此十九纽为古本声者，以此三十二韵为古本音也。知此三十二韵为古本音者，以其只具古本声十九纽也。古音古纽，互相证明，而又与考古诸家之说相吻合，以此知陆氏非不知古纽者也。③

曾运乾在陈澧《切韵考》分出的四十声类基础上，从《广韵》中析出五十一纽，又从五十一纽中分出古本声十九纽，今变声三十二纽。由于古本声十九纽只存在一、四等韵，根据声韵相配规律，推求出古韵三十部。

需要指出的是，无论黄侃的古本韵二十八部还是曾运乾古本韵三十部，虽然是根据声韵"相挟而变"理论（即黄侃所谓"本纽本韵，互相证明"或曾运乾所谓"古音古纽，互相证明"）推求出来，但实际上都是与以考古方法得出的古韵分部相互验证的。两人宣称自己的古韵研究均是采自前人考古的结论。黄侃在《黄侃论学杂著》中说："此二十八部之立，皆本昔人，曾未以肊见加入。至于本音读法，自郑氏以降或多未知；故廿八部之名，由鄙生所定也。"④ 黄侃认为这古韵二十八部都是采纳郑庠、顾炎武、江永、戴震、段玉裁、王念孙、章炳麟等人的研究成果，而这些韵部基本上是通过考古方法所得（戴震除外）。曾运乾也明确指出："曾运乾之说，以陆法言《切韵》为根据，

---

① 陈新雄：《曾运乾之古音学》，载《中国语文》2000年第5期，第399页。
② 转引自伏俊琏《曾运乾先生对中国声韵学的杰出贡献——兼谈古声十九纽与三十二纽之争》，载《西北师大学报》（社会科学版）1993年第6期，第39～43页。
③ 曾运乾：《音韵学讲义》，中华书局2011年版，第441页。
④ 黄侃：《音略》，载《黄侃论学杂著》，中华书局1964年版，第90页。

而又参稽清代考古诸家之成说。"① 曾运乾所谓诸家之成说，就是指段玉裁、孔广森、朱骏声、王念孙、江有诰、章炳麟等人运用考古法所求得的古韵研究成果。因此，从根本上说，曾运乾、黄侃考求古韵是以审音法为主，但根据审音法得出的古韵分部又是与考古法得出的结论相互验证的。

第二节 曾运乾的古声研究

一、曾运乾"喻三归匣、喻四归定"说

（一）曾运乾"喻三归匣、喻四归定"说的学术渊源

刘晓南、鲁国尧说："学术是链。"② 诚然，古音学的这条学术长链是一代又一代的古音学家们辛勤耕耘的结果。曾运乾的创见亦如此，他在接受前辈或同时代学者的优秀成果基础上，通过不懈的努力，才使自己在某些研究领域站到了当时的学术前沿，填补了这条学术之链上某些环节的空白，曾运乾在古声母研究上最杰出的贡献就是"喻三归匣、喻四归定"说。因此，我们在研究曾运乾的"喻三归匣、喻四归定"说时，应该首先了解曾运乾这一学说的渊源，这样才能真正了解曾运乾"喻三归匣、喻四归定"说的创造性及其价值。

在曾运乾提出著名的"喻三归匣、喻四归定"说以前，清儒江永、钱大昕、钱坫、李元、邹汉勋等都曾对喻母进行了相关研究，并对曾运乾学说的形成有一定的启发作用。因此，曾运乾对喻母古读的精到见解是在前人研究的基础上发展起来的。

1. 江永

江永是一个优秀的等韵学家，他说："音韵有四等，一等洪大，二等次大，三四皆细，而四尤细。"③ 以"洪细"来区别四等，这是我国音韵学史上首次对等韵学中的"等"这一核心概念做出科学的解释，江永因突出的审音能力被公认为清代音韵学中审音派的始祖。

江永在研究韵母分为四等的同时，发现声母也可以分等。他说："转之中又有辨焉：弓，牙音转也。雄、熊，喉音转也。菶、冯、风、芃，唇音转也。

---

① 曾运乾：《音韵学讲义》，中华书局 2011 年版，第 482 页。
② 刘晓南、鲁国尧：《学术是链》，载《古汉语研究》2002 年第 1 期，第 2～3 页。
③ [清] 江永：《音学辨微》，中华书局 1985 年版，第 37 页。

唯舌齿不转，亦似出于天然，非人之所能为。"① 江永这里以东韵字为例，其牙喉唇音字发生变化，而舌齿音不转化。这就是说，韵的分化或转化是以声母的发音部位或发音方法为其条件的。既然韵母可以分为四等，而韵母的变化又受到声母的制约，那么声母自然就可以分等了。正如陈复华所说："由于韵母分等，因而决定声母也分等。在《广韵》里，并不是每一个声母都能跟一、二、三、四等韵相拼的，有的声母只能跟一、四等韵母结合，有的又只能同二等或三等韵母结合。这样一来，于是使声母也具有'等'的概念了。"②

江永进一步指出："辨等之法，须于字母辨之。凡字母三十六位合四等之音乃具，后人言字母与等韵者懵于此。前人为等韵图又未明言此理……"江永所说的"字母三十六位合四等之音"，情况如下。

一等有牙、有喉、有舌头无舌上、有重唇无轻唇音、有齿头音无正齿、有半舌无半齿，而牙音无群、齿音无邪、喉音无喻。通十九位：见、溪、疑、端、透、定、泥、帮、滂、并、明、精、清、从、心、晓、匣、影、来也。

二等有牙、有喉、有舌上无舌头、有重唇无轻唇、有正齿无齿头、有半舌无半齿，而牙音无群、正齿无禅、喉音无喻。亦通得十九位：见、溪、疑、知、彻、澄、娘、帮、滂、并、明、照、穿、床、审、晓、匣、影、来也。

三等有牙、有喉，有半舌半齿、有舌上无舌头、有正齿无齿头，而唇音不定，或有重唇，或有轻唇，喉音则无匣母。通得二十二位：见、溪、群、疑、知、彻、澄、娘、照、穿、床、审、禅、晓、影、喻、来、日及唇音之四母也。

四等与一等同。有牙、有喉、有舌头无舌上、有重唇无轻唇音、有齿头音无正齿、有半舌无半齿，而牙音有群、齿头有邪、喉音有喻。亦通得二十二位：见、溪、群、疑、端、透、定、泥、帮、滂、并、明、精、清、从、心、邪、晓、匣、影、喻、来也。③

正是上述对三十六字母各等之位清晰认识的基础上，江永发现了喻母三等

---

① ［清］江永：《古韵标准》，中华书局1985年版，第32页。
② 陈复华：《汉语音韵学基础》，中国人民大学出版社1983年版，第102页。
③ ［清］江永：《音学辨微》，中华书局1985年版，第39～40页。

和四等的区别。他说："凡喻母三四而四等为多。"① 如果说这样表达喻母三、四等的区别还比较模糊的话，那接下来他在阐述反切的音和切以及类隔切的时候，观点就非常明确了，他说："取上一字（指切上字）有宽有严，甚严者三四等之重唇不可混也，照穿床审之二等三等不相假也，喻母之三等四等亦必有别也。余可从宽，不必以等拘矣。"② 那么，喻母三四等的区别表现在哪里呢？他在所列的反切上字表中的喻母后明确区别了喻母三等和四等的切上字，喻母三等切上字是"于移夷为云王羽禹雨洧远永越"，喻母四等切上字是"餘余俞羊营庾与以演欲弋翼悦"，并加注曰："古喉音母匣无三等，喻无一二等，晓匣影诸等字可通用，喻母之三四等字不可通用。"③ 我们注意到，江永似乎已经注意到喉音中匣母和喻母在等列上有某种接近互补关系，遗憾的是，因囿于保守的字母观，使他不能像曾运乾那样得出"喻三归匣、喻四归定"这样的结论来，也就是说，他不能归并字母以求古声。

江永保守的字母观从他的著述中体现出来，他说：

    等韵三十六字母未知传自何人，大约六朝之后、隋唐之间，精于音学者为之。自孙炎撰《尔雅音义》，反切之学行于南北，已寓三十六字母之理。传字母者为之比类诠次，标出三十六字为反切之总持，不可增，不可减，不可移动。学者既识四声，即当精研字母，不但为切字之本原，凡五方之音孰正孰否皆能辨之。④

江永又说：

    三十六母，天造地设，不可移易。⑤

这就是江永的"正音"观，他认为三十六字母才是所谓的"正音"，他说："天下皆方音。三十六位未能一一清析者，势使然也。必合五方之正音呼之。始为正音。"⑥ 他的这种"正音"观正是他保守的字母观的根源，而这种

---

① ［清］江永：《音学辨微》，中华书局1985年版，第41页。
② ［清］江永：《音学辨微》，中华书局1985年版，第44～45页。
③ ［清］江永：《音学辨微》，中华书局1985年版，第51页。
④ ［清］江永：《音学辨微》，中华书局1985年版，第4～5页。
⑤ ［清］江永：《音学辨微》，中华书局1985年版，第71页。
⑥ ［清］江永：《音学辨微》，中华书局1985年版，第57页。

"正音"观使他不能明白上古之音可能存于相对更易存古的南方方言,并斥之为不正。他说:"昔人不能细审,谓知彻澄娘四母重出,并娘于泥……,误矣!闽广人呼知彻澄娘作舌音,此方音之正者,恐亦未必尽然。"① 江永虽然看到了古声纽之间的区别和联系,但始终不能像他研究古韵那样,承认古声纽也有分有合。事实上,江永已经在现实方言中看到了喻母和匣母的关系,他说:"又如吴越人呼匣母字失之轻似深喉之喻母,自是吴越之方音,他方则不然矣。"②

江永虽然发现了喻三、喻四的分化,并在方言中发现了喻母和匣母的密切关系,但由于根源于正音观的保守字母观的束缚,江永不可能把喻三和匣母合并起来,他虽知韵有古今分合,而昧于声亦有古今分合,这是很遗憾的。但江永的研究对后人是富有启迪意义的,曾运乾很可能是从江永的研究中得到灵感,曾运乾区分了喻母三等和四等,并从江永所加注曰:"古喉音母匣无三等,喻无一二等……喻母之三四等字不可通用……"进一步发现了喻母三等和匣母的互补关系,并最终分别把喻三归匣、喻四归定。总之,正如李葆嘉所说:"江永在研究等韵和古韵的过程中,对古声纽现象已有所探索。……保守的字母观和正音观,限制了他对古声材料的归纳,然而其论说为后来者提供了借鉴。……江永所列《反切上字表》,展示一等十九位,提及一等与四等同,注照母四等二、三等不假,喻母三、四等有别,更是启迪邹汉勋等人(按:包括曾运乾)的古声纽研究。"③

2. 钱大昕

钱大昕在古声纽方面,除了提出了"古无轻唇音""古无舌上音"和"古人舌音后代多变齿音"等著名论断,他对包括喻母在内的古喉音研究也有自己的观点,简言之,他提出了古音影、喻、晓、匣四母"不甚区别"的观点。钱大昕说:

> 凡影母之字,引而长之,即为喻母。晓母之字,引长之,稍浊,即为匣母。匣母三四等字,轻读亦有似喻母者。故古人于此四母不甚区别。如

---

① [清]江永:《音学辨微》,中华书局1985年版,第68页。
② [清]江永:《音学辨微》,中华书局1985年版,第74页。
③ 李葆嘉:《清代古声纽学》,上海古籍出版社2012年版,第47~48页。

"荣怀"与"枕陧"均为双声，今人则有匣、喻之别矣。① "噫嘻""於戏""於乎""呜呼"，皆叠韵兼双声，今则以"噫""於""呜"属影母，"嘻""戏""呼"属晓母，"乎"属匣母矣。"于""於"同声亦同义，今则以"于"属喻母，"於"属影母矣。此等分别，大约始于东晋。考颜之推《家训》云："字书'焉'者，鸟名，或云语辞，皆音于愆反。自葛洪《字苑》分'焉'字音训，若训'何'、训'安'，当音于愆反；若送句及助词，当音矣愆反。江南至今行此分别，而河北混同一音，虽依古读，不可行于今也。"

据颜氏说，知古无影、喻之分，葛洪强生分别，江南学者，靡然从之，翻谓古读不可行于今，失之甚矣。②

以上钱大昕提出古音影、喻、晓、匣四母不甚区别的观点，其中值得注意的是钱氏论匣母和晓母、影母，喻母和影母，匣母和喻母的关系。

先看钱大昕怎么理解匣母和晓母、影母的关系，钱大昕认为"晓母之字，引长之稍浊，即为匣母"。这就是匣母和晓母的关系，即匣母是晓母相应的浊声母；匣母跟影母的关系，我们从上面所举叠韵兼双声例证也可以看到，"於乎"一词，"於"属影母，而"乎"属匣母。再看喻母和影母的关系，钱大昕认为喻母字"于"、影母字"於"在东晋以前是没有分别的，并引用颜之推的《颜氏家训》来证明"古无影、喻之分"，直到葛洪《字苑》"强生分别"，后来的学者"靡然从之"才有了两者的区别。③

而最值得注意的是，钱大昕的上述论说中已经涉及匣母和喻母的关系，他

---

① 这两个例证，"荣"属喻母，"怀"属匣母，然"枕陧"乃疑母双声，与匣喻无关。对此，李葆嘉说："原先我提出的设想是，因为嘉定方音中疑母字今音或读[h]，与匣、喻[ɦ]近同，这与钱坫《诗音表》喻匣双声中误举六例可相互验证。不过，据《十驾斋养新录》卷一'荣怀'：'《秦誓》以枕陧、荣怀对文，枕陧双声（皆疑母），荣怀亦双声也。今人以荣属喻母、怀属匣母，未合于古。'钱大昕并非不知'枕陧'为疑母，只是表述不当，遂令人费解。"（李葆嘉：《清代古声纽学》，上海古籍出版社2012年版，第94～95页）我们认为，钱大昕其实很清楚"枕陧"为疑母，但之所以把疑母双声字"枕陧"和喻匣字"荣怀"并举，是因为钱大昕认为古疑喻是同音的，这从后来他的侄子钱坫的《诗音表》中可以得到证明。

② ［清］钱大昕：《潜研堂文集》卷十五《答问十二·音韵》，商务印书馆1935年版，第220～221页。

③ 钱大昕还进一步论证了于、於的区别，他说："于於两字，义同而音稍异，《尚书》《毛诗》例用于字，唯……今字母家以於属影母，于属喻母，古音无影喻之别也。"（钱大昕：《十驾斋养新录》，上海书店1983年版，第11页）。

指出:"匣母三四等字,轻读亦有似喻母者。故古人于此四母不甚区别。如'荣怀'与'杌陧'均为双声,今人则有匣、喻之别矣。"钱氏在《十驾斋养新录》卷一"荣怀"条也说:"《秦誓》以'杌陧''荣怀'对文。'杌陧'双声,皆疑母;荣怀亦双声也。今人以'荣'属喻母,'怀'属匣母,未合于古。"这正是喻三和匣母的交涉。再如卷十六"双声"条,所引王融的双声诗:"园蘅眩红蘤,湖荇燡黄花,回鹤横淮翰,远越合云霞。"① 可见,钱大昕根据经籍中的双声例证"荣怀"和双声诗来证明匣、喻读音相同。但既然钱大昕发现了喻母和匣母之间"古人……不甚区别,……今人则有匣、喻之别"的密切关系,那么他为何没有像论证"古无轻唇音""古无舌上音"那样,广泛搜集相关材料来证明喻母古读匣母?曾运乾的《喻母古读考》也是利用异文、声训等材料,钱大昕不可能没有看到这样的材料,那么他为何不把匣母和喻母的关系再进一步考证呢?江永已经明确把喻母分为喻三、喻四两类,但钱氏没有注意到这点,因此他当然不可能再进一步考察喻三和匣母的关系了。

总之,钱大昕虽然看到了喻母和匣母的关系,但由于受到模糊的晓、匣、影、喻"此四母不甚区别"观的影响,他不可能再进一步论证两者之间的关系,这是非常遗憾的。尽管如此,由于他在古声纽考证上提出了"古无轻唇音""古无舌上音"等著名的学说,他在古声纽研究上的声望足以让他提出的其他声母研究的观点也给后人以巨大影响。他的侄子钱坫就是接受了他的"古无影、喻之分"而明确提出了影喻同声说;章炳麟也吸收了他的观点,把影母和喻母合而为一;黄侃则继承师说;邹汉勋的喻当归匣说也很可能受到钱氏影响。曾运乾的"喻三归匣、喻四归定"说很可能与读了钱大昕的专著有关。据李肖聃记载,曾运乾就读箴言书院期间,"得嘉定钱大昕氏遗书而笃好之。循涂致精,冥焉有述作之志"②。可见,曾运乾对钱氏著作中对喻母和匣母的关系的阐述应该是熟悉的。

3. 钱坫

钱坫是钱大昕之侄。他的《诗音表》通过研究《诗经》中的"两字相续者"来探求古声纽。钱坫说:

> 故言诗者必考律,而言律者必正音。正音何先?先双声。双声者何?貌声也。凡古人之以两字相续者,非有所本,古人皆以意造。或以其形,

---

① 罗常培后来也举这首双声诗来证明匣、于(喻三)相近。
② 李肖聃:《曾星笠君墓表》,载《李肖聃集》,岳麓书社2008年版,第126页。

或以其事，或以其声，皆肖之耳。故貌者，意也，取其意之近似也。又曰"然"，"然"之言"如"也，亦近似之辞也。凡古人言"然""如""若"，皆貌声。①

钱坫非常重视双声对正音的作用，这种思想是受钱大昕影响所致。《诗经》中双声的来源指的是其中"两字相续者"。实则包括"连字"与"对字"两类。所谓"连字"就是连绵字，因连字多为双声。所谓"对字"是指并不相连但前后呼应而相对的字。或一句之中前后相对，如《子衿》"挑兮达兮"之"挑""达"；或两句之间呼应相对，如《风雨》"鸡鸣喈喈""鸡鸣胶胶"之"喈""胶"。钱坫正是详细考察了《诗经》中的"连字"与"对字"之后，列出了双声二十一位。这双声二十一位就是他拟定的《诗经》古声系统，详见表4-2。

表4-2　钱坫拟定的双声二十一位

见	溪	群	疑	端	透	定	泥	帮	滂	并	明	照	穿	床	审	邪	晓	喻	影	来
				知	彻	澄	娘	非	敷	奉	微	精	清	从	心			匣		
															日					

以上双声二十一位表中，值得注意的是钱坫把匣母合并于喻母，这是一大发明。若推溯其源，是受钱大昕"匣母三、四等字，轻读亦有似喻母者"的观点影响。钱坫的这一发明，是基于《诗音表》② 中以下例证。

匣匣：颉颃　邂逅　毂核　函活
喻喻：熠耀　逸豫　夷怿　与翼　游衍
影影：忧天　郁薁
微微：闲望
匣喻③：琇莹　行役　闲泄　泂游　蓷芎　回遹　畔援　皇王　芸黄　维侯　聿怀　弋获

---

① ［清］钱坫：《诗音表》，载顾廷龙主编《续修四库全书》，上海古籍出版社1996年版，第511页。

② 参见［清］钱坫《诗音表》，载顾廷龙主编《续修四库全书》，上海古籍出版社1996年版，第511～532页。

③ 包括匣喻、喻匣二类，以下匣疑包括匣疑、疑匣二类，喻影包括喻影、影喻二类。

匣疑：元黄　鸿雁　话言
匣影：牖户
疑喻：严翼　言由　玉瑶　吴扬
喻影：阴雨　鹰扬　盈亿　翼或　燕翼　阴阳　燕誉

首先要说的是，钱坫所举例证中，有"琇莹""闲泄""畔援""闻望""维侯"需做说明如下。

（1）"琇莹"举例不当，因"琇"在《广韵》中属心母，"莹"属喻母三等，两者不属匣喻双声关系。

（2）"闲泄"源自《诗经》之《魏风·十亩之间》："十亩之间兮，桑者闲闲兮，行与子还兮。十亩之外兮，桑者泄泄兮，行与子逝兮。"其中的"泄"读 yì，在《广韵》中属喻母四等，"泄泄"是和乐、融洽的意思。又如《左传·郑伯克段于鄢》："公入而赋：'大隧之中，其乐也融融！'姜出而赋：'大隧之外，其乐也泄泄。'"故"闲泄"属匣喻双声关系。

（3）"畔援"亦作"畔换"。其义为"跋扈，专横暴戾"。《诗经》之《大雅·皇矣》："帝谓文王，无然畔援。"郑玄笺："畔援，犹跋扈也。"《汉书·叙传下》："项氏畔换，黜我巴汉。"颜师古注："畔换，强恣之貌，犹言跋扈也。""畔"在《广韵》属并母，"援"在《广韵》属喻母三等，"畔援"两字不存在匣喻双声关系。但"换"在《广韵》属匣母，钱坫此例可能误把"换援"的关系看成"畔援"的关系。

（4）"闻望"在《广韵》是微母，钱坫也视为匣喻双声的例证，其原因详见下文分析。

（5）钱坫在"维侯"一词后加注云："古微、喻同声，故维有夷音。"说"维有夷音"是有问题的。"维"在《广韵》是喻脂合三平，"夷"在《广韵》是喻脂开三平，两字非微、喻双声，而是声韵皆同，但开合不同，故不算同音。钱坫这里把"维"误认为是微母。

从以上例证可见，钱坫把疑母和匣母、疑母和喻母均作为双声看待，同时也把影母双声和微母双声安排在喻匣母之下，那么该如何理解呢？

钱坫认为古疑、喻二母是同音的，《诗音表·收声第四》的"疑喻匣"所举例证"仪刑"注云："古疑喻同音，故凡从此二母虽为收声，是与双声无别。如今银、玉等字，南方读疑，北方读喻，盖有自来矣。"[①]

---

① ［清］钱坫：《诗音表》，载顾廷龙主编《续修四库全书》，上海古籍出版社1996年版，第523页。

钱坫还认为，微母和喻母是同音的，《诗音表·双声第一》"明微"所举例证"舞"注云："北读为喻音。"① 又在《诗音表·收声第四》"明微"举例证"舞"注云："北音舞亦同喻。"② 钱坫的说法和钱大昕是一致的，前面谈到钱大昕把疑母双声字"杌陧"和喻匣字"荣怀"并举③，就是因为钱大昕认为微母和古疑喻是同音的。因此，钱坫把"闻望"也视为匣喻双声的例证。

以上钱坫所举39例证中，喻匣双声9例，匣母、喻母同母总计9例，合计18例。在影、喻、匣、疑、微五母当中，喻匣的关系最为密切，这恐怕是钱坫将匣喻合并的理由。

除此以外，钱坫也认为影、喻母是同音的，这和钱大昕"古无影、喻之分"的观点是一脉相承的。以上钱坫所举例证中，影、喻二母关系最为密切，共计7例，仅次于喻匣双声9例，因此钱坫又有影、喻同声的观点，在《诗音表·影喻同声第八》中，他又举15例加以论证④：

    引翼（喻喻） 泳游（喻喻） 怨恶（影影） 荟蔚（影影）
委蛇（影喻） 殷盈（影喻）
    安游（影喻） 奄有（影喻） 永怀（喻匣） 温惠（影匣）
突敖（影疑） 燕敖（影疑）
    应侯（影匣） 和要（匣影） 厚益（匣影）

其中，影母同声2例、喻母同声2例、影喻同声仅有4例。李葆嘉认为，钱坫误举的非影、喻母字几乎占了一半，是钱坫的母语嘉定方音影响所致，也反映了钱坫审音之疏，对这些字的中古声母并未核实。⑤ 钱坫受钱大昕的"古无影、喻之分"观点影响，正式提出影喻同声说，并举例加以证明，以后章炳麟的《纽目表》也把影母和喻母合而为一，黄侃古声十九纽虽把喻母区分为三等（黄氏称为母）、四等（黄氏称喻母），但喻母仍然作为古本纽影母的变声。

总之，钱坫正式将匣母并入喻母，这是他的创见。钱坫看到了诸纽当中，

---

① [清] 钱坫:《诗音表》，载顾廷龙主编《续修四库全书》，上海古籍出版社1996年版，第512页。
② [清] 钱坫:《诗音表》，载顾廷龙主编《续修四库全书》，上海古籍出版社1996年版，第524页。
③ 王力也对此质疑，他说："按'杌陧'乃疑母双声，与匣喻无关。"[王力:《王力文集》（第4卷），山东教育出版社1986年版，第294页]
④ 参见 [清] 钱坫《诗音表》，载顾廷龙主编《续修四库全书》，上海古籍出版社1996年版，第527～528页。
⑤ 参见李葆嘉《清代古声纽学》，上海古籍出版社2012年版，第115页。

喻母和匣母的关系最为密切，因此将匣母合并于喻母，从这点来说，他较钱大昕晓匣影喻"此四母不甚区别"观是迈进了一步，但由于他和钱大昕一样，没有将喻三、喻四分开，自然也就不可能进一步考察喻三和匣母的关系了。还需要指出的是，他的观点与邹汉勋古喻当并匣，曾运乾喻三归匣的观点是有区别的，钱坫是以喻母赅匣母，而邹、曾两人都是以匣母赅喻母。

4. 李元

李元撰有音韵学著作《音切谱》二十卷。该书第二部分古声纽学之卷十七《互通》罗列大量材料，分门别类地证明三十六字母在古音中的互通。在各种"互通"中，李元提出了喉音同类互通说。喉音同类互通又可细分为影晓互通、影匣互通、影喻互通、晓匣互通、晓喻互通、匣喻互通等六类，而值得我们注意的除了影喻互通，更有匣喻互通。

先看影喻互通例：

> 泱（影）为洋（喻）；瞖（影）为弋（喻）；委（影）为傀（喻）；慰（影）为鬱（喻）；於（影）为于（喻）；污（影）为雩（喻）；妖（影）为姚（喻）；郁（影）为鬱（喻）；舆（喻）为枑（影）；喻（喻）为依（影）①

李元所用的例证全部是异文，而钱大昕很早就以"于""於"为例提出"古无影、喻之分"，此后其侄钱坫明确提出影喻同声说，并举十五例来证明之，但仅有四例是影喻关系，证据尚嫌不足，今李元更用以上异文十例来加以证明。

再看匣喻互通例：

> 皇（匣）为王（喻）。《书》："皇极之敷言。"史作王。又《诗》："蒸蒸皇皇。"注："读如暀暀。"《少仪》："济济皇皇。"注："读如归往之往。"
>
> 环（匣）为锾（喻）。《汉书·五行志》："宫门铜锾。"又为圜，《汉书》："冠带圜桥门。"
>
> 互（匣）为牙（喻）。《诗》："或陈于互。"或作牙，《高唐赋》："撅互连梧。"《五臣注》作牙。《汉书·刘向传》："宗室盘互。"《谷永传》："百官盘互。"注或作牙。《后汉书·滕抚传》："盘牙连岁。"颜师古《汉

---

① ［清］李元：《音切谱》，载顾廷龙主编《续修四库全书》，上海古籍出版社1996年版，第315页。

书注》:"互,或作牙,谓若犬牙相交入之意。"又《周官·牛人》:"共其牛牲之互。"徐邈音牙。……故《礼书》谓:互牙,古字通用。

谓(喻)为惠(匣)。《书》:"尔谓朕:曷震动万民以迁。"《石经》作惠。又为讳,《庄子》:"可不谓云。"《列子》作讳。

通(喻)为穴(匣)。《诗》:"回遹其德。"《后汉书·卢植传》:"特多回穴。"又《西征赋》:"事回泬而好还。"又璚为穴,《吕览》:"倍璚晕珥。"《汉志》:"晕适背穴。"

晓匣母与影喻偏旁,多有相谐者,如于(喻)、吁(晓),畦(匣)、蛙(影),攜(匣)、灑(影),爰(喻)、谖(晓),垣(喻)、咺(晓),云(喻)、沄(匣),焉(影)、嫣(晓)、天(影)、祆(晓),蜎(影)、鋗(晓),枵(晓)、鸮(喻),何(匣)、阿(影)、祸(匣)、涡(影),花(晓)、讹(喻),王(喻)、皇(匣)、音(影)、歆(晓)、矣(喻)、娭(晓),为(喻)、䂺(晓),有(喻)、贿(晓),韦(喻)、讳(晓),彗(喻)、慧(匣)、会(匣)、憎(影),秽(影)、哕(晓),夏(匣)、嗄(影),贤(匣)、掔(影)、完(匣)、院(喻),戉(喻)、狘(晓),曷(匣)、圆(影),获(匣)、蠖(影),盍(匣)、鎶(喻),狎(匣)、押(影),今江浙之音,呼黄为王,呼胡为吴,呼遐为牙,呼画为外,直无晓匣二母,说者以为吴音,不知古人制字,取其声相近者谐之,有如此也。①

以上李元先引古籍异文五例,再用谐声材料证明了匣喻互通说,其中,喉音同类互通说中所举的谐声例证有五例:

云(喻)—沄(匣) 王(喻)—皇(匣) 彗(喻)—慧(匣)
完(匣)—院(喻) 盍(匣)—鎶(喻)

值得注意的是,李元已经发现了喻、邪二母之间的互通关系。李元说:

讼(邪)为庸(喻),《书》:"嚚讼可乎。"马融本作庸。又颂为庸,《周官》:"击颂磬。"郑注:"或作庸。"《大射仪》:"颂磬东面。"古文

---

① [清]李元:《音切谱》,载顾廷龙主编《续修四库全书》,上海古籍出版社1996年版,第335~336页。

作庸。

浔（邪）为淫（喻），《史记·齐悼世家》："浸浔闻于天子。"《汉书》作淫。

徇（邪）为敻（喻），《史记》："皇帝幼而徇齐。"《家语》作叡，又《大戴礼》作慧。

姒（邪）为弋（喻），《左传》："小君定姒。"《公羊》作弋。然姒讇以，因而讹弋。

榭（邪）为豫（喻），《乡射礼》："豫则钩楹，堂则由楹外。"古文作榭。盖因射音斁而误。

融（喻）为诵（邪），《淮南子》："赤帝祝融之所司。"《梁武祠堂面像碑》作"祝诵氏"。

淫（喻）为鱏（邪），《说苑》："淫鱼出听。"《说文》作鱏。又《上林赋》："浸潭促节。"《汉书》作淫。

邪喻二母偏旁，多有相谐者，如余（喻）徐斜叙（邪），予（喻）序（邪），延（喻）涎（邪），叡（喻）璿（邪），钭（喻）邪（邪），羊（喻）祥庠羡（邪），易（喻）锡（邪），蟬（喻）鱏鐔（邪），炎（喻）燅（邪），阎（喻）焰（邪），夷（喻）羡（邪），以（喻）似（邪），已（喻）汜（邪），曰（喻）袓（邪），與（喻）鱮（邪），也（喻）灺（邪），甬（喻）诵（邪），彗（喻）篲（邪），射（喻）谢（邪），由（喻）袖（邪），卖（喻）续（邪），浴（喻）俗（邪），夜（喻）夕（邪），熠（喻）习（邪）。其邪喻两切者，邪斜、详锡羡。①

以上李氏先以古籍异文、假借材料，后又以谐声材料证明喻、邪二纽互通。

钱大昕、钱坫均认为古疑、喻二母是同音的，钱坫还进一步把匣母合并于喻母。两人均认为疑、喻、匣三母有一定的瓜葛。李元则从南北方言的差异角度指出了匣、喻、疑三母的联系。他在《音切谱》卷之第一《字母四等》"中音三十六字母诀"的"喻"母下标有"邪"②，并加注云：

疑母在影、喻、泥、娘之间，赵凡夫曰："匣、喻、疑三母南北交互

---

① ［清］李元：《音切谱》，载顾廷龙主编《续修四库全书》，上海古籍出版社1996年版，第319页。
② 李元在各三十六字母下都标注一同声母字，由此可见，李元认为喻、邪声母相同。

相犯，北疑犯喻，南匣犯喻。匣母唇齿各二分，喻母齿二分，唇一分，疑母同喻，而声归舌。字母之当省者莫若喻也。"喻、匣声同，而唇齿形异，疑、喻声异，而唇齿形同，匣开疑合，喻当二中，然凡夫谓匣、喻相犯，皆吴越以南之音，蜀楚以北，则判然矣。喻不可省也，疑声归舌为确。①

需要指出的是，李元提出的是三十六字母之间的"互通"，而不是归并，这与钱大昕主张字母归并，因而其论断中的关键词是"无"是有区别的（如古无轻唇音、古无舌上音）。李元虽然发现三十六字母之间有诸多的互通关系，但是他的研究旨趣只是将这些揭示字母之间关系的材料分门别类，并未尝试去构拟一个完整的上古声纽系统。② 李元的匣喻互通例证也未尝不可以作为曾运乾"喻三归匣"说的材料，但他也不能提出曾运乾"喻三归匣"的论断。"由此可见，即使材料相同，但是由于审视角度不同，研究旨趣有别，立论前提不同，结论也就可能迥然不同。在语言学研究中，或以为材料决定一切，殊不知相同的材料可能导致不同的结论。古声纽研究学术史，尤其表明了这一点。"③

5. 邹汉勋

邹汉勋在其音韵学著作《五均论》中确立了古声二十纽系统。后人对此评价很高，李葆嘉说："邹汉勋在古声纽研究史上大有建树，占有显著的地位。邹汉勋古声二十纽的出现，标志着清代学者上古声纽研究由立论创说期而跃进系统集成期，从而为黄侃古音十九纽奠定了深厚基础。"④

邹汉勋古声二十纽⑤：

第一组	匣喻（邹汉勋称"合"）	第十一组	泥娘日
第二组	见（邹汉勋称"工"）	第十二组	精甾
第三组	溪群	第十三组	清初
第四组	影（邹汉勋称"一"）	第十四组	心所（邹汉勋称"四"）
第五组	晓（半）审（邹汉勋称"句"）	第十五组	並奉

---

① ［清］李元：《音切谱》，载顾廷龙主编《续修四库全书》，上海古籍出版社1996年版，第6页。
② 参见李葆嘉《清代古声纽学》，上海古籍出版社2012年版，第181～182页。
③ 李葆嘉：《清代古声纽学》，上海古籍出版社2012年版，第39～40页。
④ 李葆嘉：《清代古声纽学》，上海古籍出版社2012年版，第245页。
⑤ 根据邹汉勋《五均论》中的《复古字纽图》制定。

(邹汉勋称"凡")

第六组	定澄神禅（邹汉勋称"上"）	第十六组	滂敷
第七组	透彻穿	第十七组	明微
第八组	来（邹汉勋称"六"）	第十八组	帮非
第九组	端知照（邹汉勋称"尺"）	第十九组	邪晓（半）
第十组	从床	第二十组	疑

（邹汉勋称"五"）

以上"合、工、一、句、上、六、尺、四、凡、五"为乐工十声的代表字，邹汉勋在《论乐工十声所合》中说："合，于三十六字母匣也，而喻从之（深喉之一声）工，见也（浅喉三声之唱）。一，影也（浅喉三声之和）。……十字于均之四法皆可苞纳，故万有二千之音无有不函。先以廿声赅之，遇有复重及拍接，则换而取之十五类，又换而取之五音八呼，则相去忽秒之间耳。故十字既足以纳群音，又可以协律也。"（按：其他十组邹汉勋用○标示，这样共有古声二十组）

从邹汉勋这段话我们可以看到，邹汉勋的古声二十组中，喻母是合并于匣母之中，邹汉勋另有跟古声纽考订相关的若干章节，可惜其具体内容均佚失。其中，《三十一论喻当并匣》也是论述喻母和匣母关系的，从标题可见这应该是邹汉勋对喻匣合一的详细论述，可惜我们已经无从知道。关于邹汉勋喻母合并于匣母的诊断，我们还可以从两个方面来证明：一是从邹汉勋所取的代表字"合"来看，应该是匣母合并喻母，因"合"是匣母字；二是邹汉勋在《论乐工所合》中说："合，于三十六字母匣也，而喻从之。"可见，喻母从属匣母，即喻母合并于匣母之中。

那么，邹汉勋喻母合并于匣母的论断是怎样得出的呢？据《五均论》全书的内容，我们可以大致推导出邹汉勋论断的由来。

首先，邹汉勋在声纽流变的思想认识下，敢于打破三十六字母的束缚。

邹汉勋的《三十六论字纽犹均类有古本音有流变》[1]是专门阐述古声纽流变的，可惜已经佚失。所幸在其《二十论不可趁字母以媚俗》尚存有相关论述，邹汉勋说：

自李、吕讫唐之中叶五百余年，自中土至西竺数万里。地相去既远，

---

[1] ［清］邹汉勋：《邹叔子遗书七种》，岳麓书社2011年版，第268～269页。

则竺音必不合于李、吕，时相去不近，则俗音必不协于雅读。二僧（按：舍利、守温）以竺法俗音为字母而至今守之为雅读，此其所有恒不合也。……即今上溯作字母之时近千年，而今之读微者无一不入于疑，而微几为寄位，此字母流变之最彰著者也。……而今则禅床反读以合中古之音。世又呼康为荒，则溪且流为晓；纯为群，则禅且流为群。此千年中其流变有如此。溯而上之，五百年中今无流变于彼。五百年中之流变，字母概举当时之俗音，而一登之于雅，此千年中之流变为门法者，又将登之雅矣。自李、吕至舍、温，其流变如何？曰：有自深喉降舌腹者矣（喻），有自浅喉降舌腹者矣（影），有自舌腹升深喉者矣（晓），有自正齿升舌头者矣（审神），有自正齿降齿头者矣（澄彻神穿），有自齿头升正齿者矣（泥），有自正齿升舌头者矣（端泥），有自正齿降齿头者矣（从），有自合唇降开唇者矣（奉夫微），有自开唇升浅喉者矣（疑），有自开唇升齿头者矣（邪），有自开唇升合唇者矣（邦），正其流变凡十有二。①

邹汉勋这段话的意思是古今字母是流变的，千年之中字母流变最为显著，即使自李登、吕静到唐僧舍利、守温三十六字母的五百年间，字母（发音部位）也发生了变化，因此三十六字母（邹汉勋斥之为竺音）"必不合于李、吕"，即不能代表上古声纽。

前面讲到，钱大昕论证晓、匣、影、喻四母关系的时候，他所用的例证都是"双声"，这与钱大昕不迷信三十六字母的双声观是分不开的。他说：

三十六字母，唐以前未有言之者。……古人因双声、叠韵而制翻切。以两字切一音，上一字必同声，下一字必同韵。声同者互相切，本无子母之别。今于同声之中，偶举一字为例，而尊之为母，此名不正而言不顺者也。故言字母不如言双声，知双声而后能为反语。②

钱大昕较信奉"三十六母，天造地设，不可移易"的江永是有很大进步的。正是由于他不相信字母，故考证隋唐以前之古音，以双声为基础，又以为异文必同音，反类隔古音为音和，才能在大量材料之上提出"古无轻唇音""古无舌上音"和"古人多舌音"的观点。

---

① ［清］邹汉勋：《邹叔子遗书七种》，岳麓书社2011年版，第268～269页。
② ［清］钱大昕：《字母》，载《十驾斋养新录》，上海书店1983年版，第98～99页。

第四章 曾运乾的古音学研究

因此，邹汉勋声纽流变的思想与江永保守的字母观是不同的，而与钱大昕一致，不排除他受到钱氏的影响。

其次，邹汉勋既看到了江永"三十六母，天造地设，不可移易"说法的缺失，但又受到江永将三十六字母分等的启发，因而重新分析《广韵》的反切上字，在分析研究《广韵》声类的基础上，"上以考古音复《声类》"。

邹汉勋认为既然字母是流变的，三十六字母不足为据，[①] 所以要重建古声纽，必须凭借存古之书《广韵》。他说：

> 吾尝静览夫《广韵》，见其剖别呼等，秩然不紊，用纽之法，或一等一纽，或两等合纽。其于一等二等也，必一等一纽，其于三四两等也，多两等合纽。凡一等一纽者，其字母不馀于廿，两等合纽者，其字母不馀于卅。纵有有音无字者，亦不大减于廿于卅，是则《广韵》每等皆廿声之明证。夫《广韵》存古之书，以此知古之不与声歧也。[②]

邹汉勋认为"《广韵》每等皆廿声"，说明邹汉勋很可能分析了《广韵》的反切上字的等列。邹汉勋在其《广韵表叙》中说："余故一依《广韵》之反切以成是表（按：《广韵表》），盖欲阐《广韵》之旨，上以考古音，复声类，而下以断绝等韵之讹舛异说也。"[③]

邹汉勋分析《广韵》的反切上字，是受到江永的启发，他说："慎修先生《四声切韵表》为能通彼法而不别添门法，为可读之善本，但不知字母之非，每迁就而为之说，为小失耳。今故就其凡例——释之，而别以自定之图殿焉。"[④] 在其《三十九论〈四声切韵表〉凡例定四等字纽图及群母古音》中，邹汉勋给我们罗列了《四等字纽图》，今整理为表4-3。

[①] 邹汉勋说："区区三十六字母《七音略》始能明备，人孰信之？三十六字母本出于均，而《七音略》又全录三十六字母，其有愧与述作甚矣，而欲夸示来祀，能勿汗颜乎？三十六字母之舛分妄配，则逐条有辨，兹不备及。"（[清] 邹汉勋：《邹叔子遗书七种》，岳麓书社2011年版，第263页）虽然邹汉勋非常推崇江永，但他对字母的流变观和江永"三十六字母乃天造地设，不可增减"的保守观形成鲜明对比，是非常可贵的。

[②] [清] 邹汉勋：《邹叔子遗书七种》，岳麓书社2011年版，第268页。

[③] [清] 邹汉勋：《邹叔子遗书七种》，岳麓书社2011年版，第549页。

[④] [清] 邹汉勋：《邹叔子遗书七种》，岳麓书社2011年版，第272页。

表 4-3　四等字纽

等	声							
	合	工〇一	句	上〇六	尺〇〇	〇〇四	凡〇〇	〇〇五
一等	匣	见溪影	晓	定透来	端从泥	精清心	並滂明	非许疑
二等	匣	见溪影	晓	澄彻来	知床娘	甾初所	並滂明	非许疑
三等	喻	见溪审	审	禅穿来	照床日	甾初所	並滂明	非许疑
四等	喻	见溪影	群	澄彻来	知从娘	精清心	並滂明	非许疑

在表 4-3 中，每等二十声，凡三十六纽。虽然照、穿、床、审、晓各析为二，但帮非、滂敷、並奉、明微、许邪各合为一，因此总数未变。邹汉勋另有《复古字纽图》，是将上古二十声纽制定的图表。这就是我们以上所列的邹汉勋古声二十纽的来源。从表 4-3 可以看出，邹汉勋把喻匣二母合并在一起。

应该说，邹汉勋对《广韵》的反切上字的区别是有清楚认识的，他说："《广韵》定纽之大小（按：即洪细）剧有分辨，如东冬之公攻必用古字为反语，弓恭必用居字之类是也。"① 又说："按其在四等者谓齐先青三均，此等实均家误隶，今以《广韵》见母反谓上字分粗细，其三四等之见母以居九为切。《广韵》之例可求也。"② 根据以上可以判断，邹汉勋既然可以把见母细分为古类和居类，同理，他也肯定会把《广韵》的反切上字最终离析为四十类，又将之归并为二十位，即所谓的古声二十纽。李葆嘉先生还认为："邹汉勋对《广韵》的反切上、下字都做过系统分析，可能用过系联方法。他能将正齿二分，即是明证。"③

遗憾的是，跟江永一样，邹汉勋虽然也发现"凡喻母必三四等，而四等为多，凡半舌一二三四皆有之"④。但是，江永已经明确提出"喻母三、四等亦必有别矣也"⑤ "喻母之三、四等字不通用"⑥，可是邹汉勋没有注意到这一点，他的喻母合并于匣母没有区分喻三和喻四。

邹汉勋为何要把喻母归并于匣母而不是匣母归并于喻母呢？我们试从他受

---

① [清] 邹汉勋：《邹叔子遗书七种》，岳麓书社 2011 年版，第 266 页。
② [清] 邹汉勋：《邹叔子遗书七种》，岳麓书社 2011 年版，第 273 页。
③ 李葆嘉：《清代古声纽学》，上海古籍出版社 2012 年版，第 243 页。
④ [清] 邹汉勋：《邹叔子遗书七种》，岳麓书社 2011 年版，第 273～274 页。
⑤ [清] 江永：《音学辨微》，中华书局 1985 年版，第 44～45 页。
⑥ [清] 江永：《音学辨微》，中华书局 1985 年版，第 51 页。

江永对字母分等和钱大昕"古无轻唇音""古无舌上音"的启发以及他自身对《广韵》声类和上古声纽对应关系的认识来分析。邹汉勋受江永启发,并按照自己的分析把三十六字母都安排一定的"位"上,又发现钱大昕所考订的古声重唇、舌头皆在一、四等,由之演变而来的今生皆在二、三等,这很容易使人产生"古本音在一、四等,而今变音在二、三等"的联想,从而推及齿音与喉、牙音。"邹汉勋《五均论》古声二十纽则与江永所列字母各等之位有关。他认真研读过江永的《四声切韵表》并作按语,由之确定《四等字纽图》,又推及周秦古纽。"① 黄侃说:"邹汉勋谓等韵一、四等为古音,此为发明古声十九之先导。"② 黄侃所谓的古本音虽指古本韵,但不难推测邹汉勋的古本声也是在一、四等。可是,在邹汉勋《四等字纽图》中,匣母在一、二等出现,喻母在三、四等出现,这样邹汉勋为何把匣母归为古本声即喻母归并入匣母还不好理解。

我们认为,弄清邹汉勋所定合(匣)母的由来有助于了解邹汉勋把喻母归并入匣母的道理。邹汉勋定喻母并入匣母,跟他对《玉篇》卷末附《五音声论》《五音反纽图》《广韵》卷末所附注(即下面引语中的三章)以及乐工十声的认识有关。他在《三论双声即喉舌齿唇之声由四析八,由八析廿》中说:

> 声者何?即喉声、舌声、齿声、唇声也。《玉篇》卷末附《五音声论》月:"东方喉声,西方舌声,南方齿声,北方唇声。"又沙门神珙《五音反纽图》曰:"欲知商,开口张;欲知角,舌缩却;欲知徵,舌柱齿;欲知羽,撮口聚。"(按:此语非神珙所能为,盖旧记也)《广韵》卷末:"唇声并饼,舌声灵历,齿声陟珍,喉声纲各。"前人言声,简要有法而不乱者惟此三章。外此则乐工所传,合工等十字,尤有思致。通此四者,声之道得矣。此殆中土许叔重以来流传之真作,非夫口耳皮傅之语也。东方喉声,角也,最在内,故需舌向内缩得之,西竺初法谓之舌根声,即此也。……由喉而析之,则有深喉。深喉、浅喉二名存于韩道昭《五音集韵》而其命字则乱矣(《五言集韵》:浅喉音晓匣影,深喉音喻)……然深喉、浅喉之目,故足珍也。今定合为深喉、工、○为

---

① 李葆嘉:《清代古声纽学》,上海古籍出版社2012年版,第45页。
② 黄侃:《文字声韵训诂笔记》,上海古籍出版社1983年版,第161页。

浅喉。①

可见，合的名称来源于乐工十声，合母（按：匣母）属喉声中的深喉，即发音部位最在内的舌根声。邹汉勋特别指出韩道昭《五音集韵》把深喉和浅喉命字已乱，他认为合（即匣母）为深喉，工（即见母）、〇（即溪群母）为浅喉。邹汉勋认为《五音集韵》所分出的深喉（发音部位最在内，即匣母）是必不可少的，喻母的发音部位不及匣母靠内，自然没有合并匣母的道理，只能归入匣母中去了。②

最后，邹汉勋根据《诗经》双声、谐声、声训、方言等材料进一步佐证。邹汉勋认为："唐代二僧为三十六字母，杂竺法方音以汩乱之，后之守者支离瞀惑，以生门法，乌得不急急讲求？今姑即三百篇发凡起例。"③ 在《二论双声宜讲求，姑举三百篇为例》中，邹汉勋以《诗经》中的"玄黄、睍睆、颉颃、邂逅、湑核、永号、回遹、踊跃、诒肄、说怿"为例来说明"古匣喻合"。其中，"玄黄、睍睆、颉颃、邂逅、湑核"均属匣母双声，"踊跃、诒肄、说怿"均属喻母四等双声，"永号"属喻三、匣母双声，"回遹"属喻四、匣母双声。可见，邹汉勋并不区分喻三和喻四。这些例证也似乎证明了邹汉勋所说的"凡喻母必三四等，而四等为多"的论断。④ 但同样的材料——"颉颃、邂逅、湑核、回遹"，钱坫却得出匣合于喻的相反结论。这再一次证明了"即使材料相同，但是由于审视角度不同，研究旨趣有别，立论前提不同，结论也就可能迥然不同。在语言学研究中，或以为材料决定一切，殊不知相同的材料可能导致不同的结论。古声纽研究学术史，尤其表明了这一点"⑤。

邹汉勋也利用谐声、声训等材料来证明自己的论断。他在《四十论象色声合廿声》中说："《说文》地从土也声。《元命苞》曰：'地，易也。'是则地之为字，声本于也，而读从易。易、也皆喻母，深喉也。……《白虎通》：'宫，容也，含也。含容四时者。'含，匣，容，喻母，古匣喻同声，则宫亦

---

① ［清］邹汉勋：《邹叔子遗书七种》，岳麓书社2011年版，第256～257页。
② 邹汉勋认为上古音必有匣母，匣母的存在还可以影响其他声母。他说："古殆有匣音，而佚群母。"（［清］邹汉勋：《邹叔子遗书七种》，岳麓书社2011年版，第260页）这大概也可以作为喻母并入匣母的佐证。
③ ［清］邹汉勋：《邹叔子遗书七种》，岳麓书社2011年版，第255页。
④ 参见［清］邹汉勋《五均论·三十九论〈论四声切韵表〉凡例定四等字纽图及群母古音》，载《邹叔子遗书七种》，岳麓书社2011年版，第273页。
⑤ 李葆嘉：《清代古声纽学》，上海古籍出版社2012年版，第39～40页。

在深喉也。"① 在《复古字纽图》中，邹汉勋又在"地"字下注曰："地，音易，如今之读下"，"宫"字下注曰："音含工反"。② 这是邹汉勋对"地""宫"两字自定的读音。以上"也""易"皆喻四，"地"属定母，邹汉勋不知喻四归定的道理，反而将"地"视为喻母，这是错误的认识。此外，邹汉勋以"含""容"二字来说明匣喻同声的道理也是不正确的，"含""容"二字都是用来递相注解"宫"字，二字之间只存在同义的关系，不是声训的关系，"含"属匣母，"容"属喻四而非喻三，两者是不可能古同声的。邹汉勋可能错误地把"含容"看作双声关系（按："含容"和《诗经》中的双声例"回遹"性质不同，前者是词组，后者是双声连绵词），加上他不悟喻三、喻四之分，因此才出现这种错误。

邹汉勋可能还参考了方言材料，钱玄同说："邹叔绩（汉勋）作《五均论》，始参考方音以求古韵之音读，颇有可采之处。"③ 在求古声纽方面，邹汉勋也可能同样参考了方言材料。邹汉勋是湖南新化人，新化方言中，喻三、喻四有极少数字如熊 [ʑyn¹³]，两母不分且均读零声母④，如王 [ð¹³]、卫 [uɣ⁴⁵]、荣 [yn¹³]、也 [ia²¹]、唯 [uɣ¹³]、余 [y¹³]。匣母字的读音比较复杂，但也有规律可循。在今洪音前读 [ɣ]、[x]、[f]、[v] 或零声母，如河 [ɣo¹³]、合 [xo²⁴]、馄 [fən¹³]、画 [va⁴⁵]、滑 [ua²⁴]；在今细音前读 [ʑ]、[ç]，如下 [ʑia⁴⁵]、霞 [ʑia¹³]、兮 [çi³³]、辖 [çia²⁴]。其中，洪音前读零声母的，我们还可以多举一些新化方言的例证，如胡糊 [u¹³]、话 [ua³³]、猾核 [ua²⁴]、镬 [o⁴⁵]、回 [uɣ¹³]、还 [uã¹³]、环 [uã⁴⁵]、黄横 [ð¹³] 等。⑤ 以上喻三和匣母同读零声母或同读 ʑ（喻三字如熊 [ʑyn¹³] 和匣母细音前的字如下 [ʑia⁴⁵]、霞 [ʑia¹³] 等字）的情况都可以作为上古喻母和匣母同读的方言的例证。

邹汉勋《五均论》虽然可能因囿于方音而没有把喻三、喻四区分开来，而将中古喻母整个合并于上古匣母，失之粗略，但他第一次把喻母并入匣母，这成为后来曾运乾喻三归匣的先导，李新魁说："邹汉勋……的好多提法，都与后人的研究结论相合；……谓喻、匣合一，则是曾运乾喻三归匣之说的张

---

① ［清］邹汉勋：《邹叔子遗书七种》，岳麓书社 2011 年版，第 274～275 页。
② 参见［清］邹汉勋《邹叔子遗书七种》，岳麓书社 2011 年版，第 277 页。
③ 钱玄同：《古韵廿八部音读之假定》，载《钱玄同文字音韵学论集》，上海古籍出版社 2011 年版，第 172 页。
④ 这也许是邹汉勋喻三、喻四不分的一个原因。
⑤ 参见罗昕如《新化方言研究》，湖南教育出版社 1998 年版，第 48～111 页。

本……总之,邹汉勋是一个很有眼光的音韵学者。"① 李葆嘉也说:"曾运乾《喻母古读考》(1927年),证喻三古读当与匣同,其四等当与定同,其说盖导源于邹汉勋立论,而说更精。"②

(二) 曾运乾"喻三归匣、喻四归定"说

1.《喻母古读考》的创作动机

"喻三归匣、喻四归定"说是曾运乾在古声纽研究上最杰出的成果,其中"喻三归匣"说已被学术界称为定论,喻四归定说虽然受到一些批评,但也可备一说。③《喻母古读考》是音韵学家曾运乾在清代学者钱大昕的《古无轻唇音》《舌音类隔之说不可信》、近代学者章太炎的《古音娘日二纽归泥说》之后研究上古声母的又一篇著名论文。该文首次明确提出了"喻三归匣、喻四归定"的学术观点。

陈新雄曾经对曾运乾和黄侃的古音学研究进行比较,他说:

> 从两人论古音之说,几如出一辙,二人年既相若,又为东北大学同事,则对二人古音之学如何看待? 二人皆学有所就,应非抄袭。然则孰先孰后? 自余观察所见,应是各得于心,出而合辙者。古声十九纽与古韵三十二韵之说,或黄侃先提出,而曾运乾后有修正,所谓前修未密,后出转精者也。④

我们完全赞同陈新雄的观点,并进一步认为黄侃古声十九纽中喻三、喻四研究的缺失也是曾运乾研究喻母古读的创作动机,正所谓:"潜修未密,后出转精者也。"

曾运乾在《读敖士英关于研究古音的一个商榷》中谈到《喻母古读考》的创作动机。他说:

> 钱竹汀《十驾斋养新录》,有《舌音类隔之说不可信》条,又有《古无轻唇音》条,意谓古音知、彻、澄读如端、透、定,非、敷、奉读如

---

① 李新魁:《汉语音韵学》,北京出版社1986年版,第370页。
② 李葆嘉:《清代古声纽学》,上海古籍出版社2012年版,第236页。
③ 参见何九盈《中国现代语言学史》(修订本),商务印书馆2008年版,第280~281页。
④ 陈新雄:《黄侃与曾运乾之古音学》,载《陈新雄语言学论学集》,中华书局2010年版,第197页。

帮、滂、并。章氏《国故论衡》，有《古音娘日二纽归泥说》。黄季刚先生推广钱竹汀之说，言古音照三、穿三、床三、审三、禅读如端、透、定。钱玄同先生集各家考订之结果，定为古声十九纽表。

深喉 （喉音）	影（喻于）				
浅喉 （喉音）	见（群）	溪	晓	匣 （【于】）	疑 （于丨）
舌声	端（知照三）	透（彻穿三审三）	定［澄神（床三）禅【喻】］	来	泥（娘日）
齿声	精庄（照二）	清初（穿二）	从床（床二）	心［斜山（审二）喻丨］	
唇声	帮（非）①	滂（敷）	并（奉）	明（微）	

【表例】加括弧者皆名称之异。拙见拟移者作【　】。敖君拟移者作丨。

云："凡旁注诸纽，皆古音所无，而其音并于正书之纽者也。如古音喻于二纽皆读同影，彻穿审三纽皆读同透，是也。余仿此。"

余意影母独立，于母应隶牙声匣母，喻母应隶舌声定母，故有《喻母古读考》之作。②

曾运乾认为古声十九纽是钱玄同的发明是错误的，实际上钱玄同是转述黄侃的古声十九纽。因为，钱玄同明确指出："近世考明纽者，为钱大昕，大昕作《舌音类隔之说不可信》及《古无轻唇音》二篇，以明古无知彻澄及非敷奉微七纽。近章太炎继之，更明古无娘日二纽，作《古音娘日二纽归泥说》一篇。黄侃复于《广韵》中考得有三十二韵为'古本韵'。此三十二韵中，惟有影见溪晓匣疑端透定来泥精清从心帮滂并明十九纽，无其他之二十二纽，因知古纽止此十九（因古本韵中所有之纽，必为古本纽。其无者，必非古本纽，

---

① 唇声一栏原著空白，今据曾运乾原意补充。
② 曾运乾：《音韵学讲义》，中华书局2011年版，第544～545页。

而为后世变纽也）。较之钱、章所考，益为精确。兹编所列，即用黄说。"①

在黄侃古声十九纽表中，喻母就是曾运乾的喻四，于母就是曾运乾的喻三。喻、于分开不是黄侃的发明，而是黄侃引用了陈澧《切韵考》的成果。陈澧将《广韵》的反切上字用系联法把喻三、喻四分成了两类。

黄侃把喻三、喻四作为影母的今变声的处理应该是受到他的老师章炳麟的影响。章氏研究古声纽，除了提出"娘日二纽归泥"说，他还是"第一个完整地建立上古声类系统的人"②。他在《国故论衡》中提出了一个《纽目表》，认为上古有二十一个声纽：

喉音　见　溪　群　疑
牙音　晓　匣　影（喻）
舌音　端（知）　透（彻）　定（澄）　泥（娘日）　来
齿音　照（精）　穿（清）　床（从）　审（心）　禅（邪）
唇音　帮（非）　滂（敷）　並（奉）　明（微）

（括号中的字表示上古音中这些声纽尚未分化出来）

由上可知，章氏没有接受陈澧《切韵考》将喻母分为二类的意见，他把喻母作为影母浊声归并入影母。黄侃古声十九纽因此接受了其师章炳麟的这个观点。③

曾运乾不同意黄侃喻三、喻四同为影母浊声的意见，他的理由如下：

喉声影母独立，本世界制字审音之通则，喻、于二母（近人分喻母三等为于母）本非影母浊声。于母古隶牙声匣母，喻母古隶舌声定母，部件秩然，不相陵犯。等韵家强之与影母清浊相配，所谓"非我族类，其心必异"者也。④

---

①　钱玄同：《文字学音篇》，载《钱玄同文字音韵学论集》，上海古籍出版社2011年版，第236页。
②　参见何九盈《中国现代语言学史》（修订本），商务印书馆2008年版，第271页。又，唐作藩、李葆嘉均认为邹汉勋首次提出一个古声二十纽系统（唐作藩：《汉语语音史教程》，北京大学出版社2011年版，第19页。李葆嘉：《清代古声纽学》，上海古籍出版社2012年版，第11页、第239页）。
③　据李葆嘉的研究，黄侃对喻母的古音由来曾反复斟酌，先后有过四种处理方式。于、喻归影说只是其中一说。（李葆嘉：《论古音十九纽的重新发现》，载《南京师大学报》（社会科学版）1995年第2期，第101～108页。
④　曾运乾：《音韵学讲义》，中华书局2011年版，第147～148页。

曾运乾又说：

> 旧等韵家皆以喻母与影母清浊相配，同为喉音。今据《广韵》纽类与古纽参考，韵知等之喻母三等字，皆匣母轻音；喻母四等，皆舌声，古隶定母，与喉音影母，绝无关系。影母为真喉音，即真母音，本无清浊可分。如谓影母与喻母为古今音，则尤大误。因《广韵》影母，原有鸿细弇侈之别，如乌於、恩因、显煜之类，分别甚明，不劳命影母为古本音，喻母为今变音也。①

这两段话可以从两个方面分析。

（1）影母独立为喉音，因此，影母和牙音喻三、舌音喻四是没有关系的。曾运乾从两个方面证明了这个问题。②

首先，曾运乾认为喉声影母独立，本世界制字审音之通则；又认为影母为真喉音，即真母音，本无清浊可分。就是说，曾运乾根据语音学的分析认为影母是真母音，即本无清浊可分的零声母，因此浊音喻母作为无清浊之分的影母的今变声是没有道理的。

其次，曾运乾又根据声鸿音侈、声细音弇的声韵拼合规律，分析出影母有古本声（曾运乾称影一）、今变声（曾运乾称影二）的区别，喻母并不是影母的变声。

（2）曾运乾指出喻三归匣，是匣母的细声（细声即轻音。曾运乾说"声有鸿细，古称轻重"③），因此属牙声。喻四归定，属舌音。这说明喻三、喻四分别有不同的来源，且与喉音影母"绝无关系"。

以上曾运乾在批评黄侃的喻母归影说的基础上提出了他的"喻三归匣、喻四归定"说，其根据是"《广韵》纽类与古纽"。这就告诉我们，曾运乾"喻三归匣、喻四归定"说是在综合其中古声纽和上古声纽的研究中得出来的。

曾运乾对中古声纽的研究最重要的成果就是他的《切韵五声五十一纽考》。曾运乾在陈澧《切韵考》四十声类的基础上根据他运用"声韵相配关系

---

① 曾运乾：《音韵学讲义》，中华书局2011年版，第147页。
② 曾运乾又为批评章炳麟"喉牙蜕化各具四音之说"提出了"影纽独立为喉音，见、溪、群、晓、匣、疑六母皆牙音"的观点。（参见曾运乾《音韵学讲义》，中华书局2011年版，第509页）
③ 曾运乾：《音韵学讲义》，中华书局2011年版，第141页。

推证法"的审音法将《广韵》进一步析为五十一声类。我们还发现,在曾运乾《切韵五声五十一纽考》中,喻三归匣、喻四归定的结论呼之欲出。因为曾运乾在《切韵五声五十一纽考》中已经把于母(即喻三)归为和匣母同类的牙声,排在匣一(即匣母)后面并改称为匣二而不称为于母。又把喻母(即喻四)归为和定母同类的舌声,排在定、澄二母后面。

从上面曾运乾对喻三、喻四的安排可见,他已经做好了喻三归匣、喻四归定的准备了,只是他还没有正式提出"喻三归匣、喻四归定"说而已。

曾运乾该文的开头对《切韵序》一段话的阐述也预示着他已经发现了喻三和匣的密切关系。曾运乾说:

> 法言之自序云:"支(章移切)脂(旨夷切)鱼(语居切)虞(遇俱切),共为一韵,先(苏前切)仙(相然切)尤(于求切)侯(胡沟切),俱论是切。"上四字移、夷、居、俱,明韵之易于淆惑者;下四字苏、相、于、胡,明切之易于淆惑者。故支、脂、鱼、虞皆举音和双声,以明分别韵部之意;先、仙、尤、侯皆举类隔双声,以明分别纽类之意。……又如:尤,于求切,于胡不能相易者,尤为萧韵之弇音,于在虞韵亦弇音也,例音弇者声细,故尤于求切也。侯,胡沟切,胡于不能相易者,侯为虞韵之侈音,胡在模韵亦侈音也,例音侈者声鸿,故侯胡沟切也。①

曾运乾根据《切韵序》"先仙尤侯,俱论是切"这句话得到启发,认为尤(于求切)侯(胡沟切)是类隔双声,并根据"音侈者声鸿,音弇者声细"的原则推断出于纽(即喻三)是匣纽的细声弇音,于纽和匣纽互补,因而上古同音。于是把"胡、乎、户、侯、下、黄、何"七字当作"匣一"(鸿声侈音),把"于、羽、雨、王、云、雲、韦、有、永、远、荣、为、洧、筠"十四字当作"匣二"(细声弇音)。

但如果根据《切韵序》,最多只能初步判断出喻三归匣,那么"喻四归定"说的证据呢?显然在该文是找不到的。曾运乾又有什么证据把喻四放在舌声一类呢?如果仅仅根据"音侈者声鸿,音弇者声细"的原则对反切上下字进行分析,只能得出喻四是细声,没有理由把喻四安排在舌声一类,因此这应该是本文的一个漏洞。

漏洞的存在不代表曾运乾没有证据,只是他没有在该文表达出来而已。在

---

① 曾运乾:《声韵学》,湖南教育出版社2012年版,第168~177页。

《读敖士英关于研究古音的一个商榷》一文中,曾运乾明确指出之所以不把喻四和邪母同归为齿音而归为舌音的重要根据是谐声系统。试举一例如下,曾运乾说:

> 豫(喻四)序(邪四)……
> 案:《说文》豫序并从予声,"予,推予也"。(以诸、余仁)从予得声者九字。
> 芧(直吕)杼(直吕、神与)仔(以诸)㹒(羊洳、徐吕)序(徐吕)豫(羊洳)抒(徐吕、神吕)紓(伤鱼、神与)野(承与、与者)
> 切语十四,入邪母三切,余九切皆舌音澄、床(三)、审(三)、禅各母。除喻四切为彼此所持不计外,与其从邪母三切、入予声于齿类,毋宁从澄床歌母七切、入予声于舌类也。
> 此吾所不敢据《礼》经豫序异文,定喻四为齿音也。①

曾运乾从复杂的谐声系统中整理谐声声符和谐声字的关系,找出其中的规律这一做法固然是正确的,但是曾运乾以上仅仅根据谐声字数的多少来归纳系统,这就把复杂的谐声系统简单化处理了。喻四和邪母的谐声关系是客观存在的事实,后人的研究都证明了这点,而曾运乾仅仅从所谓的系统出发,而忽略了这一客观事实,自然会受到批评。

既然《切韵五声五十一纽考》只能初步证明喻三归匣,而无法证明喻四归定,甚至喻四归齿音也无法证明,因此我们只能从曾运乾明确提出"喻三归匣、喻四归定"说的《喻母古读考》和相关的《读敖士英关于研究古音的一个商榷》入手,来探讨曾运乾论证喻三归匣、喻四归定的过程。

2. 曾运乾《喻母古读考》分析

据曾运乾学生郭晋稀所言,《喻母古读考》的基础是《喻母分隶牙舌音》一文,曾运乾于1928年将该文改名为《喻母古读考》,发表于东北大学季刊第十二期,较《喻母分隶牙舌音》增益两段。② 曾运乾在充分肯定了钱大昕、章太炎研究上古声母方面的成就的基础上提出自己的论点:"其言既信而有征

---

① 曾运乾:《音韵学讲义》,中华书局2011年版,第558~559页。
② 据《中国语言学论文索引甲编》,《喻母古读考》于1927年发表在东北大学季刊第二期,和郭晋稀说法有出入(中国社会科学院语言研究所:《中国语言学论文索引甲编》,商务印书馆1978年版,第92页)。又据杨树达《积微翁回忆录》:"一九二三年七月二十一日。晤曾星笠(运乾),见示所著《声学五书》稿本,说喻母古读定匣。至精审。"可见于1923年曾运乾就已经形成此学术观点。

矣。然自宋以来，等韵书中，尚有横决踳驳，乱五声之经界，为钱章所未暇举正者。如喉声影母独立，本世界制字审音之通则，喻、于二母（近人分喻母三等为于母），本非影母浊声。于母古隶牙声匣母，喻母古隶舌声定母，部仵秩然，不相陵犯。等韵家强之与影母清浊相配，所谓'非我族类，其心必异'者也。"①

前面提到，曾运乾"喻三归匣、喻四归定"说是在综合其中古声纽和上古声纽的研究上得出来的。换言之，笔者认为曾运乾考定喻三归匣、喻四归定运用了审音和考古二法。

《喻母古读考》全文分为"先证喻母三等字古隶牙声匣母""次证喻母四等字古隶舌声定母""又次证隋唐时于读牙声，喻读舌声""又次说明于、喻二母今读"四节。其中，前两节继承了钱大昕、章炳麟研究上古声母的考古法，第三节则是运用声韵相配的审音法。

前两节的论证中，跟钱大昕的《古无轻唇音》《舌音类隔之说不可信》、章炳麟的《古音娘日二纽归说》一样，曾运乾的《喻母古读考》罗列了大量的上古语言材料，其中论证喻三归匣共46证，喻四归定53证。

在表述用语上，这些例证大致可以分为以下七种类型：

类型一：古读A如B；古读A亦（又）如B；古读A、B如C；古读A、B如C如D或如E；古读A如B，如C；古A读如B，或读如C；古读A如B，又如C、如D；古A亦读如C。

这种类型最多，情况比较复杂，今试举例说明之。

古读瑗（王眷、于愿二切）如奂。《春秋左氏传》襄二十七年：陈孔奂，《公羊》作陈孔瑗。按：奂胡玩切，匣母。（按：异文例）

古读羽（王矩、王遇二切）如扈。《周官·考工记》弓人："弓而羽杀。"注："羽读为扈，缓也。"按②：扈侯古切，缓胡管切，并匣母。（按：通假例）

古读围又如淮。《释名》："淮，围也，围绕扬州北界，东至海也。"按：淮亦户乖切，匣母。（按：声训例）

古读蜮（雨逼切）如惑。《公羊》庄十八年传注："蜮之为言惑也。"按：惑胡国切，匣母。（按：声训例）

---

① 曾运乾：《音韵学讲义》，中华书局2011年版，第147~148页。
② 此按语为曾运乾《喻母古读考》所加，下同。

古读域（雨逼切）如或。《说文》："或，邦也，从囗，从戈，以守一。域，或又从土。"按："或胡国切，匣母。域、或一字，声读当同。"（按：古今字例）

古读说如脱。《史记·齐世家》成公脱，《十二诸侯年表》作说。《荀子·正名篇》："说故喜怒哀乐爱恶欲以心异。"杨注："说读为脱。"按：脱徒活切，定母。（按：同源词例）①

古读余（以诸切）如荼。《易·困》："来徐徐。"《释文》："子夏作荼荼，翟同音图，王肃作余余。"按：荼宅加切，澄母；又同都切，定母；澄定二母古音非类隔也。（按：谐声例）

古读王（雨方切）如皇。《说文》："皇，从自，始也，始皇者，三皇大君也。"按：当从王，王亦声。《春秋繁露·深察名号》："王者皇也；王者黄也。"《诗·渐渐之石笺》："皇，王也。"均二字同声通用之证。《广韵》皇胡光切，匣母。（按：谐声例）

古读逾（羊朱切）亦如头。《仪礼释文》引《说文》旧音逾，大沟反。（按：音注例）

类型二：古读 A、B 如 C，实如 D；古读 A 如 B，实如 C。

古读盂宇（羽俱切）如霍，实如护。《春秋》僖二十一年："会与盂"，《穀梁》作雩，范解雩或为宇，《公羊》作霍（今虚郭切，晓母一等字）。按：《白虎通·巡狩篇》云："南方为霍山，霍之为言护也。"《御览》引《三礼义宗》亦云："霍者，护也。"又《风俗通义》衡山一名霍山。护胡故切，衡户庚切，均匣母。

古读欲（余蜀切）如犹（以周切），实如独。《诗·文王有声》："匪棘其欲。"《礼·礼器》欲作犹，犹亦喻母字。《庄子·大宗师》："而我犹为人猗。"《释文》："犹，崔本作独。"按：独徒谷切，定母。

古读趯（弋照切）如趯，实如狄。《诗·巧言》："趯趯毚兔。"《韩诗》作趯趯，云："兔往来貌。"《荀子·非十二子篇》："狄狄然"，注："跳跃之貌。"按：狄徒历切，定母。狄翟本相假也。

古读愉（羊朱、以主二切）如偷，实如婾（托侯、羊朱二切）。《诗·

---

① "说""脱"皆从兑声，兑声有"脱"义。（殷寄明：《汉语同源字词丛考》，东方出版中心 2007 年版，第 282～285 页）

山有枢》："他人是愉。"《笺》："读曰偷。"《释文》："毛以朱反，乐也；郑作偷，他侯切，取也。"《汉书·地理志》引作"它人是媮"。又《文选·讽谏诗》："我王以媮。"注："媮与愉同。"按：偷他侯切，透母，透定相为清浊也。

古读说如申，实如电。《礼·少仪》："游于说。"注："说或为申。"俞曲园《礼记异文笺》云："按：《广韵》十七《薛》，说失热切；十七《真》，申失人切；说与失双声，申亦与失双声，故得转而为申。"今按：俞说是也。但尚非两字本声，申本电字，《说文》"虹"下："申，电也。"可证申古音如陈，实如电，定母字。说从兑声，亦定母。

古读盈（以成切）如逞，实如挺。《左》襄二十一年传："晋栾盈出奔楚。"《史记·十二诸侯年表》："晋平公彪七年，栾逞奔齐。"《晋世家》："平公六年，栾逞有罪，奔齐。"《齐世家》："庄公三年，晋大夫栾盈来奔。"《集解》："徐广曰：盈，《史记》多作逞。"又《左》昭二十三年经："吴败顿、胡、沈、蔡、陈、许之师于鸡父，胡子髡、沈子逞灭。"《公羊》作沈子楹，《穀梁》作沈子盈。皆盈逞同声之证。又《说文》从盈声之字，或从呈声，如縊从糸，盈声，读与听同；或从呈声作䋏。《说文》："楹，柱也。"《考工记·轮人》："程围倍之。"郑司农注："程，盖杠也，读如丹桓宫楹之楹。"今按：逞丑郢切，彻母；听他定切，透母；程他丁切，透母；均与定澄母相为清浊。又诸字皆从壬声，《说文》："壬象物出地挺生也"，是壬本读如挺。挺特丁、特顶二切，本定母字。

以上六例，一般是前两者A与B语音上相同或相近（一般是异文），B与C之间音义皆有紧密的关联（可能是古今字关系，也有声训关系），如申电、媮偷、犹独、逞挺（例外如"趯狄"，狄与翟通假，狄、趯之间只有语音关联），但A与C往往没有直接的书证可以证明两者之间的音义联系，需要B作为中介才能建立。但也有例外，如"媮与愉同"。

类型三：古A、B通读；A又与B通读。

古纬、浑通读。《说文》："䙡读如纬，或如浑天之浑。"按：前一读于母，后一读户本切，匣母。

融又与彤通读。《左传》："大隧之中，其乐也融融。"《文选·思玄赋》："展泄泄以彤彤。"注："融与彤古字通。"《后汉书·张衡传》注亦云："彤与融同"；知融彤通读矣。

以上两例，前一例只是表明"纬""浑"语音相同，意义上并无关联。后一例，"融融""彤彤"语音相同，意义相近，均表示快乐的样子。

类型四：古 A、B 声同。

　　古爰（雨元切）、缓声同。《诗》："有兔爰爰。"《毛传》："爰爰，缓意。"《尔雅·释训》："爰爰，缓也。"按：缓胡管切，匣母。

　　古、芸（王分切）魂声同。《古微书》引《孝经援神契》云："魂，芸也；芸芸动也。"《白虎通》云："魂犹伝伝也，行不休也。"又云："魂声亦同。"《中山经》："其光熊熊，其气魂魂。"按：犹云云也。《吕览·圆道篇》："云气西行云云然。"按：芸、伝、云均王分切，于母。魂户昆切，匣母。

以上两例，均为叠音联绵词：爰爰（缓）、芸芸（伝伝、魂魂、云云）。

类型五：古 A、B（C 三字）声相近；古 A、B 声相近，即双声物名也。

　　古营、魂声相近。《老子》："载营魄抱一，能无离乎？"注："营魄，魂魄也。"按：魂户昆切，匣母。

　　古荣、怀声相近。《十驾斋养新录》云："匣母三四等字，轻读亦有似喻母者。如荣怀与杌隍均为双声，今人则有匣、喻之别矣。"①按：荣永兵切，于母。怀户乖切，匣母。匣于一类，故荣怀双声。

　　古于（羽俱切）、豁声相近。释玄应《一切经音义》云："豁旦，即于阗也。"按：豁呼括切，晓母一等字，与匣母互为清浊。

　　古纬（于鬼切）、繣声相近。《说文》："纬，织横丝也。"《广雅·释言》："纬，横也。"以横（户庚切，匣母）释纬，取双声字为训。又《离骚》："忽纬繣其难迁。"王注："纬繣，乖戾也。"《广雅·释训》曰："纬繣，乖剌也。"按：《说文》无繣懂，即刀部之划，音胡麦切，匣母。匣于一类，故纬繣双声。

　　古纬（于鬼切）、绲声相近。《说文》："纬，织横线也；绲，纬也。"按：绲胡本切，匣母。

---

① 钱大昕原文作"匣母三四等字，轻读亦有似喻母者。故古人于此四母不甚区别。如'荣怀'与'杌隍'均为双声，今人则有匣、喻之别矣"。故"经"字曾运乾引书有误，钱大昕原文作"轻"。（［清］钱大昕：《潜研堂文集》卷十五《答问十二·音韵》，商务印书馆1935年版，第220页）

古位（于愧切）、画声相近。《易·说卦》："易六位而成章。"《士冠礼注》引作六画，《疏》引同。《释文》云："位本又作画。"李氏《集解》引虞说同。按：画胡麦切，匣母。

古萑、苇声相近，即双声物名也。苇于鬼切，于母。萑胡官切，匣母。匣于一类，故萑苇双声。

古扞、卫声相近。《周书·职方》："又其外方五百里为卫服。"孔注："为王扞卫也。"《吕览·恃君篇》："爪牙不足以自卫。"高注："卫，扞也。"按：卫于岁切，于母。扞侯旰切，匣母。匣于一类，故扞卫双声。

古陨、获声相近。《礼·儒行》："儒有不陨获于贫贱，不充绌于富贵。"充绌与陨获均双声字。按：陨于敏切，于母。获胡郭切，匣母。匣于一类，故陨获双声。

古为、蝯、猴三字声相近。《说文》爪部："为，母猴也。"犬部："猴，夒也，从犬，侯声。"朱骏声云："一名为，一名沐猴，其静者蝯。"《说文》虫部："蝯善援，禺属。"段氏云："田部曰：禺，母猴属。"按：三字声义并近，为远支切；蝯羽元切，于母。猴乎沟切，匣母。

古又后声相近。《诗·葛藟传》："王又无母恩。"《释文》："又本作后。"《疏》："定本及诸本又作后，义亦通。"按：后胡口切，匣母。

古右、後声相近。①《汉书·武帝纪注》："转写者误以右为後。"按：非误也。右後左前，均古双声字。《穀梁传》："又，有继之词也。"《礼·文王世子》："以待又语。"注："又语，为後复论说也。"右于救切，于母。後胡口切，匣母。右之声转为後，犹又之声转为矣。

古读泄、沓声相近。《诗板》："无然泄泄。"（《释文》：徐以世切）《说文》口部引作呭②（餘制切）。《孟子》："泄泄犹沓沓者也"，以同声字为训（《孟子》："洚水者，洪水也"，亦双声字，非叠韵字）。按：沓徒合切，定母。

以上十三例，大都是双声联绵词或意义上有密切关联的双声词组。如营魄（魂魄，词组）、荣怀（词）、豁旦（于阗，词）、纬繡（词组）、纬绎（词

---

① 中华书局本《音韵学讲义》作"后"，非是。按："后"当为"後"。下文"右後左前"亦可为证。

② 中华书局本《音韵学讲义》作"泄"，非是。按："泄"当为"呭"。下文《说文》口部引作"泄"亦可为证。

组)、萑苇(词)、扞卫(词组)、陨获(词)、右後(词组)。
类型六：古 A、B 同字。

  古院(王眷切)、寏同字。《说文》："寏，周垣也，从宀，奂声。重文院，从阝，阮声。"今与院字混读于母。按：寏胡官切，匣母。

上例，A 与 B 是重文关系。
类型七：古 A、B 双声字。

  古投、閳双声字。《广雅·释器》："投谓之閳。"(《说文》："閳，关下牡也。")王引之无释。按：投一声之转，閳以灼切，喻母；投度侯切，定母。《汉书》传十六："厕牏"，注引苏林音投；《说文》片部，牏读若俞，羊朱切。投閳同声，犹投牏矣。
  古渝、堕双声字。《左》隐六年传："郑人来渝平，堕成也。"《公》《穀》同作输。《穀梁传》云："输者堕也。"按：堕徒果切，定母，以双声字为训。

  以上两例，A 与 B 是双声字声训的关系。其中"投閳"可作如下理解：古汉语中动作与动作的凭借物往往共用一名，以锁器为例，"扃、键、闭、锁、钥"等既可指锁，又可指下锁这种动作行为；"投"既是把锁器的插入部分(钥，也叫"键")插进锁管的动作，按理也可以指閳本身。閳是门户上的关牡，即"上贯关，下插地"的直木；"投"是把閳插入关中的动作，按理也可以指本身。大概因此，《广雅·释室》才说"投谓之閳"吧。①
  以上情况说明曾运乾所用术语大体上是有规律可循的，可见他对材料的选择是有所区别的。
  这些例证从音义关系看，分为以下三种情况。
  第一种：音同音近(此种例证最多)。
  以上所举的异文例、通假例、声训例、古今字例、谐声字例均属于这种情况，不过需要指出的是，音同包括声同韵不同、声韵皆同两种。大部分例证属于声韵皆同，也有部分声同韵不同。

---

① 参见富金壁、牟维珍《王力〈古代汉语〉注释汇考》，黑龙江人民出版社 2004 年版，第 333～334 页。

古读员（王权、王分、王门三切）如魂。《诗》："出自东门，聊乐我员。"《释文》："员，《韩诗》作魂，神也。"《文选》之《东京赋》《舞鹤赋》、鲍照《东武吟》注，引并同。按：魂户昆切，匣母。（按：员，匣母文部；魂，匣母文部。故员、魂同音。）

古读鬻（余六切）如浊。《释名·释饮食》："鬻浊与糜，粥粥然也。"按：浊直角切，澄母。（按：鬻，馀母觉部；浊，定母屋部；屋觉旁转，故鬻、浊音近。）

古读泄、沓声相近。《诗板》："无然泄泄。"（《释文》：徐以世切）《说文》口部引作呭①（馀制切）。《孟子》："泄泄犹沓沓者也"，以同声字为训（《孟子》："洚水者，洪水也"，亦双声字，非叠韵字）。按：沓徒合切，定母。（按：泄，馀母月部；沓，定母缉部。月缉韵腹、韵尾均不同，故泄、沓只是声母相同。）

第二种：音不同。

古读营（于倾切）如环。《韩非子》："自营为私。"《说文》音作自环。按：环户关切，匣母。

古读营如还。《诗·齐风》："子之还兮。"《汉书·地理志》引作营。师古注："《齐诗》作营，《毛诗》作还。"按：还亦户关切。

查《广韵》，"营"，余倾切，"营"上古属馀母耕部；"环""还"上古同属匣母元部，"营"与"环""还"声韵皆不同，故曾运乾此二例不符合喻三归匣说。② 这说明曾运乾引用书证偶有疏忽。

第三种：音义皆同或近。

古读瑗又如环。《春秋左氏经》襄十九年："齐侯环卒。"《公羊》作齐侯瑗。环匣母，见上。又按：《尔雅·释器》："好倍肉谓之瑗，肉好若

---

① "泄"当为"呭"。见前注。
② 李新魁指出，营，《切三》《广韵》余倾切；慧琳音、玄应音役琼反，《集韵》维倾切，俱当在四等，此入三等不合。此位当列荣字。荣，《王韵》、《广韵》、徐铉音作永兵切；慧琳音永平、永兄切，《集韵》于平切，俱当在三等。本书将荣字列入四等，恰与营字颠倒。查《七音略》《指掌图》等俱以荣字列三等，以营字列四等，可证《韵镜》之误。（参见李新魁《韵镜校证》，中华书局1982年版，第267页）

一谓之环。"环、瑗声义并相近。

古读说（弋雪切）如兑。《书》："《说命》。"《释文》本亦作："《兑命》。"《礼·学记》："《兑命》曰：'念终始典于学。'"注："兑当为说，字之误也。"（按：不误）《缁衣》引《兑命》注，兑当为说；《文王世子》引《兑命》注，兑当为说。并说兑通读之证。又《易·序卦》："兑者，说也。"《说文》："兑，说也。"《释名》："兑，说也。"并兑、说声同义近之证。

不过，曾运乾所举以下例证是晓母字而非匣母字或是端母或透（彻）母字而非定母字：

古于（羽俱切）、豁声相近。……按：豁呼括切，晓母一等字，与匣母互为清浊。

古读戍、鈛如豁。……按：豁呼括切，晓母，与匣母为清浊。

古读肆（羊至切）如髴。……按：髴他历切，透母，与定母相为清浊。

古读圛、驿（并羊益切）如弟，如悌，或如涕。……按：弟徒礼、特计二切，悌特计切，并定母；涕他礼、他计切，并透母；透定相为清浊也。

古读愉（羊朱、以主二切）如偷，实如婾。……按：偷他侯切，透母，透定相为清浊也。

古读渝（羊朱切）如偷。……按：偷託侯切，透母。

古读舀如挑。……按：挑吐雕切，定母清声。①

古读瀷（与职切）如敕。……按：敕、勑并耻力切，彻母。彻澄相为清浊也。

古读㕣（以舛切）如兑。……是沈与端声相近。端，端母，亦与定母相为清浊也。

古读盈（以成切）如逞，实如挺。……今按：逞丑郢切，彻母；听他定切，透母；桯他丁切，透母；均与定澄母相为清浊。

古读缘（与专、羊绢二切）如褖②。……按：吐乱切，透母，定母

---

① "定母清声"此处实指透母。
② 按《喻母古读考》体例，当在按后面加上"褖"字。

清声。

  古读甬（余陇切）如桶。……按：统他综切，透母，与定母相为清浊。

  那么这些例证是否有问题呢？答案是否定的。曾运乾在《读敖士英关于古音研究的一个商榷》中说：

  （研究古声类）第二当知旁纽双声。章氏《古双声说》云：今有九音，于古则六，曰喉、牙、舌、齿、唇、半舌也。同一音者，虽旁纽则为双声。是故金、钦、禽、唫，一今声具四喉音；汙、吁、芋、华，一于声具四牙音。汉魏南北朝反语，不皆音和，以是为齐。
  按：章氏所谓旁纽双声，即喉、牙、舌、齿、唇各声同类字也。①

  曾运乾所谓各声同类字就是指声母的发音方法不同，但发音部位相同的字。如以上晓与匣互为清浊，但同为牙音。透与定，彻与澄，端与定都是这种情况。曾运乾以为"同一音者，虽旁纽则为双声"，即认为这些字虽然是旁纽双声，但也属同音，因此这些材料同样是有价值的。

  以上曾运乾运用的异文、声训、音注、谐声、双声等材料来证明喻三归匣、喻四归定，这种根据先秦两汉文献的语音材料考求古声类的方法就是清儒考古派最擅长的考古法。

  《喻母古读考》第三节"又次证隋唐时于读牙声，喻读舌声"是从三个方面来证明的。

  首先，曾运乾从《切韵序》受到启发来证明隋唐时代喻三归匣。曾运乾从陆法言《切韵序》"先（苏前切），仙（相然切），尤（于求切），侯（胡沟切），俱论是切"这句话悟出，"先苏"与"仙相"的声母区别是"先苏"为心母一等字，"仙相"为心母二等字，"尤于"与"侯胡"的声母区别是"侯胡"为匣母一等字，"尤于"为匣母二等字。其实，曾运乾根据《切韵序》来证明喻三归匣在其《切韵五声五十一纽考》中已经提到了，曾运乾研究古音往往以《切韵》为基点，尤其重视《切韵序》，于此可见一斑。

  其次，曾运乾又从另一名著《颜氏家训·音辞篇》所载"梁世有一侯"，谓"鄙州为永州"。"元帝启报简文，简文云：庚辰吴人，遂成司隶"得到启

---

① 曾运乾：《音韵学讲义》，中华书局2011年版，第548页。

发：永（于憬切），于母字；郢（以整切），喻母字，两字"截然两类，本不相混"。

最后，曾运乾又进一步分析了《广韵》全书各韵的情况后发现，凡是声母只有喉音影晓匣、牙音见溪群疑及轻唇音四纽的韵，如"痕、殷、微、废、文、元、凡、严"等，它们只有喻三字，而没有喻四字。相反，凡是只有舌音、齿音的韵，如麻韵开口三等韵，它们只有喻四字，没有喻三字。曾运乾正是根据这种声韵相配的规律以及声类的系统性，得出了喻三为喉音、喻四为舌音的结论。这种从中古语音系统出发来考察声韵之间的配合关系，从而对上古声类做出符合戛理的推断的方法就是所谓的审音法。

《喻母古读考》第四节"又次说明于、喻二母今读"又从历时的演变比较了喻三、喻四的发展。曾运乾指出，由于"喻母、于母声势同为轹①类，故容易致混"。"于母当读如牙音撮口呼之轹类浊声……，喻母当读如舌上音之齐齿呼或撮口呼之轹类浊声。舌上音不易读时，即读如半舌之轹类浊声禅母，犹胜于读影母浊声者之大乱声音部伍也。"曾运乾虽然采用了传统音韵学术语，并用描述的方法来说明喻三、喻四发音的区别而显得有点抽象，但是他已经把喻三、喻四从古到今的区别和联系阐述得清清楚楚。

罗常培曾高度赞扬说："近年来持旧法以考证古声纽者，余独心折益阳曾运乾氏。其所作《喻母古读考》……全文引征赅洽，方法谨严。钱大昕古无轻唇音及舌音类隔之说不可信二文以后，一人而已！"② 如果说前两节"引征赅洽"，跟钱大昕一样，罗列大量的经传材料，体现了曾运乾在传统经学、训诂学方面的功力，那么后两节则体现了"方法谨严"的特点，并为《喻母古读考》成为古音学史上的名篇奠定了坚实的基础。

以上曾运乾运用了异文、声训、音注、谐声、双声等材料，但这些材料只能证明喻三和匣母上古同属一个声母，并不能证明喻三读为匣母，这是传统的考古法的缺陷（因此，罗常培称之为"旧法"是有道理的）。虽然曾运乾《切韵五声五十一纽考》利用了审音法，但也只能证明喻三和匣母同为牙音，喻四和定母同为舌音。曾运乾真正证明喻三归匣、喻四归定应该是根据他的审音

---

① "轹"是传统音韵学分析声母发音方法的术语。清末音韵学家劳乃宣的《等韵一得》提出声母分为四类：戛、透、轹、捺。具体而言，戛类是指不送气的塞音和塞擦音，透类是指送气的塞音和塞擦音，轹类包括擦音和边音，捺类就是鼻音。（唐作藩：《音韵学教程》，北京大学出版社2002年版，第38～39页）

② 罗常培：《周秦古音研究述略》，载《罗常培文集》（第六卷），山东教育出版社2001年版，第311页。

法推求古本声十九纽得出的结论。

从这点看来，钱大昕的《古无轻唇音》和《舌音类隔之说不可信》运用了方言、译音等材料，则较曾运乾更具说服力。之后，罗常培的《唐五代西北方音》和王力的《汉越语研究》才真正为喻三归匣提供了有说服力的证据。

综上，曾运乾的《喻母古读考》不仅搜集了大量的上古语言材料，而且他更注重把上古音、中古音（以《切韵》为代表）、等韵学三者结合起来，或者说他把考古法和审音法结合起来，这又是他超越钱大昕的《古无轻唇音》《舌音类隔之说不可信》的地方。

学界一般认为"喻三归匣"说、"喻四归定"说均是曾运乾《喻母古读考》的发明，而曾运乾自己认为"喻三归匣"只是推广前人的学说，"喻四归定"则是他的首创。曾运乾说：

> 余说亦非创作，亦系就前人之说推广之。拙著末段云："于母当读如牙音匣母，丁度作《集韵》时，已见端倪。如雄，《广韵》本羽弓切，《切韵残卷》作羽隆切，于母，《集韵》作胡弓切，与匣母为一系。故《七音略》《指微韵镜》均隶牙声匣母三等，自系正读，但不能就此例推广。"又改本《切韵指掌图·检例》云："匣阙三四喻中觅，喻亏一二匣中穷，上古释音多具载，当今篇韵少相逢。"注云："户归切怖，于古切户。"是明言喻母匣母古音同读也。唯未能别喻四于喻三，其见终未莹也。是喻三应隶牙声匣母，就《集韵》《七音略》《指微韵镜》《切韵指掌图》之说推而广之也。惟谓喻四应隶舌音定母，则系余创说。①

曾运乾从前人韵书的反切或韵图等的排列中，发现"喻三归匣"并加以论证，从而使这一学说真正建立起来，他的这一成果被公认为古声母研究上的一大贡献。喻四归定提出后虽然还有一定的争议，② 但是仍然有很大的参考价值。

3. 后人对喻母研究的补充与修正

（1）对"喻三归匣"说的补充。曾运乾的"喻三归匣"说能够合理解释

---

① 曾运乾：《音韵学讲义》，中华书局2011年版，第545页。
② 曾运乾《喻母古读考》发表之后，产生了广泛的影响，但喻四归定却遭到质疑。曾运乾后来又发表《读敖士英关于研究古音的一个商榷》一文，讨论了喻四跟照三、来母、泥母、邪母、心母的交涉，他仍然坚持喻四归定的看法。

古今语音分化的条件。如《切韵指掌图·九辨》说:"匣缺三四喻中觅,喻亏一二匣中穷;上古释音多具载,当今篇韵少相逢。"下注:"户归切帏,于古切户。"① 这就是说,匣、喻两母可能上古同源而后来分化为二。中古的喻三只与三等韵相拼,匣母只与一、二、四等韵相拼,两者属于互补的关系,故可以归为一个音位。

周祖谟通过分析《万象名义》中的反切来探求原本《玉篇》的音系,发现原本《玉篇》中的匣母和于母的反切也有密切的关系,在《万象名义》中,表现如下:悦(胡拙反)、尹(胡准反)、越(胡厥反)、为(胡妫反)、核(为革反)。此外,《万象名义》中"云"音于勋反,部目则作胡熏非;又《万象名义》中"寓"音胡甫反,原本《玉篇》云:"古文寓字。"《万象名义》中"寓"音于甫反,则胡甫反就是于甫反,这是匣母和于母同类的证据。又"尹、越、为"等字在今本《玉篇》皆用于(于母)等字为切,而《万象名义》均以胡(匣母)为切,也足以证明胡于两母相同。② 需要补充说明的是,"悦、尹"两字本为喻母四等字,在《万象名义》中"悦"音胡拙反(匣母),"尹"音胡准反(匣母),但据罗常培《唐五代西北方音》,"悦、尹、营(喻母四等)"三字在敦煌出土的唐写本汉藏对音《千字文》内读为喻母三等,这也恰好可以作为喻母三等字古读同匣母的另一旁证。③

葛毅卿根据《切韵指掌图·辨匣喻二字母切字歌》与《王抄唐写本切韵残卷》的"云、越"二字切语,假定喻三与匣古音值相同,作"On the Consonantal Value of 喻-Class Words"(《喻母古音值》)一文,后又著《喻三入匣再证》一文从横的系统不同、纵的时代略近的字书上找一些参证材料。该文指出上虞罗氏丙辰年影印《原本玉篇残卷》云部第一百"云胡勋反"和通行本《玉篇》"于君切"不同。敦煌本《尚书释文残卷》"滑于八反"和"户八反"不同,并力求将《切韵》中的于类字、云类字与匣母字通过切上字连结起来。④ 周法高《玄应反切考》中匣母和喻三相通的例证如下:

匣母字用喻三作切:茎(胡耕反;禹耕反)、撰(于桂反)。

---

① 这话是不完全正确的。匣母只缺三等,不缺四等。喻母三等跟匣母刚好互补。
② 参见周祖谟《〈万象名义〉中之原本〈玉篇〉音系》,载《问学集》,中华书局 1966 年版,第 295~296 页。
③ 罗常培:《唐五代西北方音》,商务印书馆 2012 年版,第 50~54 页。
④ 葛毅卿的"On the Consonantal Value of 喻-Class Words"(《喻母古音值》)和《喻三入匣再证》均载于葛毅卿《隋唐音研究》,南京师范大学出版社 2003 年版,第 137~140 页、第 144~145 页)。

喻三字用匣母作切：痏（于轨反；胡轨反）、祐（胡救反；于救反；爰救反）、阈（音域，胡域反）、熊（胡弓反；胡宫反）。①

葛毅卿指出，玄应反切离《切韵》不过50年左右，两者都代表长安音。用玄应的反切来确定隋时长安音即《切韵》匣、喻三的声值相同，那在时地两点上是切合的。②

罗常培更举南北朝时期的双声诗来证明匣、于相近。在南齐王融的集子里有一首双声诗："园蘅眩红藕，湖荇燡黄花。回鹤横淮翰，远越合云霞。"又，北周庾信的《问疾封中录》也是一首双声诗："形骸违学宦，狭巷幸为闲。虹回或有雨，云合又含寒。横湖韵鹤下，回溪狭猨还。怀贤为荣卫，和缓惠绮纳。"

第一首里的"蘅、眩、红、藕、湖、荇、黄、花、回、鹤、横、淮、翰、合、霞"十五字在《广韵》属匣纽，"园、远、越、云"四字属于纽；第二首里的"形、骸、学、宦、狭、巷、幸、闲、虹、回、或、合、含、寒、横、湖、鹤、下、还、怀、贤、和、缓、惠、纳"二十五字属匣纽，"违、为、有、雨、云、又、韵、猨、荣、卫"十字属于纽。除去第一首里杂入喻纽的"燡"字，第二首里杂入溪纽的"溪、绮"两字，他们既然把匣、于两纽当作双声，可见这两纽的发音应该是很相近的。王融、庾信均是5世纪末到6世纪末的人，也就是说，从此时起，匣、于两纽依然是相混的。③

黄焯的《古音为纽归匣说》也间接对曾运乾的学说进行了补充。黄氏说：

> 自字母等韵之学兴，为、喻二纽遂混为一。至番禺陈氏作《切韵考》以"为""于"诸字与"余""馀"诸字切语异用，遂析为二类，先季父季刚先生因取"为"字标目。然其时虽知为、喻有分，犹以为类自喻出，继绎《切韵序》"先仙尤侯、俱论是切"之语，以尤侯在当时汇为一切，是必视为同声，因举为为、匣相同之证。今仅承先季父之说，进而推求古

---

① 参见周法高《玄应反切考》，载《历史语言研究所集刊》（第20册），中华书局1987年版，第388页。
② 参见葛毅卿《喻三入匣再证》，载葛毅卿《隋唐音研究》，南京师范大学出版社2003年版，第144～145页。
③ 参见罗常培《〈经典释文〉和原本〈玉篇〉反切中的匣于两纽》，载《罗常培文集》（第七卷），山东教育出版社2008年版，第427～428页。

声，征之《说文》与汉师音读，凡足为为、匣二纽相同之证，难以一二数。①

黄焯是为了发扬其季父黄侃之说而撰写此文的，他利用《说文》谐声、汉师音读、连字、对字、反切又音、双声诗等材料来证明为（喻三）纽归匣的观点。

如果说上述材料只能证明喻三和匣母互通，还不能证明喻三古读匣母的话，那么方言材料和译音材料都可以支持曾运乾的论断。

罗常培在汉藏对音《千字文》材料所体现的唐五代西北方音中，发现喻母四等字除去"尹、营、悦"三字外，无论开口、合口都读作[y]；喻母三等的开口，有的读[y]，有的读[w]。这说明喻三和喻四是有分别的。罗先生还发现《阿弥陀经》和《金刚经》里的"云"字都有[hun]音，正好和匣母字同音，这是喻三归匣的证明。② 麦耘也指出，属闽南方言的广东潮州话云母字（即喻三）常有念[h]的，如"云"[ˌhuŋ]、"雨"[ˈhou]（口语音）等。这也可以作为喻三归匣的旁证。③

王力考察了汉越语中匣母、喻母三等、喻母四等的情况。④ 在汉越语中，匣母读[h]，喻母三等合口读[v]，开口读[h]，喻母四等读[z]。如：

匣母：何河遐 ha² 含咸衔 ham² 学 hɔc⁶ 湖 ho² 雄 hung² 黄皇 hoang²

喻三合口：云 vən¹ 为 vi¹ 圆员 vien¹ 越 viet⁶ 王 vyɐng¹ 于迂 vu¹

开口：友右有 hyu⁴ 侑又 hyu⁶ 矣 hi⁴

喻四：以 zi⁴ 营 zinh¹ 余馀 zy¹ 诱 zu⁴ 惟 zuy¹ 缘沿 zuyen¹

汉越语里，喻母三等根据开合口分为[h]、[v]两类，王力认为，喻三的[v]的来源应该是[w]，而[h]应该是古音的残留，喻三和匣母本是一家，匣母没有三等正是喻三的所从来处。因此，当匣读[h-]的时候，喻三跟

---

① 黄焯：《古音为纽归匣说》，载《武汉大学文哲季刊》1941年第1期，第39～40页。
② 参见罗常培《唐五代西北方音》，商务印书馆2012年版，第50～54页。
③ 参见麦耘《音韵学概论》，江苏教育出版社2009年版，第61页。
④ 参见王力《汉越语研究》，载《王力文集》（第18卷），山东教育出版社1991年版，第478～481页。

着读［h-］是不足怪的；至于合口字，起初应该是读［hw］，或类似的音（如撮口呼），后来［h］消失了（如"黄"［hwang］在粤语中变为［wong］），只有［w］音，渐渐又转变为［v］的。

通过以上材料可以发现，汉越语的喻母三等字和四等字是大有分别的，所以"惟、为"不同音，"余、于"不同音，"缘、圆"不同音，"诱、右"不同音。王力认为，"这一个事实是非常值得珍视的。喻母在《切韵》系统里显然是分为两类；喻三和喻四，非但在中古有别，它们在上古也是有别的。可惜在汉语各处的方言里无从证明这一分别，现在汉越语里的喻三和喻四截然不紊，这是很好的一个证据"。

此外，王力指出，从谐声系统来看，喻三和喻四的系统是颇为清楚的，如从"于"的字必属喉牙音，从"余"的字必归舌齿音。

汉越语的情况给王力很大的启发，他后来明确提出喻母应该分为两类，即云类（喻三）和馀类（喻四），云类在切韵系统中应归匣母，① 这可以说是对曾运乾喻三归匣说的进一步证明。

王力感慨在今汉语方音中，喻三、喻四已经无从分别，其实喻三归匣的情况在方言中还有所残留，除了前面所说的湖南新化方言，在陕西神木方言中，喻母三等字彙音［xuei˥］，熊雄音［ɕɕyɣ̃］，按古今语音演变的规律，上述三字应该读零声母［ø］。这三字读［x］、［ɕ］与古音对应关系不合，但符合上古音，因此，这是喻母三等字还没有从匣母分化出来的读音的遗留。②

曾运乾的"喻三归匣"说一方面可以从音理上得到合理的解释，另一方面又得到各种语言材料特别是最具说服力的方言材料的论证，因此，"喻三归匣"说已经得到学术界的一致公认。

（2）对"喻四归定"说的修正。曾运乾的"喻四归定"说虽然例证比"喻三归匣"说还要略多，单从材料来看也确有一定的说服力，但尽管如此，也很难说喻四完全是从上古定母变来的，因为喻四和定母（按：准确地说，是澄母，澄母上古归定母）在中古都出现在三等韵之前，如果说两者上古是同一声类，那么就很难从音理上解释中古分化为两个声母的条件。

曾运乾把喻四并入定母，王力认为这种归并"比章黄好多了，因为无论从谐声偏旁看，或者从异文看，都可以证明喻母四等字往往与定母相通"③。

---

① 参见王力《汉语史稿》（上册），中华书局1980年版，第50～51页。
② 参见邢向东《神木方言研究》，中华书局2002年版，第181页。
③ 王力：《汉语语音史》，商务印书馆2017年版，第22页。

但考虑到语音分化的条件，他认为喻四与定母只能是音近而不是音同。因此，他最初在《汉语史稿》中把喻四和定母同归为舌头音，并把喻四拟为不送气的 [d]，而把定母拟为送气的 [dʻ]，以表明喻四和定母的密切关系。后来他认识到先秦音系中，唇、齿、牙音都没有送气和不送气的对立，唯独舌音有这种对立是不符合语言的系统性的，因此，他后来在《汉语语音史》中把喻四拟为 [ʎ]，并把喻四与照、穿、床、审、禅、日同归为跟舌上音。

陆志韦《古音说略》中的"广韵五十一声母在说文谐声通转的次数"表于纽（喻三）、胡（匣）、以纽（喻四）、徒或直纽（定）相谐情况如下：于和于相谐 116 次，于和胡相谐 27 次，以和以相谐 247 次，胡和胡相谐 198 次，于和以相谐 9 次，于和徒相谐 7 次，于和直相谐 2 次，以和徒相谐 94 次，以和直相谐 43 次。① 可见，喻四虽和定母确实有较密切的关系，但还不能认为两者读音完全相同。因此，学界普遍认为，把它们看成上古读音相近的声类更妥当。

喻四除了与定母有密切的关系，与邪母也有相通的情况。敖士英批评曾运乾时已经提出喻四归邪的观点。李元的《音切谱》很早就从谐声、异文、假借等大量材料证明了喻邪互通的情况（见前面论述）。陆志韦在盛赞曾运乾是"有特殊贡献"的古音学家的同时，又说曾运乾的"喻四归定说是只知其一，不知其二。高本汉早已知道喻四又归邪"②。高本汉的上古单声母系统中，他把喻四的上古音分为 [d]、[z] 两类，[d] 类是不送气的 [d]，用来表现和定母送气的 [dʻ] 之间的联系。把喻四的另一部分字拟测为 [z] 类，用来表现和邪母不送气的 [dz] 之间的联系。李方桂则根据喻四常跟舌尖前塞音互谐的情况，认为喻四是上古时代的舌尖前音，因此他把喻四拟测为 [r]。邪母也常跟舌尖塞音及喻四互谐，一些字又往往有邪母与喻四的两读。如羊 [jiang] 又读作祥 [zjang]，颂字有 [zjwong] 及 [jiwong] 两读，邪字有 [zja] 及 [jia] 两读等。邪母与喻四的谐声状况也很相似，如余 [jiwo]；徐 [zjwo]；途 [duo]；以 [jiï]；似 [zʻ]；台 [thai]；予 [jiwo]；序 [zjwo]；杼 [djwo]。基于以上语言事实，李方桂认为邪母也是从上古 *r- 变来的，只是后面有个三等介音 [j] 而已。即喻四与邪母的演变规律可以表示如下：

上古 *r- > 中古 ji- （喻四等）

---

① 参见陆志韦《古音说略》，台湾学生书局 1979 年版，第 254 页。
② 陆志韦：《古音说略》，台湾学生书局 1979 年版，第 265 页。

上古 *r-+j-> 中古 zj-（邪）①

钱玄同《古音无"邪"纽证》考察了《说文解字》中的谐声情况，得出结论说："考《说文》九千三百余字中，徐鼎臣所附《唐韵》的反切证'邪'纽的有一百零五字，连重文共一百三十四字。就其形声字的'声母'（今亦称'音符'）考察，应归'定'纽者几及十分之八，其他有应归'群'纽者则不足十分之二，有应归'从'纽者则不足十分之一。从大多数言，可以说邪纽古归定纽。"②

曾运乾弟子郭晋稀的《邪母古读考》则在钱玄同《古音无"邪"纽证》的基础上，将谐声字的声符区别为正例和变例，考察了《广韵》所收并见于《说文解字》的全部邪纽字（限谐声字），研究结论是邪纽字上古都读定母。

将钱玄同、郭晋稀的邪纽归定与曾运乾的喻四归定进行比较，就正好可以证明喻四和邪纽之间上古读音相同的关系。

但是，除了邪母和定母，喻四还与其他声母互谐。董同龢在高本汉利用谐声字研究上古声母的基础上，取先秦材料重新观察整理，将喻四与其他声母互谐的情况分为以下三类：①喻四专与舌尖或舌面前音字谐。如饴（喻四）：胎（透）：治（定）；由（喻四）：迪（定）：抽（透）：宙（定）：袖（邪）等。②喻四专与舌根音字谐。如衍（喻四）：愆（溪）；匀（喻四）：均（见）等。③喻四谐舌尖音，同时谐舌根音。如容（喻四）：俗（邪）：谷（见）；羊（喻四）：祥（邪）：姜（见）等。董同龢的研究证明，喻四和其他声母的谐声关系是非常复杂的，据此，他认为古代当有复辅音存在。③

总之，喻四的上古读音正如王力《汉语语音史》所说，"是最难解决的一个问题"④。虽然曾运乾的喻四归定不一定完全正确，但是这个观点仍然有重要的启发意义，其参考价值还是很大的。

二、曾运乾古声十九纽

曾运乾古声十九纽系统（括号前为古本声十九纽，括号内为今变声，古声所无，读同古本声），详见表4-4。

---

① 李方桂：《上古音研究》，商务印书馆1980年版，第13～14页。
② 钱玄同：《古音无"邪"纽证》，载《钱玄同文字音韵学论集》，上海古籍出版社2011年版，第153页。
③ 参见董同龢《汉语音韵学》，中华书局2011年版，第235～237页。
④ 王力：《汉语语音史》，商务印书馆2017年版，第22页。

第四章 曾运乾的古音学研究

表4-4 曾运乾古声十九纽系统

喉音	影（影二）				
牙音	见（见二）	溪（溪二群）	晓（晓二）	匣（于）	疑（疑二）
舌音	端（知照三）	透（彻穿三审三）	定（澄床三喻禅）	泥（娘 日）	来（来二）
齿音	精（精二照二）	清（清二穿二）	从（从二床二）	心（心二审二邪）	
唇音	帮（非）	滂（敷）	并（奉）	明（微）	

以上古声十九纽系统是曾运乾研究上古声母的总结性成果。他在《音韵学讲义》"诸家考求古纽之成绩"一章中说：

> 发明古今声类有异者，始于钱大昕氏。钱氏据魏晋南北朝人所作反切，以校《广韵》以下，知今之舌声知、彻、澄三类，古人读入端、透、定三类；今之唇声非、敷、奉、微四类，古音读入帮、滂、并、明四类。因作《舌音类隔之说不可信》及《古无轻唇音》二篇，于是古无舌上轻唇之说始明。而宋元以来，所谓音和类隔及门法之谬论，不攻而自破，章太炎承之，更明舌上之娘、日二类，古音并读同舌头之泥类，作《古音娘日二纽归泥说》一篇。余又明喻母三等古音读如牙声匣母，喻母四等字古音读如舌声定母，作《喻母古读考》一篇。而后古今声类之异同，及其读法，瞭然昭晰，略无疑滞矣。①

又在《音韵学讲义》"古声十九纽"一章中说：

> 陆氏《切韵》，声分五十一纽。彼其书兼赅南北古今之音，凡声音之侈弇鸿细，稍有区分者，陆氏皆为别之，可谓剖析入微矣。然以之上考古音，则无此细别。如喉、牙、半舌、齿头各音之别为二等也，自守温制字母时已并合为一。舌音之分为舌头、舌上，唇音之分为重唇、轻唇也，钱氏证其同音。娘、日之别于泥母也，章氏证其同音。于母之当隶牙音匣母，喻母之当隶舌音定母也，余又为之补苴其说。其他惟正齿音之三等，

---

① 曾运乾：《音韵学讲义》，中华书局2011年版，第419～420页。

宜与舌音为类，其二等宜与齿音为类，固皆可从六书之形声而得其条贯者。以之傅合古声则得十九纽。①

这两段话说明，曾运乾古声十九纽的考定既是曾运乾对前人考古成果的继承和发展，又是自己从中古出发审音的结果。现将曾运乾古声十九纽讨论如下。

（一）唇音

曾运乾将非组合并于帮组，这是继承了钱大昕提出的"古无轻唇音"之说。钱大昕说："凡轻唇之音，古读皆为重唇。"② 他的意思是说，等韵三十六字母中的轻唇音字母"非、敷、奉、微"，在上古分别读为重唇音"帮、滂、并、明"。钱氏用异文、声训、音注、方言、译音等材料作为论证的依据，其中异文的材料最多，但这些材料中最有说服力的当是方言和译音。钱大昕利用的方言材料如下：

> 无又转如毛。《后汉书·冯衍传》："饥者毛食"，注云："按衍《集》毛字作无。"《汉书·功臣表·序》："靡有孑遗，秏矣"，注："孟康曰：'秏音毛。'师古曰：'今俗语犹谓无为秏。'"大昕案：今江西、湖南方言音，读无如冒，即毛之去声。
> 今人呼鲍鱼曰鲍鱼，此方音之存古者。
> 古音晚重唇，今吴音犹然。
> 吴音则亡忘望亦读重唇，北音又转为喻母。③

钱大昕还开始运用译音材料来论证古音，如：

> 释氏书多用南无字。读如曩莫。梵书入中国，翻译多在东晋时，音犹近古，沙门守其旧音不改，所谓礼失而求诸野也。④

---

① 曾运乾：《音韵学讲义》，中华书局2011年版，第440～441页。
② 转引自曾运乾《音韵学讲义》，中华书局2011年版，第420页。
③ 转引自曾运乾《音韵学讲义》，中华书局2011年版，第428～429页。
④ 转引自曾运乾《音韵学讲义》，中华书局2011年版，第427～428页。

钱大昕所用的上述材料中，最具说服力的是方言和译音材料。其实，我们还可以补充更多的方言材料（尤其是粤、闽方言）来论证，如粤方言没有微母，故读"微"如"眉"，读"文"如"民"，读"亡"如"芒"，读"武"如"母"，等等。闽方言的厦门话中，"舞"读[bu]、"肥"读[pui]、"尾"读[bi]、"帆"读[pʻɔŋ]。① 从现代汉语方言来看，或者没有轻唇音，只有重唇音，或者虽有轻唇音，但是在文白异读的时候，往往文读音为轻唇音，而白读音为重唇音，这充分说明轻唇音是从重唇音分化出来的。

至于译音材料，"根据今天的音韵学家考证，从中古以前的朝鲜音、日译汉音和吴音、古汉越语等几种域外译音来看，也都没有轻唇音"②。

此外，我们还可以从别的角度来论证"古无轻唇音说"的正确性。从《广韵》的反切上字来看，唇音本来就只有一组而不分轻唇和重唇。到三十六字母时代才有了轻唇音。语言发生学的成果也可以论证轻唇音晚于或来源于重唇音。人类语言发展的痕迹反映在儿童学话过程中，婴儿总是先学会[b]、[p]、[m]、[d]、[t]、[n]等塞音，后学会[f]、[v]、[s]、[z]等擦音。现代还有一些民族语言只有双唇音，而无唇齿音。如藏语、景颇语、土家语以及新疆境内的突厥语族语言都没有唇齿音。有的后来出现了[f]、[v]，但仅用于汉语借词或外语借词，而且口语里念这些借词时往往将[f]读作[p]，把[v]读作[b]或[w]。③

总之，众多材料证明，"古无轻唇音"不但存在于上古，而且延及隋唐，在现代汉语方言中也仍有残留，钱氏的"古无轻唇音说"已经成为定论。

（二）舌音和齿音

曾运乾将知、彻、澄分别归并入端、透、定，这也是继承了钱大昕提出的"古无舌上音"之说。

钱大昕说："古无舌头舌上之分，知彻澄三母，以今音读之，与照穿床无别也，求之古音，则与端透定无异。"④ 他的意思是说，等韵三十六字母中的舌上音字母"知、彻、澄"，在上古分别读为舌上音"端、透、定"。

钱大昕使用材料仍以异文为主，其次是音注。其中，最有说服力的材料仍

---

① 参见王力《清代古音学》，中华书局2013年版，第160页、第167页。
② 万献初：《音韵学要略》，武汉大学出版社2012年版，第165页。
③ 参见唐作藩《汉语语音史教程》，北京大学出版社2011年版，第18~19页。
④ [清]钱大昕：《十驾斋养新录》，上海书店1983年版，第111页。

是方言和译音材料，方言的例证如下：

> 南方谓都为猪。①
> 姪娣本双声字。《公羊》《释文》："姪大结反；娣大计反"，此古音也。《广韵》姪，有徒结、直一两切，今南北音皆读直一切，无有作徒结切者。古今音有变易，字母家乃谓舌上交互出切，此昧其根源，而强为之词也。②

译音的例证如下：

> 《汉书·西域传》："无雷国北与捐毒接。"师古曰："捐毒即身毒天毒也。"《张骞传》："吾买人转市之身毒国。"邓展曰："毒音督。"李奇曰："一名天竺。"《后汉书·杜笃传》："攉天督"，注："即天竺国。"然则竺、笃、毒、督四文同音。③

我们还可以补充更多的方言例证。如现代闽方言中，多是舌头舌上不分的。闽方言厦门话中，知、彻、澄三母的字仍然读为舌头音。如"张"（知母）读 [tioŋ]、"抽"（彻母）读 [tʻiu]、"直"（澄母）读 [tit] 等。④
在译音材料方面，从今人考证的古代域外译音来看，舌上音也多译作舌头音。如我们读舌上音（知、彻、澄、娘）的字，在朝鲜译音里有的读舌头音，有的读颚化音；在日译汉音和吴音以及汉越语里，都有类似的情况。⑤
其实，从《广韵》反切上字来看，舌头音和舌上音虽然可以勉强分开，但实际上仍然有不少纠缠，故韵图的门法总有舌上与舌头"类隔"的说法，说明在上古音中本来就只有舌头音而无舌上音。总之，"古无舌上音说"经钱大昕用翔实的材料进行严密论证，同"古无轻唇音说"一样，被学术界广泛认可。

曾运乾又把舌音中照三归端，穿三、审三归透，床三、禅归定，这也是继承了钱大昕提出的"古人舌音后代多变齿音说"。

---

① 转引自曾运乾《音韵学讲义》，中华书局 2011 年版，第 432 页。
② 转引自曾运乾《音韵学讲义》，中华书局 2011 年版，第 433 页。
③ 转引自曾运乾《音韵学讲义》，中华书局 2011 年版，第 431 页。
④ 参见何九盈《上古音》，商务印书馆 1991 年版，第 65 页。
⑤ 参见史存直《汉语语音史纲要》，商务印书馆 1981 年版，第 122 页。

第四章 曾运乾的古音学研究

钱大昕说："古人多舌音，后代多变为齿音，不独知、彻、澄三母为然也。"① 后代变为齿音的声母不限于"知、彻、澄"，他的言下之意就是还包括了"照、穿、床、审、禅"在内。他共使用19例材料来论证"古人舌音后代多变齿音说"这一论断。但是，钱氏的这一论断有两个明显的缺陷。其一，例证太少，更缺乏如前面两个论断那样诸如方言、译音等有强大说服力的例证。其二，钱氏当时还不知道庄、章二组的分别，上古音中庄组不通舌头，因此笼统地说照穿床诸母，是不妥当的。

曾运乾说："黄季刚先生推广钱竹汀之说，言古音照三、穿三、床三、审三、禅读如端、透、定。"② 黄侃同意钱氏这一看法，并明确提出"照三归端"，他说："凡正齿九音，古分属齿、舌。庄、照或与端同，或与精同；初、穿或与清同，或与透同，或与定同；疏、审或与心同，或与透同；禅或与邪同，或与泥同。"③

后来，周祖谟发表《审母古音考》《禅母古音考》，从谐声系统和经典异文等方面的大量例证来证明审、禅二母上古读舌头音或近于舌头音。但也有不同意见，如史存直就认为，"'照、穿、神、审、禅'这组声母的谐声关系是颇为复杂的。根据陆志韦先生所做的'广韵五十一声母说文谐声通转的次数'表看来，'照穿神审禅'和'端透定/知彻澄'之间的关系虽然比较密切，但也不能说正齿三等都是从舌头来的。而且就《广韵》的反切来看，正齿和舌头是截然有别的。就域外译音来看，只有汉越语把'神、审、禅'读为舌头，但它同时也把齿头音'精清从心邪'读为舌头，所以不能证明什么"④。

我们前面强调过方言是最有说服力的证据，而事实上，虽然钱氏没有举出方言的例证，但现代方言中确有例证可以论证钱氏的这一论断。根据胡安顺提供的材料，在关中商州市话齐齿呼韵母前的中古端组声母全部变成了舌面音，如："帝"（端母）[tɕi⁵⁵]、"铁"（透母）[tɕʻie³¹]、"跌"（定母）[tɕie³¹]。南京、镇江一带的方言也是如此。此外，湖南双峰、江西临川方言将中古的章、昌二母分别读为端、透。以湖南双峰话为例："遮"[to]、"煮"[ty]、"朱"[ty]、"章"[taŋ]等，以上为章母字；"车"[tʻo]、"处"[tʻy]、"吹"[tʻy]、"唱"[tʻaŋ]等，以上为昌母字。⑤

---

① 转引自曾运乾《音韵学讲义》，中华书局2011年版，第435页。
② 曾运乾：《音韵学讲义》，中华书局2011年版，第544页。
③ 黄侃：《声韵通例》，载《黄侃论学杂著》，中华书局1964年版，第140页。
④ 史存直：《汉语语音史纲要》，商务印书馆1981年版，第126页。
⑤ 参见胡安顺《音韵学通论》，中华书局2003年版，第231～232页。

尽管如此，钱大昕的"古人舌音后代多变齿音说"还是没有得到广泛认同，其重要的原因是这一论断不符合音理的发展规律。历史语言学发展的一个基本规律是，在一定的时间、地区和相同的条件下，同样的语音会发生同样的变化，没有例外。如果同一语音到后代变成了几个不同的音，则原来必然有导致这些不同结果的条件。用这个理论去分析钱氏的"古人舌音后代多变齿音说"，这个论断是存在问题的。因为在《广韵》中，知组与二、三等韵相拼，章组（照三）与三等韵相拼，如果它们都来自同一组上古声母，那么同属三等韵为何会分化出两组不同的声母呢？目前还找不到合理的解释，因此，大多数学者都认为还只能假定在上古音系中章组（照三）与端组读音相近而不是相同。如果用历史语言学的这个理论去分析钱氏的前面两个论断是可以成立的：《广韵》中，三十六字母中的"帮滂并明"只与一、二、四等韵母及三等开口韵母相拼，"非敷奉微"只与三等合口韵母相拼，帮组与非组属互补关系，故可以归纳为同一音位。合口三等是分化的条件；《广韵》中，三十六字母中的端透定泥只与一、四等韵母相拼，知彻澄娘只与二三等韵母相拼，二者属互补关系，故也可以归纳为同一音位。二、三等韵母是分化的条件。

齿音中曾运乾将照二、穿二、床二、审二分别归入精、清、从、心（即照二归精）。曾运乾证明照二归精和以上照三归端用的是谐声材料。曾运乾说：

> 古音照等三宜隶舌音，照等二宜隶齿音，试举一东部中诸字为例：如终职戎切，照母三等字，然《说文》终从糸冬声，冬都宗切，固在端母也。推之《说文》从冬之字，浵螽鶔并职戎切，照三。螽职戎切，又徒冬切，则照三又读入定母，与端母互为清浊。
>
> 如衆职戎切，又之仲切，照母三等字。《说文》从衆声者二字：㙲霿，并职戎切。然《说文》螽或从冬声作螽，则衆声古亦舌声端纽字也。
>
> 又如充昌终切，穿母三等字，《说文》从充声者有统，他综切，则穿三读入透母也。
>
> ……
>
> 反之：如崇鉏弓切，床母二等字，《说文》从宗声之字，凡六，皆读入齿音，如宗作冬切，精母；綜子宋切，亦精母；琮賨淙悰并藏宗切，从母；崇又士江切，床二，又色绛切，审二；皆不出齿音范围。此照等二读入齿音之证。
>
> 由此类推，即知声类系统不相混乱，而守温字母之并合照等三及照等

二为正齿音,非是。①

学术界普遍认为照二归精是黄侃的贡献。据王宁、黄易青的研究,黄侃是根据方言并结合等韵原理推定照、穿、神、审、禅、庄、初、床、疏共九纽为变声的。②

黄侃发现陈澧析出的照、穿、神、审、禅(即照三)与庄、初、床、疏(即照二)在方言中存在舌、齿界限互乱的情况,他说:

> 欲明古音之异同,必先于今音能深切认识,以为阶梯,而后可以入古矣。言今音者,不外求诸方音,以为古音之证。今日南北音之不同处,在正齿诸母之异读。如照、穿、神、(审)、禅,古今皆读舌音,而于唐宋人书则属之齿;庄、初、床、疏古为齿音,今则南读齿音,北读舌音。……古今声音虽有转变,而其条理自可推寻,善用之者,即假今以治古可也。③

黄侃又根据等韵学知识,发现钱大昕、章炳麟所考定的非、敷、奉、微、知、彻、澄、娘、日九个声母都在二、三等,而陈澧考定的四十一声类中,照、穿、神、审、禅(即照三)与庄、初、床、疏(即照二)也都在二、三等。既然非等九个声母为变声,那么同为二、三等韵的照等九个声母也当为变声。

但即使推定出照二、照三都是变声,但还不能确定各自相应的本声。和钱大昕著《古无轻唇音》《舌音类隔之说不可信》、章炳麟著《古音娘日二纽归泥说》不同的是,黄侃并没有撰写专文来论证自己"照二归精""照三归端"的观点。他仅仅在《音略》的古声母十九纽系统中,将中古的庄组四母与精组四母分别归为同纽,将中古的照穿神审禅五母与端组三母分别归为同纽,并做出说明如下。

舌音
  端 本声。

---

① 曾运乾:《音韵学讲义》,中华书局2011年版,第440页。
② 参见王宁、黄易青《黄侃先生古本音说证辨——兼论考古与审音二法之于古声研究的影响》,载《民俗典籍文字研究》(第一辑),商务印书馆2003年版,第91～92页。
③ 黄侃:《文字声韵训诂笔记》,上海古籍出版社1983年版,第156～157页。

照　此亦端之变声。旃　诸延切，声韵俱变，古音当读如丹，即如单。

透　本声。

穿　此亦透之变声。阐　昌善切，声韵俱变，古亦读如啴。

审　此亦透之变声。羴　式连切，声韵俱变，古亦当读如啴，羴，重羶，故知在此韵。

定　本声。

神　此亦定之变声。蛇　食遮切，此即它之重文，声韵俱变，古亦读如沱。

禅　此亦定之变声。垂　是为切，声韵俱变，古音当读惰平声。

齿音

精　本声。

庄　此精之变声。菹　侧余切，声韵俱变，古亦读如租。

清　本声。

初　此清之变声。初　楚吾切，声韵俱变，古亦读如麤，初且一义，亦一声也。（且，又七也切，古音亦仓胡切）

从　本声。

床　此从之变声。鉏　士鱼切，声韵俱变，古亦读如徂。

心　本声。

疏　此亦心之变声。疋　所菹切，声韵俱变，古亦读如苏。①

以上黄侃所用的材料主要是谐声和重文。旃字从丹得声，所以说"古音当读如丹"。其他如"阐"与"啴"，"菹"与"租"，"鉏"与"徂"均是谐声例证。羴的重文是羶，而羶字从亶得声，以此知古归舌头。其他如蛇与它也是重文的例证。可见，黄侃不只是用审音的方法，还继承了钱大昕、章炳麟考古的传统。②

现代学者又从类隔切、谐声、方言、联绵字等材料证明"照二归精说"的合理性，③ 但是也有学者不同意"照二归精说"，因为庄组和精组都可以跟

---

① 参见黄侃《音略》，载《黄侃论学杂著》，中华书局1964年版，第62～92页。

② 参见王宁、黄易青《黄侃先生古本音说证辨——兼论考古与审音二法之于古声研究的影响》，载《民俗典籍文字研究》（第一辑），商务印书馆2003年版，第93页。

③ 参见刘晓南《汉语音韵研究教程》，北京大学出版社2007年版，第150～152页；胡安顺《音韵学通论》，中华书局2001年版，第222～223页。

三等韵相拼，如果上古同为一组，那么从精组分化出庄组的条件是什么？至今还没有得到让大家信服的解释。①

舌音中曾运乾把娘日二母归入泥母，这是继承了章炳麟提出的"古音娘日二纽归泥说"。

章炳麟说："古音有舌头泥纽，其后支别则舌上有娘纽，半舌半齿有日纽，于古皆泥纽也。"② 意思是说，中古的"娘、日"二母字在上古都读"泥"母。章氏所用的材料有谐声、声训、异文、重文、方言等，其中更主要的材料是谐声，这一点与钱大昕古音研究以异文为主是不同的。章氏也使用了现代方言的材料，如：

> 今音男女在娘纽，尔女在日纽，古音女本如帑，妻帑，鸟帑其字则一。《天文志》颜师古说帑，雌也，是则即女矣。尔女之音，展转为乃，有泥纽，无娘纽也。今武昌言女如奴而撮口，此古音也。
>
> 凡语言者所以为别，日纽之音进而呼之则近来，退而呼之则近禅；娘纽之音，浮气呼之则近影，按气呼之则近疑。古音高朗而彻，不相疑似，故无日娘二纽也。今闽广人亦不能作日纽也。③

这里章炳麟用武昌、福建、广东方言来证明自己的观点，更增强了其论断的说服力。

史存直更进一步补充了福州、厦门、汕头、温州等方言和几种域外译音证明古日母来自泥母的说法是"大致可信的"。④

娘母归泥，学术界没有什么异议，何九盈指出，"泥娘二母，不仅在上古应合二为一，就是在中古，它们也没有什么不同。娘母的设立可能是为了求得整齐，好与泥母相配的缘故"⑤。而李荣的新三十六字母索性把"娘"母取消了。

但日母归泥则有异词。正如学术界质疑钱大昕的"古人舌音后代多变齿

---

① 董同龢认为凡中古三等韵的庄组字，古代原来都不属于三等韵，它们都是和那些三等韵同部的二等字，到一个颇晚的时期才变入三等韵。此说还有待于进一步论证。（参见董同龢《汉语音韵学》，中华书局2011年版，第232～234页）
② 转引自曾运乾《音韵学讲义》，中华书局2011年版，第437页。
③ 转引自曾运乾《音韵学讲义》，中华书局2011年版，第439页。
④ 参见史存直《汉语语音史纲要》，商务印书馆1981年版，第123页。
⑤ 何九盈：《上古音》，商务印书馆1991年版，第66页。

音说"不符合音理的发展规律一样,章炳麟的"娘日二纽归泥说"也遇到了解释分化条件的困难。因为在《广韵》中,日母出现在三等韵前,泥母出现在一、二、三、四等韵前,是对立而不是互补关系,如果认为两者在上古是同一个声母,就无法解释同在三等韵前为何分化出中古两个声母的条件,因此,目前学术界更多倾向于认为两者读音相近而不是相同。

（三）喉音和牙音

喉音中曾运乾把影二归入影,见二归入见,溪二、群归入溪,晓二归入晓,疑一归入疑。这是曾运乾从《广韵》出发,利用审音法考求古声类的结果。

我们已经分析了曾运乾根据《切韵》反切上下字表现出声韵相配关系,把《切韵》声母细分为五十一纽。曾运乾认为《切韵》"兼赅南北古今之音",因此古本声就在《切韵》当中。

五十一声纽相比陈澧《切韵考》所析出的四十声纽（按：其实五十一声纽应五十一声类、四十声纽应为四十声类）,多出十一个的重要原因是曾运乾把每一声纽按鸿细又分为两类,鸿声在一、二、四等（如影一、见一、溪一、晓一、疑一）,细声在三等（如影二、见二、溪二、群、晓二、疑二）。曾运乾发现钱大昕、章炳麟以及自己考定古音所无的知、彻、澄、非、敷、奉、微、娘、日、喻三、喻四这十一纽以及用谐声材料证明的照组二等四纽、照组三等五纽共计二十纽都在二、三等,其余影二、见二、溪二、群、晓二、疑二、来二、精二、清二、从二、心二、邪这十二纽也都在三等,而其余的十九纽都在一、四等。因此,曾运乾推断一、四等的十九纽是古本纽,二、三等的三十二纽都是古音所无的今变声。

在考定古本声之后,曾运乾又根据声韵之间的关系进一步推定古本韵,并从古本韵上加以验证古本声。曾运乾认为只有和古本音相配的鸿声才是古本声,细声就是今变声。

曾运乾又根据古本音和古本声之间的相配关系来互相证明,这是接受了黄侃的古本音思想。曾运乾说：

> 近人黄季刚就《广韵》二百零六韵中,考得有古本韵三十二韵。……从古本韵三十二韵以考古韵,即二十八部。其中"歌、戈""曷、末""寒、桓""痕、魂"八韵,于古本为四部,即阴声八部、阳声十部、入声十部。知此三十二韵为古本韵者,以韵中有十九古本纽也。因

此三十二韵中止有古本纽,异于各韵之有变纽,故知为古本韵。又因此三十二韵中止有十九纽,故知此十九纽实为古本纽。本纽本韵互相证明,一一吻合。①

黄侃的古本音思想最重要的理论就是声韵相挟而变的理论,这个理论虽然仍有循环论证的质疑,但也被很多学者证明是科学的。② 黄侃考求古本纽是从《广韵》声母为四十一声类得出,曾运乾是从五十一声类得出,这说明曾运乾并不是完全套用黄侃的观点,而是有他自己的研究成果在内。曾运乾还从他对正变韵的研究进一步验证鸿声十九纽是古本声,细声三十二纽是今变声。

曾运乾说:

> 至于变韵与正韵之别,则凡正韵之侈音,例用鸿声十九纽,弇音例用细声三十二纽。凡变韵之侈音,喉牙唇例用鸿声,舌齿例用细声,亦共十九纽;弇音喉牙唇例用细声,舌齿例无字。此又《切韵》全书大例也。③

据曾运乾《广韵补谱》④,可知正韵和变韵中的鸿声、细声跟侈音、弇音相配的具体情况是:和正韵的侈音相配的是鸿声十九纽,和正韵的弇音相配的是细声三十二纽(详见第三章"五十一纽与正韵配合表")。鸿声十九纽就是曾运乾的古本声,细声三十二纽就是曾运乾的今变声。

曾运乾从《广韵》出发,根据侈弇鸿细理论审音析出五十一声纽,又受到钱大昕、章炳麟等人据考古方法研究出的古声纽所在等的排列位置的启发,根据古本音说的声韵相挟而变的理论进一步把五十一声纽分为古本纽和今变纽。因而曾运乾确立了影二归入影,见二归入见,溪二、群归入溪,晓二归入晓,疑一归入疑。

特别需要指出的是,前面论及曾运乾《喻母古读考》运用传统的考古方法,只能证明喻三和匣母同属牙音,喻四和定母同属舌音,他在《切韵五声五十一纽考》中虽然已经用"匣二(细声弇音)"来指称喻三,用"喻无一

---

① 曾运乾:《音韵学讲义》,中华书局2011年版,第180~182页。
② 参见王宁、黄易青《黄侃先生古本音说中的声韵"相挟而变"理论》,载《陕西师范大学学报(哲学社会科学版)》,2003年第4期,第59~67页。
③ 曾运乾:《音韵学讲义》,中华书局2011年版,第178页。
④ 补谱为曾运乾弟子郭晋稀填妥。(参见曾运乾《音韵学讲义》,中华书局2011年版,第243~390页)

（细声弇音）"来指称喻四，但只有根据古本音说的鸿声十九纽为古本声，细声三十二纽为今变声的说法才真正证明喻三归匣、喻四归定。

当然，以上曾运乾审音得到的结论和钱大昕、章炳麟据考古方法确定的研究成果是相互验证的，他通过审音得出的"喻三归匣、喻四归定"说也正好和他《喻母古读考》所运用的考古方法的结论吻合。

（四）其他声母

曾运乾将来二归入来母、邪母归入心母，这也是以上曾运乾利用审音法得出的结论。

综上，曾运乾研究古声十九纽的方法有考古法和审音法。考古法主要继承了钱大昕、章炳麟以来的研究成果和方法，对喻母古读的研究主要采用了考古法，但也运用了审音的方法。首先，曾运乾以陈澧《切韵考》为基础，根据声韵相配的规律进行审音，得出五十一声纽。其次，在《广韵》有存古性质的认识下，根据前人考古得出的上古所有或所无之声纽等的排列得到启发，把《广韵》五十一声纽析为古本声和今变声。再次，根据古本音思想和声韵相挟而变理论推求出古本韵和今变韵，并从古本韵上加以验证古本声。此外，曾运乾还发展了黄侃的古本音说，根据他自己的正韵、变韵之说认为和正韵侈音相配的是鸿声十九纽，和正韵弇音相配的细声是三十二纽，其中鸿声十九纽就是曾运乾的古本声。需要说明的是，曾运乾在审音的过程中参酌了考古的结论，而他审音的结果又恰好和考古结论相互吻合。因此，曾运乾古声十九纽是综合运用考古和审音二法得出的结论。

三、曾运乾古声十九纽与黄侃十九纽、王力三十三纽之比较

（一）曾运乾古声十九纽与黄侃古声十九纽之比较

据刘赜《声韵学表解》，列黄侃古声十九纽如下（黄侃把十九纽看作本声或古本纽，即上古声纽，把括号内的看作变声，即后来演变而来的声纽），详见表4-5。

表4-5 黄侃古声十九纽

喉音	影（喻为）	晓	匣		
牙音	见	溪（群）	疑		
舌音	端（知照）	透（彻穿审）	定（澄神禅）	泥（娘日）	来

续表4-5

喉音	影（喻为）	晓	匣	
齿音	精（庄）	清（初）	从（床）	心（疏邪）
唇音	帮（非）	滂（敷）	并（奉）	明（微）

黄侃的古声十九纽，最早是由钱玄同的《文字学音篇》转述的。因此，曾运乾误以为古声十九纽是钱玄同的发明。①

对于古声十九纽的来源，黄侃《音略》说：

> 古声数之定，乃今日事。前者钱竹汀知古无轻唇，古无舌上；吾师章氏知古音娘、日二纽归泥。侃得陈氏书，始先明今字母照、穿数纽之有误；既已分析，因而进求古声，本之音理，稽之故籍之通假，无丝毫不合，遂定为十九。②

可见，黄侃的古音十九纽，一方面继承了钱大昕、章炳麟、陈澧等人的研究成果和方法，这个方法就是清儒传统使用的考古法。与钱大昕、章炳麟相同的是，黄侃在考求古音时也利用谐声、重文、韵文、声训、通假、反切、方言等材料。另一方面他又独辟蹊径，找到了自己独特的研究方法——审音，即以上所谓的"本之音理"。黄侃突出的特点是从中古的韵书《广韵》入手研究上古音。因为他认为《广韵》是研究古声、古韵的最完整、最有系统的材料。他在《与人论治小学书》中说：

> 古本音即在《广韵》二百六部中，《广韵》所收，乃包举周、汉至陈、隋之音，非别有所谓古本音也。③

又说：

> 《切韵》之成，当亦搜采旧音。故《经典释文》所引音，其切语上、

---

① 曾运乾说："钱玄同先生集各家考订之结果，定为古声十九纽表。"（曾运乾：《音韵学讲义》，中华书局2011年版，第544页）
② 黄侃：《音略》，载《黄侃论学杂著》，中华书局1964年版，第69页。
③ 黄侃：《与人论治小学书》，载《黄侃论学杂著》，中华书局1964年版，第149页。

下字，并与《切韵》同者，甚众。①

这种认识与他的老师章炳麟所说"《广韵》所包兼有古今方国之音"意见是一致的。据陈新雄的研究，黄侃研究《切韵》是以陈澧的《切韵考》为基础。黄侃创立了一份《纽经韵纬表》来考察《广韵》四十一声类与二百零六韵、三百三十九韵类的相配关系。他发现陈澧所考定的四十一声类中，非、敷、奉、微、知、彻、澄、娘、日九个声母和《广韵》四十一声类与二百零六韵、三百三十九韵类的相配情况跟喻、为、群、照、穿、神、审、禅、邪、庄、除、床、疏这十三个声母完全相同，黄侃因此认为这二十二个声母的性质是一致的。非、敷、奉、微、知、彻、澄七纽既然已经被钱大昕证明为变声，娘、日二纽被章炳麟证明为变声，因此其余十三个声母也是变声，而剩下的十九个声母就是本声。②

又据王宁、黄易青的研究，黄侃最初定为二十三纽，后来又改为十九纽，也就是从陈澧四十一声类出发，考定或推定变声经历了三个层次：一是推定非、敷、奉、微、知、彻、澄、娘、日共九纽为变声，这一层次是吸收钱大昕和章炳麟的研究成果；二是推定照、穿、神、审、禅、庄、除、床、疏共九纽为变声；三是推定为、喻、群、邪四纽为变声。③

黄侃的古声十九纽曾经影响很大，他的老师章炳麟最初定古声二十一纽，后来也改从黄侃十九纽。

今将曾运乾古声十九纽与黄侃比较，其中既有相同之处，也有差异。

二者的相同点为：将曾运乾古声十九纽与黄侃十九纽比较，虽然今变声曾运乾比黄侃多出十纽，但古本声十九纽是完全相同的，即影、见、溪、晓、匣、疑、端、透、定、泥、来、精、清、从、心、帮、滂、并、明。今变声除了曾运乾多出的十纽，其他各纽和古本纽的归并唯一的不同之处就是黄氏把喻（即喻四）、为（即喻三）均看作影母的变声，而曾运乾把喻三、喻四分开，喻三归匣母，喻四归定母。因此，陈新雄认为古声十九纽是"黄侃倡之，而曾运乾和之"④的说法是有道理的。

---

① 黄侃：《与人论治小学书》，载《黄侃论学杂著》，中华书局1964年版，第152页。
② 参见陈新雄《古音研究》，五南图书出版有限公司1999年版，第552页。
③ 参见王宁、黄易青《黄侃先生古本音说证辨——兼论考古与审音二法之于古声研究的影响》，载《民俗典籍文字研究》（第一辑），商务印书馆2003年版，第91～92页。
④ 陈新雄：《黄侃与曾运乾之古音学》，载《陈新雄语言学论学集》，中华书局2010年版，第196～206页。

曾运乾和黄侃在研究方法上均是结合了审音和考古。审音上都是从《广韵》入手，推定出古本声、今变声。考古上都继承了钱大昕、章炳麟等人传统的研究方法，也都另外从谐声等材料加以验证。

二者的不同点概括起来有三点。

（1）虽然同是审音法，但黄侃主要以陈澧《切韵考》考定的四十一声纽（实为四十声纽，黄侃又把明、微分开）中推定出今变声二十二纽，古本声十九纽。而曾运乾以陈澧《切韵考》为基础，考定出五十一声纽，以此为基础，推定出今变声三十二纽、古本声十九纽。曾运乾古声十九纽表中较黄侃多出的十个变声是影二、见二、溪二、晓二、疑二、来二、精二、清二、从二、心二。后来黄侃接受了曾运乾的观点，从"影、晓、见、溪、疑、来、精、清、从、心"十母中又析出十类，这样原先的四十一声类就改为五十一声类。①

（2）黄侃把喻母（喻即喻四，为即喻三）归入影母的变声，曾运乾则指出"影母为真喉音，即真母音，本无清浊之分。如谓影母与喻母为古今音，则尤大误。因《广韵》影母，原有鸿细弇侈之别，如乌於、恩因、昷煴之类，分别甚明，不劳命影母为古本音，喻母为今变音也"②。曾运乾考定出喻三归匣、喻四归定。1927年，曾运乾和黄侃两人在东北大学作为同事一起论学，黄侃对曾运乾学说赞赏有加，他曾对陆宗达说："我和曾运乾谈了三夜，他在古声纽的考定上，认为喻纽四等古归'定'纽，喻母三等古读'匣'纽，这是很正确的。我的'古声十九纽说'，应当吸收这一点。"③但遗憾的是，黄侃最终没有采纳曾运乾的学说。据李葆嘉的研究，黄侃曾提出"为母归匣且喻母归影说"。为母归匣说本于邹汉勋"喻当并匣"，喻母归影说本于章太炎"喻归于影"。黄侃未采曾运乾"喻四归定"说而主张"喻四归影"说，是因为"将喉音之喻四作为古舌音定纽之变声，以黄氏通例视之，则有些不伦不类。曾运乾重考古而轻审音，仅考声而未参韵，故倡喻四归定母。黄侃既考古又审音而以审音赅考古，既考声又证韵而主声韵相挟之变，因此古声部类不可混淆，而喻四归影可以满足这一要求。至于喉牙音与舌音的相通关系并不限于喻四与定母，因而黄侃不会取喻四归定说而紊乱喉（牙）舌之界限，否定'喉音与舌音为远相变'之已说"④。

---

① 参见黄侃《文字声韵训诂笔记》，上海古籍出版社1983年版，第107～109页。
② 曾运乾：《音韵学讲义》，中华书局2011年版，第147页。
③ 陆宗达：《季刚先生二三事》，载程千帆、唐文《量守庐学记》，生活·读书·新知三联书店1985年版，第132～133页。
④ 李葆嘉：《论古音十九纽的重新发现》，载《南京师大学报》（社会科学版）1995年第2期。

(3) 曾运乾喉音只有影母, 黄侃喉音包括影、喻（包括喻、为两类）、晓、匣四母（这是传统的分类方法）。曾运乾认为"影纽独立为喉音, 见、溪、群、晓、匣、疑六母皆牙音"①。

曾运乾说：

> 章氏言古双声之正例二：一、凡字从其声, 横则同韵, 纵则同音。二、同一音者, 虽旁纽则为双声, 如一今声, 具四喉音；一于声, 具四牙音是也。言古双声之变例亦二：一、喉牙二音, 互有蜕变。二、喉音足以衍百音, 百音亦终鲗复喉牙。案：其正例之第一例, 即谐声大例, 所谓凡字从其声者, 亦必与之同韵, 亦必与之同组。如凡从东声者, 皆翁摄端纽, 从同声者, 皆翁摄定纽是也。至声小变, 则为旁纽双声, 如章氏所举是也。惟喉牙二音, 章氏承向来等韵家之说, 各分为四, 余意影纽独立为喉音, 见、溪、群、晓、匣、疑六母皆牙音。以章氏旁纽双声之例推之, 则一坚声、一金声, 皆具六牙音。② 如下表③：

见	溪	群	晓	匣	疑
经（古灵切）	轻（去盈切）	颈（巨成切）	娙（呼刑切）	陘（户经切）	睴（五定切）
金（居吟切）	钦（去金切）	琴（巨金切）	廞（许金、许锦切）	衿（户监切）	吟（鱼金切）

曾运乾在章炳麟喉牙蜕化各具四音之说的基础上, 提出"一声具六牙音"的观点, 并用谐声例加以证明。现代音韵学家根据梵汉对音、现代汉语方言等材料, 运用普通语言学理论和历史比较法对古声母的音值的构拟得出的比较一致的意见是：见 [k]、溪 [k']、群 [g]、疑 [ŋ]、晓 [x]、匣 [ɣ], 这些音从发音部位上看都是舌根音。而传统的音韵学把本来属舌根音的晓、匣二母与零声母的影 [ø] 及半元音喻 [j] 同称为喉音反而显得不伦不类。因此, 曾运乾把影母独立为喉音, 见溪群疑晓匣六母同归牙音是符合现代语音学原理的。又据钱玄同《文字学音篇》, 黄侃把影（喻于）称为深喉音, 见（群）、溪、晓、匣、疑称为浅喉音, 这样, 黄侃和曾运乾的意见又达成了一致。

---

① 曾运乾：《音韵学讲义》, 中华书局2011年版, 第509页。
② 曾运乾：《音韵学讲义》, 中华书局2011年版, 第509页。
③ 下表据原文编制。

综上,正如陈新雄指出,"古声十九纽……,或黄侃先提出,而曾运乾后有所修正,所谓前修未密,后出转精者也"①。

(二) 曾运乾古声十九纽与王力古声三十三纽的比较

根据王力《汉语语音史》《同源字典》有关古声纽的研究,制定王力古声三十三纽表,详见表4-6。

表4-6 王力古声三十三纽

喉音	影						
牙音	见	溪	群	疑		晓	匣(喻三)
舌音	端(知)	透(彻)	定(澄)	泥(娘)	来		
	照	穿	神	日	喻四	审	禅
齿音	庄	初	崇			山	俟
	精	清	从			心	邪
唇音	帮(非)	滂(敷)	并(奉)	明(微)			

曾运乾古声十九纽与王力古声三十三纽比较,其相同点如下。

(1) 均在清儒研究基础上考察上古音声母。两人都接受了清儒研究上古音声母提出的"古无轻唇音""古无舌上音"等重要成果。王力又接受了曾运乾的"喻三归匣"说。②

(2) 喉音均只有影母。王力把影母拟为零声母,而把见、溪、群、疑、晓、匣均拟为舌根音,因此分为喉牙两类。曾运乾也明确指出,"影母为真喉音,即真母音,本无清浊之分"③。曾运乾所谓真母音即今之零声母。由于所处时代的局限,他还不能清晰地进行语音描写,但他在章炳麟喉牙蜕化各具四音之说的基础上,通过研究谐声材料,发现"一声具六牙音",于是把影纽独立为喉音,见、溪、群、晓、匣、疑六母统一归为牙音。

曾运乾古声十九纽与王力古声三十三纽比较,其不同点如下。

(1) 群母、俟母的不同。曾运乾把群母归溪,王力的群母是独立的全浊

---

① 陈新雄:《黄侃与曾运乾之古音学》,载《陈新雄语言学论学集》,中华书局2010年版,第197页。
② 王力明确提出喻三归匣、喻四归定是曾运乾的研究成果。[王力:《王力文集》(第5卷),山东教育出版社1986年版,第181页]
③ 曾运乾:《音韵学讲义》,中华书局2011年版,第147页。

牙音。曾运乾把五十一声纽每一声纽按鸿细又分为两类，他认为和古本音相配的鸿声是古本声，和今变韵相配的细声是今变声。由于古本韵只出现在一、四等，今变韵出现在二、三等，根据声韵相拼规律，群母只出现在三等的位置上，因此群母是今变声。曾运乾把群母并入溪母，这和黄侃的意见是一致的，但这种归并是有问题的，因为舌、齿、唇音均有相配的全浊音，唯独牙音没有，这是不符合语音的系统性的。

曾运乾古音十九纽系统中没有俟母，他在《广韵补谱》中认为"茌"（士之切）与"漦"（俟菑切）同为床三纽，又在《广韵补谱》中床三位置填入"俟"（漦史切）。可见，他认为"漦、俟"同为床三纽，而他的古声十九纽系统中，床三归定纽。王力最初在《汉语史稿》中也没有俟母，后来在《汉语语音史》中他接受了李荣《切韵音系》的意见增加了俟母，并认为"从语言的系统性来看，庄初床山俟五母和精清从心邪五母、照穿床审禅五母相配，形成整齐的局面，是合理的"①。

（2）和曾运乾相比，王力不把群母归入溪母，把照、穿、床、审、禅并入端透定，把日母并入泥母，把庄、初、床、山、邪并入精、清、从、心、邪，把喻母并入定母，他的理论依据是"语音的一切变化都是制约性的变化，这就是说，必须在完全相同的条件下，才能有同样的发展。反过来说，在完全相同的条件下，不可能有不同的发展，也就是不可能有分化。这是历史比较法的一个最重要的原则，我们不应该违反这一个原则"②。在此理论前提下，王力认为"知彻澄娘并入端透定泥、非敷奉微并入帮滂并明是合理的，因为同母不同等呼，就有了分化的条件。照穿神审禅日都属三等，如果并入知彻澄娘，知彻澄娘也是三等字，就完全混同起来。喻母实际上是假四等，真三等，若并入定母，也和澄母混同起来。庄初床山是二等字，实际上有些是假二等，真三等；精清从心是一四等字，实际上有些是假二等，真三等。如果合并，……就没有分化的条件了"③。因此，王力认为照三与端组、日母与泥母、喻四与定母、照二与精组相互之间只是音近而不是音同的关系。

因此，曾运乾强调从语言材料出发，而不考虑语音分化的条件，固然有其方法论上的缺点。王力在重视语言材料的同时，又强调语音分化的条件，从方法论上比曾运乾更重视语言的理论性指导原则。从本质上说，王力对语音分化

---

① 王力：《汉语语音史》，商务印书馆 2017 年版，第 21 页。
② 王力：《同源字典》，商务印书馆 1982 年版，第 72～73 页。
③ 王力：《同源字典》，商务印书馆 1982 年版，第 73 页。

条件的认识与青年语法学派提出的"语音规律无例外"的主张是一致的。但是随着学术研究的不断发展,人们发现"不能够把古今音进行直线的简单对应来谈音变和音变'条件'"①,语音演变的条件是复杂的,特别是王士元提出的词汇扩散理论与徐通锵提出的叠置式音变理论,都充分证明了音变方式和音变条件的多样性。因此,王力对上古声母的说法是否合理,还值得进一步研究。

第三节 曾运乾的古韵研究

一、曾运乾 "脂、微分部" 说

(一) 曾运乾"脂、微分部"说的学术渊源

1. 戴震与段玉裁,王念孙与江有诰有关脂、微分部的讨论

李开《围绕脂、微分部的古音学史演进》指出,如果说中古韵乃至近代音研究中的热门问题是知、庄、章问题,那么上古音研究中的中心问题之一就是脂、微分部问题。

有意思的是,戴震、王念孙、江有诰均在围绕段玉裁的古韵分部的学术讨论中涉及脂、微分部这个"中心问题"。作为清代审音派的代表人物,戴震涉及脂、微分部的问题可以从他给段玉裁的一封书信《答段若膺论韵》中的一段话体现出来:

> 昔人以质、术、栉、物、迄、月、没、曷、末、黠、鎋、屑、薛隶真、谆、臻、文、殷、元、魂、痕、寒、桓、删、山、先、仙,今独质、栉、屑仍其旧,余以隶脂、微、齐、皆、灰,而谓谆、文至山、仙同入。是谆、文至山、仙与脂、微、齐、皆、灰相配亦得矣,特彼分二部,此仅一部,分合未当。又六术韵字,不足配脂,合质、栉与术始足相配,其平声亦合真、臻、谆始足相配,屑配齐者也,其平声则先、齐相配。今不能别出六脂韵字配真、臻、质、栉者合齐配先、屑为一部,且别出脂韵字配谆、术者,合微配文、殷、物、迄、灰配魂、痕、没为一部。废配元、

---

① 王宁、黄易青:《黄侃先生古本音说中的声韵"相挟而变"理论——兼论古今音变的"条件"》,载《陕西师范大学学报》(哲学社会科学版)2003年第4期,第9页。

月，泰配寒、桓、曷、末，皆配删、黠，夬配山、鎋，祭配仙、薛为一部。而以质、栉、屑隶旧有入之韵，或分或合，或隶彼，或隶此，尚宜详审。①

以上戴震批评段玉裁的第十二、第十三、第十五部的分部上存在的问题（两人对元部看法相同），也可以理解为两人在这三部的分部上存在的分歧，其具体情况可见表4-7。

表4-7　段玉裁的第十二、第十三、第十四、第十五部古韵分部与戴震分部比较

段氏分部	《广韵》韵目	戴氏分部
第十二部（真）	真臻先	第十六殷部（真）
第十三部（文）	谆文殷魂痕	
第十四部（元）	元寒桓删山仙	第十九安部（元）
第十五部（脂）	脂微齐皆灰	第十七衣部（脂）
	祭泰夬废	第二十霭部（祭）
第十二入声（质）	质栉屑	第十八乙部（质）
第十五入声（物）	术物迄没	
	月曷末黠鎋薛	第二十一遏部（月）

戴氏是审音派的代表人物，阴阳入三分是他对古韵研究的贡献。他之所以对段氏的古韵分部提出质疑，是因为他的《广韵》系统观念中有一张阴阳入三声相配的古韵表谱，具体到以上议论的内容，该古韵表谱见表4-8②。

表4-8　戴震部分古韵阴阳入声相配情况

阳声韵	先		臻	真		谆		文		殷		魂	痕	元		寒	桓	删		山		仙	
	开	合	开	开	合	开	合	开	合	开	合	合	开	开	合	开	合	开	合	开	合	开	合
	四		二	三		三		三		三		一	一	三		一	一	二		二		三	

---

① ［清］戴震：《答段若膺论韵》，载《戴震集》，上海古籍出版社1980年版，第83页。
② 此表参照陈新雄《戴震答段若膺论韵书对王力脂微分部的启示》而制定。（参见陈新雄《戴震答段若膺论韵书对王力脂微分部的启示》，载《"中央研究院"历史语言研究所集刊》1988年第1期，第1～5页）

续表4-8

入声韵		屑	栉	质	术	物	迄	没	(麧)	月	曷	末	黠	鎋	薛
		开合	开	开	合	合	开	合	开	开合	开	合	开合	开合	开合
		四	二	三	三	三	三	一	一	三	一	一	二	二	三
阴声韵		齐	皆	脂	脂	微	微	灰	咍	废	泰	泰	怪	夬	祭
		开合	开	开	合	合	开	合	开	开合	开	合	开合	开合	开合
		四	二	三	三	三	三	一	一	三	一	一	二	二	二

戴氏批评段氏："六术韵字，不足配脂，合质、栉与术始足相配，其平声亦合真、臻、谆始足相配，屑配齐者也，其平声则先、齐相配。"根据这张表谱就是指术韵只有合口三等，而脂韵具有开口三等和合口三等两种，因此只有加上开口三等的质韵才足以和脂韵相配。同理，术韵也不足以与皆韵（开口二等）相配，必须以同为开口二等的栉韵与皆韵相配。术韵更不能与齐韵（开四、合四两种）相配，必须以同时具备开四、合四的屑韵相配。戴氏认为只有把开合等呼相同的韵相配才能形成阴阳入三声相配的整齐局面。

由于戴氏信奉阴阳入三声相配的格局，因此他同意段氏入声韵"质栉屑"配阳声韵"真臻先"的观点，同时还需把阴声韵脂开三、皆开二、齐开合四也与它们相配。但戴氏又认为"不能别出六脂韵字配真、臻、质、栉者合齐配先、屑为一部"，意思是说戴氏认为如果把阴声韵脂开三、皆开二、齐开合四和入声韵"质栉屑"、阳声韵"真臻先"相配，就必须把脂部一分为二，但戴氏"在此关键问题上囿于一见：分裂了脂不妥"[1]。因此，也就无法把脂开三、皆开二、齐开合四独立为一部。需要指出的是，脂开三、皆开二、齐开合四合起来就正好是王力脂、微分部以后的脂部，因此可以说，戴氏与脂、微分部刚好擦肩而过。

这种情况下，戴氏认为最好的办法就是"别出脂韵字配谆、术者，合微配文、殷、物、迄、灰配魂、痕、没为一部。废配元、月，泰配寒、桓、曷、末，皆配删、黠，夬配山、鎋，祭配仙、薛为一部"。意思就是说，戴氏认为既然脂开三、皆开二、齐开合四不能独立为一部，那就依照段氏的观点，把"齐皆脂微灰咍"（戴氏另加上与痕韵相配的咍韵）独立为一部（衣部），又根据阴阳入三声相配的道理，与"脂微齐皆灰咍"相配的阳声韵"先臻真谆文

---

[1] 李开：《论戴震的古音学》，载《汉语古音学研究》，上海人民出版社2008年版，第194页。

殷魂痕"（殷部）、入声韵"屑栉质术物迄没（黠）"（乙部）自然也该各自独立为一部。"祭泰夬废"四韵（祭部）独立为一部是戴氏的贡献，那么与"祭泰夬废"相配的阳声韵"元寒桓删山仙"（安部）、入声韵"月曷末黠鎋薛"（遏部）也该各自独立为一部。

以上戴氏批评段氏的意见中有一个问题值得我们注意，那就是戴氏根据他的阴阳入三声相配的格局，即从以开合等第审音本应得出质、术分，真、文分，脂、微分的结论，但是他又囿于脂部不能一分为二的见解，从而迫近区分脂、微而未能达到。① 这不能不说是古音学史上的一大憾事。

戴震和段玉裁之间的讨论之后，王念孙和江有诰两人也展开了另一场涉及脂微分部问题的讨论。其实王、江在古韵分部方面的结论有很多相同之处，如两人都分古韵为二十一部，② 祭部独立，葉、缉两部分立。但两家也有一个重要的区别，那就是江有诰没有采纳王念孙的至部。王念孙的至部是他对古韵分部的重要贡献，那么被段玉裁誉为"集音学之成"的江有诰为何不能接受王念孙的至部呢？今将段氏、王氏、江氏三人的古韵分部之分歧列表如下（详见表4-9）。

表4-9　段玉裁、王念孙、江有诰的古韵分部之比较

三家古韵分部		平	上	去	入
段玉裁古韵部次	十二部	真臻先	轸铣	震霰	质栉屑
	十五部	脂微齐皆灰	旨尾荠骇贿	至未霁寘祭泰怪夬队废	术物迄月没曷末黠鎋薛
王念孙古韵部次	至第十二			至霁（部分）	质栉屑、黠薛（部分）
	脂第十三	脂微皆灰齐支	旨尾骇贿荠纸	至未怪队霁寘	术物迄没黠
江有诰古韵部次	八脂	脂微皆灰齐（半）支（三分之一）	旨尾骇贿荠（半）纸（三分之一）	至未怪队霁（半）寘（三分之一）	质术栉物迄没屑黠（半）

通过以上比较可以看出，王、江二人均认为段玉裁把入声韵质栉屑与阳声

---

① 参见李开《围绕脂、微分部的古音学史演进》，载《东南大学学报》（哲学社会科学版）2007年第5期，第73～77页。

② 王念孙晚年所编《诗经群经楚辞合韵谱》又把东、冬分立，这样就成了二十二部。

韵真臻先相配是错误的。① 两人观点的不同之处是质与术是否要合并的问题，实质上就是至部（质部）是否要独立的问题，由此导致王、江两人在此问题上产生了激烈的争论。

王氏从分析谐声字出发，认为段氏十五脂部中的去声韵至霁与入声韵质栉屑、黠薛之间往往同用，而不与平上同用，因此这部分韵应该从脂部中独立出来成为至部（质部）。他在《与李方伯论古韵书》中说：

> 又案去声之至霁二部，入声之质栉黠屑薛五部中，凡从至、从疐、从质、从吉、从七、从日、从疾、从悉、从粟、从黍、从毕、从乙、从失、从八、从必、从卩、从节、从血、从徹、从设之字，及闭、实、逸、一、抑、别等字，皆以去入同用，而不与平上同用，固非脂部之入声，亦非真部之入声。②

王氏又在《王石臞先生来书》中通过分析《诗经》押韵材料来阐述了自己把至部从脂部中独立出来的理由。他认为《诗经》中质（至）术（脂）通押的例子只是少数，相对而言，《诗经》中术（脂）月（祭）通押的情况比质（至）术（脂）通押的情况要多，既然术（脂）月（祭）可以分，质（至）术（脂）分也就无可厚非了。

王念孙是考古派，他研究至部用的是《诗经》押韵和《说文》谐声的材料，江有诰则作为兼通考古、审音的大家，尤其是他善于审音的特点使他对至部是否独立有他自己的见解。他在经过反复思考后最终还是不同意王氏质（至）术（脂）分开的做法，并在《复王石臞先生书》中阐明了自己不同意的理由，他说：

> 来书谓拙著与先生尊见如趋一轨，所异者惟质术之分合耳。囊者有诰

---

① 如王氏在《与李方伯论古韵书》中批评了段氏的以质承真的做法，他说："《六书音均表》以（质）为真部之入声，非也。《切韵》以质承真，以术承谆，以月承元。《音均表》以术月二部为脂部之入声，则谆元二部无入声矣。而又以质为真部之入声，是自乱其例也。"（张世禄：《中国古音学》，商务印书馆1930年版，第114页）

② ［清］王念孙：《与李方伯论古韵书》，载［清］王念孙等撰，罗振玉辑印《高邮王氏遗书》，江苏古籍出版社2000年版，第158页。

于此条思之至忘寝食，而断其不能分者有数事焉。①

江氏总共陈述了四条理由来阐明质术不能分开，其中第三条尤其值得我们注意，江氏说：

《唐韵》去入两声分承平上，统系分明；今若割至霁与质栉屑别为一部，则脂齐无去入矣。二百六部中有平去而无上入者有之，未有有平上而无去者也。……此段氏质术之分，有诰所以反覆思之而不能从也。②

江氏认为，如果把去声韵至霁、入声韵质栉屑从脂部中独立出来，那么脂部中就会没有去入声了，这不符合语音系统性的特点。可见，江氏是从审音的角度推断出质术是不能分开的。江氏这种想法固然有他的道理，但是他没有考虑与去声韵至霁、入声韵质栉屑相配的阴声韵脂部各韵其实还可以再做进一步的区分，即把脂部中与入声质（开三）、栉（开二）、屑（开合四）等呼相同的阴声韵脂（开三）、皆（开二）、齐（开合四）分离出来并与质栉屑相配，这就是所谓的脂、微分部了。

其实，兼通考古、审音的江氏是很有机会做到这一步的。首先，江氏跟王氏一样，也善于考据，但他反对王氏的第一条理由就缺乏说服力。因为根据《楚辞》押韵材料，质术分用五例，质术合用七例，七例和五例相比，其实不能说明任何问题。这说明他为了坚持自己质术不分的看法，考古也不彻底，如果他接受了王氏在考古基础上得出的质术分开的结论，再进一步审音，那就极有可能得出脂、微分部的结论。其次，他的《入声表》"对于入声和阴声的对应，了如指掌"，已经"注意到呼等的对应"③。比如《入声表》中质为脂开口之入，术为脂合口之入，物为微合口之入，迄为微开口之入。因此，在江氏心目中，他对脂微、质术的对应关系应该是非常清晰的。再次，江氏承认段氏的真文分部，这为他根据阴阳入三分格局而进行脂、微分部打下了基础。但既然真文分部，而跟阳声韵真文等呼相同的阴声韵脂微、入声韵质术为何不能同理分部呢？但遗憾的是，他没有走到这关键的一步。究其原因，乃是审音不够

---

① ［清］江有诰：《复王石臞先生书》，载张斌、许威汉《中国古代语言学资料汇纂》，福建人民出版社1993年版，第173页。
② ［清］江有诰：《复王石臞先生书》，载张斌、许威汉《中国古代语言学资料汇纂》，福建人民出版社1993年版，第173～174页。
③ 王力：《清代古音学》，中华书局2013年版，第215～216页。

彻底所致。因此可以说江氏"在脂微分部、质术二分的问题上已经走到真理的边缘,可是没最终完成,还是因其审音不彻底,未能站在三分相配的角度看问题"。①

王、江两人的这场关于至部的辩论,虽然最终都各自坚持己见,但给后人留下了思考的空间。王氏的至部独立是对的,但由于他只擅长考古,"只是机械地把《诗经》用韵情况分析了一下,得出了他的至部"②。因此,受到精通审音的江氏的批评。江氏虽然很懂音理,但审音不够彻底,因此与真理失之交臂,也不能不说留下了遗憾。

王氏只知考古,戴氏、江氏都精通审音,但两人最终都由于审音不彻底,而没有得出脂、微分部的结论。这再一次证明王力指出的充分利用《切韵》系统来研究上古语音系统,提倡考古与审音相结合的观点是正确的。③

2. 邹汉勋有关的研究

邹汉勋在其音韵学著作《说文谐声谱·叙例》(约成书于1835年)中说:"是书本为古音而作,势不得从《唐韵》分类。……勋窃以意分五部,每部三类,凡十五类,入声分十类。其五类无入。去声祭、泰等音从入。凡无入者,非果无入,以其字可展转流变因亡之耳。十五类曰宫上、宫中、宫下、商上、商中、商下、角上、角中、角下、徵上、徵中、徵下、羽上、羽中、羽下。文字各从其类,以为部首。"因此,邹汉勋五类十五部如将入声独立,实为二十五部。邹汉勋又在《五均论》中将其古韵十五部(入声除外)列表如下(详见表4-10)④。

表4-10 邹汉勋的古韵十五部

	宫	商	角	徵	羽
上	鱼模	阳唐谈盐添严衔咸	真轸先	脂皆	宵萧肴豪
中	歌戈麻	东冬钟江侵覃凡	元寒桓删山先	蒸登灰微	侯虞
下	支佳	耕清青	谆文欣魂痕	之咍齐	尤幽

---

① 乔秋颖:《江有诰、王念孙关于至部的讨论及对脂微分部的作用》,载《徐州师范大学学报》(哲学社会科学版)2006年第3期,第48~51页。
② 王力:《古韵脂微质物月五部的分野》,载《王力语言学论文集》,商务印书馆2000年版,第193页。
③ 参见王力《古韵脂微质物月五部的分野》,载《王力语言学论文集》,商务印书馆2000年版,第202~203页。
④ 此表据邹汉勋原表适当修改。

以上邹汉勋的分部中，最值得注意的是徽韵所分的三类中，脂皆、灰微分为两部。邹汉勋脂、微分部的理由有二。

第一，根据先秦韵文、声训、联绵词、直音、通假等材料分析出来。邹汉勋《说文谐声谱》中明确指出：

> 分文归类，悉从《诗》三百篇之音协，故每篇之首冠以《诗》协音，表又类之，为目录。三百篇不足者，杂取《易繇》《老子》《楚辞》、群经及汉诗赋协音为一徵。群经训故及汉训故为一徵，如晋进、离丽、坎陷、富幅、幅备、鬼归、镜景、男任、南任之类，皆以同音为训故。连语为一徵，如窈窕、绸缪之类皆叠韵。直音为一徵，如高诱《吕览》《鸿列》注中音，及《说文解字》本音，郑玄《礼》注、赵岐《孟子注》中音。通借为一徵，如屪㑲经史借溺、砅经史借厉之类。又《说文解字》重文转从它文得声亦是。五徵不足，则从《唐韵》之音归之于其类。①

因此，脂皆、灰微分为两部，是以《诗经》等韵文材料的押韵、故训（声训）、联绵词、直音、通假或重文等五种材料分析出来的，其中《诗经》的押韵又是最主要的依据。此外，邹汉勋还利用《广韵》所代表的中古语音系统作为分析上古韵部的必要的补充。可惜的是，《说文谐声谱》仅存《叙例》，我们无法看到邹汉勋对《诗经》韵例的分析和韵字的具体分部，而利用其他材料对脂、微分部的具体归字也不得而知②，但可以肯定的是，这里邹汉勋所用的主要方法当为清儒传统的考古的方法。

第二，邹汉勋《五均论》一文中提出古音学、今音学、等韵学三者相结合的原则，从历史发展的角度来研究语音的精辟观点。邹汉勋又在《五均论》中大致解释了脂、微分部的由来。他说：

> 国朝言古均者顾、江、戴、段、后江（按：江有诰）、孔、王七人其最也，然就《诗》《易》《骚》、赋、周秦诸子以辨其声之出入，而其中联贯岐属，虽秦以前不能无小出入。欲圆其说，则有合音、改字、不均三法。于疑似之间讠它不能定者，戴氏不肯分尤幽萧与侯虞为二，又不肯分谆

---

① 邹汉勋：《邹叔子遗书》，岳麓书社2011年版，第550页。
② 据《五均论》有关论述推测，灰部大致包括灰微蒸登及齐之咍等的一部分。

文痕魂与元寒删山仙为二，而脂微齐皆灰则以为二。王氏亦有脂微齐皆灰为二之说，考之《广韵》，脂皆二部已备八等，微灰备四等，齐备四等，于《切韵》之法则以为二者近是，然于古则一部也。此于联贯至多之处不能无惑，予则以为角徵羽三均之音周而狭，界限难明之故也。分为二者是也。①

邹汉勋的脂、微分部是在戴氏、王氏的脂微齐皆灰分为两部的基础上进一步分立的结果。邹汉勋认为分立的依据是"考之《广韵》，脂皆二部已备八等，微灰备四等，齐备四等"。意思是说，属上古脂、微两部的脂微齐皆灰咍等韵中，开口有一等咍、二等皆、三等脂与微、四等齐；合口有一等灰、二等皆、三等脂与微、四等齐。开合已备八等。"邹汉勋以为古韵一部只应四等，若八等当分为两部。"②可见，邹汉勋一方面根据《广韵》的语音系统，另一方面又根据等韵学的有关原理来分析上古韵部，最终得出脂、微分部的结论，因此邹汉勋这里运用的是审音的方法。

脂、微分部是研究上古音的一个中心问题，邹汉勋是戴震、王念孙、江有诰等人之后，第一个明确把脂、微分立的学者（邹汉勋的古韵十五类中，前者叫皆部，后者叫灰部）。此后，章炳麟、曾运乾、王力，以及日本学者大矢透等人都有脂、微分部之说。王显认为学界对脂、微分部的研究，"穷源溯流，邹是先行者"③。李葆嘉则明确指出曾运乾的《古本音齐韵当分二部说》源于邹汉勋《五均论》的"脂灰分部"④。

3. 章炳麟有关的研究

章炳麟对脂、微分部的认识与他对队部独立的分析有关。前面已经论述了章氏对队部独立经历了从"队"部包含平上去入韵到只包含"去入韵"的变化，章氏对"平上韵与去入韵垄截两分"的认识使他最终把去入韵划归队部（即王力物部），而剩下的平上韵正好划归为和队部相配的微部。

章氏在《文始》中说：

> 队脂相近，同居互转，若聿、出、内、术、戾、骨、兀、鬱、勿、

---

① 邹汉勋：《邹叔子遗书》，岳麓书社2011年版，第301～302页。
② 李葆嘉：《当代中国音韵学》，广东教育出版社1998年版，第146页。
③ 王显：《清代学者在古韵分部研究上的贡献》，载中国社会科学院语言研究所古代汉语研究室《古汉语研究论文集》（二），北京出版社1984年版，第15页。
④ 参见李葆嘉《当代中国音韵学》，广东教育出版社1998年版，第148页。

弗、卒诸声，谐韵则《诗》皆独用，而𦤙、隹、雷或与脂同用。①

章氏队部诸声中，"𦤙、隹、雷"正是王力的微部，其他诸声正是王力的物部，可见章氏已经初步认识到队部中平上声字与去入声字是有一定区别的。

章氏对脂、微两部的进一步区分是在他分析出队部只包含了"去入韵"的时候。章氏《国故论衡》说："今人得正音者，脂部九十七字，队部三十八声，二部各以是为准。"② 这些脂部字，章氏指出是古合口音，他说："古脂部异于支、之者，其声满口而幌呼，皆合口音也。"③ 据刘艳梅分析，章氏所举"队部三十八声"如"骨、兀、鬱、聿、曰、胃、位、内、卒、勿、未"均为去入声字，而"脂部九十七字"中，除"癸、揆、葵、配、陛、眉、湄、媚、美"等十一字属脂部外，其余均为微部字④。因此，章氏是以脂部为名，乃为微部之实。⑤不过，我们认为既然还有十一字（或十字）不是微部字，说明此时章氏对脂、微分部的界限还不是很清楚。

章氏又在《新方言》卷十一的"音表"中说：

> 脂、灰昔本合为一部，今验以𦤙、回、雷、夔等声与脂部鸿纤有异，三百篇韵亦有分别，别有辨说，不暇悉录。或依旧义通言脂微齐皆灰，或以脂部称灰，或云脂、谆相转，不悉改也。⑥

章氏这段议论，我们可从以下两个方面进行分析。

第一，和离析出队部一样，章氏离析出微部也是利用谐声字和《诗经》押韵的材料分析的结果，这是考古法得出的结论。但遗憾的是，章氏虽说"三百篇韵亦有分别，别有辨说"，但他并没有对《诗经》进行具体的归字工作。

第二，章氏在《国故论衡上》中说："脂、队合口呼，故对转谆亦合口呼。"这样，章氏根据他对转的道理分析出"谆"（文）也为合口呼。以上章

---

① 章太炎：《文始》，载《章太炎全集》（七），上海人民出版社 1999 年版，第 202 页。
② 章太炎：《二十三部音准》，载《国故论衡》，吉林出版集团股份有限公司 2017 年版，第 29 页。
③ 章太炎：《二十三部音准》，载《国故论衡》，吉林出版集团股份有限公司 2017 年版，第 29 页。
④ 郭锡良《汉字古音手册》认为"配"字属微部。
⑤ 参见刘艳梅《章炳麟古韵学"队"部独立考论》，载《东南大学学报》（哲学社会科学版）2008 年第 4 期，第 116～119 页。
⑥ 章太炎：《新方言》，载《章太炎全集》（七），上海人民出版社 1999 年版，第 131 页。

氏又说"脂部称灰、或云脂谆相转",可见,章氏所指灰部实为微部,章氏的微、队(物)、谆(文)对转符合阴阳入三分相配的原则,这是审音法得出的结论。

因此,这段话已经明确提出了"脂""灰"之间"洪纤有异",即脂灰(微)分部。虽然如此,章氏古韵二十三部中,脂、微两部始终没有分立,与谆部相配的是队部与脂部,与真部相配的只有一个至部。这说明章氏对"脂微分部是举棋不定"的。①

(二)曾运乾"脂、微分部"说

1. 曾运乾《古本音齐部当分二部说》

陈新雄高度评价曾运乾《古本音齐部当分二部说》一文,称其精要之处,非闭门十年思之弗能瞭。② 今将曾运乾《古本音齐部当分二部说》分析如下:

第一,正如陈新雄曾指出王力的脂、微分部受到戴震《答段若膺论韵》一文的影响那样,③ 我们认为曾运乾脂、微分部同样受到了戴氏《答段若膺论韵》的启发。曾运乾说:

> 戴氏与段书论之云:"江先生分真以下十四韵为二,今又分真以下为三,而脂微齐皆灰不分为二。"盖讥其阳声三部而阴声只分二部也。戴氏于是仍并真臻先谆文欣魂痕为一部,与脂微齐皆灰相对。孔广森、严可均从之。
>
> 今案:段氏知真以下九部之当分为二,而不悟脂微齐皆灰之亦当分为二;戴氏不知脂微齐皆灰之当分为二,乃反疑真以下九部之当并合为一;皆非能真知古韵部分者也。④

曾运乾所引戴氏《答段若膺论韵》原文当为:"江先生分真已下十四韵,侵已下九韵各为二,今又分真已下为三,分尤幽与侯为二,而脂微齐皆灰不分

---

① 李葆嘉:《当代中国音韵学》,广东教育出版社1998年版,第147页。
② 参见陈新雄《黄侃与曾运乾之古音学》,载《陈新雄语言学论学集》,中华书局2010年版,第202~203页。
③ 陈新雄说:"我认为王力的脂微分部,除受章太炎的文始及他自己研究南北朝诗人用韵的影响外,戴震的答段若膺论韵书也应该给了他莫大的启示。"(陈新雄:《戴震答段若膺论韵书对王力脂微分部的启示》,载《历史语言研究所集刊》1988年第1期,第1~5页)
④ 曾运乾:《声韵学》,湖南教育出版社2012年版,第216页。

为三，东冬钟不分为二，谆文至山仙虽分而同入不分，尤幽侯虽分而同入不分。"① 因此，曾运乾引文中"脂微齐皆灰不分为二"当为"脂微齐皆灰不分为三"之误。且曾运乾说"盖讥其阳声三部而阴声只分二部也"，也可知"脂微齐皆灰"分为两部，这两部即脂微齐皆灰（戴氏衣部）、祭泰央废（戴氏霭部）。按戴氏原意是脂微齐皆灰也当分为三，这样才好和真以下十四韵分为三部相配。但正如我们前面"戴震、王念孙、江有诰有关脂微分部的讨论"一节所述，戴氏因囿于脂部不能一分为二的见解，又为求阴、阳、入相配整齐，结果他又把段玉裁的真文分立重新合并，这样就形成了衣（脂）—乙（质）—殷（真），霭（祭）—遏（月）—安（元）相配的局面，故最终没有把脂微齐皆灰分为三部。段玉裁虽然发现了真、文分立，并以真臻先配质栉屑，但他没有进一步把脂微齐皆灰分为两部，一与阳声韵真臻先，入声韵质栉屑相配，一与阳声韵谆文欣魂痕，入声韵术物迄没相配。这正是曾运乾所批评的："段氏知真以下九部之当分为二，而不悟脂微齐皆灰之亦当分为二；戴氏不知脂微齐皆灰之当分为二，乃反疑真以下九部之当并合为一；皆非能真知古韵部分者也。"② 因此，正是在认识到戴氏和段氏两人在古韵分部的分歧的基础上，特别是戴震《答段若膺论韵》已经暗示脂、微分部可走审音之路，从学理上来说，戴书不会不给曾运乾以启发。因此，曾运乾利用审音的方法，从中古《广韵》系统出发，打破了戴氏脂部不可一分为二的成见，又吸收段玉裁的真、文、元三部，以及王念孙的祭部。根据戴氏阴阳入三声相配的古韵分部理论，曾运乾认为，既然真以下十四韵阳声为三（真臻先、谆文欣魂痕、元寒桓删山仙三部），入声为三（屑质栉、月曷末薛鎋、术物迄没黠三部），那么，阴声"脂微齐皆灰"也该分为三部，即除了王念孙分出的祭部，另外又把"脂微齐皆灰"分为衣部（脂部）和威部（微部），这样就形成了脂—质—真、微—物—文、祭—月相配的格局。

第二，曾运乾在其《声韵学》一书中给出过如下结论，他说：

> 考古韵部分，脂微齐皆灰当分为二部，《诗》三百篇虽未分用划然，固已各成条例。齐之入为屑质栉，灰之入为没术迄物黠，则固毫不相混矣。齐与先对转，故陆韵以屑配先；灰与痕魂对转，故陆韵以没配痕，最

① 戴震：《答段若膺论韵》，载《戴震集》，上海古籍出版社1980年版，第84页。
② 曾运乾：《声韵学》，湖南教育出版社2012年版，第216页。

合音理。①

一方面，曾运乾利用考古的方法，分析上古语音材料——《诗经》押韵得出"脂微齐皆灰当分为二部"的结论（曾运乾还以自定的谐声声母表排列了脂、微两部）。另一方面，曾运乾从审音的角度，从中古《广韵》系统出发，认为"脂微齐皆灰当分为二部"也符合阴阳对转的原理。曾运乾列出的阴阳入三声对转情况见表4–11。

表4–11　曾运乾脂微齐皆灰韵阴阳入三声对转情况

部目	阴声	入声	阳声
齐（半）先对转	齐荠霁	屑	先铣霰
	脂旨至	质，栉	真轸震，臻
灰魂对转	灰贿队	没	魂混慁
			痕很恨
	脂旨至	术	谆准稕
		迄	欣隐焮
	皆骇怪	黠	山产袩
	微尾未	物	文吻问

第三，曾运乾指出了黄侃古韵系统中阴阳入三声相配的不足，又根据自己的侈弇鸿细理论和正变韵理论，从分析齐部入手，提出了脂、微分部的见解。曾运乾说：

> 今人以《广韵》之灰代表威摄，此无可议者也。而以《广韵》之齐代表娃摄，为支佳之古本音也，此实得半之道。考《广韵》齐部，凡三百三十五字，应入衣摄者，一百六十二字，应入娃摄者一百四十五字（混入他部之字不计）。上声荠凡一百十九字，应入衣摄者九十字，应入娃摄者，仅十九字。去声霁凡二百五十四字，应入衣摄或衣入者一百零二字，应入娃摄或娃入者四十八字（混入他部之字并不计）。是齐部实当为娃衣两摄之鸿声侈音。

---

① 曾运乾：《声韵学》，湖南教育出版社2012年版，第216～217页。

至娃摄之细声弇音，为支纸寘中四类之二（支纸寘三韵各分四类，齐齿撮口各二，二呼属娃摄，二呼属阿摄）。衣威两摄之细声弇音，则同为脂旨至。考脂部原分三类，凡切语下一字用肌脂夷私资尼六字者，为衣摄齐齿呼；葵一字为衣摄撮口呼（以无同类之字，用威摄撮口呼追字为切）；其用追隹绥眉维悲遗七字者，则威摄撮口呼。旨部亦分三类……去声至亦分三类……

是《广韵》于娃衣两摄之鸿声侈音虽混为一，而于娃衣威三摄之细声弇音，则固分别甚严也。颇疑陆法言制《切韵》时，齐韵原分两部，一为娃摄之鸿声侈音，一为衣摄之鸿声侈音。后人因其音近，并为一部。如歌戈合一，寒桓合一之比。不然，《广韵》于细声弇音之支纸寘及脂旨至，不必剖判入微若此者也。此虽无明显证据，然《唐韵》鼶㸤两字，别为一部，今《广韵》混入齐部，则其遗迹之仅存者也。《切韵》原序云："支脂鱼虞，共为一韵。"鱼虞之别，今所共知；支脂之别，世多未晓。段玉裁分之支脂为三，以为独得胸襟；不知支尚当分系娃阿，脂亦当分系衣威也。此后人研究《切韵》者，所当究心者也。①

齐韵分为两部，并非曾运乾的首创，江有诰古韵二十一部就已经把齐韵半属第七支部（即曾运乾所谓娃摄），齐韵半属第八脂部（即曾运乾的衣摄、威摄），但江氏所谓某韵之半，并没有举出例字。曾运乾提出把齐韵分为两部，不是简单地对江有诰等人研究的补充，更是为他提出脂、微分部的创见所做的铺垫。曾运乾把齐韵分为两部——衣威两部是针对黄侃以《广韵》齐韵为支部的古本音的观点提出的，黄侃以齐韵为支部的古本音的观点存在诸多问题。如陈新雄认为："黄君以《广韵》齐韵二类皆为古韵支部之古本韵，……实析之尚有未尽，尚应细加分析者也。……黄君于齐韵未能析为二古本韵者，盖黄君拘于古本韵之读法，以为古本韵之读法，实同于《广韵》古本韵之今读，而此二类既同在一韵，惟分开合，则脂、支之古韵读法无别矣，故未敢据以分别为二部，窃以为所谓古本韵者，仅不过法言定韵时所定之古韵部目之代表耳，至古韵之真正读法，恐非如《广韵》之今读也，此宜注意其历史之演变，另行考定。"② 陈新雄又说："黄侃以《广韵》齐韵二类皆为支韵之古本音，灰

---

① 曾运乾：《声韵学》，湖南教育出版社2012年版，第221～222页。
② 陈新雄：《古音学发微》，文史哲出版社1983年版，第879～883页。

韵为微部之古本音,则脂部无古本音矣。"① 此外,根据王力的观点,黄侃是审音派,他的古韵二十八部系统本来是阴、阳、入三声相配的,但是先(真)、屑(质)两部却无相配之阴声,这自然是一个漏洞。曾运乾看到了黄侃古本音说的不足和阴阳入三声相配的不足,他从分析《广韵》的反切入手,根据自己所定的侈弇鸿细理论和正变韵理论,把齐韵字离析为两类,一半属支部,一半属脂部。曾运乾对齐韵字在两部中的具体分类,按其弟子郭晋稀所言,是以曾运乾所定古韵谐声表为据的。② 今据曾运乾古韵谐声声母表,凡齐、荠、霁三韵内旨声、比声、尼声、米声、弟声、犀声、屖声、夷声、利声、齐声、次声、卟声、禾声、妻声、尗声、氐声、豊声、夵声、矢声、医声的字古韵属衣摄(脂部),凡齐荠霁三韵内卑声、弭声、是声、廌声、奚声、儿声、醯声、兮声、蠡声、圭声、巂声的字古韵属娃摄(支部)。凡是属脂部的齐韵字正好和屑先相配,而属支部的齐韵字正好和锡青相配。这样就弥补了黄侃的先屑两部无阴声相配的不足。在把齐韵一分为二的基础上,曾运乾根据谐声声符和《诗经》押韵归纳出脂微两部的范围。最后又把这个范围验证于他自己提出的侈弇鸿细理论和正变韵理论,并加以修正,最终提出了脂、微分部的范围。见表4–12。

表4–12 曾运乾脂、微分部的范围

韵部	正韵				变韵			
	侈音		弇音		侈音		弇音	
	等呼	韵目	等呼	韵目	等呼	韵目	等呼	韵目
支部	开四、合四	齐荠霁(半)	开三、合三	支纸寘(半)	开二、合二	佳蟹卦		
脂部	开四、合四	齐荠霁(半)	开三、合三	脂旨至(半)	开二	皆骇怪	开三	微尾未
微部	合一	灰贿队	合三	脂旨至(半)	合二	皆骇怪	合三	微尾未

可以看出,曾运乾脂部包括齐韵、脂皆微韵开口,微部包括灰韵、脂皆微韵合口,其中脂韵合口是脂微两部的杂居之地,查曾运乾《广韵补谱》,脂韵

---

① 陈新雄:《黄侃与曾运乾之古音学》,载《陈新雄语言学论学集》,中华书局2010年版,第203页。
② 郭晋稀据曾运乾讲义所做的《广韵补谱》中把齐韵字按古韵谐声声母分类,分别填入益摄(即娃摄或支部)、衣摄(即脂部)中。(曾运乾:《音韵学讲义》,中华书局2011年版,第256页、第287页)

合口入脂部的字有以"癸"为声符的"葵、揆"等字，曾运乾在《广韵补谱》中解释说："脂韵分三类，……一衣摄撮口呼，葵（渠追切）字以无同类之字，借灰摄撮口呼追字为一类。"① 曾运乾又有《诗韵证》作为证据。《采菽》：维葵脆戾；《板》：憎毗迷尸屎葵资师；《采薇》：骙依腓；《桑柔》：骙夷黎哀；《烝民》：骙喈齐归。可见，曾运乾把"癸"为声符的"葵、揆"等脂（旨）韵合口字归入脂部是有依据的。

曾运乾《广韵补谱》又把"季"声的字如"季、悸"也归入脂部。以上曾运乾对这两种情况的处理，和王力的主张基本相同。王力认为，脂皆两韵的合口呼在上古属微部，并作脚注云："只有'癸'声的字当属上古脂部，因为'癸'声的字有'睽''暌'等字入《广韵》齐韵。又'季'声的字也当属上古脂部。"② 我们认为，王力的话其实有可商榷之处，既然认为脂韵合口呼字中癸声的字属上古脂部，那么属《广韵》齐韵的"睽""暌"等字自然不能作为例证。事实上，癸声的字确实在上古属脂部，但可以分为两类：一类属于脂（旨）韵合口，如"葵""郯""樱""暌""戣""骙""傒""揆"等字；另一类属于齐韵合口，如"睽""暌""藈"等字。因此，能够用来说明脂韵合口字属上古脂部的应是第一类字。此外，曾运乾脂韵合口入脂部的字还有旨韵合口的"瞲"（火癸切）字，至韵合口读吉利切的"弃、弃、痵、屓、蟿"五字、读香季切的"瞲、姉、睢"三字。因此，曾运乾的脂韵合口入脂部的字比王力的范围要略宽一些。

第四，曾运乾根据审音法发现脂、微分部后将形成阴、阳、入三声即脂—质—真、微—物—文相配的局面，但他又运用考古的方法，即分析上古谐声声符和《诗经》的押韵，对脂、微分部说进行了验证。

曾运乾证明脂部独立的谐声声符如下。

喉声：衣 乌 伊 医
牙声：皆 几 禾 卟 岂 幾 系 希 匚 癸 启 口 火 毁
舌声：示 夷 旨 尼 犀 犀 氏 耆 夂 尸 豕 利 幺 兮
豊 弟 矢 二 履 盍
齿声：厶 齐 师 帅 此 次 咒 死 妻
唇声：匕 比 米 美 尾

---

① 曾运乾：《声韵学》，湖南教育出版社2012年版，第238页。
② 王力：《上古韵母系统研究》，载《王力语言学论文集》，商务印书馆2000年版，第118页。

第四章 曾运乾的古音学研究

今将以上谐声声符按中古音韵地位归纳如下（按：以下各谐声声符的中古音韵地位基本上根据郭锡良《汉字古音手册》，而《汉字古音手册》古音系统基本上采用王力《汉语史稿》的意见，因此也便于从中看出曾运乾脂、微分部和王力的区别）。

(1) 脂韵开合口（开口为主，举平以赅上去，下同）。

开口：伊（脂部，於脂切，脂开三）；夷（脂部，以脂切，脂开三）；尼（脂部，女夷切，脂开三）；尸（脂部，式脂切，脂开三）；厶（脂部，息夷切，脂开三）；师（脂部，疏夷切，脂开三）；几（脂部，居履切，旨开三）；旨（脂部，职雉切，旨开三）；黹（脂部，猪几切，旨开三）；夂（脂部，猪几切，旨开三）；氼（脂部，力几切，旨开三）；矢（脂部，式视切，旨开三）；履（脂部，力几切，旨开三）；兕（脂部，徐姊切，旨开三）；死（脂部，息姊切，旨开三）；匕（脂部，卑履切，旨开三）；比（脂部，卑履切，旨开三）；美（脂部，无鄙切，旨开三）；次（脂部，七四切，至开三）；示（脂部，神至切，至开三）；利（质部，力至切，至开三）；二（脂部，而至切，至开三）。

合口：癸（脂部，居诔切，旨合三）。

(2) 齐韵开口。

禾（脂部，古奚切，齐开四）；卟（脂部，古奚切，齐开四）；犀（脂部，先稽切，齐开四）；屖（脂部，先稽切，齐开四）；齐（脂部，徂奚切，齐开四）；妻（脂部，七稽切，齐开四）；乚（支部，胡礼切，荠开四）；启（脂部，康礼切，荠开四）；氐（脂部，典礼切，荠开四）；豊（脂部，卢启切，荠开四）；弟（脂部，徒礼切，荠开四）；米（脂部，莫礼切，荠开四）；系（支部，胡计切，霁开四）；蟊（幽部，张流切，尤开三。蟊，当为"蟊"字刊印之误，蟊，质部，郎计切，霁开四）。

(3) 皆韵开口。

皆（脂部，古谐切，皆开二）。

(4) 微韵开合口（开口为主）。

开口：衣（微部，於希切，微开三）；㐆（微部，於希切，微开三）；希（微部，香衣切，微开三）；豈（微部，袪豨切，尾开三）；幾（微部，居豨切，尾开三）。

合口：卪（微部，雨非切，微合三）；尾（微部，无匪切，尾合三）。

(5) 支韵开合口。

开口：尒（脂部，儿氏切，纸开三）；豕（支部，施是切，纸开三）；此

（支部，雌氏切，纸开三）。

合口：毇（微部，许委切，纸合三）。

（6）之开三。

医（脂部，於其切，之开三）；帀（脂部，阻史切，止开三）。

（7）果合一。

火（微部，呼果切，果合一）。

曾运乾《诗韵证》用于证明脂部独立的例证，包括脂部独用例、脂微互用例（即王力《诗经韵读》的合韵）、平入互用例［即王力《诗经韵读》中"通韵"的阴入对转（脂质对转）］、对转旁转例（即阴阳对转），今罗列如下。

《葛覃》：萋飞喈；《葛覃》：归私衣；《汝坟》：尾，燬，燬迩；《采蘩》：祁归；《谷风》：菲体违，死；《谷风》：迟违迩畿，荠弟；《泉水》：沸祢弟姊；《静女》：炜美，荑美；《新台》：泚①瀰鲜②；《蝃蝀》：指弟；《相鼠》：体礼礼死；《载驰》：济閟③；《硕人》：頎④；《硕人》：荑脂蛴犀眉⑤；《丰》：衣归；《风雨》：凄喈夷；《东方未明》：晞衣；《载驱》：济瀰弟；《陟岵》：弟偕死；《杕杜》：比佽⑥，萋悲，偕近⑦迩；《蒹葭》：凄晞湄跻坻；《无衣》：衣师；《衡门》：迟饥；《候人》：隮饥；《下泉》：蓍师；《七月》：火衣，迟祁，火苇；《狼跋》：尾几；《常棣》：韡弟；《采薇》：骙依腓，依霏迟饥悲哀；《出车》：迟萋喈祁归夷；《鱼丽》：鳢旨；旨偕；《蓼萧》：泥弟弟岂；《湛露》：晞归；《车攻》：佽柴；《吉日》：矢兕醴；《节南山》：师氏维毗迷师，夷违；《小旻》：訾哀违依底；《巧言》：

---

① 郭锡良《汉字古音手册》、唐作藩《上古音手册》均把"泚"字归入支部，王力《诗经韵读》把"泚"字归入脂部。
② 曾运乾认为"泚瀰鲜"脂微合韵，王力认为是脂元合韵。
③ 王力《上古韵母系统研究》视为脂部独用例，后来他在《诗经韵读》中认为脂质通韵，即认为"閟"归入质部。
④ 曾运乾把"頎"跟其他韵脚字视为对转旁转例，即归入文部，郭锡良《汉字古音手册》、唐作藩《上古音手册》也均把"頎"字归入文部，王力《诗经韵读》把"頎"字归入脂部。
⑤ 曾运乾认为"眉"字为微部字，故此例为脂微合韵。但曾运乾《音韵学讲义》的"正韵变韵表"又将脂开三列为脂部，"眉"字今依王力归入脂部字。
⑥ 曾运乾《音韵学讲义》误作"次"，今改为"佽"。
⑦ 曾运乾认为"近"字与其他各韵对转旁转，即文部，王力认为"近"字不入韵。

麋階伊幾①；《大东》：匕砥矢履视涕；《四月》：梄哀；《鼓钟》：喈湝；《楚茨》：尸归迟私；《大田》：穧火，萋祁私穧秭；《瞻彼洛矣》：茨师；《宾之初筵》：秩旨偕设逸②；《宾之初筵》：礼至；《鱼藻》：尾岂；《采菽》：维葵脾庡；《旱麓》：济岂；《行苇》：苇履体泥弟迩几；《笃公刘》：依济几依；《卷阿》：萋喈；《板》：憎毗迷尸屎葵资师；《桑柔》：骙夷黎哀，资疑维階；《烝民》：骙喈齐归；《瞻卬》：鸱階，音③悲；《丰年》：秭醴妣礼皆；《载芟》：济积秭醴妣礼；《酌》：师师；《閟宫》：依迟；《长发》：违齐迟跻迟祗圍。④

将以上韵脚字结合曾运乾《广韵补谱》，得出曾运乾脂部范围如下。

(1) 脂韵开合口（开口为主）。

开口：脂₁⑤；师₈；迟₉；鸱₁；茨₁；砥₁；饥₃；湄₁；麋₁；毗₂；尸₂；祁₄；私₃；蓍₁；祗₁；资₂；姨₁；夷₄；伊₁；梄₁；妣₂；几₃；履₂；美₂；兕₁；屎₁；死₃；矢₂；姊₁；指₁；旨₃；秭₁；视₁；穧₂；饮₂。

合口：葵₂；骙₃。

脂（旨志）韵合口呼字，除以上谐声声符"癸"声、《诗韵证》所举"葵、骙"两字外，据曾运乾《广韵补谱》，另收揆（求癸切）、晪（火癸切）、季（居悸切）、弃（吉利切）、悸（其季切）、婎（香季切）等字。

(2) 齐韵开口。

犀₁；脾₁；憎₁；萋₅；妻₁；蛴₁；凄₂；齐₂；黧₁；迷₂；泥₂；黎₁；氐₁；跻₂；隮₁；体₃；坻₁；弟₉；底₁；礼₅；鳢₁；醴₃；济₅；荠₁；沛₁；祢₁；穧₁；涕₁。

据曾运乾《广韵补谱》，脂部另收齐（荠霁）韵合口呼字，如瞿（古携切）、睽（苦圭切）、昳（古惠切）、嘒（呼惠切）、慧（胡桂切）等字。

(3) 皆韵开口。

皆₁；喈₆；階₃；湝₁；偕₃。

(4) 微韵开合口（开口为主）。

---

① 王力《诗经韵读》认为"麋階"押脂部韵，"伊幾"不入韵。
② 王力《诗经韵读》认为"秩"不入韵，"旨偕"押脂部韵，"设逸"月质合韵。
③ 曾运乾《音韵学讲义》有误，"音"应为"幾"。
④ 曾运乾：《声音字》，湖南教育出版社2012年版，第217～218页。
⑤ "脂"字右下角数字1表示曾运乾《音韵学讲义》的《诗韵证》把"脂"作为韵脚字出现次数，以下皆同。

开口：畿$_1$；幾$_2$；晞$_3$；衣$_6$；依$_6$；岂$_3$。

合口：违$_5$；围$_1$；尾$_3$；炜$_1$；苇$_2$；韡$_1$。

曾运乾《广韵补谱》，脂部除以上"依衣"外，另收微（尾未）韵开口字如机（居依切）、祈（渠希切）、希（香衣切）、沂（鱼衣切）、扆（於岂切）、蟣（居豨切）、豨（虚岂切）、顗（鱼岂切）、既（居豙切）、气（去既切）、醷（其既切）、欷（许既切）、毅（鱼既切）等。

(5) 支韵开合口。

开口：瀰$_1$；訾$_1$；尔$_4$①；泚$_1$。

合口：煁$_2$。

(6) 之韵开口。

疑$_1$。

(7) 果韵合口。

火$_3$。

以上分别对谐声声符和《诗经》押韵的客观归纳，与曾运乾脂部的范围是基本一致的，因此脂部包括脂韵（开口为主）、齐韵开口、皆韵开口、微韵（开口为主）、支韵（开口为主）、之韵开口、果韵合口。如果因为支韵（开口为主）、之韵开口、果韵合口字数很少算作例外的话，那么曾运乾脂部的范围则包括脂韵（开口为主）、齐韵开口、皆韵开口、微韵（开口为主）。曾运乾又以谐声声符和《诗经》押韵归纳出来的范围为基础，并以他根据《广韵》系统分析出的侈弇理论、正变韵理论进行必要的补充修正，最终确定脂部范围，详见表4-13。

表4-13 曾运乾脂部范围

根据谐声声符和《诗经》押韵归纳考古得出的脂部范围	脂韵（开口为主）	齐韵开口	皆韵开口	微韵（开口为主）
根据侈弇理论、正变韵理论审音得出的脂部范围	脂韵（开口为主）	齐韵开合口	皆韵开口	微韵开口

曾运乾微部谐声声符如下。

---

① 据陈复华、何九盈《古韵通晓》，郭锡良《汉字古音手册》，从弥声的"弥瀰狝"（支开三），"泚"（纸开三）等字均属于脂部。

喉声：威　畏　委
牙声：鬼　归　夔　褱　回　蟲　贇
舌声：遗　𠂔　靁　妥　倠　水
齿声：衰　夊　崔　奞　皐　罪
唇声：飞　枚　非　眉　妃　肥　散

以上谐声声符按中古音的音韵地位整理如下。

（1）微韵合口。

威（微部，於非切，微合三）；归（微部，举韦切，微合三）；飞（微部，甫微切，微合三）；非（微部，甫微切，微合三）；妃（微部，芳非切，微合三）；肥（微部，符非切，微合三）；散（微部，无非切，微合三）；鬼（微部，居伟切，尾合三）；蟲（按："蟲"为"虫"字）（虫，微部，许伟切，尾合三）；畏（微部，於胃切，未合三）。

（2）脂韵开合口（合口为主）。

开口：眉（脂部，武悲切，脂开三）。

合口：夔（微部，渠追切，脂合三）；倠（微部，职追切，脂合三）；衰（微部，所追切，脂合三）；夊（按：当为"夂"字刊印之误）（夂，息遗切，脂合三）；奞（微部，息遗切，脂合三）；水（微部，式轨切，旨合三）；遗（微部，以醉切，至合三）。

（3）灰韵合口。

回（微部，户恢切，灰合一）；𠂔（微部，都回切，灰合一）；靁（微部，卢回切，灰合一）；崔（微部，昨回切，灰合一）；枚（微部，莫杯切，灰合一）；皐（微部，徂贿切，贿合一）；罪（微部，徂贿切，贿合一）。

（4）皆韵合口。

褱（微部，户乖切，皆合二）。

（5）支韵合口。

委（歌部，於为切，支合三）。

（6）其他。

妥（歌部，他果切，果合一）；贇（真部，胡畎切，铣合四）。

曾运乾《诗韵证》用于证明微部独立的例证，包括微部独用例、脂微互用例（即王力《诗经韵读》的合韵）、平入互用例［即王力《诗经韵读》中"通韵"的阴入对转（微物对转）］、对转旁转例（即阴阳对转），今排列如下。

《卷耳》：嵬隤罍怀；《樛木》：纍绥；《汝坟》：枚饥；《草虫》：薇悲夷①；《柏舟》：微衣飞；《燕燕》：飞归；《终风》：雷怀；《式微》：微归；《北门》：敦遗摧②；《北风》：喈霏归；《扬之水》：怀归；《将仲子》：怀畏；《南山》：崔绥归归怀；《敝笱》唯水；《七月》：悲归；《东山》：归悲枚，畏怀，飞归；《九罭》：衣归悲；《四牡》：騑迟归悲；《四牡》：騑归；《常棣》：威怀；《采薇》：薇归；《南有嘉鱼》：纍绥；《采芑》：焞雷威③；《斯干》：飞踯④；《十月之交》：微微哀⑤；《雨无正》：威罪；《巧言》：威罪；《谷风》：颓怀遗，嵬萎怨；《鼓钟》：悲回；《鸳鸯》：摧绥；《旱麓》：藟枚回；《生民》：惟脂；《泂酌》：罍归；《板》：坏畏；《云汉》：推雷遗遗畏摧；《崧高》：郿归；《常武》：回归；《有客》：追绥威夷；《有駜》：飞归；《閟宫》：枚回。

将以上韵脚字结合曾运乾《广韵补谱》，得出曾运乾微部范围如下。
(1) 微韵合口。
微$_4$；威$_5$；薇$_2$；归$_{17}$；飞$_5$；騑$_2$；霏$_1$；畏$_4$。
(2) 脂韵开合口（合口为主）。
开口：悲$_6$。
合口：唯$_1$；惟$_1$；追$_1$；绥$_5$；纍$_2$；遗$_3$；水$_1$；藟$_1$。
其实不止"悲"字，据陈复华、何九盈的《古韵通晓》，郭锡良《汉字古音手册》，脂开三属微部的绨郗（脂开三，微部）。王力《古韵脂微质物月五部分野》规定脂皆韵的唇音字算开口呼，但同时又把悲字归入合口呼。
(3) 灰韵合口。
嵬$_2$；回$_4$；崔$_1$；摧$_3$；推$_2$；隤$_1$；雷$_3$；罍$_2$；枚$_4$；罪$_2$。
(4) 皆韵合口。
怀$_8$；坏$_1$。
(5) 支韵合口。
萎$_1$。
王力《上古韵母系统研究》的微部独用有"《谷风》三章：嵬萎（怨）"

---

① 王力《诗经韵读》认为微脂合韵。
② 王力《诗经韵读》认为文微通韵。
③ 王力《诗经韵读》认为文微通韵。
④ 王力《诗经韵读》认为微脂合韵。
⑤ 王力《诗经韵读》将"哀"字归入微部。

例，可能是因为只有一例，王力把它作为特例处理。其实，不止"萎"字，据《古韵通晓》《汉字古音手册》，从委声的字，如"逶倭委萎瘘诿瘘餧"等字，支合三属微部的还有"厃絫垒毥诡跪"（纸合三）、"瘘危峗"（支合三）。

可以看出，以上分别对谐声声符和《诗经》押韵的客观归纳，曾运乾微部范围也是基本上一致的，因此微部包括微韵合口、脂韵（合口为主）、灰韵合口、皆韵合口等。曾运乾又以谐声声符和《诗经》押韵归纳出来的范围为基础，并以他根据《广韵》系统而得出的侈弇理论、正变韵理论进行必要的补充修正，最终确定微部范围，详见表4-14。

表4-14 曾运乾微部范围

根据谐声声符和《诗经》押韵归纳考古得出的微部范围	微韵合口	脂韵（合口为主）	灰韵合口	皆韵合口
根据侈弇理论、正变韵理论审音得出的微部范围	微韵合口	脂韵合口	灰韵合口	皆韵合口

因此，根据谐声声符和《诗经》押韵归纳考古得出的微部范围和脂部范围比较，见表4-15。

表4-15 微部和脂部范围比较（据谐声声符和《诗经》押韵归纳考古得出）

根据谐声声符和《诗经》押韵归纳考古得出的脂部范围	微韵（开口为主）	脂韵（开口为主）	皆韵开口	齐韵开口
根据谐声声符和《诗经》押韵归纳考古得出的微部范围	微韵合口	脂韵（合口为主）	皆韵合口	灰韵合口

表4-15表现出一个明显的趋势，即从上古脂、微两部分化出来的《广韵》各韵的开口呼基本上隶属于脂部，合口呼基本上隶属于微部。因此，曾运乾根据谐声声符和《诗经》押韵得出的脂、微分部是有现实的语言材料为依据的。但是，我们也发现，除了皆韵开口、齐韵开口归入脂部，皆韵合口、灰韵合口归入微部，界限分明之外，其他各韵都有一定的交叉现象，面对这种情况，曾运乾又根据侈弇理论、正变韵理论审音得出的脂部范围和微部范围比较，见表4-16。

表4-16 微部和脂部范围比较（据佟弈理论、正变韵理论审音得出）

根据佟弈理论、正变韵理论审音得出的脂部范围	微韵开口	脂韵（开口为主）	皆韵开口	齐韵开合口
根据佟弈理论、正变韵理论审音得出的微部范围	微韵合口	脂韵合口	皆韵合口	灰韵合口

因此，脂微两部中，除了脂部合口会同时存在脂微两部有交叉外，两部的界限已经非常清晰。根据曾运乾《诗韵证》，脂韵合口归入脂部的有癸$_2$、騤$_3$。此外，据曾运乾《广韵补谱》，另收癸（居诔切）、揆（求癸切）、瞲（火癸切）、季（居悸切）、弃（吉利切）、悸（其季切）、雉（香季切）等字。

如果说曾运乾以上的分析足以证明脂、微分部的话，那么曾运乾又根据阴阳入三声相配的关系来阐明脂、微分部的道理则是更进一步的有力的补充。

曾运乾又根据谐声表和《诗韵证》，证明了和脂部相配的入声质部、阳声真部，和微部相配的入声物部、阳声文部各自独立的依据。

曾运乾所列入声质栉部（即王力质部）谐声表。

喉声：壹 抑 一 乙
牙声：吉 穴 血 肸
舌声：至 失 疐 替 实 日 栗 中 彻 逸 爾 联 设 垤 肸 质
齿声：疾 七 卩 桼 悉
唇声：必 毕 匹

今将以上谐声声符按中古音韵地位归纳如下。

（1）质韵。

壹（质部，於悉切，质开三）；一（质部，於悉切，质开三）；乙（质部，於笔切，质开三）；吉（质部，居质切，质开三）；肸（物部，羲乙切，质开三）；失（质部，式质切，质开三）；实（质部，神质切，质开三）；日（质部，人质切，质开三）；栗（质部，力质切，质开三）；逸（质部，夷质切，质开三）；爾（质部，直一切，质开三）；垤（质部，人质切，质开三）；质（质部，之日切，质开三）；疾（质部，秦悉切，质开三）；七（质部，亲吉切，质开三）；桼（质部，亲吉切，质开三）；悉（质部，息七切，质开三）；必（质部，卑吉切，质开三）；毕（质部，卑吉切，质开三）；匹（质部，譬吉切，质开三）。

（2）屑韵开合口。

开口：卩①（质部，子结切，屑开四）。

合口：穴（质部，胡决切，屑合四）；血（质部，呼决切，屑合四）。

（3）职韵开口。

抑（职部，於力切，职开三）。

（4）至韵开口。

至（质部，脂利切，至开三）；疐（质部，陟利切，至开三）。

（5）薛韵开口。

屮（月部，丑列切，薛开三）；彻（月部，丑列切，薛开三）；联（月部，丑列切，薛开三）；设（月部，识列切，薛开三）。

（6）霁韵开口。

替（质部，他计切，霁开四）。

（7）迄韵。

肸②（质部，许讫切，迄开三）。

曾运乾《诗韵证》证明质部独立的例证。

《桃夭》：实室；《茉苢》：袺襭；《摽有梅》：七吉；《终风》：曀嚏；《旄丘》：节日；《定之方中》：日室栗漆瑟；《伯兮》：日疾；《黍离》：实噎；《大车》：室穴日；《东门之墠》：栗室即；《东方之日》：室室即；《山有枢》：漆栗瑟日室；《无衣》：七吉；《葛生》：日室；《车辖》：漆栗瑟耋；《黄鸟》：穴慄；《素冠》：韠结一；《鸤鸠》：七一一结；《东山》：实室，垤室室至；《秋杜》：实日，至恤；《十月之交》：逸彻逸③；《雨无正》：血疾室；《蓼莪》：恤至；《瞻彼洛矣》：必室；《宾之初筵》：抑怭秩；《都人士》：实吉结；《绵》：陾漆穴室；《文王有声》：淢④匹；《生民》：栗室；《假乐》：抑秩匹；《笃公刘》：密即；《抑》：疾戾；《桑柔》：愬恤热⑤；《良耜》：挃栗栉室。

---

① 郭锡良《汉字古音手册》未收，今依陈复华、何九盈《古韵通晓》补入。
② 郭锡良《汉字古音手册》未收，今依陈复华、何九盈《古韵通晓》补入。
③ 王力《诗经韵读》认为"彻逸"属月质合韵，即"彻"字入月部。
④ 曾运乾《音韵学讲义》作"淢"，今依王力《诗经韵读》改为"淢"。
⑤ 王力《诗经韵读》认为属质月合韵，即"热"入月部。

将以上韵脚字按中古音韵地位归纳如下。

(1) 质韵。

实$_5$；室$_1$；七$_3$；吉$_3$；日$_7$；漆$_4$；栗$_6$；慄$_1$；鞸$_1$；一$_3$；窒$_1$；挃$_1$；至$_3$；逸$_2$；彻$_1$；疾$_3$；必$_1$；怭$_1$；秩$_2$；匹$_2$；密$_1$。

(2) 屑韵开合口。

开口：袺$_1$；襭$_1$；节$_1$；噎$_1$；颲$_1$；结$_3$；垤$_1$；蠥$_1$。

合口：穴$_3$；血$_1$。

(3) 职韵开合口。

开口：即$_3$；抑$_2$。

合口：洫$_1$①。

(4) 至韵开口。

毖$_1$。

(5) 薛韵开口。

热$_1$。

(6) 霁韵开口。

瘱$_1$；嚔$_1$；戾$_1$。

(7) 栉韵。

瑟$_3$；栉$_1$。

(8) 术韵。

恤$_3$。

将以上谐声声符、韵脚字归纳，得出曾运乾质部范围是：至韵开口、质韵、术韵；霁韵开口、屑韵开口、屑韵合口；栉韵；迄韵；职韵开口、职韵合口；薛韵开口等。而据曾运乾脂部谐声声符、韵脚字归纳出来的脂部范围包括：脂韵开口、脂韵合口；齐韵开口、齐韵合口；皆韵开口；微韵开口；之韵开口；支韵开口、支韵合口；果韵。因此，脂部和质部的相配关系详见表 4–17。

表 4–17 脂部和质部的相配关系

脂部	质部
脂旨韵开口	至韵开口，质韵，栉韵

---

① 曾运乾《音韵学讲义》作"减"，今依王力《诗经韵读》改为"洫"。

续表4-17

脂部	质部
脂旨韵合口	术韵
	迄韵
齐荠韵开口	霁韵开口，屑韵开口
齐荠韵合口	屑韵合口
皆韵开口	
之韵开口	职韵开口
	职韵合口
支韵	薛韵
微韵开口	
果韵	

曾运乾所列入声没术迄物部（即王力物部）谐声表。

喉声：郁 尉

牙声：气 叀 弃 胃 位 彗 善 惠 忍 自 白 臾 器 毅 继 计 㐬 骨 季 敘 采 由 圣

舌声：未 希 四 复 隶 对 内 㐬 聿 秫 曼 云① 突 頪 庆 出 㐬

齿声：卒 率 祟 㪜

唇声：未 艸 氺 孛 㵒 笔 弗 鼻 勿 宋 甴 髟 八 閉 弼 巒

今将以上谐声声符按中古音韵地位归纳如下。
（1）物韵。
弗（物部，分勿切，物合三）；勿（物部，文弗切，物合三）；八（物部，敷勿切，物合三）；甴（物部，分勿切，物合三）。
（2）未韵开合口。
开口：气（物部，去既切，未开三）；忍物部，鱼既切，未开三）；毅

---

① "云"应属文部。

(物部，鱼既切，未开三）。

合口：尉（物部，於胃切，未合三）；胃（物部，于贵切，未合三）；未（物部，无沸切，未合三）。

(3) 术韵。

聿（物部，馀律切，术合三）；秫（物部，食聿切，术合三）；卒（物部，子聿切，术合三）；出（物部，赤律切，术合三）；矞（质部，馀律切，术合三）。

(4) 至韵开合口。

开口：魅（物部，明祕切，至开三）；弃（质部，诘利切，至开三）；自（质部，疾二切，至开三）；器（质部，去冀切，至开三）；郗声①（质部，羊至切，至开三）；四（质部，息利切，至开三）；鼻（质部，毗至切，至开三）；寐（质部，兵媚切，至开三）。

合口：豕（物部，徐醉切，至合三）；率（物部，所类切，至合三）；祟（物部，虽遂切，至合三）；䍃（物部，虽遂切，至合三）；季（质部，居悸切，至合三）；槰（质部，徐醉切，至合三）；位（缉部，于愧切，至合三）。

(5) 队韵。

䫡（物部，他内切，队合一）；对（物部，都队切，队合一）；内（物部，奴对切，队合一）；孛（物部，蒲昧切，队合一）。

(6) 没韵。

骨（物部，古忽切，没合一）；圣（物部，苦骨切，没合一）；突（物部，陀骨切，没合一）；肭②（缉部，内骨切，没合一）。

(7) 怪韵开合口。

开口：𠂇（当为𠂇字，𠂇③，质部，古拜切，怪开二）。

合口：叡（物部，苦怪切，怪合二）。

---

① 参见郭锡良《汉字古音手册》，北京大学出版社 1986 年版，第 104 页；又据王力《古韵脂微质物月五部的分野》，从郗声的字有肄，《诗经·汝坟》叶"肄、弃"，《诗经·谷风》叶"溃、肄、塈"。(王力：《古韵脂微质物月五部的分野》，载《王力语言学论文集》，商务印书馆 2000 年版，第 170～203 页)

② 郭锡良《汉字古音手册》脚注：内声字原在缉部，有些后来异化，转入物部。(郭锡良：《汉字古音手册》，北京大学出版社 1986 年版，第 35 页)

③ 据王力《古韵脂微质物月五部的分野》，"𠂇"字虽然又写作"块"，但它不能跟从"鬼"得声的字一样对待，由声的字有届（届，质部，古拜切，怪开二）。(王力：《古韵脂微质物月五部的分野》，载《王力语言学论文集》，商务印书馆 2000 年版，第 170～203 页)

(8) 代韵。

叡（物部，古代切，代开一）。

(9) 霁韵开合口（开口为主）。

开口：继（质部，古诣切，霁开四）；隶（质部，郎计切，霁开四）；戾（质部，郎计切，霁开四）；计（质部，古诣切，霁开四）；闭（质部，博计切，霁开四）。

合口：惠（质部，胡桂切，霁合四）。

(10) 泰韵。

颣（物部，郎外切，泰合一）。

(11) 质韵开口。

笔（物部，鄙密切，质开三）；弼①（质部，房密切，质开三）。

(12) 祭韵。

淠（月部，毗祭切，祭开三）；彗（质部，祥岁切，祭合三）；嘒（月部，于岁切，祭合三）。

(13) 其他。

宋（微部，力轨切，旨合三）；郁（职部，於六切，屋合三）；旻（月部，许劣切，薛合三）；白（铎部，傍陌切，陌开二）；臾（侯部，羊朱切，虞合三）。

曾运乾《诗韵证》证明物部独立的例证如下。

《汝坟》：肄弃；《摽有梅》：墍谓；《日月》：出卒术；《谷风》：溃肄墍；《干旄》：纰四畀；《芄兰》：遂悸；《黍离》：穗醉；《陟岵》：季寐弃；《晨风》：棣檖醉；《墓门》：萃讯；《侯人》：役芾；《出车》：旆萃；《采芑》：淠率；《节南山》：惠戾届闋；《雨无正》：退遂瘁讯退，出瘁；《小弁》：嘒淠届寐；《蓼莪》：蔚瘁，律弗卒；《大田》：穗利；《采菽》：淠嘒驷届；《隰桑》：爱谓；《渐渐之石》：卒没出；《大明》：妹渭；《皇矣》：对季，类比，茀仡肆忽拂；《生民》：旆穟；《既醉》：匮类；《假乐》：位墍；《泂酌》：溉墍；《荡》：类怼对内；《抑》：寐内；《桑柔》：僾逮，遂类对醉悖，利遂；《瞻卬》：惠厉瘵届；《瞻卬》：类瘁。

---

① 王力认为"弼"字似乎是古合口字，按语音系统应属物部。（王力：《古韵脂微质物月五部的分野》，载《王力语言学论文集》，商务印书馆2000年版，第190页）

将以上韵脚字按中古音韵地位归纳如下（其中，"纰、讯、阕、讯、比、厉"等字不属于物部）：

（1）物韵。

弗$_1$；拂$_1$；茀$_1$。

（2）未韵合口。

谓$_2$；渭$_1$；蔚$_1$；芾$_1$。

（3）术韵。

出$_3$；卒$_3$；术$_1$；律$_1$；遹$_1$。

（4）至韵开合口。

开口：墍$_4$；寐$_3$；肄$_3$；弃$_2$；利$_2$；淠$_2$；四$_1$；駟$_1$；畀$_1$。

合口：隧$_1$；樕$_1$；萃$_2$；遂$_2$；瘁$_4$；匮$_1$；类$_5$；率$_1$；醉$_3$；季$_2$；悸$_1$；穗$_2$；穟$_1$；位$_1$。

（5）队韵。

退$_2$；溃$_1$；怼$_1$；对$_3$；妹$_1$；内$_2$；悖$_1$。

（6）没韵。

没$_1$；忽$_1$。

（7）怪韵开口。

届$_4$；瘵$_1$。

（8）代韵。

溉$_1$；爱$_1$；僾$_1$；逮$_1$。

（9）霁韵开合口。

开口：戾$_1$；棣$_1$；泣$_1$。

合口：嚖$_2$；惠$_2$。

（10）泰韵开合口。

开口：旆$_2$。

合口：祋$_1$。

（11）迄韵。

仡$_1$。

由以上谐声声符、韵脚字并结合曾运乾《广韵补谱》归纳，可得出曾运乾物部范围是：物韵、未韵（合口为主）、术韵、至韵、队韵、没韵、怪韵（开口为主）、代韵、霁韵、祭韵、泰韵、迄韵、质韵开口等。而据曾运乾脂部谐声声符、韵脚字归纳出来的微部范围包括微韵合口、脂韵、灰韵合口、皆韵合口。因此，微部和物部的相配关系详见表4-18。

第四章 曾运乾的古音学研究

表4-18 微部和物部的相配关系

微部	物部
微韵合口	未韵（合口为主），物韵，迄韵
脂韵合口	至韵合口，术韵
脂韵开口	至韵开口
灰韵合口	队韵，没韵
皆韵合口	怪韵（开口为主）
	代韵，霁韵，祭韵，泰韵，质韵开口

曾运乾弟子郭晋稀说："《齐韵分为二部》一文，曾运乾改作《古本音齐部当分为二部说》，发表于湖南大学文哲丛刊卷一。发表时，较《齐韵分为二部》略有增益。"① 以下曾运乾所列真臻部（即王力真部）谐声表和《诗韵证》、痕魂欣谆山文部（即王力文部）谐声表和《诗韵证》即为其增补部分，可见曾运乾是从阴阳入三分的语音系统来证明脂、微分部的。

曾运乾所列先真臻部（即王力真部）谐声表如下。

喉声：因 開 印
牙声：臣 匀 秋 壺 玄 弦 臀 丨 轟 衙 开
舌声：真 尘 扇 申 囷 人 寅 胤 引 爰 舜 令 田 仁 奠 天
齿声：茅 晉 秦 凡 辛 燊 辡 旬 信 卥 千
唇声：命 民 频 丏 扁 辡

今将以上谐声声符按中古音韵地位归纳如下。
(1) 真韵开口。
因（真部，於真切，真开三）；寅（真部，翼真切，真开三）；舜（真部，离珍切，真开三）；民（真部，弥邻切，真开三）；臣（真部，植邻切，真开三）；尘（真部，直珍切，真开三）；真（真部，职邻切，真开三）；申（真部，失人切，真开三）；频（真部，符真切，真开三）；秦（真部，匠邻切，真开三）；臀（真部，语巾切，真开三）；人（真部，如邻切，真开三）；仁

---

① 曾运乾：《音韵学讲义》，中华书局2011年版，第187页。

（真部，如邻切，真开三）；辛（真部，息邻切，真开三）；矤（真部，将邻切，真开三）；引（真部，余忍切，轸开三）；廴（真部，余忍切，轸开三）；信（真部，息晋切，震开三）；敐（真部，鱼觐切，震开三）；囟（真部，息晋切，震开三）；胤（文部，羊晋切，震开三）；印（真部，於刃切，震开三）；肕（真部，直刃切，震开三）；晋（真部，即刃切，震开三）。

（2）臻韵。

燊（真部，所臻切，臻开三）。

（3）先韵开合口（开口为主）。

开口：弦（真部，胡田切，先开四）；开（元部，古贤切，先开四）；田（真部，徒年切，先开四）；天（真部，他前切，先开四）；千（真部，苍先切，先开四）；丏（真部，弥殄切，铣开四）；扁（真部，方典切，铣开四）；奠（真部，堂练切，霰开四）。

合口：肙（真部，乌玄切，先合四）；衒（真部，黄练切，霰合四）①；玄（真部，胡涓切，先合四）。

（4）谆韵。

匀（真部，羊伦切，谆合三）；旬（真部，详遵切，谆合三）；闰（真部，如顺切，稕合三）。

（5）魂韵。

壸（文部，苦本切，混合一）；丨（文部，古本切，混合一）。

（6）其他。

拚（元部，方免切，狝开三）。

凡（侵部，符芝切，凡合四）。

命（耕部，眉病切，映开三）；鲜（耕部，思营切，清开三）；令（耕部，力政切，劲开三）。

马②（当为马，马，元部，户关切，删合二）。

曾运乾《诗韵证》证明真部独立的例证如下。

《桃夭》：蓁人；《彩蘋》：蘋滨；《燕燕》：渊身人；《击鼓》：洵信；《凯风》：薪人；《简兮》：榛苓人人人；《柏舟》：天人；《定之方中》：零人田人渊千；《螽斯》：人姻信命；《扬之水》：薪申；《叔于田》：田人人

---

① 郭锡良《汉字古音手册》未收，今按陈复华、何九盈《古韵通晓》补入。
② 郭锡良《汉字古音手册》未收，今按陈复华、何九盈《古韵通晓》补入。

仁；《褰裳》：溱人；《扬之水》：薪人信，邻人；《绸缪》：薪天人人；《采苓》：苓颠信；《车邻》：邻颠令；《黄鸟》：天人身；《鸤鸠》：榛人人年；《东山》：薪年；《皇华》：駪均询；《采芑》：田千，天千，渊阗；《鹤鸣》：天渊；《无羊》：年溱；《节南山》：亲信，领骋①；《十月之交》：电令，天人；《雨无正》：天信臻身天；《小宛》：天人人；《何人斯》：陈身人天；《巷伯》：翩人信，天人人；《大东》：薪人；《四月》：天渊；《北山》：滨臣均贤；《无将大车》：尘疧②；《楚茨》：尽引；《信南山》：甸田；《甫田》：田千陈人年；《桑扈》：领屏③；《青蝇》：榛人；《采菽》：命申；《菀柳》：天臻矜；《白华》：田人，薪人；《何草不黄》：玄矜民；《文王》：天新；《文王》：躬天④；《棫朴》：天人；《旱麓》：天渊人；《生民》：民嫄⑤；《行苇》：坚钧均贤；《既醉》：壶胤⑥；《假乐》：人天命申；《卷阿》：天人命人；《桑柔》：旬民填天矜，泯烬频；《云汉》：天人臻；《崧高》：天神申，田人；《烝民》：身人；《韩奕》：甸命命；《江汉》：人田命命年；《瞻卬》：田人；《召旻》：替引⑦；《清庙》：天人；《雝》：人天。

将以上韵脚字按中古音韵地位归纳如下：

（1）真韵开口。

人₄₄；仁₁；身₅；陈₂；臣₁；尘₁；申₄；神₁；亲₁；姻₁；駪；薪₇；邻₂；频₁；蘋；滨₂；民₃；矜₃；新₁；泯₁；尽₁；引₂；信₇；烬；胤₁。

（2）臻韵。

蓁₁；榛₃；臻₃；溱₂。

（3）先韵开合口。

开口：颠₂；填₁；天₂₄；田₉；千₄；阗₁；贤₂；坚₁；年₅；甸₂；电₁。

合口：渊₆；玄₁。

（4）谆韵。

---

① 王力《诗经韵读》认为"领骋"属真耕合韵。
② 曾运乾《音韵学讲义》刊印有误，今改。王力《诗经韵读》认为"尘疧"属真支合韵。
③ 王力《诗经韵读》认为"领屏"属真耕合韵。
④ 王力《诗经韵读》认为"躬天"属侵真合韵。
⑤ 王力《诗经韵读》认为"民嫄"属真元合韵。
⑥ 王力《诗经韵读》认为"壶胤"属真文合韵。
⑦ 王力《诗经韵读》认为"替引"属质真通韵。

旬$_1$；询$_1$；洵$_1$；均$_3$；钧$_1$。
(5) 魂韵。
壸$_1$。
(6) 其他。
翩$_1$（仙开三）。
苓$_2$（青开四）；零$_1$（青开四）。
领$_2$（静开三）；令$_2$（劲开三）。
命$_8$（映开三）。

将以上谐声声符、韵脚字结合曾运乾《广韵补谱》归纳，得出曾运乾真部范围包括：真韵①、臻韵、先韵、谆韵、魂韵等。而据曾运乾脂部谐声声符、韵脚字结合曾运乾《广韵补谱》归纳，得出的脂部范围包括：脂韵开合口、齐韵开合口、皆韵开口、微韵开口。因此，脂部和真部的相配关系（其中，脂韵和真谆韵、齐韵和先韵构成了系统性的相配关系）详见表4-19。

表4-19 脂部和真部的相配关系

脂部	真部
脂旨韵开口	真韵
脂旨韵合口	谆韵
齐荠韵开口	先韵开口
齐荠韵合口	先韵合口
皆韵开口	臻韵
微韵开口	魂韵

曾运乾所列痕魂欣谆山文部（即王力文部）谐声表如下：

喉声：㒦 殷 䍙 壹 万 垔
牙声：囷 艮 䲊 君 员 弟 鲲 昆 云 巾 堇 军 斤 熏 筋 蚰 困 袞 圂
舌声：辰 高 川 龠 盾 屯 刃 典 参 豚 舛 疢 尾 尹 隼 允
齿声：先 西 孙 存 寸 尊 飧 荐

---

① 据曾运乾《音韵学讲义》的《广韵补谱》，真部还收极少数合口三等字。

唇声：门　班　分　昏　颁　免　魏　粪　文　豮　焚　奋　本　吻

今将以上谐声声符按中古音韵地位归纳如下。

（1）文韵。

军（文部，举云切，文合三）；君（文部，举云切，文合三）；云（文部，王分切，文合三）；员（文部，王分切，文合三）；壹（文部，於云切，文合三）；熏（文部，许云切，文合三）；文（文部，无分切，文合三）；分（文部，府文切，文合三）；焚（文部，符分切，文合三）；吻（文部，武粉切，吻合一）；粪（文部，方问切，问合三）；奋（文部，方问切，问合三）。

（2）欣韵。

殷（文部，於斤切，欣开三）；斤（文部，举欣切，欣开三）；筋（文部，举欣切，欣开三）；堇（文部，居隐切，隐开三）；昬（文部，倚谨切，隐开三）；乚①（文部，於谨切，隐开三）。

（3）谆韵。

侖（文部，力迍切，谆合三）；䯨（文部，常伦切，谆合三）；尹（文部，余准切，准合三）；允（文部，余准切，准合三）；隼（文部，思尹切，准合三）。

（4）魂韵。

昷（文部，乌浑切，魂合一）；昆（文部，古浑切，魂合一）；屯（文部，徒浑切，魂合一）；尊（文部，祖昆切，魂合一）；孙（文部，思浑切，魂合一）；飧（文部，思浑切，魂合一）；存（文部，徂尊切，魂合一）；四水弟（文部，古浑切，魂合一）；蚰（文部，古浑切，魂合一）；豚（文部，徒浑切，魂合一）；屍②（文部，徒浑切，魂合一）；门（文部，莫奔切，魂合一）；昏（文部，呼昆切，魂合一）；盾（文部，徒损切，混合一）；鯀（文部，古本切，混合一）；袞（文部，古本切，混合一）；本（文部，布忖切，混合一）；困（文部，苦闷切，慁合一）；寸（文部，仓困切，慁合一）；圂（文部，胡困切，慁合一）。

（5）真韵开合口（开口为主）。

开口：甄（文部，於真切，真开三）；巾（文部，居银切，真开三）；豩（文部，悲巾切，真开三）；辰（文部，植邻切，真开三）；参（文部，章忍

---

① 原文字形或刊印有误。
② 郭锡良《汉字古音手册》未收，今按陈复华、何九盈《古韵通晓》补入。

切,轸开三);刃(文部,而振切,震开三);疢①(真部,丑刃切,震开三)。

合口:困(文部,去伦切,真合三)。

(6)先韵开口。

先(文部,苏前切,先开四);典(文部,多殄切,铣开四);荐(文部,作甸切,霰开四)。

(7)仙韵开合口。

开口:免(元部,亡辨切,狝开三);挽(元部,亡辨切,狝开三)。

合口:川(文部,昌缘切,仙合三);舛(文部,昌兖切,狝合三)。

(8)山韵合口。

鳏(文部,古顽切,山合二)。

(9)痕韵。

艮(文部,古恨切,恨开一)。

(10)其他。

班(元部,布还切,删开二);西②(脂部,先稽切,齐开四)。

曾运乾《诗韵证》证明文部独立的例证如下。

《螽斯》:诜振;《野有死麕》:麕春;《何彼秾矣》:缗孙;《北门》:门殷贫艰;《新台》:洒浼殄;《鹑之奔奔》:奔③君;《氓》:陨贫;《葛藟》:漘昆闻;《大车》:啍璊奔;《女曰鸡鸣》:顺问;《出其东门》:门云云存巾员;《敝笱》:鳏云;《伐檀》:轮漘沦囷鹑飧;《小戎》:群錞苑;《鸱鸮》:勤闵;《庭燎》:晨煇旂;《无羊》:群犉;《正月》:邻云慇;《小弁》:先墐忍陨;《何人斯》:艰门云;《信南山》:云雰;《采菽》:芹旂;《绵》:殄愠陨问;《凫鹥》:亹熏欣芬艰;《抑》:训顺;《桑柔》:慇辰西瘨;《云汉》:川焚熏闻遯;《韩奕》:云门;《载芟》:耘畛;《泮水》:芹旂。

将以上韵脚字按中古音韵地位归纳如下(按:"奔璊苑邻"不属文部)。

---

① 陈复华、何九盈《古韵通晓》将"疢"字归文部。
② 陈复华、何九盈《古韵通晓》将"西"字归文部。
③ 曾运乾《音韵学讲义》认为以下韵脚字属旁转。《鹑之奔奔》:奔君;《大车》:啍璊奔;《小戎》:群錞苑;《正月》:邻云慇。

(1) 文韵。

云$_7$；耘$_1$；员$_1$；群$_2$；熏$_2$；雾$_1$；芬$_1$；焚$_1$；君$_1$；闻$_2$；训$_1$；问$_2$；愠$_1$。

(2) 欣韵。

殷$_1$；慇$_2$；勤$_1$；芹$_2$；欣$_1$。

(3) 谆韵。

春$_1$；轮$_1$；沦$_1$；漘$_2$；啍$_1$；鹑$_1$；犉$_1$；錞$_1$；顺$_2$。

(4) 魂韵。

门$_4$；亹$_1$；殒$_1$；昆$_2$；孙$_1$；存$_1$；煇$_1$；遯$_1$。

(5) 真韵开合口。

开口：晨$_1$；缙$_1$；辰$_1$；瘖$_1$；贫$_2$；巾$_1$；忍$_1$；畛$_1$；闵$_1$；振$_1$；堙$_1$。

合口：麇$_1$；困$_1$；陨$_3$。

(6) 先韵开口。

先$_1$；殄$_2$；洒$_1$①。

(7) 仙韵开合口。

开口：浼$_1$。

合口：川$_1$。

(8) 山韵开合口。

开口：艰$_3$。

合口：鳏$_1$。

(9) 其他。

诜$_1$（臻开三）。

旂$_3$②（微开三）；西$_1$③（齐开四）。

将以上谐声声符、韵脚字结合曾运乾《广韵补谱》归纳，得出曾运乾文部范围包括：文韵、欣韵、谆韵、魂韵、山韵、痕韵等。而据曾运乾脂部谐声声符、韵脚字结合曾运乾《广韵补谱》归纳，得出的微部范围包括：微韵合口、脂韵合口、灰韵合口、皆韵合口。因此，微部和文部的相配关系（其中，微韵合口和文韵、脂韵合口和谆韵、灰韵合口和魂韵、皆韵合口和山韵两两之间构成了系统性的相配关系），详见表 4 – 20。

---

① 《诗经》原文"新台有洒，河水浼浼"，据押韵情况可推知"洒"字读稣典切，而不读先礼切。

② 郭锡良《汉字古音手册》脚注："旂"字在《诗经》中与文部字押韵，斤声字也大多在文部，读阴声应是后起现象。[郭锡良：《汉字古音手册》（增订本），商务印书馆 2010 年版，第 116 页]

③ 陈复华、何九盈《古韵通晓》将"西"字归文部。

表4-20　微部和文部的相配关系

微部	文部
微韵合口	文韵
脂韵合口	谆韵
灰韵合口	魂韵
皆韵合口	山韵
	欣韵，痕韵

综上，曾运乾是在前人研究的基础上，综合运用考古与审音的方法，尤其是他结合上古音，研究《广韵》系统得出的侈弇鸿细理论和正变韵理论，使他获得了脂、微分部的成果，并且是"已经成熟了的系统的研究成果"①。杨树达在《曾星笠传》中高度赞扬曾运乾脂、微分部的创见："君谓段氏知真谆之当分为二，而不悟脂微齐皆灰当分，非也。戴氏因脂微齐皆灰之未分，而取真谆之应分为二者合之，尤非也。齐与先对转，故陆韵以屑配先，灰与痕魂对转，故以没配痕。三百篇虽间有出入，然其条理自在也。君既析齐于微，与屑先相配，又参稽江、段、孔、王、朱、章诸家之成说，定为阴声九部，入声十一部，阳声十部，合之为三十部，于是古韵分部臻于最密，无可复分矣。"②曹述敬经考证后认为，曾运乾可能是最早提出脂、微分部，并建立脂部理论的现代学者。也就是说，曾运乾的脂、微分部甚至要早于王力。③张民权也指出："可保守地认为，曾运乾进行脂微分部的研究是在1926年至1937年之间，稍早于王力。王力发现脂微分立的时间标志是1937年7月发表的《上古韵母系统研究》一文。曰：'因为受了《文始》和《南北朝诗人用韵考》的启示，我就试把脂微分部。'"④

2. 曾运乾脂、微分部和王力脂、微分部之比较

王力对脂、微分部的研究最早始于1936年，他的《南北朝诗人用韵考》发现脂微两部在南北朝还是分立的，其中脂部包括《切韵》中脂韵一部分字，微部包括《切韵》中微韵全部及脂韵一部分。受该文以及章炳麟《文始》的

---

① 钱玄同：《钱玄同音学论著选辑》，山西人民出版社1988年版，第173~174页。
② 转引自曾运乾《音韵学讲义》，中华书局2011年版，第2页。
③ 参见钱玄同《钱玄同音学论著选辑》，山西人民出版社1988年版，第173~174页。
④ 张民权：《论传统古音学的历史推进及其相关问题》，载《古汉语研究》2011年第1期，第2~11页。

启发，1937年他的《上古韵母系统研究》正式提出脂、微分部说，该文把《诗经》中脂微押韵做了一个统计，在110个押韵的例证中，脂、微分用者84处，约占全部的四分之三，脂、微合韵者26处，不及全部的四分之一。王力还特别指出脂、微分部的更有力的证明：《诗经》中长篇用韵不杂的例子。其中，五个脂部的例证中，不杂微部一个字，两个微部的例证中，不杂脂部一个字。1963年他的《古韵脂微质物月五部的分野》（和同年《汉语音韵》的比较）仍然坚持脂、微分部的观点。与之前不同的是，此前他采用的是纯粹归纳《诗经》用韵的考古方法，在这篇论文中，他结合谐声材料分析脂、微分部，并从拟音的角度来指出脂、微分部的合理性。更重要的是，王力从语音的系统性出发，把质部和脂部相配、物部和微部相配来研究脂、微分部，这说明他已经注意把考古和审音结合起来论证脂、微分部说。完成于1974年的《诗经韵读》则不仅系统地分析了《诗经》中脂、微两部的押韵，并罗列了49个脂部所辖谐声声符和44个微部所辖谐声声符（较《古韵脂微质物月五部的分野》罗列的谐声声符有一定程度的修改）。因此，我们将综合王力《诗经韵读》《上古韵母系统研究》《古韵脂微质物月五部的分野》的有关脂、微分部的研究和曾运乾脂、微分部的研究进行比较。

曾运乾脂、微分部与王力脂、微分部研究比较，其相同点如下：

第一，两人都充分注意到语音演变的系统性，注意考古和审音的结合。曾运乾和王力都运用谐声声符和《诗经》押韵材料，并结合《广韵》系统来研究上古脂、微分部。曾运乾的研究可见前文分析，王力在《上古韵母系统研究》中说："中古音系虽不是上古音系，然而中古音系里头能有上古音系的痕迹。譬如上古甲韵一部分字在中古变入乙韵，但它们是'全族迁徙'，到了乙韵仍旧'聚族而居'。因此，关于脂微分部，我们用不着每字估价，只须依《广韵》的系统细加分析，考定某系的字在上古当属某部就行了。"[①] 他又在《古韵脂微质物月五部的分野》中再次强调："我根据的是一个总原则，就是以语音的系统性为标准。……讲语音发展，不能不讲发展的规律，没有系统性也就无规律可言。……当然，我们不能单看语音系统而忘了'考古之功'。考古与审音是相反相成的。……当然，例外是有的，但系统性则是主要的。考古的结果符合审音的原则，这正是很自然的，而不是主观主义的东西。假如考古

---

① 王力：《上古韵母系统研究》，载《王力语言学论文集》，商务印书馆2000年版，第118页。

的结果是缺乏系统性的，反而是值得怀疑的了。"① 因此，可以说，对审音法的使用充分说明两人都重视《广韵》对研究上古音的重要作用。

第二，作为脂、微分部的重要证据，两人都谈到长篇用韵不杂用的例子。王力指出，《板》五章叶"懠、毗、迷、尸、屎、葵、师、资"，共八韵；《大东》一章叶"匕、砥、矢、履、视、涕"，共六韵；《载芟》叶"济、积、秭、醴、妣、礼"（"积"系支部字），共六韵；《硕人》二章叶"荑、脂、蛴、犀、眉"，共五韵；《丰年》叶"秭、醴、妣、礼、皆"，共五韵；都不杂微部一字。又如，《国语·晋语》国人诵改葬共世子叶"怀、归、违、哀、微、依、妃"，共七韵；《云汉》叶"推、雷、遗、遗、畏、摧"，共六韵；《南山》一章叶"崔、绥、归、归、怀"，共五韵，都不杂脂部一字。这些都不能认为是偶然的现象。②

曾运乾指出，《谷风》叶"迟、违、迩、畿、荠、弟"，共六韵；《大东》叶"匕、砥、矢、履、视、涕"，共六韵；《行苇》叶"苇、履、体、泥、弟、迩、几"，共七韵；《长发》叶"违、齐、迟、跻、祗、围"，共七韵；《板》叶"懠、毗、迷、尸、屎、葵、师、资"，共八韵；都不杂入威摄字。《卷耳》叶"嵬、隤、罍、怀"，共四韵；《南山》叶"崔、绥、归、归、怀"，共五韵；《云汉》叶"推、雷、遗、遗、畏、摧"，共六韵，亦不杂入衣摄字。故曰："《诗》三百篇，虽未分用画然，固亦各成条理矣。"③

第三，两人对脂、微分部的见解都受到了戴震的启发，曾运乾受戴震的启发我们已经做过分析，王力受到戴震的启发可以参看陈新雄《戴震答段若膺论韵书对王力脂微分部的启示》一文，在此不再赘述。

曾运乾脂、微分部与王力脂、微分部研究比较，其不同点如下：

第一，曾运乾的脂、微分部使用的是考古和审音相结合的方法，王力脂、微分部学说经历了主要用考古法到考古法与审音法结合的转变。王力在《上古韵母系统研究》中使用清儒以来传统的考古方法对《诗经》等上古韵文材料做客观的归纳，他本人也说："如果谈古音者主张遵用王氏或章氏的古韵学说，不能把脂微分开，我并不反对。我所坚持的一点，乃在乎上古脂微两部的韵母并不相同。假使说完全相同的话，那么，'饥'之与'机'，'几'之与

---

① 王力：《古韵脂微质物月五部的分野》，载《王力语言学论文集》，商务印书馆2000年版，第202～203页。
② 参见王力《上古韵母系统研究》，载《王力语言学论文集》，商务印书馆2000年版，第121页。
③ 曾运乾：《声韵学》，湖南教育出版社2012年版，第221页。

'几','祁'之与'祈','伊'之与'衣',其音将完全相等,我们对于后世的脂微分韵就没法子解释。严格地说,上古韵部与上古韵母系统不能混为一谈。"应该说,王氏此文主要是以考古方法为主,但王力又从区别韵部和韵母系统的角度看到了脂、微分部的原因,这说明王力已经开始根据语音演变的系统性原则即初步使用审音的方法来解释脂、微分部的理由。而在与《古韵脂微质物月五部的分野》同年出版的《汉语音韵》中,他明确提出考古派和审音派的根本分歧(王氏原文表述为:阴阳两分法和阴阳入三分法的根本分歧)是由于"前者(按:考古派)是纯然依照先秦韵文来做客观的归纳,后者则是在前者的基础上,再按照语音系统进行判断。这里应该把韵部和韵母系统区别开来。韵部以能互相押韵为标准,所以只依照先秦韵文做客观归纳就够了;韵母系统则必须有它的系统性(任何语言都有它的系统性),所以研究古音的人必须从语音的系统性着眼,而不能专凭材料"①。作为兼通考古和审音的语言学家,王力在《古韵脂微质物月五部的分野》中,除了增加江有诰《谐声表》中的谐声材料外,该文已经不局限于从脂微两部考察语音演变的系统性,而是从阴阳入三方面(曾运乾也是如此),即从整个语音的系统性综合考察。这样得出的结论自然更有说服力了。王力首先从相配的阴声韵和阳声韵之间(即脂—真、微—文)的对应关系来论证。王力说:

> 我们认为:齐韵应划入古韵脂部,微灰两韵应划入古音微部;脂皆两韵是古音脂微两部杂居之地,其中的开口呼字应划归古音脂部,合口呼的字应划归古音微部。《广韵》的咍韵(包括上声海韵)有少数字如"哀""开""阎""凯"等,一向被认为古脂部字,现在我们把它们划入古微部。……这样分配的结果,脂部开口字多,合口字少;微部合口字多,开口字少。这种情况跟真文两部正好相当:真部开口字多,合口字少;文部合口字多,开口字少。②

接着,王力又从相配的阴声韵和入声韵之间(即脂—质、微—物)的对

---

① 王力从考古派到审音派的转变源于他对职、觉、药、屋、铎、锡六部是否独立的认识的转变。[王力:《王力文集》(第5卷),山东教育出版社1986年版,第163~164页]
② 王力:《古韵脂微质物月五部的分野》,载《王力语言学论文集》,商务印书馆2000年版,第173~175页。

应关系来论证。他说①：

> 我们认为：……质部的范围应该和脂部的范围相当，物部的范围应该和微部的范围相当。……古音质部与脂部相配，物部与微部相配，是很富有系统性的。如下表：

脂部	质部
脂旨韵开口	至韵开口，质韵，栉韵
齐荠韵	霁韵，屑韵
皆骇韵开口	怪韵开口，黠韵开口
微部	物部
脂旨韵合口	至韵合口，术韵
微尾韵	未韵，物韵，迄韵
皆韵合口②	怪韵合口，黠韵合口
灰贿韵	队韵，没韵
咍海韵（少）	代韵（少）

可见，王力的"脂、微分部"说是从阴阳入三方面互相论证得出的结论，即从语音的系统性着眼，而不是专凭材料。正如他在《古韵脂微质物月五部的分野》中所言："语音系统应该是一个重要的标准。我们从第一个偶然性看出了脂微应分为二。"③

第二，两人脂微分部所处的古音体系不完全相同，从而导致脂微两部在范围上有一定的区别。两人均从阴阳入三声相配的关系来论证脂、微分部的道理，但是以上分析发现，不仅是脂微两部，即使和脂部相配的质部和真部，和微部相配的物部和文部，它们各自包含的《广韵》韵目也有一定的区别，详见表4-21、表4-22。

---

① 王力：《古韵脂微质物月五部的分野》，载《王力语言学论文集》，商务印书馆2000年版，第191～192页。
② 骇韵没有合口呼的字。
③ "第一个偶然性"是指偶然的合韵，王力认为偶然的合韵不能牵连，否则势必牵连不断，成为大韵，比如脂微物月之所以被段玉裁合为一部，就是这个缘故。

表 4-21　曾运乾、王力脂部比较

曾运乾脂部	脂韵（开口为主）	齐韵开合口	皆韵开口	微韵（开口为主）	哈韵开口
王力脂部	脂韵开口	齐韵开合口	皆韵开口		

表 4-22　曾运乾、王力微部比较

| 曾运乾微部 | 微韵合口 | 脂韵合口 | 灰韵合口 | 皆韵合口 | |
| 王力微部 | 微韵 | 脂韵合口 | 灰韵合口 | 皆韵合口 | 哈韵开口 |

前面指出，曾运乾把脂韵合口部分字（如"季""悸""葵""邽""楑""媄""戣""骙"等字）归入脂部，其实，王力也承认"癸"声、"季"声的字当属上古脂部，只是他从整个语音的系统性出发，而把这种情况作为特例处理罢了。①

董同龢在研究谐声字后发现，脂、皆两韵的开口字既有专谐齐韵而不谐微韵、灰韵、哈韵的，也有专谐微韵、灰韵、哈韵而不谐齐韵的，大多数的脂韵合口字只谐微韵、灰韵、哈韵，但也有一些专谐齐韵而不谐微韵、灰韵、哈韵，也就是说脂、皆两韵的开口音与脂韵合口音之中同时兼有"脂""微"两部之字。这说明脂、皆两韵的确是上古脂微两部的杂居之地。② 脂韵合口字同时存在于脂微两部，董氏所举的例证是"癸"声符字"癸、葵、睽、闋"，"惠"声符字"惠、穗"。跟大多数归入微部的字脂韵合口字不同的是，这些字归入脂部。

因此，曾运乾和王力的脂、微分部的第一个重要区别就是曾运乾把微韵（开口为主）归入脂部，而王力把微韵开合口均归入微部。如曾运乾谐声表中归入脂部的微韵开合口字，这些字王力归入微部。

开口：衣、乌、希、岂、幾。
合口：囗、尾。

曾运乾《诗韵证》中归入脂部的微韵开合口字，这些字王力归入微部。

---

① 王力将脂韵合口基本上归入微部，但把"癸"声、"季"声的脂韵合口字归入脂部。（参见王力《上古韵母系统研究》，载《王力语言学论文集》，商务印书馆 2000 年版，第 59～129 页）
② 参见董同龢《上古音韵表稿》，中央研究院历史语言研究所 1944 年版，第 67～71 页。

开口：微开三，畿₁、幾₂、晞₃、衣₆、依₆；尾开三，豈₃。
合口：微合三，違₅、圍₁；尾合三，尾₃、煒₁、菲₂、韡₁。

曾运乾《广韵补谱》中，脂部除以上"依衣"外，另收微（尾未）韵开口字，如机（居依切）、祈（渠希切）、希（香衣切）、沂（鱼衣切）、扆（於豈切）、蟣（居豨切）、豨（虚豈切）、顗（鱼豈切）、既（居豙切）、气（去既切）、饩（其既切）、欷（许既切）、毅（鱼既切）等。

以上"豈"声，王力《汉语史稿》归微部，但《汉语音韵》又改归脂部。王力改归脂部可能有两个方面的原因。从语音系统看，"豈"在《广韵》属微韵开口三等字，当归脂部。诗韵有《小雅·蓼萧》的"泥弟弟豈"相协，都是脂部字。①

曾运乾和王力的脂、微分部另一个重要区别是曾运乾把哈韵开口归入脂部，而王氏归入微部。曾运乾《诗韵证》中哈韵开口"哀"字归入脂部，出现在以下五例：《采薇》：依霏迟饥悲哀；《小旻》：訾哀违依底；《四月》：椓哀；《桑柔》：骙夷黎哀；《十月之交》：微微哀。但是，曾运乾《广韵补谱》又将"哀"（乌开切）字归入噫摄（即之部），可见曾运乾对哈韵开口的分析存在相互抵牾之处。现将曾运乾《诗韵证》中的脂微部字与王力《诗经韵读》比较不同例列表，详见表4-23。

表4-23 曾运乾、王力脂微部字不同例比较

入韵字	《广韵》	王力韵部	曾运乾韵部
哀₅	哈开一	微部	脂部
泚₁	纸开三	脂部②	脂部
柴₁	佳开二	支部	脂部
燬₂	纸合三	微部	脂部
火₃	果合一	微部	脂部
禾₁	戈合一	脂部③	脂部

① 参见何九盈《古韵三十部归字总论》，载《音韵丛稿》，商务印书馆2004年版，第73～74页。
② 王力《诗经韵读》把"泚"字归入脂部。
③ 曾运乾认为"顾衣妻姨禾"为平入互用例，即把"禾"字归入质部，但在其谐声表中"禾"字归入脂部。核查《诗经》原文，"禾"为"私"之误。王力认为"顾衣"微部叶韵，"妻姨"脂部叶韵，王力《古韵脂微质物月五部的分野》将"禾"字归入脂部。

续表 4-23

入韵字	《广韵》	王力韵部	曾运乾韵部
畿₁	微开三	微部	脂部
幾₂	微开三	微部	脂部
颀₁	微开三	脂部①	脂部
岂₃	尾开三	微部②	脂部
尾₃	尾合三	微部	脂部
违₅	微合三	微部	脂部
炜₁	尾合三	微部	脂部
芾₂	尾合三	微部	脂部
韡₁	尾合三	微部	脂部
围₁	微合三	微部	脂部
晞₃	微开三	微部	脂部
衣₈	微开三	微部	脂部
疑₁	之开三	之部	脂部
依₆	微开三	微部	脂部
訾₁	支开三	支部	脂部
郿₁	脂开三	脂部	微部

此外，曾运乾坚持阴阳入三分体系，"阴阳二声，音本相同，惟有无鼻音为异，对转之故，即由于此。此其论发于江氏，至章君而大成。实则陆法言作《切韵》时，阴阳对转之理，已寓其中。盖《切韵》之例，大率阴阳对转，以入声为相配之枢纽"③。曾运乾将二百零六韵按照阴（平上去）、入、阳（平上去）的顺序排列，由此可见，曾运乾的脂微两部包括平上去声字。王力早期坚持阴阳二分体系，中晚期转为阴阳入三分体系，王力所坚持的阴阳入三分体

---

① 曾运乾把"颀"跟其他韵脚字视为对转旁转例，即归入文部，郭锡良《汉字古音手册》也把"颀"字归入文部，王力《诗经韵读》把"颀"字归入脂部。
② 陈复华、何九盈认为，王力《汉语音韵》又改为脂部，王力改归脂部可能有两个方面的原因。从语音系统看，"岂"在《广韵》属微韵系开口三等字，当归脂部。诗韵有《小雅·蓼肖》"泥弟岂"相协，都是脂部字。（陈复华、何九盈：《古韵通晓》，中国社会科学出版社1987年版，第348页）
③ 曾运乾：《音韵学讲义》，中华书局2011年版，第172页。

系与曾运乾的也不完全相同,曾运乾的阴声阳声包括平上去,入声无中古去声,也就是说曾运乾没有接受段玉裁的"平上为一类,去入为一类"的学说;王力早期的脂、微部包括平上去声字,中晚期脂、微部只包括平上声字。①

第三,从前面的分析可以看出,曾运乾的脂、微分部应该是以段玉裁的第十五部脂部离析而出的。曾运乾的脂、微两部和段玉裁的脂部对应关系见表4-24。

表4-24 曾运乾的脂微两部和段玉裁的脂部比较

段玉裁分部	《广韵》韵目	曾运乾分部
脂部	齐咍、脂微皆(开口)	脂部
	灰、脂微皆(合口)	微部

而王力的脂、微分部应该是由江有诰的第八部脂部离析而出的。王力的脂部和微部谐声表是依据江有诰的《谐声表》制定的,②王力的脂微两部和江有诰的脂部对应关系见表4-25。

表4-25 王力的脂、微两部和江有诰的脂部比较

江有诰分部	《广韵》韵目	王力分部
脂部	齐、脂皆(开口)	脂部
	微灰咍、脂皆(合口)	微部

以上是从远处着眼看清儒对曾运乾、王力两人脂、微分部的影响,从近处看,黄侃把齐部视为古本音的缺陷直接启发了曾运乾。和黄侃一样,曾运乾也精通审音,他根据自定的侈弇洪细理论,敏锐地发现"齐部实当为娃衣两摄之鸿声侈音",并在此基础上进一步发现了脂、微分部。

章炳麟对队部分野的前后看法启发了王力,王力根据阴阳对转关系所体现的语音系统性,从章氏队部的平上声分出了一个微部。王力说:

---

① 参见徐从权《脂微分部问题研究——兼论古韵再分类》,载郭锡良、鲁国尧《中国语言学》(第七缉),北京大学出版社2014年版,第35页。

② 参见王力《古韵脂微质物月五部的分野》,载《王力语言学论文集》,商务印书馆2000年版,第170~203页。

章氏对脂队的分野的看法前后矛盾是富有启发性的。他看见了从囟、从佳、从靁得声的字应该跟脂部区别开来,这是很可喜的发现;他看见了队部字应该是去入韵,跟脂部字也有分别,这也是很好的发现。可惜他没有进一步设想:从囟、从佳、从靁得声的字如果作为一个平声韵部(包括上声)跟去入韵队部相配,又跟脂部平行,那就成为很有系统的局面:脂:质:真;微:物:文。直到我写《南北朝诗人用韵考》(1936年),才提出了微部独立。①

从以上比较可知,虽然两人脂、微两部归字不完全相同,但对脂、微分部都是做出巨大贡献的。不过,曾运乾的"脂、微分部"学说从创立以后并没有进一步修正发展,而王力则不断修正自己的学说,使脂、微分部臻于完善。因此,"脂、微分部"说最终为学界所公认,在很大程度上应该得力于王力。

二、曾运乾古韵三十部

表4-26为曾运乾古韵三十部。

表4-26 曾运乾古韵三十部

阴声九部	入声十一部	阳声十部
咍第一（噫摄）：咍之	德第二（噫入）：职德	登第三（膺摄）：登蒸
齐半第四（益摄）：齐支佳	锡第五（益入）：锡昔麦	青第六（婴摄）：青清耕
歌戈第七（阿摄）：歌戈支麻	曷末第八（阿入）：曷末薛鎋月	寒桓第九（安摄）：寒桓仙删元
灰第十（威摄）：灰脂皆微	没第十一（威入）：没迄术黠物	痕魂第十二（昷摄）：痕魂欣谆山文
齐半第十三（衣摄）：齐脂皆微	屑第十四（衣入）：屑质栉	先第十五（因摄）：先真臻
模第十六（乌摄）：模鱼麻	铎第十七（乌入）：铎药陌	唐第十八（央摄）：唐阳庚
侯第十九（讴摄）：侯虞	屋第二十（讴入）：屋烛觉	东第廿一（邕摄）：东钟江
萧第廿二（幽摄）：萧尤幽	沃第廿三（幽入）：沃	冬第廿四（宫摄）：冬
豪第廿五（夭摄）：豪宵肴	铎半第廿六（夭入）：铎药	

---

① 王力:《王力文集》(第17卷),山东教育出版社1989年版,第252页。

续表 4-26

阴声九部	入声十一部	阳声十部
	合第廿七（音入）：合缉洽乏	覃第廿八（音摄）：覃侵咸凡
	怗第廿九（奄入）：怗盍叶狎业	添第三十（奄摄）：添谈盐衔严

曾运乾分古韵三十部，关于这三十部的来源，他明确指出："曾运乾之说，以陆法言《切韵》为根据，而又参稽清代考古诸家之成说。"①

曾运乾说：

> 自顾而降，而江永、段玉裁、戴震、孔广森、王念孙、张惠言、朱骏声、章炳麟诸家，皆致力于古音之学，踵相考校，递有发明，则即章氏所谓"前修未密，后出转精"者。至于依据《切韵》，考求古音，古今对照，适相符合，以知陆氏之音学，通乎今，不硋乎古，实非有清一代考古诸家所能及者，则又余之研究所及，定为部类者也。②

这说明曾运乾是以运用审音法为主，并结合考古的方法来研究上古韵的。曾运乾研究上古韵部是从《切韵》出发的，他认为《切韵》有存古性质，清儒段玉裁、孔广森、戴震、王念孙等人的研究已经证明了这点。曾运乾说：

> 法言《切韵》，论南北是非，古今通塞，捃选精切，削除疏缓，经清代考古诸家之研究而益明。盖自顾江始考古音以后，戴、段、孔、王各明一义，至于今日，始返法言之旧，亦始得古音之真。段氏云：支、脂、之应分为三，法言《切韵》支、脂、之正分为三也。孔云：东、冬宜分为二，法言《切韵》东冬正分为二也。戴云：曷、末、黠、鎋、月、薛宜配寒、桓、删、山、元、仙，法言《切韵》正以曷、末等六韵为寒、桓等六部之入声也。王云：祭、泰、夬、废四部，有去入无平上，法言《切韵》四韵正独为一部，不与他韵平上相承也。斯亦足证法言《切韵》

---

① 曾运乾：《音韵学讲义》，中华书局 2011 年版，第 482 页。
② 曾运乾：《声韵学》，湖南教育出版社 2012 年版，第 298～299 页。

之通乎今不硋乎古矣。①

既然《切韵》中存有古音，那么如何从《切韵》出发研究古音呢？曾运乾古韵三十部是以黄侃的二十八部为基础的，而黄侃的二十八部又是从他的古本音说得出的，黄侃的古本音说最重要的理论就是声韵相挟而变理论。黄侃从陈澧《切韵考》所得四十纽（黄侃把明微分开，故得四十一纽）出发，考求出古声十九纽，今变声二十二纽，又声韵相挟而变理论得出古本音二十八部。与黄侃不同的是，曾运乾虽也以陈澧《切韵考》为基础，但他根据"音侈者声鸿，音弇者声细"的声韵拼合规则，得出《广韵》有五十一纽，又从这五十一纽中考求出古声十九纽，今变声三十二纽。虽然今变声曾运乾比黄侃多出十纽，但古本声十九纽是完全相同的，即影、见、溪、晓、匣、疑、端、透、定、泥、来、精、清、从、心、帮、滂、并、明。这十九纽都是曾运乾所谓的鸿音，只与一、四等韵相配，这些一、四等韵就是所谓的古本韵。古本韵共三十二韵，其中"歌"与"戈"、"曷"与"末"、"寒"与"桓"、"痕"与"魂"皆开合分韵，故三十二韵可并为二十八部。这二十八部与黄侃的古韵二十八部是完全相同的。黄侃古韵二十八部见表4-27。

表4-27 黄侃古韵二十八部

阴声八部	入声十部	阳声十部
	屑（质）	先（真）
灰（脂、微）	没（物）	魂痕（文）
歌戈（歌）	曷末（月）	寒桓（元）
齐（支）	锡	青（耕）
模（鱼）	铎	唐（阳）
侯	屋	东
萧（幽、觉）		
豪（宵）	沃（药）	冬
咍（之）	德（职）	登（蒸）
	合（缉）	覃（侵）
	帖	添（谈）

---

① 曾运乾：《音韵学讲义》，中华书局2011年版，第487页。

这些韵部的名称，都是选用一、四等的韵，除齐、萧、先、青、添为纯四等韵外，其余皆一等韵（其中东戈为一、三等合韵）。在黄侃古韵二十八部基础上，曾运乾又"审其音理"，把黄侃灰部析为脂、微两部，这样就形成脂—质—真、微—物—文阴入阳相配的局面，这就弥补了黄侃屑部先无阴声相配的缺陷。又将黄侃豪部相配之入声沃部移为萧部相配的入声，将黄侃豪部相配之阳声冬部移为萧部相配的阳声，这样又弥补了黄侃萧部在表中没有相配的入声韵和阳声韵的缺陷。另将铎、药析为两部分，一部分用来作为豪部的入声，另一部分与陌韵合在一起作为模鱼麻的入声，这样就得出以上古韵三十部。

曾运乾说：

> 《切韵》一书，分韵二百有六。骤视之，觉其分部繁碎，强生分别。然使明于阴阳轻重之别，审于正变开合之理，则法言之二百六韵，实分为二十八部，其中条理井然，部伍不乱。与古韵相较，惟齐部应分为二，豪部应有入声专部，不当侧寄于他部也。今试依据古韵，审其音理，与古韵相比附，则得三十部。曰咍之属，曰齐之属，曰歌之属，曰灰之属，曰齐半之属，曰模之属，曰侯之属，曰萧之属，曰豪之属，是为阴声者九。曰德之属（附登），曰锡之属（附青），曰曷之属（附寒），曰没之属（附魂），曰屑之属（附先），曰铎之属（附唐），曰屋之属（附东），曰沃之属（附冬），曰铎半之属（亦附唐），曰合之属（附覃），曰怗之属（附添），是为入声者十一。曰登之属，曰青之属，曰寒之属，曰痕之属，曰先之属，曰唐之属，曰东之属，曰冬之属，曰覃之属，曰添之属，是为阳声者十。各韵有正韵，有变韵；有侈音，有弇音。正韵者，音之合于本音者也。变韵者，音之混于他音者也。侈音者，音之重者也。弇音者，音之轻者也。正韵变韵各有弇侈之殊，侈音弇音又各有开合之别。①

曾运乾认为二百零六韵当中既有正韵，又有变韵。"正韵者，音之合于本音者也。变韵者，音之混于他音者也。"就是说，正韵就是古本韵（古本音）。曾运乾又把正韵、变韵各分为侈音弇音，正韵侈音就是一、四等韵，变韵侈音是二等韵，无论正韵变韵，弇音均是三等韵。因此，曾运乾的古本韵三十部与《广韵》二百零六韵的对应关系比较，见表4-28。

---

① 曾运乾：《音韵学讲义》，中华书局2011年版，第487～488页。

表 4-28　曾运乾古本韵三十部与《广韵》二百零六韵的对应关系

韵部	正韵				变韵			
	侈音		弇音		侈音		弇音	
	等呼	韵目	等呼	韵目	等呼	韵目	等呼	韵目
之部	开一	咍海代	开三	之止志				
蒸部、职部	开一、合一	登等嶝德	开三、合三	蒸拯证职				
支部	开四、合四	齐荠霁（半）	开三、合三	支纸寘（半）	开二、合二	佳蟹卦		
耕部、锡部	开四、合四	青迥径锡	开三、合三	清静劲昔	开二、合二	耕耿诤麦		
歌部	开一	歌哿箇	合三	支纸寘（半）	开二、合二	麻马祃	开三	麻马祃
	合一	戈果过						
	开一、合一	泰	开三、合三	祭	开二、合二	夬	开三、①合三	废
元部、月部	开一	寒旱翰曷	开三、合三	仙狝线薛	开二、合二	删潸谏鎋	开三、合三	元阮愿月
	合一	桓缓换末						
脂部	开四、合四	齐荠霁（半）	开三、合三	脂旨至（半）	开二	皆骇怪	开三	微尾未
真部、质部	开四、合四	先铣霰屑	开三②	真轸震质				
			开三	臻栉				
微部	合一	灰贿队	合三	脂旨至（半）	合二	皆骇怪	合三	微尾未
文部、物部	开一	痕很恨	开三	欣隐焮迄	开二、合二	山产襇黠	合三	文吻问物
	合一	魂混恩没	合三	谆准稕术				

---

① 曾运乾以废韵为撮口呼，即合口三等，今依中国社会科学院语言研究所编《方言调查字表》改为开口三等、合口三等。

② 曾运乾以真轸震质诸韵为齐齿呼、撮口呼，即开口三等、合口三等，今依中国社会科学院语言研究所编《方言调查字表》改为开口三等。

续表 4-28

韵部	正韵				变韵			
	侈音		弇音		侈音		弇音	
	等呼	韵目	等呼	韵目	等呼	韵目	等呼	韵目
鱼部	合一	模姥暮	合三	鱼语御	开二、合二	麻马禡	开三	麻马禡
阳部、铎部	开一、合一	唐荡宕、铎（半）	开三、合三	阳养漾、药（半）	开二、合二	庚梗映陌	开三、合三	庚梗映陌
侯部	开一	侯厚候	合三①	虞麌遇				
东部、屋部	合一②	东董送屋	合三③	钟肿用烛	开二	江讲绛觉		
幽部	开四	萧筱啸	开三	尤有宥			开三	幽黝幼
冬部、沃部	合一	冬宋沃	合三	东董送屋				
宵部	开一	豪皓号	开三	宵小笑	开二	肴巧效		
药部	开一、合一	铎（半）	开三、合三	药（半）				
侵部、缉部	开一	覃感勘合	开三④	侵寝沁缉	开二	咸赚陷洽	合三⑤	凡范梵乏

---

① 曾运乾以虞麌遇诸韵为齐齿呼，即开口三等，今依中国社会科学院语言研究所编《方言调查字表》改为合口三等。

② 曾运乾以东董送屋诸韵为开口呼，即开口一等，今依中国社会科学院语言研究所编《方言调查字表》改为合口一等。

③ 曾运乾以钟肿用烛诸韵为齐齿呼，即开口三等，今依中国社会科学院语言研究所编《方言调查字表》改为合口三等。

④ 曾运乾以侵寝沁缉诸韵为齐齿呼、合口呼，合口呼不当归入弇音，今依中国社会科学院语言研究所编《方言调查字表》改为开口三等。

⑤ 曾运乾以凡范梵乏诸韵为齐齿呼，即开口三等，今依中国社会科学院语言研究所编《方言调查字表》改为合口三等。

续表 4-28

韵部	正韵				变韵			
	侈音		弇音		侈音		弇音	
	等呼	韵目	等呼	韵目	等呼	韵目	等呼	韵目
谈部叶部	开四	添忝㮇帖	开三①	盐琰艳叶	开二	衔槛鑑狎	开三	严俨酽业
	开一②	谈敢阚盍						

以上是曾运乾审音法考求古韵的结论，曾运乾的古韵三十部又"参稽清代考古诸家之成说"，意谓以上审音得出的结论是经过清儒考古法得出的古韵分部的验证的。曾运乾说除了脂、微分部是他的创见以外，其他二十九部都与前人考古的结论相同。

曾运乾说：

> 至其根据：则第一为段表之第一部，第二依朱氏颐之分部革析出者，第三为段表之第六部，第四为段表之第十六部，第五依朱氏解之分部析出者，第六为段表之十一部，第七为段表之十七部，第八为王表之祭类，第九为段表之十四部，第十依《诗》韵从段表十五部平上声析出者，第十一为章氏之队部，第十二为段表之十三部，第十三亦依《诗》韵从段表十五部平上声析出者，第十四为王君之至类，第十五为段表之十二部析出其入声者，第十六为段表之五部，第十七依朱氏豫之铎分部析出者，第十八部为段表之十部，第十九部为段表之四部，第二十依朱氏需之剥分部析出者，第二十一为孔氏之东类，第二十二为段表之三部，第二十三依朱氏孚之復分部析出者，第二十四为孔氏之冬类，第二十五为段表之二部，第二十六依朱氏小之举分部析出者，第二十七为江表之缉类，第二十八为江表之侵类，第二十九为江表之叶类，第三十为江表之谈类也。③

---

① 曾运乾以盐琰艳叶诸韵为齐齿呼或撮口呼，即开口三等或合口三等，今依中国社会科学院语言研究所编《方言调查字表》改为开口三等。

② 曾运乾以谈敢阚盍诸韵为合口呼，即合口一等，今依中国社会科学院语言研究所编《方言调查字表》改为开口一等。

③ 曾运乾：《音韵学讲义》，中华书局 2011 年版，第 482~483 页。

可见，曾运乾古韵三十部是从《广韵》出发，"审其音理"得出的，同时又参稽了段玉裁、孔广森、朱骏声、王念孙、江有诰、章炳麟等人运用考古方法考求古韵的研究成果。这说明曾运乾考求古韵虽以审音为主，但同时又把审音的结论验证于传统的考古法得出结论。审音的结论经得起考古的检验，因此，曾运乾所分古韵三十部绝不是一种主观的推论。

关于曾运乾古韵三十部的读音，我们可从他的有关说明中去理解。曾运乾说：

> 阴声咍及齐半两部为一大类，皆为元音。其入声之德及锡收声于诗，其阳声之登与青为收声于日者。阴声歌戈及灰及齐半为一大类。歌戈为元音，灰及齐半收音于衣。其入声之曷末及没及屑为收声于戍，其阳声之寒桓及痕魂及先为收声于泥者。阴声模及侯及萧及豪为一大类。模为元音，侯及萧及豪皆收声于乌。其入声之铎及屋及沃为收声于克，其阳声之唐及东及冬为收声于疑者。入声合及帖为一大类，收声于卜。其阳声之覃及添为收声于明者。此其区分之理由也。①

曾运乾对各韵收声（即韵尾）读音的看法当受到《音韵阐微》的影响。曾运乾说：

> 清《音韵阐微》序例云，唐虞三代，以及秦汉所传，既无韵书，故古韵分部，言者各殊。究无定论，今按其收声以别之，平声分为二部，上去二声与平声同。入声分为三部。歌麻支微齐鱼虞为一部，皆直收本字之喉音。凡诸韵之声皆从此出。……夫分六部收声，而三部有入，此古韵唐韵之要诀也。②

他认为"《音韵阐微》虽论今音，所分条理，甚为切当"，故在描写他心目中的上古韵部韵值时，一定程度上接受了《音韵阐微》的观点。

曾运乾又说：

> 盖阴声者，即皆下收于喉，而不上扬；其不下收，而上出于鼻者，即

---

① 曾运乾：《音韵学讲义》，中华书局 2011 年，第 482 页。
② 曾运乾：《声韵学》，湖南教育出版社 2012 年版，第 18 页。

为阳声。故阴声加鼻音，即为阳声。阳声去鼻音，即成阴声。阴阳二声，音本相同，惟有无鼻音为异，对转之故，即由于此。①

因此，曾运乾阴声韵、阳声韵的主要元音是相同的。以上曾运乾所论各部的读音，参照时建国的说法，曾运乾古韵三十部的拟音见表4-29。②

表4-29 曾运乾古韵三十部拟音

	阴声九部	入声十一部	阳声十部
第一大类	咍③第一 [ə]：咍之	德第二 [əş]：职德	登第三 [əŋ]：登蒸
	齐半第四 [æ]：齐支佳	锡第五 [æş]：锡昔麦	青第六 [æŋ]：青清耕
第二大类	歌戈第七 [a]：歌戈支麻	曷末第八 [at]：曷末薛鎋月	寒桓第九 [an]：寒桓仙删元
	灰第十 [əi]：灰脂皆微	没第十一 [ət]：没迄术黠物	痕魂第十二 [ən]：痕魂欣谆山文
	齐半第十三 [æi]：齐脂皆微	屑第十四 [æt]：屑质栉	先第十五 [æn]：先真臻
第三大类	模第十六 [ɒ]：模鱼麻	铎第十七 [ɒk]：铎药陌	唐第十八 [ɒŋ]：唐阳庚
	侯第十九 [ou]：侯虞	屋第二十 [ouk]：屋烛觉	东第廿一 [ouŋ]：东钟江
	萧第廿二 [əu]：萧尤幽	沃第廿三 [əuk]：沃	冬第廿四 [əuŋ]：冬
	豪第廿五 [au]：豪宵肴	铎半第廿六 [auk]：铎药	
第四大类		合第廿七 [əp]：合缉洽乏	覃第廿八 [əm]：覃侵咸凡
		怗第廿九 [ap]：怗盍叶狎业	添第三十 [am]：添谈盐衔严

这三十韵部可以分为四大类，若按韵尾的不同又可分为无韵尾、元音[-i]韵尾、元音[-u]韵尾，韵尾为 [-ş]、[-ŋ̱]、[-t]、[-n]、[-k]、[-ŋ]、

---

① 曾运乾：《音韵学讲义》，中华书局2011年版，第172页。
② 时建国：《曾运乾古韵三十部说略》，载《古汉语研究》2009年第2期，第11～15页。
③ 曾运乾古韵第一部包括《广韵》咍海代、之止志诸韵，咍海代为侈音，之止志为弇音，可见曾运乾以侈音韵作为韵目名称，其余皆同。

[-p]、[-m]，共十一小类。

第一大类：①没有韵尾的，包括两个韵部，即咍第一［ə］、齐半第四［æ］。②韵尾为［-ṣ］的，包括两个韵部，即德第二［əṣ］、锡第五［æṣ］。③韵尾为-ŋ̟的，包括两个韵部，即登第三［əŋ̟］、青第六［æŋ̟］。

第二大类：①没有韵尾或韵尾为元音［-i］的，包括三个韵部，即歌戈第七［a］、灰第十［əi］、齐半第十三［æi］。②韵尾为［-t］的，包括三个韵部，即曷末第八［at］、没第十一［ət］、屑第十四［æt］。③韵尾为［-n］的，包括三个韵部，即寒桓第九［an］、痕魂第十二［ən］、先第十五［æn］。

第三大类：①没有韵尾或韵尾为［-u］的，包括四个韵部，即模第十六［ɒ］、侯第十九［ou］、萧第廿二［əu］、豪第廿五［au］。②韵尾为［-k］的，包括四个韵部，即铎第十七［ɒk］、屋第二十［ouk］、沃第廿三［əuk］、铎半第廿六［auk］。③韵尾为［-ŋ］的，包括三个韵部，即唐第十八［ɒŋ］、东第廿一［ouŋ］、冬第廿四［əuŋ］。

第四大类：①韵尾为［-p］的，包括两个韵部，即合第廿七［əp］、帖第廿九［ap］。②韵尾为［-m］的，包括两个韵部，即覃第廿八［əm］、添第三十［am］。

以上曾运乾对各部读音的意见反映了部次的安排。其中，第一类的入声德及锡韵尾为诗［ṣ］，阳声登与青韵尾为日［ŋ̟］，而多数古音学家把德、锡的韵尾拟音为［-k］，阳声登与青的韵尾拟音为［-ŋ］。时建国认为："这是曾运乾根据《诗》韵和谐声中的［m］→［ŋ］、［n］→［ŋ］的通转状况，结合语音的演变特征，采取的一种折中形式而已。就阳声言，蒸耕两部同收声于日［ŋ̟］，是因为［ŋ̟］的部位较［m］［n］为后，比［ŋ］而前，能反映出周朝蒸部由［-m］变［-ŋ］、耕部由［-n］变［-ŋ］的渐移过程。曾运乾认为，周朝的蒸耕两部的收声还处在［-m］、［-ŋ］后移的一个变点［-ŋ̟］的位置，于是他用［-ŋ̟］来说明为什么无论《诗》韵或谐声，周朝蒸和侵通转、真和耕通转。""入声职（德）锡两部，曾运乾同收声于诗［ṣ］，乃是受缅文 as 可变 it 的启发，结合谐声、《诗》韵反映的［-t］、［-k］相通而作出的结论。曾运乾的［ṣ］，其实就是［s］。"曾运乾认为入声职（德）锡两部，同收声于诗［ṣ］恰是为了说明汉语的上古音有由［-s］变［-t］、由［-t］变［-g］（或［-k］）的演变过程。①

---

① 参见时建国《曾运乾古韵三十部说略》，载《古汉语研究》2009 年第 2 期，第 11～15 页。

三、曾运乾古韵分部与黄侃、王力分部之比较

（一）曾运乾古韵三十部与黄侃古韵二十八部之比较

黄侃古韵二十八部，详见前表4-27。

陈新雄曾撰《黄侃与曾运乾之古音学》一文专门比较了曾、黄两人在古音学上研究的诸多异同，在陈氏基础上，我们进一步探讨曾、黄的古音学研究方法及相关方面的问题。曾运乾、黄侃古音学研究的相同点如下：

（1）两人的古韵研究都兼用考古和审音的方法，并且以审音为主，考古为辅。两人都是从《广韵》出发研究古韵，认为《广韵》是一个兼包古今方国的综合音系，古本音须于二百零六韵中求之。

黄侃《与人论治小学书》说："顾、江、段、王，虽能由《诗》《骚》《说文》以考古音，然舍《广韵》，亦无以为浣准。""古本音即在《广韵》二百六部中，《广韵》所收，乃包举周、汉至陈、隋之音，非别有所谓古本音也。""当知二百六韵中，但有本声，不杂变声者，为古本音；杂有变声者，其本声亦为变声所挟而变，是为变音。"[①]

曾运乾也说：

> 法言《切韵》，论南北是非，古今通塞，捃选精切，削除疏缓，经清代考古诸家之研究而益明。[②]

基于以上认识，黄侃和曾运乾都很重视陈澧《切韵考》所做的声类和韵类的研究。黄侃《与人论治小学书》说："番禺陈君著《切韵考》，据切语上字以定声类，据切语下字以定韵类，于字母等子之说有所辩明，足以补阙失，解拘挛，信乎今音之管籥，古音之津梁也。其分声为四十一，兼备古今，不可增减。"[③]

黄侃在陈澧所考定的《广韵》四十声类基础上把"明""微"两类分开，这样就形成了他的《广韵》四十一声类。曾运乾五十一声类也是以陈澧四十声类为基础的。曾运乾说：

[①] 黄侃：《与人论治小学书》，载《黄侃论学杂著》，中华书局1964年版，第145～173页。
[②] 曾运乾：《音韵学讲义》，中华书局2011年版，第487页。
[③] 黄侃：《与人论治小学书》，载《黄侃论学杂著》，中华书局1964年版，第149页。

陈东塾依《广韵》切语上字联系，分为四十类云："唐末沙门则少四类。字母明、微二类，《广韵》切语上字同一类；字母照、穿、床、审、喻五类，每一类《广韵》切语上字分二类，故四十类为三十六类也。"今按：照、穿、床、审、喻各分二类，《广韵》切语绝不相混。陈氏分为十类，既得之矣。明、微二母，陈氏囿于方音，而并合之，非《切韵》本例然也。至于喉音之影，牙音之见、溪、晓、疑，舌音之来，齿音之精、清、从、心，凡十母，依《切韵》声音之例，皆应各分二母者也。盖声音之理，音侈者声鸿，音弇者声细。《广韵》切语，侈音例用鸿声，弇音例用细声；反之，鸿声例用侈音，细声例用弇音。①

曾运乾根据他的音侈声鸿、音弇声细的声韵拼合规则，在陈澧考定四十声类基础上，把明、微分开，进一步把影、见、溪、晓、疑、来、精、清、从、心共十母又分为两类，这样就考得五十一声类。黄侃和曾运乾都认为《广韵》声类中有古本声和今变声。黄侃在《与人论治小学书》中说：

> 当知四十一声类中，有本声，有变声。②

古本声和今变声的区别就是古本声于等韵上只有一四等，而今变声于等韵上只有二、三等。黄侃从《广韵》四十一纽考得古本声十九纽。黄侃在《音略》中说：

> 今声据字母三十六，不合《广韵》，今依陈澧说，附以己意，定为四十一。古声无舌上、轻唇，钱大昕所证明，无半舌日及舌上娘，本师章氏所证明，定为十九，侃之说也。前无所因，然基于陈澧之所考，始得有此。③

曾运乾则从《广韵》五十一纽考得古本声十九纽。曾运乾说：

> 陆氏《切韵》，声分五十一纽。彼其书兼赅南北古今之音，凡声音之

---

① 曾运乾：《声韵学》，湖南教育出版社2011年版，第168～169页。
② 黄侃：《与人论治小学书》，载《黄侃论学杂著》，中华书局1964年版，第154页。
③ 黄侃：《音略》，载《黄侃论学杂著》，中华书局1964年版，第62页。

第四章　曾运乾的古音学研究

侈弇鸿细，稍有区分者，陆氏皆为别之，可谓剖析入微矣。然以之上考古音，则无此细别。……于母之当隶牙音匣母，喻母之当隶舌音定母也，余又为之补苴其说。其他惟正齿音之三等，宜与舌音为类，其二等宜与齿音为类，固皆可从六书之形声而得其条贯者。以之傅合古声则得十九纽。①

从古本声考证出古本韵最重要的理论依据就是黄侃的声韵相挟而变的理论。而曾运乾是接受了黄侃的"本纽本韵互相证明"即声韵相挟而变的理论的。不同的是，黄侃考求古本纽是从《广韵》声母为四十一声类得出古韵二十八部，曾运乾考求古本纽是从五十一声类得出，他在黄侃的二十八部的基础上，增加了两部。曾运乾说：

古韵自黄侃分二十八部，豪部有入，萧部无入；钱玄同修正之，谓萧部有入，豪部无入。余谓依古韵例，豪萧二部，皆当有入。萧部以沃部为入，固不待言。豪部之入，《广韵》虽未特立专部，然如敦、虐、雇、卓、勺、皃、弱、龠、乐、户、翟、伙、革、雀、爵各声，固皆豪部入声字。陆法言求豪部对转之阳声不得，遂举豪部之侈音配入东类，为江韵之入声；又举其弇音配入唐类，为阳韵之入声；不得已而为此侧寄之韵，斯陆氏之疏也。今定古韵为三十部，其二十九部与前人同，不具论。其异者独齐部分为两部耳。②

以上黄侃的古韵二十八部、曾运乾的三十部的考证方法，未免给人循环论证的嫌疑。但事实上，这种研究方法所得结论和前人用考古的方法所得结论是一致的。两人都宣称自己的古韵研究采自前人考古的结论。黄侃说：

此二十八部之立，皆本昔人，曾未以臆见加入。至于本音读法，自郑氏以降或多未知；故廿八部之名，由鄙生所定也。③

黄侃认为这古韵二十八部都是采纳郑庠、顾炎武、江永、戴震、段玉裁、王念孙、章炳麟等人的研究成果，而这些韵部基本上是通过考古方法所得。即

---

① 曾运乾：《声韵学》，湖南教育出版社 2012 年版，第 292 页。
② 曾运乾：《音韵学讲义》，中华书局 2011 年版，第 191 页。
③ 黄侃：《音略》，载《黄侃论学杂著》，中华书局 1964 年版，第 90 页。

使是审音派的戴震，他把祭部独立的时候也并不满足于审音，而是证之以文献。戴震所用的方法归根到底还是归纳法。①

曾运乾也明确指出："曾氏（按：即曾运乾）之说，以陆法言《切韵》为根据，而又参稽清代考古诸家之成说。"② 曾运乾所谓诸家之成说就是指段玉裁、孔广森、朱骏声、王念孙、江有诰、章炳麟等人运用考古法所求得的古韵研究成果。曾运乾古韵分部研究上最重要的贡献就是脂、微分部，而脂、微分部的考求过程实质上也是综合了考古和审音的方法。

此外，黄侃、曾运乾都把古音、今音和等韵结合起来研究。曾运乾的《广韵补谱》和黄侃的《纽经韵纬求古音表》从性质上都是古音、今音和等韵的综合表。

（2）两人的古韵各部都是阴阳入三声相配，这主要是受到戴震的影响。黄侃在《音略》中说：

> 古韵部类，自唐以前，未尝昧也。唐以后始渐茫然。宋郑庠肇分古韵为六部，得其通转之大界，而古韵究不若是之疏。爰逮清朝，有顾、江、戴、段诸人，毕世勤劬，各有启悟，而戴君所得为独优。本师章氏论古韵二十三部，最为了然。余复益以戴君所明，成为二十八部。③

这就是说，在前人研究古韵上，黄侃最服膺戴震。黄侃的二十八部中，有八个入声韵部——屑、锡、铎、屋、沃、德、合、帖均标明为戴震所立。而在音理上，黄侃则完全赞同并接受了戴震阴阳入相配的古音分部的结构图景。④

曾运乾古韵三十部也完全按照戴氏阴阳入三分的格局安排，并且他的韵部名称全仿戴震《声类表》以影纽字标目的方法，只有宫、摄、无、影、纽字而不得已借用了见纽字，足见戴氏对其影响之深。曾运乾、黄侃古音学研究的不同之处主要有以下两点。

（1）前修未密，后出转精。曾运乾古韵三十部是以黄侃二十八部为基础的，他把黄侃灰部析为脂、微两部，这样就形成脂—质—真、微—物—文阴入阳相配的局面，这就弥补了黄侃屑部先无阴声相配的缺陷。又将黄侃豪部相配

---

① 参见李开《论戴震的古音学》，载《汉语古音学研究》，上海人民出版社2008年版，第191页。
② 曾运乾：《音韵学讲义》，中华书局2011年版，第482页。
③ 黄侃：《黄侃论学杂著》，中华书局1964年版，第87～88页。
④ 参见李开《黄侃古韵分部对戴震的继承和发展》，载《汉语古音学研究》，上海人民出版社2008年版，第252页。

之入声沃部移为萧部相配的入声，将黄侃豪部相配之阳声冬部移为萧部相配的阳声。把冬部移为萧部相配的阳声是对的，但将黄侃豪部相配之入声沃部全部移为萧部相配的入声却不完全正确。据王力研究，沃韵开口一等属药部，合口一等属觉部（即萧部入声）。①

（2）黄侃古本韵每一韵部只有侈音，曾运乾古本韵（曾运乾称古本韵为正韵）却分为侈音、弇音两类。参看本章第四节"曾运乾关于韵之正变的研究"的相关内容。

（二）曾运乾古韵三十部与王力古韵三十部之比较

在古韵分部方面，王力早年是考古派，分二十三部，晚年他接受审音派的阴阳入三分主张，在早年二十三部的基础上，增加之、幽、宵、侯、鱼、支六部的入声，即收 [k] 尾的职、觉、药、屋、铎、锡六部，这样就成为十一类二十九部。后来他又从侵部中分出一个冬部（他认为春秋时代侵冬同部，战国时代侵部分化为侵冬两部，开口呼属侵部，合口呼属冬部），这样二十九部就变成了三十部。

王力古韵三十部，见表 4-30。

表 4-30　王力古韵三十部

阴声九部	入声十一部	阳声十部
之部 [ə]：咍之灰尤	职部 [ək]：德职屋	蒸部 [əŋ]：登蒸
支部 [e]：齐支佳	锡部 [ek]：锡昔麦	耕部 [eŋ]：青清耕庚
鱼部 [a]：模鱼麻虞	铎部 [ak]：铎药陌昔	阳部 [aŋ]：唐阳庚
侯部 [ɔ]：侯虞	屋部 [ɔk]：屋烛觉	东部 [ɔŋ]：东钟江
宵部 [o]：豪宵肴萧	药部 [ok]：铎药沃觉锡	
幽部 [u]：尤幽豪肴（萧）②	觉部 [uk]：沃觉屋锡	冬部 [uŋ]：冬东江
微部 [əi]：灰脂皆微	物部 [ət]：没迄术物（黠）	文部 [ən]：痕魂欣谆山文真先
脂部 [ei]：齐脂皆（微）	质部 [et]：屑质栉黠	真部 [en]：先真臻谆

---

① 参见王力《同源字典》，商务印书馆 1982 年版，第 65 页。
② 王力《同源字典》不收萧韵，但《汉语史稿》作为不规则变化收萧韵。

续表 4-30

阴声九部	入声十一部	阳声十部
歌部 [ai]：歌戈支麻（祭泰夬废）	月部 [at]：曷末薛鎋月夬黠祭泰废屑	元部 [an]：寒桓仙删元山先
	缉部 [əp]：合缉洽（乏）	侵部 [əm]：覃咸侵添（凡）
	盍部 [ap]：帖盍叶狎业洽乏	谈部 [am]：添谈盐衔严咸凡

但如果分析曾运乾谐声表，曾运乾古韵三十部实际上还包括了以下中古韵，详见表 4-31。

表 4-31　曾运乾古韵三十部未标出的韵①

未标出的韵	曾运乾谐声表	备注
之部：灰尤	灰韵（举平以赅上去，下同）：灰佩；尤韵：又友久邮牛丘不负妇否	灰声字如恢属灰韵
职部：屋	屋韵：畐㞷伏牧	畐声字如福辐，㞷声字如服均属屋韵
耕部：庚	庚韵：生	生声字如笙牲甥甡均属庚韵
鱼部：虞	虞韵：于羽雨禹无毋父武夫	于声字如吁迂芋，父声字如釜，夫声字如扶等均属虞韵（举平以赅上去，下同）
铎部：昔	昔韵：睪昔夕赤尺石亦	睪声字如译怿，亦声字如液腋奕均属昔韵
宵部：萧	萧韵：垚尞兆杳枭	尞属笑韵，但尞声字如缭镣撩潦均属萧韵，兆属小韵，但兆声字如桃佻挑挑越跳均属萧韵
药部：沃觉锡	觉：雀卓乐翟；锡韵：敫乐	曾运乾药部不收沃韵字。翟属锡韵或陌韵，但翟声字如濯擢均属觉韵，敫属药韵，但敫声字如激檄均属锡韵，乐属铎韵，但乐声字如栎砾均属锡韵

---

① 注：此表据王力《同源字典》制定；加着重号者为王力、曾运乾标明所同的韵，不加者为王力有而曾运乾不标出的韵；加括号者为王力没有而曾运乾标出的韵。

续表 4-31

未标出的韵	曾运乾谐声表	备注
幽部：豪肴（萧）	豪韵：丂好皋舀讨牢老匋曹早卅；肴韵：勹翏矛卯；萧韵：周攸	周声字如彫调，攸声字如條均属萧韵
觉部：觉屋锡	屋韵：匊朮肉祝竹六夙肃复目翏；锡韵：朿	曾运乾觉部不收觉韵字。匊声字如鞠，朮声字如叔淑，复声字入腹覆，翏声如穆均属屋韵；朿声字如戚寂均属锡韵
冬部：东江	东韵：中冬众虫戎；江韵：夅	夅声字如降泽绛均属江韵
物部：（黠）		王力物部不收黠韵字
文部：真先	真韵：艮巾辰刃分；先韵：典先	艮声字如银，辰声字如晨震振，刃声字如忍，分声字如邠贫均属真韵；典声字如腆，先声字如跣均属先韵
脂部：（微）		王力脂部不收微韵字
质部：黠	黠韵：吉	吉声字如黠属黠韵
真部：谆	谆韵：匀闰旬	匀声字如均，闰声字如润，旬声字如洵筍徇均属谆韵
歌部：（祭泰夬废）		王力歌部不收祭泰夬废四韵字，王力把祭泰夬废四韵字归入月部
月部：祭泰夬废黠屑	黠韵：介祭杀发；屑韵：夬臬	介声字如忦，祭声字如察，发声字如拔均属黠韵；夬声字如缺决抉均属屑韵
元部：山先	山韵：闲闲产山戔；先韵：燕柬肩连前片	产声字如铲，戔声字如琖均属山韵；柬声字如练，连声字如莲均属先韵
缉部：（乏）		王力缉部不收乏韵字
侵部：添（凡）		曾运乾侵部不收添韵字，王力侵部不收凡韵字
盍部：洽乏	洽韵：夹妾雵；乏韵：法乏	雵声字如插歃，妾声字如霎均属洽韵字
谈部：咸凡	咸韵：臽斩巀	臽声字如陷，巀声字如谶均属咸韵。曾运乾谈部不收凡韵字

203

因此，曾运乾古韵三十部经整理如下，见表4-32。

表4-32 曾运乾古韵三十部（整理版）①

阴声九部	入声十一部	阳声十部
之部：咍之灰尤	职部：德职屋	蒸部：登蒸
支部：齐支佳	锡部：锡昔麦	耕部：青清耕庚
歌部：歌戈支麻祭泰夬废	月部：曷末薛鎋月黠屑（祭泰夬废）	元部：寒桓仙删元山先
微部：灰脂皆微	物部：没迄术物黠	文部：痕魂欣谆山文真先
脂部：齐脂皆微	质部：屑质栉黠	真部：先真臻谆
鱼部：模鱼麻虞	铎部：铎药陌昔	阳部：唐阳庚
侯部：侯虞	屋部：屋烛觉	东部：东钟江
幽部：尤幽豪肴萧	觉部：沃屋锡（觉）	冬部：冬东江
宵部：豪宵肴萧	药部：铎药觉锡（沃）	
	缉部：合缉洽乏	侵部：覃咸侵（添）凡
	盍部：帖盍叶狎业洽乏	谈部：添谈盐衔严咸（凡）

曾运乾、王力古韵学研究的相同点如下：

在古韵分部上，同为三十部，而其中最大的共同贡献就是脂、微分部。脂、微分部的比较参看脂、微分部一节，此处不再赘述。

曾、王两人的古韵系统同时采用了阴阳入三声相配的格局，曾运乾阴阳入三声相配主要是受到戴震的影响，而王力的古韵阴阳入三声相配的体系也与戴震有密切的关系。他曾明确指出："在这时候，我才觉悟到戴震阴阳入三分的学说的合理性，于是我采取了戴震和黄侃的学说的合理部分，定为十一类二十九部。"② "有了阴阳入相配，就必然有古音对转，没有阴阳入相配，就谈不上古音对转。"③ 曾运乾和王力把古韵三十部按照阴阳入声相配之后，都明确提出了阴阳对转的问题。

曾运乾、王力古韵学研究的不同主要有两点。

---

① 注：表中括号内为曾运乾所无，王力所有的韵。
② 王力：《上古汉语入声和阴声的分野及其收音》，载《王力文集》（第17卷），山东教育出版社1989年版，第201页。
③ 李开：《论戴震的古音学》，载《汉语古音学研究》，上海人民出版社2008年版，第196页。

第一，在归部上最大的差别是曾运乾把《广韵》祭、泰、夬、废四韵归入歌部，即歌祭配月元。王力把祭、泰、夬、废四个去声韵归入月部，即歌配月元。这与他的上古声调学说有关。他根据谐声系统中去声字与入声字的"最为密切"的关系，认为"中古去声与入声发生关系的字，在上古就是入声字"①。此外，曾运乾物部收黠韵字，王力部不收；曾运乾脂部收微韵字，王力不收；曾运乾觉部不收觉韵字，王力收；曾运乾药部不收沃韵字，王力收②；曾运乾缉部收乏韵字，王力不收；曾运乾侵部收凡韵字，王力不收；曾运乾侵部不收添韵字，王力收；曾运乾谈部不收凡韵字，王力收。

第二，曾运乾以审音为主，兼用考古。王力以考古为主，兼用审音。王力的三十韵部主要是根据《诗经》用韵归纳出来的。《汉语语音史》列有《先秦29 韵部例字表》，这些例字基本上来自段玉裁《诗经韵分十七部表》《群经韵分十七部表》。王力也认为谐声偏旁与上古韵部的关系实在是非常密切的，因此他也列有古韵二十九部谐声表，但这个谐声表又以偏旁见于诗者为准，这是因为他又认为谐声偏旁虽然与上古韵部关系密切，但不像徐蒇所说的上古音读"本之字之谐声"，而是相反，字的谐声偏旁是根据上古的词的读音。因此，谐声偏旁能够反映古韵部的一些情况，即"同声必同部"。但是《诗经》时代离造字时代已经很远，语音已经有了发展，当《诗经》用韵与谐声偏旁发生矛盾时，仍当以《诗经》为准。③ 无论根据《诗经》押韵还是谐声材料，都是考古的方法。王力古韵分部方面最大的贡献就是脂、微分部，这一发现也是通过研究南北朝诗人的用韵，并考察《诗经》用韵得出来的。脂、微分部说的提出，使王氏"'考古'的贡献并列于顾、江、段、孔、王、江、章诸家"④。

但是，不能说王力研究古韵不注意使用审音的方法。他自己就明确承认之、幽、宵、侯、鱼、支六部有收［-k］尾的入声之后，就由考古派变成了审音派。⑤ 王氏的古韵三十部是由阴阳入三声相配而成的，这是继承了戴震、黄侃等人格局的表现。此外，王力脂、微分部提出以后，他又在《古韵脂微质

---

① 王力：《汉语语音史》，商务印书馆 2017 年版，第 77～79 页。
② 曾运乾药部不收沃韵字。这是因为他把沃韵移为幽部的入声。陈新雄因此批评曾运乾"移沃以配萧则非，盖萧为四等韵，沃为一等韵，非其类也"。（陈新雄：《曾运乾之古音学》，载《中国语文》2000 年第 5 期，第 399～406 页）
③ 参见王力《王力文集》（第 5 卷），山东教育出版社 1986 年版，第 167～168 页。
④ 耿振生、赵庆国：《王力古音学浅探——纪念王力先生逝世 10 周年》，载《语文研究》1996 年第 2 期，第 5 页。
⑤ 参见王力《汉语语音史》，商务印书馆 2017 年版，第 46 页。

物月五部的分野》一文中根据阴阳入三声相配的系统进一步论证了脂、微分部的合理性,这也是运用审音法的重要表现。

四、曾运乾关于韵之正变的研究

(一) 曾运乾论韵之正变

曾运乾认为《广韵》二百零六韵是由古韵三十部演变而来,而古韵三十部和二百零六韵比较,有不变之"正韵",也有发生变化的"变韵"。

曾运乾从陆法言《切韵序》得到启发,认为语音随时间、地域而演变,因此就产生了正韵和变韵的分别,曾运乾说:

> 法言《切韵》自序云:"因论南北是非,古今通塞,欲更捃选精切,削除疏缓。"
>
> 依其所论,则有古合今分,今同古异者。南北乖违,例亦若是。苟有一异,必为立韵。长孙纳言谓其酌古沿今,无以复加,明其能疏剔古今通塞也。封演《闻见记》谓其与颜魏诸公,定南北音,撰为《切韵》明其能折衷南北是非也。音既有古今南北之殊,法言斟酌损益于其间,则知其音不能无正变。于是二百六部中,有正韵,有变韵。①

那么什么是正韵,什么是变韵呢?曾运乾解释说:

> 正韵者,音之合于本音者也。变韵者,音之混于他音者也。以今考之,东冬钟江为一类,而江必独立一部者,今音实不同于东冬钟也;其不合于唐阳者,古音实不同也。唐阳庚为一类,而庚必独立一部者,今音实不同于唐阳也;其不合于青清者②,古音实不同也。麻韵半取于歌戈,半取于模鱼;耕韵半取于青清,半取于蒸登;而不分隶各部者,今音实相混也。③

首先,我们分析正韵的含义。曾运乾说:"正韵者,音之合于本音者也。"

---

① 曾运乾:《声韵学》,湖南教育出版社 2012 年版,第 212 页。
② 上古音中,青清耕同为一部,曾运乾不说合于耕青清者,是因为他认为耕韵为变韵,青清为正韵。
③ 曾运乾:《声韵学》,湖南教育出版社 2012 年版,第 212～213 页。

按照曾运乾的说法，正韵就是和本音读音相合（相同）的读音，相合（相同）就是正韵，否则就是变韵。

其次，我们看变韵的含义。曾运乾说："变韵者，音之混于他音者也。"按曾运乾的阐述，"混于他音"的变韵分为两类。

第一类是以"江""庚"为代表的变韵。这一类变韵大致相当于黄侃变韵的第一类，即"古在此韵之字，今变同彼韵之音，而特立一韵"（见下文"曾运乾正变韵之说与黄侃的分歧"），如江与东钟上古同为一部（按：曾运乾古韵表中，江与东一钟同为邕摄，冬与东二同为宫摄，因此，江与冬不同部。据曾运乾原意，应该是古韵各部所辖的变韵与正韵比较，如鸯摄所辖的庚与唐阳比较，娃摄所辖的佳与齐支比较等。因此，曾运乾此例应改为"东钟江为一类，而江必独立一部者，今音实不同于东钟也"。曾运乾之所以把东冬钟江归为一类是受戴震的影响，见下文分析）。但江与东钟今音不同，这说明江和东钟上古音一定还有某种不同，否则就不会产生今天的语音差别。江韵的今音"混于他音"——阳唐（按：朱熹反切中江韵开始并入阳唐，故江韵混入唐阳韵当在宋代①），而江与阳唐上古不同部（按：曾运乾古韵表中，阳唐同属鸯摄，江属邕摄），这说明江和阳唐虽然今音相同，但是历史来源不同，也需要区别开来。既然江与东钟或阳唐之间都存在差异，因此，曾运乾认为江应该独立成韵。庚与唐阳上古为一部（按：曾运乾古韵表中，庚唐阳同属鸯摄），但今音庚与唐阳不同，这说明庚和唐阳上古音中一定还有某种不同，否则就不会产生今天的语音差别。庚韵的今音"混于他音"——青清（按：朱翱反切中庚青清同为一韵，朱翱是南唐时人，故庚韵混入青清韵当在晚唐——五代时期②），而庚与青清上古不同部，这说明庚和青清虽然今音相同，但是历史来源不同，也需要区别开来。既然庚与阳唐或青清之间都存在差异，因此，曾运乾认为庚应该独立成韵。曾运乾这种把以江、庚为代表的韵称为变韵的认识直接受到了戴震古今语音流变观的影响。

戴震在《声韵考》卷三中说：

> 隋唐二百六韵，据当时之音，撰为定本，至若古音，固未之考也，然别立四江以次东冬钟后，似有见于古用韵之文江归东冬钟（按：戴氏第七部翁部收《广韵》东冬钟江诸韵），不入阳唐（按：戴氏第十部央部收

---

① 参见王力《汉语语音史》，商务印书馆2017年版，第303页。
② 参见王力《汉语语音史》，商务印书馆2017年版，第245页。

《广韵》阳唐韵),故使之特自为部,不附东冬钟韵内者,今音显然不同,不可没今音且不可使今音古音相杂成一韵也。不次阳唐后者,撰韵时以可通用字附近,不可以今昔之近似而淆紊古音也。①

可见,曾运乾显然继承了戴震的观点,只是语言表述上不同罢了。

第二类是以麻韵、耕韵为代表的变韵。这一类变韵大致相当于黄侃变韵的第三类,即"合数本韵为一变韵者,又别于一本韵之变韵"(见下节"曾运乾正变韵之说与黄侃的分歧")。如麻韵的一半上古与歌戈同部,一半上古与模鱼同部,这说明麻韵的两个"一半"在上古是有区别的,因此归入不同的韵部。在今音(《切韵》时代的读音)中,这两个来源不同的"一半"没有像江混于阳唐,庚混于青清那样"混于他音",而是两者"今音实相混"于一音,这个"变化"而来的"今音"与其他各韵读音不同,因此独立成韵。耕韵的一半上古与青清同部,一半上古与蒸登同部,这说明耕韵的两个"一半"在上古是有区别的,因此归入不同的韵部。在今音中,这两个来源不同的"一半"也没有像江、庚那样"混于他音",而是"今音实相混"于一音,这个"变化"而来的"今音"与其他各韵读音不同,因此独立成韵。以此为基础,曾运乾分析了《广韵》中所有的正、变韵。曾运乾说:

> 推之佳之于齐支,央废之于泰祭,皆微之于灰脂,肴之于豪,幽之于萧尤,删元之于寒桓仙,山文之于痕魂欣谆,咸凡之于覃侵,衔严之于添谈盐,以今音读之或与本音相近,或与本音远隔,似有与正韵可以合为一部者,而在法言当日,必与江之于东冬钟,庚之于唐阳,通成一例,可知也。此皆变韵类也。②

以上曾运乾所谓变韵,为综合考察古今音的结果。这个变韵,相对古本音而言,已经变化,故从古本音分化出来,分化的标志是考察两者今音有别;相对于今音而言,虽然从古本音独立出来又"变入"或"变成""他音",与"变入"的"他音"有别的标志是两者古音不同,与"变成"的"他音"则在今音中和其他各韵都不相同。

从曾运乾对正韵、变韵的阐述可知,正韵、变韵都是与古本音相比较而言

---

① 戴震:《声韵考》,中华书局1985年版,第56~57页。
② 曾运乾:《声韵学》,湖南教育出版社2012年版,第213页。

的，正韵、变韵均存在于《广韵》二百零六韵之中。

曾运乾说：

> 《广韵》二百六部中，有三十二韵为古本音，此三十二韵中只有古本声十九纽。①

曾运乾的"本音"就是黄侃所说的"古本音"（古本韵）。"古本音"三十二韵（实分为二十八部）是黄侃的发明，而曾运乾又在黄侃的基础上，另立两部，这样，曾运乾的古本韵为三十部。确定古本韵的依据是"知此十九纽为古本声者，以此三十二韵为古本音也。知此三十二韵为古本音者，以其只具古本声十九纽也"。这就是黄侃古本音说中的声韵"相挟而变"理论。因此，按照曾运乾的古韵分部，确定曾运乾古本韵三十部的依据就是"知此十九纽为古本声者，以此三十部为古本音也。知此三十部为古本音者，以其只具古本声十九纽也"。

曾运乾认为古本韵三十部"各韵有正韵，有变韵；有侈音，有弇音。正韵者，音之合于本音者也。变韵者，音之混于他音者也。侈音者，音之重者也。弇音者，音之轻者也。正韵变韵各有弇侈之殊，侈音弇音又各有各有开合之别"②。

前面已讲到，曾运乾认为"音有侈弇，声有鸿细，皆天地间自然之音"，因此，曾运乾自然就有了"正韵变韵各有弇侈之殊"的认识。

以上论述说明，古本韵和古本声是相辅相成的。其中古本韵三十部，古本声十九纽。对古本音的理解是分析曾运乾正韵、变韵的重要前提，但正韵、变韵是以《广韵》二百零六韵为考察对象的。那么，《广韵》二百零六韵中哪些是正韵，哪些又是变韵呢？

曾运乾说：

> 至于变韵与正韵之别，则凡正韵之侈音，例用鸿声十九纽，弇音例用细声三十二纽。凡变韵之侈音，喉牙唇例用鸿声，舌齿例用细声，亦共十九纽；弇音喉牙唇例用细声，舌齿例无字。此又《切韵》全书大例也。③

---

① 曾运乾：《音韵学讲义》，中华书局2011年版，第441页。
② 曾运乾：《音韵学讲义》，中华书局2011年版，第488页。
③ 曾运乾：《声韵学》，湖南教育出版社2012年版，第213页。

在系统论思想的指导下，曾运乾认为声韵之间有"音侈者声鸿，音弇者声细"的配合规则，因此要从《广韵》的二百零六韵中分出正韵、变韵，那就必须结合《广韵》的五十一声纽来考察。曾运乾《广韵》五十一声纽根据"音侈者声鸿，音弇者声细"的原则析出鸿声十九类、细声三十二类。其中，鸿声十九纽就是古本声，根据声韵相挟而变理论，跟古本声相配的又是古本韵，古本韵就是古本音。而正韵就是跟古本音相合（相同）的读音，否则就是变韵。

曾运乾因此全面分析了《广韵》的体例，对《广韵》中各韵的切语上下字进行分析整理，制定出等韵图性质的《广韵补谱》。今据曾运乾《广韵补谱》将正韵、变韵与五十一纽（其中鸿声十九纽、细声三十二纽）的配合关系制定出五十一纽与正韵配合表和五十一纽与变韵配合表（详见第三章）。从这两个表来考察正韵和变韵的区别，则何谓正韵，何谓变韵，一目了然，与以上曾运乾对正韵、变韵之区别的说明正相吻合。曾运乾古韵三十部（其中阴声九部、阳声十部、入声十一部）和《广韵》二百零六部的正、变韵对应关系，见表4-33。

表4-33 曾运乾古韵三十部和《广韵》二百零六部的正、变韵对应关系

古韵	正韵		变韵	
	侈音	弇音	侈音	弇音
	《广韵》韵目	《广韵》韵目	《广韵》韵目	《广韵》韵目
噫摄	咍海代（开）	之止志（齐）		
应摄	登等嶝德（开合）	蒸拯证职（齐撮）	耕耿净麦（开）①	
娃摄	齐荠霁（半）（开合）	支纸寘（半）（齐撮）	佳蟹卦（开合）	
婴摄	青迥径锡（开合）	清静劲昔（齐撮）	耕耿净麦（开合）	
阿摄	歌哿箇（开）、戈果过（合）	支纸寘（半）（齐撮）	麻马祃（开合）	麻马祃（齐）
	泰（开合）	祭（齐撮）	夬（开合）	废（齐撮）②

① 据曾运乾原意增补。
② 曾运乾以废韵为撮口呼，即合口三等，今依中国社会科学院语言研究所编《方言调查字表》改为开口三等、合口三等。表格中凡四呼与曾运乾表格中不同之处，均依中国社会科学院语言研究所编《方言调查字表》修改。

续表4-33

	正韵		变韵	
	侈音	弇音	侈音	弇音
安摄	寒旱翰曷（开）、桓缓换末（合）	仙狝线薛（齐撮）	删潸谏鎋（开合）	元阮愿月（齐撮）
衣摄	齐荠霁（半）（开合）	脂旨至（半）（齐撮）	皆骇怪（开）	微尾未（齐）
因摄	先铣霰屑（开合）	真轸震质（开）		
		臻栉（齐）		
威摄	灰贿队（合）	脂旨至（半）（撮）	皆骇怪（合）	微尾未（撮）
昷摄	痕很恨（开）	欣隐焮迄（齐）	山产裥黠（开合）	文吻问物（撮）
	魂混慁没（合）	谆准稕术（撮）		
乌摄	模姥暮（合）	鱼语御（撮）	麻马祃（开合）	麻马祃（齐）
央摄	唐荡宕铎（开合）	阳养漾药（齐撮）	庚梗映陌（开合）	庚梗映陌（齐撮）
讴摄	侯厚候（开）	虞麌遇（撮）		
邕摄	东董送屋（合）	钟肿用烛（撮）	江讲绛觉（开）	
幽摄	萧筱啸（开）	尤有宥（开）		幽黝幼（齐）
宫摄	冬宋沃	东董送屋		
夭摄	豪皓号（开）	宵小笑（开）	肴巧效（开）	
音摄	覃感勘合（开）	侵寝沁缉（开）	咸豏陷洽（开）	凡范梵乏（撮）
奄摄	添忝㮇帖（开）	盐琰艳叶（齐）	衔槛鉴狎（开）	严俨酽业（齐）
	谈敢阚盍（开）			

（二）曾运乾正变韵之说与黄侃的分歧

古本音是黄侃古音学的重要基石，黄侃有关正、变韵的观点就体现在他的古本音思想中。黄侃的古本音思想有本声（古本声或古本纽）与本音（古本韵），变声与变音是两组相对的概念，而古本声、变声是黄侃古本音说的重要基础。那么，什么是本声、变声呢？

黄侃在《音略》中说：

今声据字母三十六，不合《广韵》，今依陈澧说，附以己意，定为四十一。古声无舌上、轻唇，钱大昕所证明，无半舌日及舌上娘，本师章氏所证明，定为十九，侃之说也。前无所因，然基于陈澧之所考，始得有此。①

黄侃又在《与人论治小学书》中说：

当知四十一声类中，有本声，有变声。②

黄侃以陈澧《切韵考》所考定的四十一声纽为基础（按：其中明微实为黄侃所分），采纳钱大昕的古无轻唇音、古无舌上音（娘母除外）观点，又接受老师章炳麟的"娘日二纽归泥"说，自己又进一步把照二组归入古精系，照三组归入古端系，最终在四十一声纽中得出本声十九纽、变声二十二纽，如下所示（括号内为与本声对应的变声）：

喉音：影（喻为）　　晓　　　　匣
牙音：见　　　　　　溪（群）　　　　　　疑
舌音：端（知照）　　透（彻穿）　定（澄神禅）　泥（娘日）　来
齿音：精（庄）　　　清（初）　　从（床）　　心（疏邪）
唇音：帮（非）　　　滂（敷）　　并（奉）　　明（微）

黄侃认为本声就是保存在《广韵》中的上古声母，它们从上古到《广韵》的读音不变，古本有之，这些本声于等韵上只有一、四等。而变声就是从上古到《广韵》读音已经变化了的声母，这些变声于等韵上只有二、三等。

那么，什么是本韵（古本韵）、变韵呢？黄侃《声韵通例》说：

凡韵但有正声（按：正声即本声）者，读与古音同，是为本韵。
凡韵有变声者，虽正声之音，亦为变声所挟而变，读与古音异，是为变韵。③

---

① 黄侃：《音略》，载《黄侃论学杂著》，中华书局1964年版，第62页。
② 黄侃：《与人论治小学书》，载《黄侃论学杂著》，中华书局1964年版，第154页。
③ 黄侃：《声韵通例》，载《黄侃论学杂著》，中华书局1964年版，第141页。

可见，本韵由本声决定，变韵由变声决定，这就是黄侃古本音说中著名的声韵"相挟而变"理论。黄侃《音略》说：

> 古声既变为今声，则古韵不得不变为今韵，以此二物相挟而变；故自来谈字母者，以不通古韵之故，往往不悟发声之由来；谈古韵者，以不憭古声之故，其分合又无的证。①

黄侃的声韵"相挟而变"理论实质上就是利用声韵配合规律（即本声与本韵、变声与变韵是相辅相成的）来考察古今语音的变化。由于"《广韵》所包，兼有古今方国之音，非并时同地得有声势二百六种"②，黄侃认为古本音须于二百零六韵中求之。黄侃在《与人论治小学书》中说：

> 当知二百六韵中，但有本声，不杂变声者，为古本音；杂有变声者，其本声亦为变声所挟而变，是为变音。③

根据这个原则，黄侃自创《纽经韵纬求古音表》，对《广韵》切语逐一细加分析，最终从二百零六韵中分析出只有本声十九纽的韵只有本韵三十二韵。这三十二韵只包含一、四等韵。其中，一等韵有：冬、东、模、灰、咍、魂、痕、寒、桓、豪、歌、戈、唐、登、侯、覃、屋、沃、没、曷、末、铎、德、合。四等韵有：齐、先、萧、青、屑、锡、添、帖。其中，寒桓、痕魂、歌戈、曷末开合分韵，以其他开合同韵为例，可以合为四韵，因此三十二韵就归并为二十八韵，这二十八韵就是跟古本声相配的古本韵。那么，古本韵之外的就是跟变声相配的变韵。据钱玄同《文字学音篇》，黄侃的变韵共分为四类。第一类，古在此韵之字，今变同彼韵之音，而特立一韵者。如古东韵之字，今韵有变同唐韵之合口呼者，因别立江韵。则江韵者，东之变韵也。第二类，变韵之音为古本韵所无者。如模有变为鱼韵，覃有变为侵韵是也。第三类，变韵之母音全同本韵。以韵中有今变纽，因别立为变韵。如寒桓为本韵，山为变韵。青为本韵，清为变韵是也。第四类，古韵有平入而无上去。故凡上去之韵，皆为变韵。如此，处上声之董，去声之送一，在古皆当读平声，无上去之

---

① 黄侃：《音略》，载《黄侃论学杂著》，中华书局1964年版，第62页。
② 章太炎：《音理论》，载《国故论衡》，吉林出版集团股份有限公司2017年版，第22页。
③ 黄侃：《与人论治小学书》，载《黄侃论学杂著》，中华书局1964年版，第157页。

音，故云变韵是也。今据钱说，并参考陈新雄《黄侃的古音学》一文①，将黄侃正韵、变韵情况整理为表 4-34（阴声韵举平以赅上去，阳声韵举平以赅上去入，祭、泰、夬、废四韵除外）。

表 4-34 黄侃正韵、变韵对应关系

正韵	咍	登	齐	青	歌	戈₁	寒
变韵	之	蒸	支佳	耕清	麻	戈₂戈₃	删山元
正韵	桓	灰	先	痕	魂	模	唐
变韵	祭泰夬废	脂微皆	真臻仙	欣	文谆	鱼	阳庚
正韵	侯	东₁	萧	冬	豪	覃	添
变韵	虞	钟江	尤幽	东₂	宵肴	侵咸衔凡	谈盐严

说明：以上戈₁是合开一等韵、戈₂是开口三等韵、戈₃是合口三等韵，东₁是合口一等韵、东₂是合口三等韵。麻、庚兼属二、三等韵，其他变韵中之、蒸、支、清、元、祭、废、脂、微、真、臻、仙、欣、文、谆、鱼、阳、虞、钟、尤、幽、宵、侵、凡、盐、严等属三等韵，佳、耕、麻、删、山、夬、皆、江、肴、咸、衔等属二等韵。泰韵本属一等韵，但因黄侃认为"凡上去之韵，皆为变韵"，故列为变韵。谈韵本属一等韵，但陈新雄据黄侃《谈添盍帖分四部说》加以修正，把谈韵列为古本韵，衔、盐、严均列为谈韵相配的变韵。

与黄侃比较，曾运乾正韵中的侈音就是黄侃的正韵，而正韵中的弇音是黄侃的变韵，曾运乾的变韵也是黄侃的变韵。因此，两人的区别就是曾运乾正韵中的弇音是黄侃的变韵。具体而言，以上黄侃正变韵表中的各变韵，除了麻、庚、元、幽、凡、严外，曾运乾的正变韵表都处理成了正韵。曾运乾明确表达了他很不赞成黄氏把之蒸支钟阳等韵处理为变韵的看法。

曾运乾说：

> 近人言《广韵》者，每谓东、冬为古本音，钟为今变音；唐为古本音，阳为今变音，此大误也，第可言音之侈弇，不当以为音之正变。钟之于东、冬，阳之于唐，明为一音，何有正变之分。变音当如江之于东、冬、钟，庚之于阳、唐，本为同韵，变为异读。江读同阳、唐，庚读同

---

① 参见陈新雄《黄侃的古音学》，载《中国语文》1993 年第 6 期，第 445～454 页。

清、青，此其变音也。陆法言编次《切韵》，变韵别为一例，不与正韵同科，最为明晰。等韵家不知音理，或杂江韵于阳、唐，庚韵于清、青，是不知古今音之差异。或列变韵之侈音于二等，弇音于四等，是不知正变音之分配。①

曾运乾又说：

黄氏以此三十二韵为古本韵，则其他各韵，必为后变韵。余意陆氏之意，如之之于咍，蒸之于登，鱼之于模，阳之于唐等，非本韵变韵之别，乃弇音侈音之别；如江之于东、冬，庚之于阳、唐，麻之于歌、戈、鱼、模等，声势有殊，古今异读，斯为变韵耳。②

曾运乾明确指出："之之于咍，蒸之于登，鱼之于模，阳之于唐等，非本韵变韵之别，乃弇音侈音之别。""第可言音之侈弇，不当以为音之正变。钟之于东、冬，阳之于唐，明为一音，何有正变之分。"之、蒸、鱼、钟、阳均为弇音，咍、登、模、唐均为侈音，曾运乾为何还要说之与咍、蒸与登、鱼与模、钟与东冬、阳与唐分别同音，因而同为正韵呢？

曾运乾说：

实则音有侈弇，声有鸿细，皆天地间自然之音；而文字之读法，大率古音侈今音敛，所谓昔吾有先正其言明且清也。至于隋唐之间，其读法亦不能全如周秦。是故古音分部，各有弇侈，如：咍齐与登青对转为一大类，咍齐分部者，咍侈而齐弇也；登青分部者，登侈而青弇也。歌灰齐（之半）与寒魂先对转为一大类，歌灰齐（之半）分部者，歌灰侈而齐（之半）侈也；寒魂先分部者，寒魂侈而先弇也。模侯萧与唐东冬对转为一大类，而模侯萧分部者，模侯侈而萧弇也；唐东冬分部者，唐东侈而冬弇也。豪自为一类侈音也。覃添分部者，覃侈而添弇也。此古音阴声阳声十九部之条理可寻者也。

至法言《切韵》分析愈微，每韵各制侈弇二韵，如咍之一韵，咍侈而之弇也；登蒸一韵，登侈而蒸弇也；齐支一韵，齐侈而支弇也；青清一

---

① 曾运乾：《音韵学讲义》，中华书局2011年版，第178页。
② 曾运乾：《音韵学讲义》，中华书局2011年版，第182页。

韵,青侈而清弇也;模鱼一韵,模侈而鱼弇也;唐阳一韵,唐侈而阳弇也;侯虞一韵,侯侈而虞弇也;东钟一韵,东侈而钟弇也。《切韵》侈弇分韵之例,视此矣。①

曾运乾认为"实则音有侈弇,声有鸿细,皆天地间自然之音",这是继承了江永的观点。江永认为人类的语言中本来就存在侈弇的区别。他在《古韵标准》中说:"人灵万物,情动声宣,声成文谓之音。错综纵横,四七经纬,由是侈弇异呼,鸿杀异等,清浊异位,开发收闭异类,喉牙齿舌唇辗转多变,悉具众音。"②

在这种思想指导下,曾运乾认为韵无论侈弇,都可以作为古本音,因此,之与咍、蒸与登、鱼与模、钟与东冬、阳与唐虽有弇侈之分,但是它们都可以同等地作为古本音,这与段玉裁的古本音只能是弇音,黄侃的古本音只能是侈音是不同的。

曾运乾又认为之与咍、蒸与登、鱼与模、钟与东冬、阳与唐之间"非本韵变韵之别,乃弇音侈音之别"。将曾运乾正韵中的侈音韵和弇音韵比较可以发现,正韵中的侈音韵均属一、四等韵,弇音韵均属三等韵。变韵中的侈音韵除了麻庚兼属二、三等外,均属二等韵。变韵中的弇音韵除了麻庚兼属二、三等外,均属三等韵。总体而言,曾运乾的侈音韵包括一、二、四等韵,弇音韵包括三等韵。

因此,曾运乾的侈弇是从等韵来说的③,其中,一、二、四等韵为侈音,三等为弇音。按照现代学者构拟的音值,三等字有[i]介音,一二四等字没有[i]介音。曾运乾既然认为之与咍、蒸与登、鱼与模、钟与东冬、阳与唐分别同为正韵,且与古本音相同,两两之间只有侈弇之别,这就表明曾运乾上古音观念中,之与咍、蒸与登、鱼与模、钟与东冬、阳与唐之间的韵腹(或主要元音)是相同的,只有有无介音[i]的区别。

曾运乾认为正韵、变韵都应各分为侈弇二音;黄侃认为正韵为侈音,变韵为弇音。曾运乾认为正韵中包括侈弇二音,正韵侈音包括一、四等(二等韵为变韵侈音),弇音包括三等,这就表明上古音中有[i]介音;黄侃认为正韵

---

① 曾运乾:《音韵学讲义》,中华书局2011年版,第179~180页。
② [清]江永:《古韵标准》,中华书局1985年版,第1页。
③ 咍与齐、登与青、歌灰与齐之半、寒魂与先、模侯与萧、唐东与冬、覃与添之间的侈弇是以韵腹的开口度区分的。

为侈音，变韵为弇音，即"古本音只有一、四等，无二、三等，也就是古无介音 [i]（或作 [I] 或 [j]）"①。

这就是两人在正变韵说的分歧。那么，这种争论孰对孰错？抑或都有道理？其实，曾运乾和黄侃对正变韵看法的分歧恰恰代表了学界对古今音变条件的两种理解意见。

首先，曾运乾正变韵思想有其合理性，因为它是符合历史比较语言学的原则的。

以王力为代表的一种意见认为，研究汉语语音史时要注意运用比较语言学理论的两个定律。他说："研究汉语语音史，要讲究方法。……要讲究比较语言学的理论。比较语言学有一个定律：在完全相同的条件下，不可能有两种不同的演变。因此我们可以知道，顾炎武所谓'家'读如'姑'是错误的，汪荣宝所谓'姑'读如'家'同样也是错误的。'家'和'姑'在古代如果完全同音，后来就没有分化的条件了。比较语言学的另一个定律是有条件的变化。因此我们可以知道，钱大昕古无舌上音的说法是可信的。上古舌头音一四等直到今天还是舌头音，二三等字到了晚唐时代变了舌上音。等呼不同，这就是变化的条件。从这上头，我们就能发现语音发展的内部规律。"②

对于第一个定律，王力还有另一种表述，他说："语音的一切变化都是制约性的变化，这就是说，必须在完全相同的条件下，才能有同样的发展。反过来说，在完全相同的条件下，不可能有不同的发展，也就是不可能有分化……这是历史比较法的一个最重要的原则，我们不应该违反这一个原则。"③

曾运乾认为江不同于东钟，庚不同于阳唐，是因为"今音实不同"，这正可以说明"在完全相同的条件下，不可能有不同的发展，也就是不可能有分化"。曾运乾又认为江不同于唐阳，庚不同于青清，是因为"古音实不同"，这正可以说明"必须在完全相同的条件下，才能有同样的发展"。因此，可以说，曾运乾的正变韵思想是符合第一个定律的。

曾运乾的正变韵思想也符合第二个定律。黄侃的正变韵说主张古侈今弇，即正韵如咍、肴豪、屋、虞模、登、盐添、覃谈咸衔、东、唐、庚青、先、魂痕、寒桓删山仙、齐皆灰、佳、麻等为侈音，变韵如之、萧宵、尤侯、鱼、

---

① 王宁、黄易青：《黄侃先生古本音说中的声韵"相挟而变"理论——兼论古今音变的"条件"》，载《陕西师范大学学报》（哲学社会科学版）2003年第4期，第63页。
② 王力：《汉语语音史》，商务印书馆2017年版，第13页。
③ 王力：《汉语史稿》（上册），中华书局1980年版，第69页。

蒸、侵、严凡、冬钟、阳、耕清、真、谆文欣、元、脂微、支、歌戈等为弇音。段玉裁的正变韵说主张古弇今侈，他的正变韵刚好和黄侃相反，即正韵如之、萧宵、尤侯、鱼、蒸、侵、严凡、冬钟、阳、耕清、真、谆文欣、元、脂微、支、歌戈等为弇音，变韵如咍、肴豪、屋、虞模、登、盐添、覃谈咸衔、东、唐、庚青、先、魂痕、寒桓删山仙、齐皆灰、佳、麻等为侈音。两人都是从韵的侈弇来区分正变韵，这就导致了王力的批评，王力说：

> 前人所谓古本韵，或只有洪音，没有细音；或只有细音，没有洪音。因此，即使是同部的字，如果与古本韵洪细不同，也必须改读。例如《诗经·魏风·伐檀》首章叶"檀干涟廛狟餐"，本来已经很和谐了，而江有诰还要读"檀"为徒连反，读"干"为"忏"（居言反），读"餐"为"迁"，因为他认为元韵（包括仙韵）是古本韵（按：江有诰古本韵意见与段玉裁大体一致，即主张古弇今侈）。黄侃读来，正好相反，他对于"檀干餐"并不改读，反而读"涟"为"兰"，读"廛"为"檀"，读"狟"为"桓"，因为他认为寒桓韵是古本韵。其实江有诰、黄侃的古韵音值拟测都是错误的。如果上古"檀廛"同音，"干忏"同音，"涟兰"同音，"餐迁"同音，后来就没有分化的条件了。①

曾运乾的正变韵说与黄侃、段玉裁是不同的。他的正韵既有洪音（曾运乾称为侈音），也有细音（曾运乾称为弇音），因此能够方便地解释后来语音的分化条件。曾运乾既不同意黄侃的说法，也不同意段玉裁的正变韵说法。他认为段玉裁所谓的正变韵实为韵的侈弇问题，两者是不同性质的。段玉裁《六书音均表》说："古音分十七部矣，今韵平五十有七，上五十有五，去六十，入三十有四，何分析之过多也，曰：音有正变也。"② 曾运乾批评说："此非音之正变也，如东冬之江，阳唐之庚，鱼模歌戈之麻，乃为变韵。"③ 黄侃和段玉裁一样，两人都把韵的侈弇作为判断韵的正变的标准。

从曾运乾《正变韵表》可以看出，曾运乾的正变韵和侈弇确有一定的关系，但不是简单以韵的侈弇来决定韵的正变，曾运乾说："第可言音之侈弇，

---

① 王力：《汉语语音史》，商务印书馆2017年版，第43～44页。
② ［清］段玉裁：《六书音均表》，载《说文解字注》，上海书店出版社1992年版，第815页。
③ 曾运乾：《音韵学讲义》，中华书局2011年版，第179页。

不当以言音之正变。钟之于东、冬①,阳之于唐,明为一音,何有正变之分?"意思就是:钟与东一同为正韵,其中东一为钟相对应的侈音,钟为东一相对应的弇音;冬与东二同为正韵,冬为东二相对应的侈音,东二为冬相对应的弇音;唐与阳同为正韵,唐为阳相对应的侈音,阳为唐相对应的弇音。按照曾运乾的说法,钟与东一、东二与冬、阳与唐均分别同部,那么按照这个原则读以上《诗经》的韵脚字,就不必改读了,因为它们之间只有侈弇之分,即韵头不同,而主要元音是相同的。

曾运乾对《切韵》二百零六韵和上古三十部的对应关系的精密分析是他善于审音的表现,每个上古韵部都和不同的正韵、变韵对应,而每个正韵或变韵又有侈弇、开合之分。总之,上古音和中古之间都有严整的对应关系。这种对应关系恰恰说明了古今语音演变是有条件的,这就是以上王力说的比较语言学的第二个重要定律。

曾运乾的正变韵思想体现了古今韵部之间的分合关系,清晰地勾画出了古今语音变化的基本线索。王力指出,依照清儒"古本韵"的理论拟测上古韵部音值,就没有等呼的问题。因为如果古本韵是洪音,就没有细音,如果古本韵是细音,就没有洪音。古本韵只有一个等,没有几个等,因此没有等呼问题。② 如此,段玉裁、黄侃等人的"古本韵"就很难解释上古韵部和中古韵之间的分化问题。而曾运乾的正韵、变韵都包括《广韵》不同等呼的韵,其中曾运乾的正韵弇音所包括的韵目是指开口或合口三等韵,而三等韵在中古都有[i]介音,曾运乾既然把这些韵作为正韵,那就说明曾运乾的观念中上古音也是有[i]介音的,这和王力拟测的上古音音值是基本一致的。③

其次,黄侃的古本音说的声韵"相挟而变"理论则是对古今音变条件的另一种理解。需要指出的是,跟王力的观点一样,黄侃的古本音思想也承认语言是发展变化的,而且这种变化也不是杂乱无章的,是表现为类的一种规律性的变化,即某一类音的变化往往会引起与之相关的另一类音的变化。

---

① 据曾运乾《音韵学讲义》的《正变韵表》,当为钟之于东一、东二之于冬。
② 参见王力《汉语语音史》,商务印书馆2017年版,第49页。
③ 王力《汉语语音史》的拟音意见是:开口一等无韵头,二等韵头是[e](或全韵为[e]),三等韵头[i],四等韵头[i];合口一等韵头[u],二等韵头[o],三等韵头[iu],四等韵头[iu]。(参见王力《汉语语音史》,商务印书馆2017年版,第53页)但他在《同源字典》的拟音意见改为:开口一等无韵头,二等韵头是[e](或全韵为[e]),三等韵头[i],四等韵头[y];合口一等韵头[u],二等韵头[o],三等韵头[iu],四等韵头[yu]。(参见王力《同源字典》,商务印书馆1982年版,第78~80页)

黄侃《音略》说：

>　　古声既变为今声，则古韵不得不变为今韵，以此二物相挟而变；故自来谈字母者，以不通古韵之故，往往不悟发声之由来；谈古韵者，以不憭古声之故，其分合又无的证。①

"凡音之成，合声韵而成。"声韵之间是相辅相成的，声变必然引起韵变，反之，声不变则韵也不变；同理，韵母的变化也会引起声母的变化。这就说明语音的演变是有规律的。

按照声韵"相挟而变"理论，古本音只有一、四等，今变韵只有二、三等。这就表明上古音中没有三等韵，因而上古音中也就没有[i]介音。这种认识与王力等音韵学家的观点是相反的。王力等主张上古有[i]介音，"因为语音分化的'条件'必定是在上古语音系统或音节结构本身，所以今音的三等一定是从上古的三等来的，今音三等的[i]介音一定有一个上古三等介音在那里对应"②。

那么上古的[i]介音是否存在呢？

王宁、黄易青从三个方面来证明上古有[i]介音的说法是值得怀疑的③：①在早期梵汉对音材料里，或在一些较多保存古音的方言里（如闽方言），三等字里仍有不少没有这个[i]介音。②上古时代的谐声系统，反映不出介音[i]的存在。③在被认为没有[i]介音的二等韵里，也发生了跟有介音[i]的三等韵一样的变化。

王、黄两先生得出三个结论：①不能把古今音进行直线的简单对应来谈音变和音变条件。②古今语音变化的"条件"，不一定非得是古音的语音系统或音节结构本来存在差异。方音的不同，语言传播中各方言语音的影响、交叠、替代，可能是古今语音变化的最重要条件。从另一个角度说，方音的不同与语音的历史音变互为因果，而发音机制的变化是方音不同和历史音变的生理原因。简言之，语音变化不只是限于原来音系结构上的原因，还有它的社会交流和发音生理上的原因。③上古到中古发生音变的最重要的原因在于发音基础也

---

① 黄侃：《音略》，载《黄侃论学杂著》，中华书局1964年版，第62页。
② 王宁、黄易青：《黄侃先生古本音说中的声韵"相挟而变"理论——兼论古今音变的"条件"》，载《陕西师范大学学报》（哲学社会科学版）2003年第4期，第63页。
③ 参见王宁、黄易青《黄侃先生古本音说中的声韵"相挟而变"理论——兼论古今音变的"条件"》，载《陕西师范大学学报》（哲学社会科学版）2003年第4期，第63页。

就是发音器官的肌理发生了变化。那就意味着与上古音对应的今音之不同，不一定是最初的上古音本来有什么变化。

徐通锵《语言论——语义型语言的结构原理和研究方法》① 则根据现实方言提供的音变机理，探讨了［i］介音对声母演变所起的重要作用，包括［i］介音对章、庄等的形成和演变以及［i］介音对中古时期所开始的声母四大分化等。

徐先生除了利用传统的传世文献材料（如《说文》中的"读若"）和出土文献材料（如山东临沂银雀山汉墓出土的竹书和长沙马王堆出土的帛书），还利用了现实语言的材料，如云南白语②、山西太原话、赣方言和鄂东南方言。山西太原话、赣方言和鄂东南方言的情况说明，无论是一等韵、二等韵和四等韵字都可以产生［i］介音，这说明"不能把［i］介音的有无看成为一成不变的东西"。特别是汉语中古音的三等字在"音韵不与切韵而是与上古音相连的"云南白语中的反映基本上没有［i］介音，多属开口韵的情况成为"中古的三等韵字在上古没有［i］介音"的重要证据。

徐先生得出以下四个结论：

（1）中古的"等"与上古的"等"结构很不一样，不能认为中古有［i］介音的三等韵字在上古也是"三"等，有［i］介音。

（2）不能用切韵的"等"的结构框架去考察先秦、两汉的"等"的结构；开合口的划分和等的结构一样也是一个历史范畴，不能把切韵音系的开合口套到上古音系的结构上去。

（3）现实方言的情况告诉我们，无论是一等韵、二等韵和四等韵字都可以产生［i］介音，这说明"不能把［i］介音的有无看成为一成不变的东西"。

（4）开合口和等的形成自然使汉语的音系结构发生了重大的变化，但这主要是表层的变化，支配这种变化的音系结构格局和音变机理并没有发生原则性的改变，因而［i］介音继续发挥它的调整音系结构的功能，使汉语的声母系统进入了新一轮的分化。

徐、王、黄三位先生是从不同的角度来探讨音变的，徐先生注重声韵的相

---

① 参见徐通锵《语言论——语义型语言的结构原理和研究方法》，商务印书馆 2014 年版，第 164～173 页。

② 白语属汉藏语系语言，对白语的归属问题，学术界至今尚未达成共识。主要的看法有藏缅语族说、汉白语族说、汉语方言说、混合语说等多种。［赵黎娴：《白语的系属问题研究简述》，载《中央民族大学学报》（哲学社会科学版）2009 年第 6 期，第 114～121 页］

互影响（这里主要指［i］介音对声母的影响），王、黄两位先生则注重社会、生理的因素。在这三个因素当中，"汉语语音发展的更直接的原因是它内部的声、韵、调直接的相互影响。这种影响决定了汉语语音的具体变化"①。因此，如果拿徐先生的论证来说明上古无［i］介音应该更有说服力。

严学宭也认为："从汉藏语系的藏缅语和壮侗语来看，一般是没有介音的，纵然个别语言或方言出现的话，那也是后来现象，原来是没有介音的。"此外，在今广州话中也未出现［i］介音。由此，他推断汉语在上古时期没有［i］介音。②

徐通锵、严学宭等人的研究思路是值得重视的，唐作藩说："我们认为，参考与运用现代方言和汉藏系语言的研究成果以探索原始或远古汉语语音系统，这是有意义的；将构拟的原始或远古汉语看作是现代各地方言的祖先，并假定它与汉藏系其他语言存在发生学上的关系，这也是可能的。都值得进一步研究。"③

此外，［i］介音的有无还不仅是有关介音的问题，而是关系到整个上古音系统的拟测问题。高本汉、王力、董同龢、陆志韦、李方桂等学者都提出了自己的上古语音系统，其中又各有自己的上古介音系统。他们的上古语音系统有的主张有介音，有的主张没有介音。即使主张上古有介音的人的意见也很不一致，差不多一家一个样，正如何九盈、陈复华所说："介音问题与声母系统的关系非常密切，在上古声母系统还没有得到充分研究之前，要非常满意地解决上古介音系统的问题，还不太可能。"④

因此，尽管曾运乾和黄侃这场围绕上古音是否有［i］介音的争论还会持续，但我们必须承认，曾运乾在继承江永侈弇理论的基础上，又批判地接受了黄侃的古本音说，最终形成了自己独特的正变韵思想。他对正变韵的细致划分是他对《广韵》审音的精密表现，他的正变韵之说符合比较语言学的原则，体现了一个语言学家对语言规律的探索精神。

第四节 曾运乾的古声调研究

相比对上古声纽和韵部的研究，曾运乾对上古声调的研究就逊色多了。曾

---

① 唐作藩：《汉语语音史教程》，北京大学出版社 2011 年版，第 175 页。
② 参见严学宭《〈广韵〉导读》，中国国际广播出版社 2008 年版，第 140 页。
③ 唐作藩：《汉语语音史教程》，北京大学出版社 2011 年版，第 62 页。
④ 陈复华、何九盈：《古韵通晓》，中国社会科学出版社 1987 年版，第 398 页。

运乾对上古声调的看法主要体现在其著作《声韵学》一书《广韵补谱》一节中，今引曾运乾该文观点并评述之。

曾运乾说：

> 四声之说，虽近起于齐梁，而言词之疾徐清浊，自古已然。古人之口耳，未必远於今人，而曰古无去声，怪其不近情也。盖古者平上入三声，各有清浊。去为入之清音，入为去之浊音，合之平上清浊，则得六声。口能所宣、耳能所审者，只此而已。①

上古汉语的声调迄今尚无定论，清代学者研究上古声调，段玉裁的古无去声说影响很大。

段氏《六书音韵表》云：

> 古四声不同今韵，犹古本音不同今韵也。考周秦汉初之文，有平上入，而无去。洎乎魏晋，上去入多转而为去声，平声多转为仄声。于是乎四声大备，而与古不侔。……古平上为一类，去入为一类，上与平一也，去与入一也。上声备于三百篇，去声备于魏晋。②

段氏从语音演变的角度把上古声调到中古的发展分为三个阶段。即周秦以前只有平入两个声调，其中上声归平声，去声归入声，这是第一阶段。周秦到两汉有平上入三个声调，上声已经从平声分化出来，去声仍归入声，这是第二阶段。魏晋有平上去入四个声调，去声已从入声分化出来，这是第三阶段。段氏证明古无去声的依据主要有《诗经》押韵、谐声、转注、假借、异读、古今字等材料③，其中，最重要的当是《诗经》押韵和谐声字。段氏根据《诗经》的押韵情况归纳，发现古韵十七部中所包括的声调情况有以下四种。①具备平上入三者：之部、幽部、鱼部、脂部；②只有平上两声者：侯部；③只有平入两声者：侵部、谈部、真部、支部；④只有平声者：宵部、蒸部、东部、阳部、耕部、文部、元部、歌部。

段氏又在《古谐声说》中指出："一声谐万字，万字而必同部。同声必同

---

① 曾运乾：《声韵学》，湖南教育出版社2012年版，第215页。
② [清] 段玉裁：《六书音均表》，载《说文解字注》，上海书店出版社1992年版，第815页。
③ 林焘：《中国语音学史》，语文出版社2010年版，第251～254页。

部。明乎此,而部分、音变、平入之分配、四声之古今不同,皆可得矣。"①这说明他也运用谐声材料来证明古无去声说。

段氏古无去声说受到学界的认可,后来的学者如黄侃、王力等都支持其说。王力认为:"在诸家之说中,段玉裁古无去声说最有价值。""段氏古无去声之说,可以认为是不刊之论。"②

曾运乾对上古声调的理解,显然受到段氏的影响。按照曾运乾的说法,上古有六个声调,即阴平、阳平、阴上、阳上、阴入、阳入。这六个声调从大体而言,只有平上入三声,而无去声。和清儒对上古声调的研究比较,曾运乾最大的不同在于平上入三声各按清浊分出阴阳,这样就变成了阴平、阳平、阴上、阳上、阴入、阳入六个声调。究其原因,则很可能是受到江永提出的"四声八调说"影响。江永在《音学辨微》中说:

> 平声清浊易辨,学者先辨平声。桐城方以智制啌嘡二字以为平声清浊之准,啌音空,嘡音堂,凡音之高而扬如啌者皆清,低而下如嘡者皆浊也。然平有清浊,上去入皆有清浊,合之凡八声。而方氏以啌嘡上去入为五声,误矣。盖上去入之清浊方氏不能辨故也。③

明代方以智从乐律角度分析出只有平声根据声母清浊分阴阳,上去入三声不分阴阳,并认为古有啌嘡上去入五声。方氏的声调观受到了江永的批评。江永此处提出四声八调说,意在说明把平上去入各分出阴阳就可以正确辨别不同声调字的声母清浊,但并不表明他提倡上古有四声八调。和顾炎武一样,江永认为上古是有平上去入四声的。他在《古韵标准》中说:"四声虽起江左,案之实有其声,不容增减,此后人补前人未备之一端。平自韵平,上去入自韵上去入者,恒也。"④

四声八调是指中古四声到近代分化成阴阳两类,即阴平、阳平、阴上、阳上、阴去、阳去、阴入、阳入的现象。唐代日僧安然《悉昙藏》(公元880年)记载:

---

① [清]段玉裁:《六书音均表》,载《说文解字注》,上海书店出版社1992年版,第817页。
② 王力:《汉语语音史》,商务印书馆2017年版,第78~79页。
③ [清]江永:《音学辨微》,中华书局1985年版,第20~21页。
④ [清]江永:《古韵标准》,中华书局1985年版,第9页。

承和之末，正法师来。初习洛阳，中听太原，终学长安，声势大奇。四声之中，各有轻重。平有轻重，轻亦轻重，轻之重者，金怒声也。上有轻重，轻似相合金声平轻、上轻，始平终上呼之；重似金声上重，不突呼之。去有轻重，重长轻短。入有轻重，重低轻昂。①

这里所说的四声轻重之分，应该是指由于声母清浊不同而产生的调值差异。又，杜甫诗歌《丽人行》（公元753年）中上半首"新、真、春、亲"阴平声押韵，"人、匀、麟、秦"阳平声押韵。下半首"尘、神、巡、苹、伦"阳平声押韵，"珍、津、茵、巾、嗔"阴平声押韵。杜甫诗中平声分化为阴平、阳平，这应该是当时语音的实际反映。②

因此，四声八调只是中古到近代按声母清浊出现的声调分化现象，曾运乾没有从《诗经》押韵、《说文》谐声等材料出发，而只是推演前人有关古声调研究的一些观点。他仅根据中古以后的声调分化来推测上古声调，不免有以今律古之嫌。

曾运乾又说：

《公羊·庄》二十八传："春秋伐者为客，伐者为主。"何休《解诂》云："伐人者为客，读伐长言之，见伐者为主，读伐短言之。"孔广森《通义》释其意云："长言者若今去声，短言者若今入声矣。"《周官音义》刘昌宗读伐为扶废反，是伐人之伐，古皆读去声。《六羧》曰："日中必慧，执斧必伐。"长言之，与慧为韵。《诗》曰："韦顾既伐，昆吾夏桀。"短言之，与桀为韵。段氏《说文》伐字注云："按，今人读房越切，此短言也。刘昌宗《周礼》大司马、大行人、鞧人皆房废切，此长言也。刘系北音，周颙、沈约韵书，皆用南音，去入多强为分别，而不合于古矣。"二家虽同以长言短言为去入，而段氏谓强生分别者，盖伐之长言固有与去为韵者，而与入为韵则其常也。如《诗·甘棠》之"勿翦勿伐，昭伯所茇"，《皇矣》之"是伐是肆，是绝是忽"均当长言之，所谓伐人者为客也。而一与茇韵，一句中与绝韵，不必同读去声，如伐慧之类也。

盖古之所谓长言短言者，非四声去入之别，乃一声清浊之辨也。清声高而长，浊声低而短，故长言即清声，短言即浊声，非浊入声，去声亦如

---

① 转引自潘悟云《汉语历史音韵学》，上海教育出版社2000年版，第94页。
② 参见杨剑桥《汉语音韵学讲义》，复旦大学出版社2005年版，第175页。

是矣。考《颜氏家训·音辞篇》云："今江南学士读《左传》，口相传述，自为凡例。军自败曰败；打破人军曰败，则读补败反。"按：自败曰败，当短言之例，今读薄迈反，为去声之浊声；打破人军曰败，当长言之例，今读补败反，为去声之清声。左氏之败败以清浊为分，则知《公羊》之伐伐亦只清浊有殊，不当视为去入之辨也。①

长言、短言的区别，孔广森、段玉裁以及王力都认为是去声、入声的区别，但曾运乾认为"古之所谓长言短言者，非四声去入之别，乃一声清浊之辨也"。我们认为，曾运乾此论的目的是迁就他的各调分阴阳两类之说。为证明自己的观点，曾运乾以去声字"败"的两个读音来类推入声字"伐"的两个读音也是清浊的分别。短言之败（即见败），读薄迈反，声纽为古并母，的确为"去声之浊声"，长言之败（即败人），今读补败反，声纽为古帮母，的确为"去声之清声"。"伐"字的读音据《经典释文》也有两读，一读蒲害反（《广韵》作符废切），一读普贝反（《广韵》作博盖切）②。"蒲""符"同为浊音（同为古并母），"普""博"（普为古滂母，博为古帮母）虽有区别，但同属清音。

以上曾运乾所举例证为一字异读，但仅仅举一两个例证是缺乏说服力的。实际上，研究上古声调的材料还有韵文、谐声字、假借、古今字等，而其中最为重要的材料是韵文，声调的研究只能靠对周秦时代韵文的押韵情况来分析、综合（虽然韵文是不一定严格相押的）③，此外，还需联系中古的声调系统来研究上古音的声调，如果不能合理解释上古到中古声调的演变，那么这种假说是经不起检验的。曾运乾把上古声调定为阴平、阳平、阴上、阳上、阴入、阳入六个声调，但他并没有提供充分的证据来解释这六个声调是怎样演变成中古平、上、去、入四声的。

---

① 曾运乾：《声韵学》，湖南教育出版社2012年版，第215～216页。
② 参见王力《汉语语音史》，商务印书馆2017年版，第74页。
③ 参见汪寿明、潘文国《汉语音韵学引论》，华东师范大学出版社1992年版，第192页。

第五节　曾运乾的音转说研究

一、曾运乾的古声通转说研究

1. 曾运乾以前对古声通转的研究

（1）戴震之说。戴震对古声通转的研究主要体现在他的《转语二十章序》和《声类表》中。从其《转语二十章序》中，我们可见戴震撰写《转语》的旨趣是探求语源或音义之间的关系。他说：

> 昔人既作《尔雅》《方言》《释名》，余以谓犹缺一卷书，创为是篇，用补其缺。俾疑于义者，以声求之，疑于声者，以义正之。①

戴氏《转语二十章序》还说："凡同位为正转，位同为变转。"② 他又说："凡同位则同声，同声则可以通乎其义；位同则声变而同，声变而同则其义亦可以此之而通。"③ 戴氏用"位"来代替字母，他提出了的二十位概念，即他的上古声纽二十类。所谓的"同位"指声母的发音部位大致相同，而"位同"指声母的发音方法大致相同。虽然《转语二十章序》并未逐一列出二十位，但归纳他的《声类表》中所列之字，根据"同位""位同"之法，并别以清浊，可列出其二十位表，详见表4-35。

表4-35　戴震二十位表④

位同	同位				
	一类	二类	三类	四类	五类
	喉牙（唇）	舌头	舌上（正齿）	齿音（牙）	唇音
一位（不送气塞擦音）　清	见	端	知照	精	帮
浊					

---

① ［清］戴震：《转语二十章序》，载《戴震集》，上海古籍出版社1980年版，第107页。
② ［清］戴震：《转语二十章序》，载《戴震集》，上海古籍出版社1980年版，第106页。
③ ［清］戴震：《转语二十章序》，载《戴震集》，上海古籍出版社1980年版，第107页。
④ 此表参照了齐佩瑢《训诂学概论》（中华书局1984年版）所列《戴震二十位表》。

续表 4-35

位同		同位				
		一类	二类	三类	四类	五类
		喉牙（唇）	舌头	舌上（正齿）	齿音（牙）	唇音
二位（送气塞擦音）	清	溪	透	彻穿	清	滂
	浊	群	定	澄床	从	并
三位（零声母、鼻音）	清	影				
	浊	喻微	泥	娘日	疑	明
四位（边音、擦音）	清	晓		审	心	非敷
	浊	匣	来	禅	邪	奉

从表 4-35 可以看出戴震对古声纽的流转途径的认识。我们可以根据曾运乾的授课讲义来理解戴震的同位正转、位同变转之法。曾运乾说：

戴氏转语之法，其根据戴未明言，实则其同位正转、位同变转之例，全据扬子《方言》。试证于下：

正转例

卷十："煤（呼隈反），火也。楚转语也。犹齐言：煋（音毁），火也。"（按：煤、煋均晓母双声，故为正转）

卷十一："蝇，东齐谓之羊。"注："此亦转语耳。"（按：蝇、羊均喻母双声，故为正转）

卷十三："瘳（巨畏反），极也。"注："江东呼极为瘳，倦声之转也。"（按：瘳、极、倦均群母双声，故为正转）

变转例

卷一："凡人之大谓之奘，或谓之壮（曾按侧亮切），燕之北鄙、齐楚之郊或曰京（曾按举卿切），或曰将（曾按即良切），皆古今语也。"注："语声转耳。"[按：壮，庄母（照母）；京，见母；将，精母。照、见、精母为位同变转。又奘，从母，将，精母。从、精母为同位正转]

卷三："苏，芥草也。"注："苏犹芦，语转也。"（按：苏，心母；芦，来母。心、来母为位同变转）

又："铤，空也。语之转也。"（曾按铤徒顶切）（按：铤，定母；空，溪母。定、溪母为位同变转）

卷五："薄，宋魏陈楚江淮之间，谓之苗，或谓之麴（曾按丘六切）。"注："此直语楚声转也。"（按：苗，溪母；麴，溪母；薄，並母。溪、並母为位同变转）

又："床……其杠，……南楚之间谓之赵。"注："赵谓之桃，声之转也。"（按：赵，澄母；桃，定母。澄、定母为位同变转。实则澄母古隶定母，为同位正转）

卷八："尸鸠，自关而东，谓之戴鵀，东齐海岱之间，谓之戴南；南谓之鵀也。"注："此亦语之楚声转也。"（按：南，泥母；任鸟，日母。泥、日母为位同变转。若按章炳麟之说，则日母古隶泥母，为同位正转）

卷十："諑，不知也。"注："音痴眩，江东曰咨（曾按才支切），此亦知声之转也。"案：字从豙，应隶清母，今音痴，丑脂切，彻母，故云声之转也。（按：諑，清母；痴，丑之切，非曾运乾所谓丑脂切，彻母；咨，即夷切，非曾运乾所谓才支切，精母；知，知母。清与彻母，精与知母分别为位同变转。精与清母，知与彻母分别为同位正转）

卷十一："鼀鼀……或谓之蠾蝓（烛臾二音），蠾蝓者侏儒，语之转也。"（曾按侏，章俱切，儒人朱切）（按：鼀，知母；蠾，照母；烛，照母；侏，照母。知、照母合并相同。鼀，知母；蝓，喻母；臾，喻母；儒，日母。喻、日母位同变转，知、日母同位正转）①

不过，曾运乾也并不完全认同戴氏的古声通转之说，他说：

其排列方法，颇有可议者。陈澧《切韵考·外篇》云："《声类表》不列字母，唯每行二十字，前一行为清声，后一行为浊声。观其无、武、务与余、庾、豫三字同列，则是并微与喻也，此亦通人之蔽也。"今案：戴氏又列疑母于齿音，亦大可议。②

其实，戴氏对二十位的确定，基本上是以中古音为依据，并参照时音得出的。而戴氏并微与喻的做法是依据微母时音的语感而决定其位置的，并无古音材料作为根据，这自然会导致曾运乾、陈澧等学者的质疑。李葆嘉指出，戴氏之说多受其师江永影响。比如微母附于喻母，人多不解，查查江永的《音学

---

① 曾运乾：《音韵学讲义》，中华书局2011年版，第491～492页。
② 曾运乾：《音韵学讲义》，中华书局2011年版，第494页。

辨微》就豁然开朗了。江永曰:"官音、方音呼微母字多不能从唇音缝出,呼微如惟,混喻母矣。"戴震的处理方式即从此说。① 此外,曾运乾对戴氏将疑母列于齿音的质疑也是有代表性的。李葆嘉则从三个方面对戴氏的做法给出解释:一是古音中的疑母于精系有相转关系;二是戴氏将疑母列同精组是以方言为依据;三是戴氏列疑母在四类第三位,定其"同位",于音转有征,方音可证;又验之"位同",则顺理成"章"。②

  戴震的《转语二十章》和《声类表》是否为同一部书,学术界有不同的看法。曾运乾说:"戴氏《转语》二十章,章氏《新方言》序,谓其书轶不传,后昆莫能继其志。实则戴氏《声类表》即其《转语》二十章也。"③ 曾运乾的理由是"清孔继涵刻戴氏遗书,不知《转语》与《声类表》为一,录《转语》二十章叙于文集中,录戴氏《答段玉裁论韵书》于《声类表》中之首,由是后人不知《转语二十章序》即《声类表》之序,肊谓戴氏《转语》已亡。章太炎尚谓其书轶不传,后昆莫继其志。实则按《声类表》之声位,取古书之故训,或为同位正转,或为位同变转,依位类萃,尚可集成《转语》一书。因声转之条例,及声类之位次,戴氏均已明著之矣"④。但曾运乾并没有进一步论证自己的观点,后来他的弟子郭晋稀在《声类疏证》一书的前言中集中阐述了师说,进一步阐明了《声类表》与《转语序》之间的关系。⑤

  曾运乾的说法自然应该引起我们的重视,但学界也有别的看法。如现代学者李葆嘉就认为,《转语》与《声类表》是两本不同的书。虽然《转语二十章序》中关于"位"的说法及其所举四例与《声类表》所列二十位吻合,但是,两本书体例并不相同,一以声纽为纲;一以韵类为要。二书的旨趣也不相同,一是欲贯通古今方国之音义,为训诂之书;一是重于展示古韵九类二十五部之分,为古音之书。戴震的《转语》作为一部探求语源或音义之间关系的著作,其旨趣是欲补《尔雅》《方言》《释名》之缺失,非补《切韵》之失,段玉裁说:"《转语》此于声音求训诂之书也。训诂必出于声音。惜此书未成,孔检

---

① 参见李葆嘉《清代古声纽学》,上海古籍出版社 2012 年版,第 59 页。
② 据李葆嘉《清代古声纽学》,马裕藻《戴东原对于古音学的贡献》、于靖嘉《戴东原转语考索》均对戴氏将疑母列于齿音的做法提出质疑。(参见李葆嘉《清代古声纽学》,上海古籍出版社 2012 年版,第 60 页)
③ 曾运乾:《音韵学讲义》,中华书局 2011 年版,第 492 页。
④ 曾运乾:《音韵学讲义》,中华书局 2011 年版,第 492 页。
⑤ 参见伏俊琏《读〈声类疏证〉》,载《郭晋稀纪念文集》,甘肃教育出版社 2000 年版,第 193~194 页。

讨广森序《戴氏遗书》，亦云未见。"① 李先生还认为戴震《转语》是一部只留下序言的未竟之作（即《转语二十章序》），该书并未完成的原因是"盖因戴氏古韵分部颇费斟酌。1773年分七类二十部，1775年分九类二十五部，古韵分部未定，则无法成书。又贯通秦汉音义转变，极其复杂，非一时可定，需反复核证，通盘考虑"②。由此看来，戴震的《转语二十章》和《声类表》是否为同一部书还值得进一步探讨。

（2）钱大昕之说。

曾运乾说：

> 钱大昕《声类》一书，凡分四卷，第一卷中有《释训》一篇，皆位同变转之字，与戴氏《转语》条例相同。戴氏阐子云之《方言》，钱氏言毛公之故训，闭门造车，出门合辙，允为清代训诂家两大师矣。③

依照曾运乾的看法，钱大昕关于古声通转的观念与戴震是大致相同的。不同的是，两者转语之法略有不同，戴震《转语》全据《方言》，而钱大昕《释训》主要依据《毛传》。此外，钱大昕《释训》所举例证都是位同变转，而戴震《转语》则包括同位正转和位同变转。

钱大昕对古声通转的观点，还体现在《释训》篇的文末"《诗经》答问"一段中：

> 问："《敬之篇》：'佛时仔肩。'毛训佛为大，《正义》谓其义未闻。愿闻其审。"曰："《说文》：'奔，大也。从大，弗声。读若予违汝弼。'即其佛字。佛之训大，犹坟之训大，皆同位之转声也。毛公释《诗》，自《尔雅》诂训而外，多用双声取义。若泮为坡，苞为本，怀为和之类也。或兼取同位相近之声，如愿为每，龙为和，遹为乡，缀为表，达为射之类也。古人诂训之学，通乎声音，声音之变无穷，要自有条不紊。唐以后儒家，罕闻其义，而支离穿凿之解滋繁矣。"④

---

① 李葆嘉：《清代古声纽学》，上海古籍出版社2012年版，第54页。
② 李葆嘉：《清代古声纽学》，上海古籍出版社2012年版，第52页。
③ 曾运乾：《音韵学讲义》，中华书局2011年版，第499页。
④ 转引自曾运乾《音韵学讲义》，中华书局2011年版，第503~504页。

以上钱大昕的观点，曾运乾归纳为"双声取义为正转""同位转声为变转"。"双声取义为正转"例有"泮"与"坡"（皆为滂母）、"苞"与"本"（皆为帮母）、"怀"与"和"（皆为匣母）。"同位转声为变转"例有"愿"与"每"、"龙"与"和"、"遡"与"乡"、"缀"与"表"、"达"与"射"。郭晋稀说："依戴（按：戴震）表来（龙）匣（和）心（遡）晓（乡）分别在各类之第四位，故为位同变转。缀为知母，表为非母，依曾运乾四气图，皆为戛类，故为位同变转。达为定母，射或为禅母或为喻母，古皆读定，则为同位正转。"①

曾运乾《音韵学讲义》一方面阐释了钱大昕《释训》的既有条例，另一方面则根据自己对上古声纽的研究成果对钱大昕之说给出了新的解释。除上述郭晋稀所指出的情况，其他如下：

  緵之为奏，正转也。緵之为届，变转也。[曾运乾说："緵，子红、作孔二切；奏，则候切；并精母，故为正转。……緵，子红切，精母。届，古拜切，见母。见在牙音第一位，精在齿音第一位，故为变转。"（按：若依曾运乾的说法，"緵之为奏"是本篇唯一的同位正转例，以与下文各变转例相区别）]

  荓谓之簪，绠读如饼。[曾运乾说："绠，古杏切，见母；饼，必郢切，非母。钱氏以为古无轻唇音，非母实读如帮，故为变转。"（按：依照曾运乾的说法，我们可知，钱大昕的变转之说与戴震有一定的区别，钱氏的变转吸收了他对上古声纽的研究成果）]

  葵之为谁。[曾运乾说："葵，群母；谁，禅母；既非同位，又非位同。但古声禅母读如定母，则同在第二位，位同变转也。"（按：钱大昕曾提出"古人多舌音，后代多变为齿音。不独知彻澄三母为然也"的说法，但他的说法有些模糊。曾运乾《古声十九纽表》则明确表示古声禅母读如定母，依据曾运乾的说法，"葵""谁"通转就顺理成章了）]

  堕，输也。[曾运乾说："输借为渝，喻四，古音读同定母，与堕同纽，是为同位正转。"（按：此例曾运乾运用他的"喻四归定"之说来解释较钱氏所认为的位同变转更有说服力）]

  良，能也。[曾运乾说："良，来母；能，泥母；非正转，亦非变转。江永《音学辨微》云：'泥来二母易混。'据此，则竹汀亦未之别也。"

---

① 曾运乾：《音韵学讲义》，中华书局2011年版，第504页。

（按：曾运乾对钱大昕所举不符合正转或变转的例证进行了解释）]①

(3) 章炳麟之说。

章炳麟的古声通转观点体现在他的《古双声说》一文中，他说：

> 古音纽有舌头、无舌上，有重唇、无轻唇，则钱大昕所证明。娘、日二纽古并归泥，则炳麟所证明。正齿、齿头，虑有鸿细，古音不若是繁碎，大较不别。齐庄中正，为齿音双声，今音中在舌上，古音中在舌头，疑于类隔。齿舌有时旁转，钱君亦疏通之矣。此则今有九音，于古则六，曰喉、牙、舌、齿、唇、半舌也。同一音者，虽旁纽则为双声。是故金、钦、禽、唫，一今声具四喉音；汙、吁、芋、华，一于声具四牙音。汉魏南北朝反语，不皆音和，以是为齐。及夫喉、牙二音，互有蜕化，蓦原相属，先民或弗能宜究。②

以上章氏提出了古声纽有六音的观点，即半舌音来母从舌音中独立出来，他看到了来母的特殊性，又分别把舌齿、喉牙合为一类。

章氏又提出了喉牙古音是没有差异的，喉牙音是声纽通转的枢纽的观点。他说：

> 昔守温、沈括、晁公武辈，喉牙二音，故已互易。韩道昭乃直云深喉浅喉，斯则喉牙不有异也。百音之极，必返喉牙，……故喉牙者，生人之元音，凡字从其声，横则同均，纵则同音，其大齐不逾是。然音或有绝异，世不能通撢钩元始，喉牙足以衍百音，百音亦终辄复喉牙。③

古声纽六音的互相转化中，章氏把喉牙转为舌、齿、唇、半舌称为"发舒"，把舌、齿、唇、半舌转为喉音称为"遒敛"。

章氏以大量的例证（以谐声为主，据李葆嘉《清代古声纽学》统计，谐声材料占85%）来阐释他的古双声说（即古声通转道理）。章氏的双声说实则包括四种含义：一是同纽双声，即两字声母完全相同；二是旁纽双声，即声母

---

① 曾运乾：《音韵学讲义》，中华书局2011年版，第499～503页。
② 转引自曾运乾《音韵学讲义》，中华书局2011年版，第504～505页。
③ 转引自曾运乾《音韵学讲义》，中华书局2011年版，第506～507页。

的发音方法不同，但发音部位相同；三是大类双声，即喉牙双声、舌齿双声；四是通转双声，即喉牙分别与舌、齿、唇、半舌为双声。

章氏的第二种双声即相当于戴震、钱大昕的位同变转。章氏认为喉牙双声是有道理的，喉牙本为一类，"至等韵以见溪群疑为牙，晓匣影喻为喉，则妄矣"①。但舌齿双声却是有问题的，这与章氏受到钱大昕的影响有关，他说："齿舌有时旁转，钱君亦疏通之矣。"曾运乾指出："正齿、齿头为一，当分别之。正齿音二等字，与精、清、从、心、邪为类，与知、彻、澄为类。例如，齐、庄为照二双声，中、正为照三双声。中字今音知母，古音端母，照三古音亦如端母也。钱大昕所证，舌齿有时旁转，亦仅限于正齿音三等字，与正齿音二等字无涉。"② 曾运乾的批评是有道理的。通转双声的观点则是章氏提出喉牙双声、舌齿双声之后的大胆尝试。汉字的谐声关系是非常复杂的，章氏梳理大量的谐声字后发现了这一点。"在西洋汉学家以复辅音加以解释之前，章氏的古双声说或古双舒敛流转说则是最初尝试。在单辅音观的支配下，大概除了双声流转说以外，也提不成别的假设。"③

喉牙音是声纽通转的枢纽的观点是章氏古双声说的理论精华，但曾运乾从两个方面指出章炳麟这一论点尚有不足之处，曾运乾说：

> 章氏言古双声之正例二：一、凡字从其声，横则同韵，纵则同音。二、同一音者，虽旁纽则为双声，如一今声，具四喉音；一于声，具四牙音是也。言古双声之变例亦二：一、喉牙二音，互有蜕变。二、喉音足以衍百音，百音亦终车川复喉牙。案：其正例之第一例，即谐声大例，所谓凡字从其声者，亦必与之同韵，亦必与之同纽。如凡从东声者，皆翁摄端纽，从同声者，皆翁摄定纽是也。至声小变，则为旁纽双声，如章氏所举是也。惟喉牙二音，章氏承向来等韵家之说，各分为四；余意影纽独立为喉音，见、溪、群、晓、匣、疑六母皆牙音。以章氏旁纽双声之例推之，则一坚声、一金声，皆具六牙音。如：
>
> 见　经（古灵切）　　金（居吟切）
> 溪　轻（去盈切）　　钦（去金切）

---

① 引自周祖谟《邹汉勋〈五均论〉辨惑》文末所附陆志韦所签注的三点意见。（周祖谟：《问学集》，中华书局1966年版，第516页）
② 曾运乾：《音韵学讲义》，中华书局2011年版，第505页。
③ 李葆嘉：《清代古声纽学》，上海古籍出版社2012年版，第270页。

群	頸（巨成切）	琴（巨金切）
曉	娙（呼刑切）	廞（許金許錦切）
匣	陘（戶經切）	銜（戶監切）
疑	脛（五定切）	吟（魚金切）

二音之蜕化，可以减少，如工声为红、萑声为欢、灰声为恢、或声位国等，皆双声之正例，非变例也。此对于喉牙二音之蜕化，不可无疑者一也。

又：喉牙发舒为舌、齿、唇、半舌，舌、齿、唇、半舌遒敛为喉牙，亦不足以尽古双声之变。如戎声有城，千声有秆，此舌齿变易者。矛声有柔，勹声有匋，此舌唇变易者。必声有瑟，算声有敠（芳万切），此唇齿变易者。娄声有数，龙声有庞，此半舌与齿唇变易者。对于喉牙衍为百音之说，不能无疑者二也。①

曾运乾用谐声例证批评了章炳麟喉牙蜕化各具四音之说的片面性，他认为"影纽独立为喉音，见、溪、群、晓、匣、疑六母皆牙音"，进而提出"一声具六牙音"的观点。

曾运乾又以谐声例证来说明舌与齿、舌与唇、唇与齿、半舌与齿唇变易的道理，进而证明章氏"喉牙足以衍百音，百音亦终辀复喉牙"的观点是有问题的。

2. 曾运乾对古声通转的研究

（1）曾运乾的古声通转说。

曾运乾在总结了戴震、钱大昕、章炳麟等人对古声通转研究的基础上，提出了他的古声通转说。曾运乾说：

> 声纽通例分为四：一、韵纽全同。二、旁纽双声（韵同而声小别）。三、位同变转。四、叠韵为声。韵纽全同者，如《说文》凡从庸声者，皆翁摄喻四；从蒙②声者，皆翁摄明母是也。旁纽双声者，如说文凡从工声者，皆不出牙音六母，从从声者，皆不出齿音范围是也。其类隶以古声十九纽五类为正。位同变转者，戴例如禽之有歙，钱例如艘之为届，古双声说中如京声有凉是也。变转以今定四气图为标准。此外则为以叠韵为

---

① 曾运乾：《音韵学讲义》，中华书局2011年版，第508～509页。
② 曾运乾的《音韵学讲义》误将"蒙"作"冢"。

声，只取其韵，而于纽无关者。如《古双声说》所举之例，凡不能以上举之三例释之者，皆是也。①

以上曾运乾所说的用来确定古声变转关系的四气表，见表4-36。

表4-36 四气表

	喉音	弹舌音	牙声	舌头声	舌上声	半舌声	齿头声	半齿声	重唇音	轻唇声
戛	影	来	见	端	知	照	精	侧	帮	非
透			溪 群	透 定	彻 澄	穿 神	清 从	初 床	滂 並	敷 奉
轹			晓 匣于	○ ○	○ ○	审 喻	心 邪	山 ○	○ ○	○ ○
捺			疑	泥	娘	日	○	○	明	微

今结合曾运乾所列四气图，依据"同位""位同"之法，列表如下，以展示曾运乾声纽通转途径，详见表4-37。

表4-37 曾运乾声纽通转

位同		同位							
		一类	二类	三类			四类		五类	
		喉音	牙声	舌头音 (弹舌音)	舌上声	半舌声	齿头声	半齿声	重唇声	轻唇声
一位	清	影	见	端	知	照	精	侧（庄）	帮	非
	浊			来						
二位	清		溪	透	彻	穿	清	初	滂	敷
	浊		群	定	澄	神	从	床（崇）	並	奉
三位	清		晓			审	心	山（生）		
	浊		匣于		喻	禅	邪			

---

① 曾运乾：《音韵学讲义》，中华书局2011年版，第509～510页。

续表4-37

位同		同位								
		一类	二类	三类			四类		五类	
		喉音	牙声	舌头音（弹舌音）	舌上声	半舌声	齿头声	半齿声	重唇声	轻唇声
四位	清									
	浊		疑	泥	娘			日	明	微

曾运乾古声通转与戴震、钱大昕、章炳麟比较，有如下特点。

第一，无论是同位正转还是位同变转，曾运乾均以自定古声十九纽为标准。其所定十九纽，既有前人对古声纽的研究成果，如古无轻唇音、古无舌上音、娘日二纽归泥、照二归精、照三归端，又有他自己的创见，如喻三归匣、喻四归定。这说明曾运乾立论的基础与戴震、钱大昕、章炳麟的古声通转学说是既有联系又有区别的。

第二，与戴震比较，两者分为五大类，每一大类包含四位。这说明曾运乾大体继承了戴震的古声通转理论框架，但戴震喻微合并、疑母于齿音，则被曾运乾所不取。

第三，与钱大昕相比，曾运乾采用了钱氏的古无轻唇音、古无舌上音的说法，并把钱氏"古人多舌音，后代多变为齿音"的观点进一步明确为照三归端。此外，曾运乾的声转理论能将钱氏所举位同变转例证解释为同位正转，如前举"达为射""葵之为谁""堕，输也"。这说明曾运乾的古声通转说更有说服力。

第四，章炳麟主张喉牙一声具四音，曾运乾则主张牙声可最多具六音，也可以减少至一音（喉音）。此外，曾运乾还指出了章炳麟喉牙衍为百音之说的片面性。

曾运乾古声通转有一个非常突出的特点，即他看到了来母的特殊性，并单独列出来。这是吸收了章炳麟古双声说的观点。章炳麟虽然把来母独立出来，但由于他强调喉牙音是古声通转的枢纽，因此只是排列了喉牙音和半舌音通转的关系。章氏所举例证有谐声13例，异文2例（具体有见母7例、溪母1例、群母1例、疑母3例、晓母1例、喻母2例）。章炳麟说："各声（按：见母）有路，京声（见母）有涼，咎声（群母）有绺，柬声（见母）有阑，果声

（见母）有裸，兼声（见母）有廉，监声（见母）有滥，乐声（疑母）有㻞，聿声（喻四）也律，卯声（喻四）有柳，㬥声（晓母）有量，鱼声（疑母）有鲁，可声（溪母）有砢，《诗》以鞶革（革，见母）为鉴勒，《考工记》故书以两乐（乐，疑母）为两栾，此喉牙发舒为半舌也。"最先发现来母和各声纽之间有密切关系的是钱坫。钱坫说："来者，声之归宿。"① 钱坫《诗音表》以《诗经》中的连字、对字证古声，把这些相续之字，据双声等法配比，他发现来母在古声中最为活跃，与其他各声大都可搭配成相续之字，钱坫因此提出了"来首声"说和"来归声"说。依钱坫所说，来母与见、溪、群、疑、端、透、定、泥、帮、滂、并、明、非、敷、奉、微、照精知、穿清彻、穿从澄、床心、审禅日、邪、晓、影、喻匣母之间构成通转关系。

　　曾运乾认识到来母与影、见、端、知、照、精、侧（庄）、帮、非母（即不送气清塞音、塞擦音）之间即与唇、舌、牙、齿、喉五音均有通转关系。这与章炳麟的来母只与喉牙音有通转关系相比范围更广。② 这种来母和许多别的声母字谐声的情况，许多学者都从复辅音的角度来研究，曾运乾虽然受到所处时代的局限性，但他能把来母的特殊性揭示出来也是难能可贵的。

　　（2）曾运乾和王力古声转说的比较。

　　曾运乾一方面继承了戴震、钱大昕、章炳麟等人以《方言》、《释名》、《说文》谐声、《毛传》等训诂材料作为考证古声纽的传统，另一方面根据自己所定的古声十九纽来重新阐释这些材料。曾运乾分析古声通转是从语源学角度来分析的，据此，我们才可以更好地理解他所定声纽通例的第一点（即韵纽全同）和第四点（叠韵为声）。

　　王力说："凡音义皆近，音近义同，或义近音同的字，叫做同源字。"③ 这里所指的音同即曾运乾所定的声纽通例的第一点韵纽全同，音近即声韵相近。如果单从声纽来说，音近包括双声、准双声、旁纽、准旁纽、邻纽。王力还指出，值得反复强调的是，同源字必须是同音或音近的字。这就是说，必须是韵部、声母都相同或相近。如果只有韵部相同，而声母相差很远，或者只有声母相同，而韵部相差很远，就不能认为是同源字。④ 王力强调声韵之间的密切

---

① 中国科学院图书馆：《续修四库全书总目提要》，中华书局1993年版，第353页。
② 曾运乾所著《古语声后考》对84条"古语声后"做了诠释，列举的"声后"均属古来母字。（参见赵秉璇、竺家宁《上古汉语复声母研究综述》，载《古汉语复声母论文集》，北京语言学院出版社1998年版，第417页）
③ 王力：《同源字典》，商务印书馆1982年版，第3页。
④ 参见王力《同源字典》，商务印书馆1982年版，第20页。

关系。

曾运乾所定声纽通例的第四点（叠韵为声）也是他强调声韵之间必然有密切关系的重要表现。换言之，当意义之间相同或相近的同源字，在声纽之间并无明显的关系的时候，曾运乾认为必然有叠韵的关系，即韵部之间有密切的关系，这虽然不像王力所强调的声韵之间的关系那么紧密（即声韵之间都必须相同或相近），但也是在强调声韵之间的对立统一关系。

王力在《同源字论》中，排列了他所认定的上古声纽通转关系，详见表4-38。

表4-38　古声三十三纽表①

喉		影						
牙		见	溪	群	疑		晓	匣
舌	舌头	端	透	定	泥	来		
	舌上	照	穿	神	日	喻	审	禅
齿	正齿	庄	初	床			山	俟
	齿头	精	清	从			心	邪
唇		帮	滂	并	明			

以上同纽者为双声，同类同直行或舌齿同直行者为准双声，同类同横行者为旁纽，同类不同横行者为准旁纽，喉与牙、舌与齿为邻纽，鼻音与鼻音、鼻音与边音也算邻纽。

今将曾运乾所定声纽通例的第二点即"旁纽双声（韵同而声小别）"和所定声纽通例的第三点即"位同变转"和王力所认定的古声通转关系相比较，详见表4-39。

表4-39　曾运乾和王力古声通转比较

曾运乾	王力
旁纽双声	准双声（如端照、泥日）、旁纽（如见群、照穿）、准旁纽（如端穿、透神）
位同变转	准双声（如端照、泥日、照庄、审心）、邻纽（如影见、神邪、疑泥）

此外，王力把鼻音与边音视为邻纽，如"来明"邻纽。而曾运乾认为来

---

① 参见王力《同源字典》，商务印书馆1982年版，第18页。

母跟与影、见、端、知、照、精、侧（庄）、帮、非母之间即与唇、舌、牙、齿、喉五音均有通转关系。

二、曾运乾的古韵通转说研究

1. 曾运乾以前有关古韵通转的研究

（1）戴震之说。

曾运乾说：

> 戴氏《声韵考》云："有微转而不出其类者，如真谆于先仙，脂于皆，蒸于登，之于咍，幽于侯，支于佳，鱼虞于模，侵于覃。有转而轶出其类，递相条贯者，如蒸登于东，之咍于尤，职德于屋，东冬于江，幽侯于萧，屋烛于觉，阳于庚，药觉于陌麦锡，歌于麻，鱼虞模于麻，铎于陌。及旁推交通者，如真于蒸及青，寒桓于歌戈，之于真及支，幽侯于虞，屋烛于锡，宵于魂及之，支佳于麻，歌于支佳，模于支，侵凡于东。其共入声互转者，如真文魂先于脂微灰齐，换于泰，咍于登，侯于东，厚侯于讲绛，支于清，模于歌戈。此声气敛侈出入之自然，如此则无疑于古今异言，五方殊语矣。"①

以上戴震的韵转说是以他早期的音韵学著作《声韵考》为基础的，《声韵考》分古韵为七类二十部，详见表4-40。

表4-40 戴震古韵二十部

	阳声	阴声	入声
一类	真、臻、谆殷、文痕、魂、先、仙	脂、微、灰、齐、祭废、皆、夬、泰	质、栉、术、迄、物没、屑、薛、月、黠、鎋、曷、末
二类	蒸、登	之、咍、尤	职、德
三类	东、冬、钟、江	幽、侯、萧	屋、烛
四类	阳、唐、庚	宵、爻、豪	药、觉、沃
五类	清、青	支、佳	昔、锡、麦

---

① 曾运乾：《音韵学讲义》，中华书局2011年版，第512～513页。

续表 4-40

	阳声	阴声	入声
六类	歌、戈、麻	鱼、虞、模	铎、陌
七类	侵、覃、谈、盐、添、咸、衔、严、凡		缉、合、盍、叶、怗、洽、狎、业、乏

关于戴氏的韵转理论，曾运乾指出包含四种类型：a 类，微转而不出其类者，即古音本同部，《切韵》分为异部者；b 类，转而轶出其类，递相条贯者，即章氏旁转说之所本；c 类，旁推交通者，即章氏次旁转说之所本；d 类，共入声互转者，即章氏阴阳对转说之所本。

此后，戴氏在《答段若膺论韵》中更进一步指出正转之法有三：一为转而不出其类者（即曾运乾所指的 a 类），二为相互配转（即曾运乾所指的 d 类），三为联贯递转（即曾运乾所指的 b、c 两类）。① 需要指出的是，戴氏此时的韵转理论是以他的另一部音韵学著作《声类表》的古韵九类二十五部为基础的，因此具体的韵转关系也就随之有所不同。

戴氏在《答段若膺论韵》中还提出研究古韵通转"不徒恃古人用韵为正""盖援古以证其合易明也，援古以证其分不易明也"的观点。这说明戴氏注重审音，从语音系统来考虑古韵部之间的关系，而不仅仅以韵文的押韵作为唯一的根据。

戴氏研究古韵一个重大贡献是首先把入声独立出来，这样就形成了阴、阳、入三声相配的格局。它揭示了上古每一大类各部之间韵腹相同的整齐局面，对认识韵部之间的联系和转变具有非常重要的意义。他的学生孔广森正是由此发现了阴阳对转的规律。

但是戴氏的分部也有追求整齐失之客观的缺点，比如将阴声韵歌戈麻看成近于阳声而与鱼虞模相配就纯属主观臆断。此外，即使他后期的另一部音韵学著作《声类表》虽然将古韵修订为九类二十五部，但他的古韵系统仍然存在一些问题，比如根据以后古韵学家的反复研究，戴氏将段玉裁的"尤"与"侯"，"真"与"文"合并的做法是错误的。戴氏的韵转理论是基于他的古韵系统的，由于古韵系统的问题，他的韵转理论自然也会出现不足。

曾运乾对戴氏的韵转理论评价说："章太炎之韵转说，其《成均图》之作

---

① 参见戴震《答段若膺论韵》，载《戴震集》，上海古籍出版社 1980 年版，第 84 页。

大体本于戴氏，惟分析排比，戴氏不如章君之整齐划一耳。"①

（2）章炳麟之说。

章炳麟韵转理论研究收入在其重要著作《国故论衡》（上）和《文始·叙例》的《成均图》中，曾运乾说："章太炎之韵转说，其《成均图》之作大体本于戴氏。"《成均图》继承了戴震以来的韵转理论（尤其是戴氏弟子孔广森《诗声类》的阴阳对转学说、严可均《说文声类》的"韵类旁通"学说），以大量的语言经验事实为依据，主要有异文、韵文、谐声、假借、读如、重文等来探讨语音的流转、声义之间的演变规律。

《成均图》所创立的韵转理论，详见表4-41。

表4-41　《成均图》韵转理论

韵转						
正声②					变声	
旁转			对转		交纽转	隔越转
近转	近旁转	次旁转	正对转	次对转		

以上章氏的韵转理论变声中的"交纽转""隔越转"最易受到一些学者的非议。如罗常培就指出，"然案诸《成均图》所列，……实亦不无可议。且'交纽''隔越'多歧滋迷，章氏后作《文始》删此二目，但以'双声相转为变声'，盖已自厌其烦细矣"③。王力说："所谓交纽转和隔越转，更是荒唐的。"④ 曾运乾也引用近人钱玄同语云："章君所列交纽转、隔越转二种，说甚牵强。"⑤ 故今仅将曾运乾《音韵学讲义》所列材料表明的章炳麟韵转理论的具体韵部之间的旁转、对转关系（即韵转中的正声）整理如下，详见表4-42。

---

① 曾运乾：《音韵学讲义》，中华书局2011年版，第513页。
② 据曾运乾《音韵学讲义》："文始叙例云：'凡近转（二部同居）、近旁转、次旁转、正对转、次对转为正声。凡双声相转，不在五转之例，为变声。'"（曾运乾：《音韵学讲义》，中华书局2011年版，第480页）
③ 罗常培：《周秦古音研究述略》，载《罗常培文集》（第六卷），山东教育出版社2001年版，第328页。
④ 王力：《清代古音学》，中华书局2013年版，第248页。
⑤ 曾运乾：《音韵学讲义》，中华书局2011年版，第480页。

表4-42　章炳麟韵转理论示例

旁转			对转	
近转	近旁转	次旁转	正对转	次对转
阳侈声：冬—侵 阴侈声：歌—泰、脂—队	阳侈声：东—冬、冬—蒸、侵—蒸、蒸—谈； 阳弇声：真—青、真—谆、谆—寒； 阴侈声：侯—幽、幽—之、之—宵； 阴弇声：支—至、至—脂、脂—歌、队—泰	阳侈声：东—蒸、东—谈、冬—谈、侵—谈； 阳弇声：青—寒、真—寒、青—谆； 阴侈声：侯—宵、侯—之、幽—宵； 阴弇声：支—脂、支—泰、支—歌、至—泰	侈声：东—侯、冬—幽、侵—幽、缉—幽、蒸—之、宵—谈、盍—宵； 弇声：青—支、真—至、谆—脂、谆—队、寒—泰、寒—歌； 轴对转：阳—鱼	侈声：东—幽、缉—之、侵—之、东—之、冬—之； 弇声：青—至、真—支、真—脂、寒—支、寒—脂、寒—队

胡安顺指出，有许多事实证明章氏的理论是可以成立的，但不可以视为绝对，因为章氏的每一个说法未必都能找到典型的例证。以下就近旁转、次旁转、正对转、次对转四种韵转现象各举一例说明。

《春秋事语》："齐亘公与蔡夫人乘周（舟）。"[按：齐亘公即齐桓公。亘，文（谆）部；桓，元（寒）部。此例属异文，近旁转例]

《诗·大雅·假乐》一章："假乐君子，显显令德。"（按：其中"假"为借字，本字为"嘉"。假，鱼部；嘉，歌部。此例属假借，次旁转例）

《诗·陈风·东门之枌》："榖旦于差，南方之原。不绩其麻，市也婆娑。"[按：其中"差""原""麻""娑"押韵。差、麻、娑，歌部；原，寒（元）部。此例属韵文，正对转例]

昷—熅。（按：昷，文部；熅，幽部。此例属谐声，次对转例）①

---

① 胡安顺：《音韵学通论》，中华书局2009年版，第330～333页。

关于章氏所列"近转",王力说:"章氏晚年,在光华大学《中国语文学研究》上发表《音论》,主张以冬部并入侵部,这是可取的。我们认为,在《诗经》时代,冬应归侵;到了《楚辞》时代,冬部才能独立了。"①

但章氏《成均图》也因一些不足受到学界的批评。王力就曾经说:"章氏《成均图》,是主观臆测的产物。韵部的次序和地位,都是以意为之的,因此,由《成均图》提出的结论往往是不可靠的。"② 钱玄同也说:"窃谓古今语言之转变,由于双声者多,由于叠韵者少,不同韵之字以同纽之故而得通转者,往往有之。此本与韵无涉,未可便据以立旁转之名也。"③

曾运乾说:

> 古音旁转对转之例,源于戴氏;孔广森《诗声类》明阴阳对转之机,严可均著《说文声类》,畅韵类旁通之例。凡所取证,皆资韵语。至于经传异文,古今异读,转变之迹,率本双声,不必皆关叠韵。章氏与人书云:"近者,治古韵学者,分别密矣,然于双声,犹有未憭。顾君最憎字母,江君又胶固不化,段、孔于此,议而不辨,伯申、兰皋,训诂至精,乃其征明通借,取于双声者少,取于叠韵者多。朱丰芑辈无论矣。戴君《转语》,并无传本,观其自序,分位分部,条理秩如。最精者为钱氏晓征。"云云。此亦足以明声转之视韵转为尤关重要矣。顾章氏于此篇(按:指《成均图》),只言韵转,不言声转。所言韵转之所取证,大抵皆经传异文,古今异读,取证韵语者绝少。又其所取之字,什九皆为声转。试取其篇末数条证之,如"裸灌(见)、桓和(匣)、秩程(澄)、定题(定)、熯烜(晓)、皤肥(非奉)、亡无(微)、往于(喻三)"皆同位正转之例。又如"閒(见)县(匣)、兑(定)合(喻四)"皆旁纽双声之例。又如"献(晓)牺(心)、羕(邪)夷(喻四)"皆位同变转之例。此等各条,以言声转,则至精之例;以言韵转,则漫无限制矣。④

曾运乾以上所论,有两点值得注意:①曾运乾认为,经传异文,古今异读,大都跟声转相关,而与韵转无关。基于此观点,章炳麟《成均图》虽然

---

① 王力:《清代古音学》,中华书局2013年版,第247页。
② 王力:《清代古音学》,中华书局2013年版,第247页。
③ 钱玄同:《文字学音篇》,载《钱玄同文字音韵学论集》,上海古籍出版社2011年版,第238页。
④ 曾运乾:《音韵学讲义》,中华书局2011年版,第519~520页。

谈的是韵转问题,然因其所取例证"大抵皆经传异文,古今异读",所以这些例证"以言声转,则至精之例;以言韵转,则漫无限制矣"。曾运乾认为章氏所取例证是不妥的,这和以上钱玄同批评章氏例证"本与韵无涉"是一致的。②曾运乾明确指出了研究声转的重要性,即声转于韵转"尤关重要"。曾运乾指出了清儒研究重视古韵,轻视古声的缺陷。章炳麟虽然也明确这一点,但是他用研究声转的经传异文、古今异读等材料来研究韵转的做法依然不得要领。

2. 曾运乾的古韵通转说

(1) 曾运乾的古韵通转说。

曾运乾说:

> 言古韵通转,当证于秦以前可信之韵语,尝以所定之古代谐声声母三十部为标准,遍考《诗经》《楚辞》,又旁及群经韵语,知阴阳声界域厘然,不相通用。其有相通用者,则阴阳对转之迹也。其余阴声各部、阳声各部,亦各自有其相通之迹,孔广森云:"所谓通者,非谓可全部混淆,间有数字借协而已。"为表如次:

阴阳对转例表

阴＼阳	膺	婴	安	塭	因	央	翁	宫	音	奄
噫益	⊙	○				○		○		
阿①			⊙							
威				⊙				○		
衣			○	○						
乌						⊙	○			
讴						⊙				
幽							○	⊙		
夭						○	⊙	○		

古代韵有通转之迹者,皆作○;其为阴阳对转者,则为⊙。

---

① 《音韵学讲义》原文中,阿、威一类,衣一类。今据曾运乾所言"阴声分三类"而合并。

依上表推得：膺、婴与阿、威、衣绝无出入；与乌、讴、幽、夭亦无出入。安、显、因与噫、益及乌、讴、幽、夭亦绝无出入。央、翁、宫与噫、益及阿、威、衣出入绝少，音、奄亦然。由此分阳声为四类，由阳声对转而得分阴声为三类。其对转出入限于相对之韵者，为阴阳对转；其对转有出入而不出其类者，为次对转；非对转而阴阳通用出乎其类者，皆当于双声求之也。①

曾运乾古韵通转之说可以归结为以下三点：

第一，言古韵通转，当证于秦以前可信之韵语。这是继承了孔广森、严可均等以来说明韵转的道理时所取证"皆资韵语"的传统。曾运乾不赞同章炳麟采用经传异文、古今异读作为论证材料的做法。这些韵语中最可信的当为《诗经》《楚辞》，其次是群经韵语。《诗经》《楚辞》最可信的原因是"《诗》篇曾被管弦，《楚辞》亦形歌唱，校文审韵，自得其真"②。

前面论及，戴震认为研究古韵通转"不徒恃古人用韵为正"。这并不说明戴氏不重视文献，他是精通审音的，在他看来，务必经过审音对文献材料进行加工整理，去其偶然性，才能找到古韵通转的一般性规律。但曾运乾也是讲求音理的，他的古韵三十部就非常注重语音的系统性，追求阴阳搭配的整齐性。因此，可以说，曾运乾的韵转说和戴震是有一定联系的。

第二，曾运乾赞同孔广森的"通韵"之说，孔氏认为韵部之间的关系的密切程度是不同的，阴阳对转之外的其他韵转都只是"间有数字借协而已"。孔氏《诗声类》认为古人用韵多严格遵守韵部之界，故以本部之字押韵为常，而异部押韵合用者则有两种情形：阴阳对转（指阴声韵与阳声韵押韵）、通韵（指同为阴声韵或阳声韵的邻近韵部偶尔相押）。孔氏的通韵包括丁辰通韵、冬缦蒸通韵、支脂通韵、幽宵之通韵四种。由此可知，孔氏所谓的"通韵"实则章炳麟的"旁转"，即主要元音相同、韵尾相近（如丁辰通韵）或主要元音相近、韵尾相同（如冬缦蒸通韵）。曾运乾则以考订谐声声母三十部为标准，又验证于《诗经》《楚辞》等先秦韵语的例外押韵之后，把对转分为阴阳对转、次对转两类，但曾运乾并没有论及章炳麟所谓的旁转，因此，下面将只分析曾运乾古韵通转之说的阴阳对转和次对转。

第三，曾运乾的弟子郭晋稀说："此表（按：指以上阴阳对转例表）依曾

---

① 曾运乾：《音韵学讲义》，中华书局2011年版，第520～521页。
② 曾运乾：《音韵学讲义》，中华书局2011年版，第391页。

运乾早年笔记录入，曾运乾晚年论对转，即以其三十部之说为准，盖此表所作⊙〇符号，未必尽善耳。"

曾运乾古韵三十部是按照阴阳入三声对转之理安排的。曾运乾认为陆法言《切韵》即"已明阴阳对转之理"，而顾炎武、段玉裁、孔广森、江有诰等人入声归入阴声，"实未审阴阳对转之机"，只有江永、戴震真正懂得阴阳对转的道理。曾运乾说：

> 盖阴声者，皆下收于喉，而不上扬；其不下收，而上出于鼻者，即为阳声。故阴声加鼻音，即为阳声。阳声去鼻音，即成阴声。阴阳二声，音本不同，惟有无鼻音为异，对转之故，即由于此。此其论发于江氏，至章君而大成。实则陆法言作《切韵》时，阴阳对转之理，已寓其中。盖《切韵》之例，大率阴阳对转，以入声为相配之枢纽。古韵本阴声有入，阳声无入，然陆氏不以阴声诸部之入，配入阴声；转以阴声诸部之入，配入阳声者，盖即借此以明阴阳对转之理也。顾氏、段氏、孔氏、江氏转诸部之入隶阴声，虽足明谐声一贯之旨，实未审阴阳对转之机，江氏作《四声切韵表》、戴作《声类表》，阴阳两声，同附一入，虽作顾、陆两家之调入，实具声音之至理。即此已足觇法言创例之精审矣。①

受江永、戴震、章炳麟的影响，曾运乾以考订谐声声母三十部为标准，又验证于《诗经》《楚辞》等先秦可信之韵语，做出《古韵三十部阴阳对转表》。曾运乾说：

> 言古韵通转，当证以秦以前可信之韵语，尝以所定之古代谐声声母三十部为标准，遍考《诗经》《楚辞》，又旁及群经韵语，知阴声阳声界域厘然，不相通用。其有相通用者，则阴阳对转之迹也。②

以第一、第二、第三部的咍登对转、登德对转为例，曾运乾说：

> 《诗·女曰鸡鸣》："之子之来之，杂佩以赠之"；来与赠韵。然来在咍韵，赠在嶝韵，即对转也。盖赠之阴声读如载，古无平去之别，赠即读

---

① 曾运乾：《音韵学讲义》，中华书局2011年版，第172～173页。
② 曾运乾：《音韵学讲义》，中华书局2011年版，第520页。

如栽也。

又《诗·瓜瓞》："捄之陾陾，度之薨薨，筑之登登，削屡冯冯，百堵皆兴，鼛鼓弗胜"；六语皆韵。然陾从耎声，耎从而声，而陾同在之韵；薨登同在登韵；兴胜同在蒸韵；亦对转也。陾本读如而，此处对转叶韵，则读如仍也，故《广韵》之韵而纽下，陾又音仍。

以上是为哈登对转之证。

《诗·大田》："去其螟螣，及其蟊贼。"螣从朕声，本在证韵，贼在德韵，此处叶韵，则螣读如特也。

以上是为登德平入对转之证。①

曾运乾"陾从耎声，耎从而声，而陾同在之韵"的依据，可参看曾运乾《谐声声母表》之第一表。

（2）曾运乾古韵通转说和王力古韵通转理论的比较。

王力在《同源字典》中系统地阐述了他的古韵通转理论，他的古韵二十九部分为三大类，八小类，见表4-43。②

表4-43 王力古韵通转情况

	之 [ə]	支 [e]	鱼 [a]	侯 [o]	宵 [ô]	幽 [u]
甲类	职 [ək]	锡 [ek]	铎 [ak]	屋 [ok]	药 [ôk]	觉 [uk]
	蒸 [əŋ]	耕 [eŋ]	阳 [aŋ]	东 [oŋ]		
乙类	微 [əi]	脂 [ei]	歌 [ai]			
	物 [ət]	质 [et]	月 [at]			
	文 [ən]	真 [en]	元 [an]			
丙类	缉 [əp]		盍 [ap]			
	侵 [əm]		谈 [am]			

王力把表中同类同直行者称为对转，具有对转关系的各韵部之间的元音相同且韵尾的发音部位也相同。因此，具有对转关系的韵部有：之职蒸、支锡耕、鱼铎阳、侯屋东、宵药、幽觉（王氏后来又从侵部分出冬部，这样幽觉对转就变成幽觉冬对转）、微物文、脂质真、歌月元、缉侵、盍谈。比较发

---

① 曾运乾：《音韵学讲义》，中华书局2011年版，第173页。
② 参见王力《同源字典》，商务印书馆1982年版，第13页。

现，曾运乾古韵对转关系跟王力是基本一致的（由于王力三十部和曾运乾三十部各自包含的《广韵》韵目有一定的差异，因此只能说基本一致）。

需要指出的是，无论是王力古韵三十部还是曾运乾古韵三十部，以上阴阳对转各类，大都对应整齐，但也有部分例外，如豪第廿五部（即王力宵部）与铎第廿六（即王力药部）只有阴声和入声而无阳声相配，合第廿七（即王力缉部）与覃第廿八（即王力侵部），怗第廿九（即王力盍部）与添第三十（即王力谈部）只有入声和阳声而无阴声相配。对于这种不整齐的局面，曾运乾解释说：

> 要之陆氏之意，有阴阳可以相配者，以入声为之关键。其有阴声而无阳声，或有阳声而无阴声者，无妨任其独立不羁也。至覃添两部，各有入声，而无阴声与之相配，戴氏所谓以其闭口音，而配之者更微不成声也。孔氏谓豪类与覃对转，严氏又以萧与覃对转，以豪与谈对转。以鲲鱼之不瞑，必欲求其配匹，亦终于怨偶曰雠而已。何若仍陆氏旧文之为得耶？①

曾运乾这段精辟之论与王力简直如出一辙。王力说："然而对转的条理也成问题。自从戴、孔发明阴阳之说，大家都喜欢造成极整齐的局面。戴氏的收唇韵没有阴声相配，赶快找一个解释，于是有'以其闭口音，配之者更微不成声'的谬论。孔氏更进一步，以宵配缌，以合配谈，于是他的古音十八部就成了一阴配一阳的呆板局面。严可均的十六部，也是一阴配一阳。……章氏只知道不必妃匹相当，却不知有些韵部简直可以不必有配偶。试以现代方音为例，北京有［o］而无［ong］或［on］，上海有［e］而无［eng］或［en］，……都是没法子匹配成对的。"② 耿振生也说："从对转相配关系研究古韵部的分合，要注意整个音系里的相配关系并非绝对整齐，阴阳入三类相配常常是有缺口的。在上古音，多数韵部可以形成三类整齐的配合，有的韵部则只有两类相配，而缺少一个。阴声韵宵部配入声韵药部，没有阳声韵跟它们配合；阳声韵侵部配入声韵缉部、阳声韵谈部配入声韵叶部，也没有相配的阴声韵。……运用本方法（按：审音法）时要有客观的态度，不能把对转相配的规则看得太死。如果一意追求完全的整齐，就可能背离古音的本来系统。"③

---

① 曾运乾：《音韵学讲义》，中华书局2011年版，第177页。
② 王力：《上古韵母系统研究》，载《王力语言学论文集》，商务印书馆2000年版，第64页。
③ 耿振生：《20世纪汉语音韵学方法论》，北京大学出版社2004年版，第172～173页。

王力把表中同类同横行者称为旁转，具有旁转关系的各韵部之间的元音相近，韵尾相同（或无韵尾）。因此，具有旁转关系的韵部有：之支、职屋、耕东、微脂、物月、真元、缉盍、侵谈等。王力把表中旁转而后对转者称为旁对转。因此，具有旁对转关系的韵部有：之锡、铎东、微月、质元、缉谈等。王力把表中不同类而同直行者称为通转，具有通转关系的各韵部之间的元音相同，但韵尾发音部位不同。因此，具有通转关系的韵部有：之微、之侵、支真、锡质、鱼歌、铎谈等。

曾运乾把对转分为阴阳对转、次对转两类。由于曾运乾古韵三十部没有次对转的有关说明，我们只能根据他早期的有关说法来和王力有关旁转、对转、通转进行比较。曾运乾阴阳对转情况（括号内是对应的王力韵部名称），详见表4－44。

表4－44 阴阳对转情况

阴	阳									
	膺（蒸）	婴（耕）	安（元）	昷（文）	因（真）	央（阳）	翁（东）	宫（冬）	音（侵）	奄（谈）
噫（之）	⊙	○					○		○	
益（支）										
阿（歌）			⊙							
威（微）				⊙					⊙	
衣（脂）				○	○					
乌（鱼）						⊙	⊙			
讴（侯）							⊙			
幽（幽）							○	⊙	⊙	
夭（宵）							⊙	⊙	⊙	

经比较，曾运乾所谓次对转和王力韵转关系的对应关系分为三种类型。①曾运乾所谓次对转和王力旁对转对应者有：之耕、之东、脂元、脂文、鱼冬、幽东、宵东。②曾运乾所谓次对转和王力通转对应者有：之侵、微侵。③曾运乾所谓次对转于王力没有韵转关系者有：幽侵、宵侵。

对于对转以外的各韵部之间的关系，曾运乾说：

依上表推得（按：即以上阴阳对转表）：膺、婴与阿、威、衣绝无出入；与乌、讴、幽、夭亦无出入。安、昷、因与噫、益及乌、讴、幽、夭亦绝无出入。央、翁、宫与噫、益及阿、威、衣出入绝少，音、奄亦然。①

曾运乾认为蒸、耕与歌、微、脂韵转上没有任何关系，而王力韵表中蒸与微，耕与脂有通转关系；曾运乾认为蒸、耕与鱼、侯、幽、宵韵转上没有任何关系，而王力韵表中蒸、耕与鱼、侯、幽、宵有旁对转关系；曾运乾认为元、文、真与之、支及鱼、侯、幽、宵韵转上没有任何关系，而王力韵表中文与之、真与支、元与鱼有通转关系；曾运乾认为阳、东、冬与之、支及歌、微、脂韵转上关系只是偶有牵连（如东与之），而王力韵表中阳、东、冬与之、支是旁对转关系，阳与歌之间是通转关系；曾运乾认为侵、谈与之、支及歌、微、脂韵转上关系只是偶有牵连（如侵与之、侵与微），而王力认为侵与之、侵与微、谈与歌是通转关系。

---

① 曾运乾：《音韵学讲义》，中华书局2011年版，第520页。

第五章 曾运乾的等韵学研究

曾运乾对等韵学的研究主要有他的《等韵门法驳议》和《广韵补谱》，前者体现了他的等韵学的一些观点，后者则是他根据《广韵》设计的等韵图。

第一节 曾运乾《等韵门法驳议》

曾运乾对等韵学的研究，最重要的成果是《等韵门法驳议》，现在选取他的一些重要观点，述评如下。

一、曾运乾论类隔切是切语上字沿用古音

曾运乾说：

> 反切之用，本以济直音之穷，音和一门，其正法也。顾反语创自孙炎，中经魏晋六朝诸儒之纂集，递有增加，虽其声类系统未之或察，然而语音轻重鸿细之间，亦未尝无多少之差异。盖有轻唇重唇之互用，舌头舌上之互用，则声音等第或殊。彼此差池，亦或有不免。隋陆法言采集魏晋以来相传之切语，为《切韵》一书，其间轻重异宜，鸿细互读，谅亦常有。苟其声类系统不相抵牾，皆在撰集之列。故有今读重唇，而古用轻唇；今读轻唇，而古用重唇为切者。亦有今读舌头，而古用舌上；今读舌上，而古用舌头为切者。执古人反切，而以时音读之，音和一门，又有时而穷。于是宋人于音和一门外，为类隔一门，凡切语上字有沿用古音者，统谓之类隔。《广韵》每卷后有新添类隔今更音和切一条，《指掌图》所谓递用则为音和，傍求则为类隔是也。然则宋初所谓门法者，不过音和类隔两门，至易瞭也。①

曾运乾这段话可以从两个方面来分析。

---

① 曾运乾：《音韵学讲义》，中华书局2011年版，第86～87页。

第一，这段话阐述了门法的起源和发展的问题。曾运乾此论大体采用了《续通志》的说法。《续通志》说：

> 按反切之用，本以代直音之穷。音和一门，其正法也。而古今语音有轻重，则四等多牵。字音有异同，则三十六字母亦互相出入。执古人反切而以今人之音求之，则音和一门，又有时而穷。于是多立门法以取之，此亦不得已而为之者，非故为繁重苛细之法以惑人也。唐人于音和门外只有类隔一法。凡舌上舌头，轻唇重唇，齿齿正齿之互切者归类隔门。司马光《切韵指掌图》序略云："递用则名音和，傍求则云类隔。同归一母则为双声，同出一韵则为叠韵。同韵而分两切者，谓之凭切，同音而分两韵者，谓之凭韵。无字则点窠以足之，谓之寄声。韵阙则引邻以寓之，谓之寄韵。"其言门法始详。至刘鉴作《切韵》十三门，乃析类隔为轻重交互精照互用诸法。沙门真空著《玉钥匙》又增七门，共二十门。而门法遂日以滋多也。①

曾运乾说："反切之用，本以济直音之穷，音和一门，其正法也。"曾运乾又说："执古人反切而以今人之音求之，则音和一门，又有时而穷。"这明显是采纳了《续通志》的说法。

曾运乾又认为"宋人于音和一门外，为类隔一门"，这和《续通志》认为"唐人于音和门外只有类隔一法。凡舌上舌头，轻唇重唇，齿齿正齿之互切者归类隔门"的说法是基本一致的。而《续通志》的说法又源于《四声等子》，《四声等子》说："凡类隔切字取唇重、唇轻、舌头、舌上、齿头、正齿三音中清浊者谓之类隔。"

与《续通志》不同之处有二。一是曾运乾认为"宋人于音和一门外，为类隔一门"，而《续通志》认为"唐人于音和门外只有类隔一法"。曾运乾的理由是"《广韵》每卷后有新添类隔今更音和切一条，《指掌图》所谓递用则为音和，傍求则为类隔是也"。《广韵》和《切韵指掌图》都是宋初的韵书或韵图，因此，曾运乾认为类隔一门应始于宋代而非唐代。二是曾运乾认为类隔是指重唇轻唇、舌头舌上互切两类，而《续通志》则包括舌上舌头、轻唇重唇、齐齿正齿互切三类。

第二，曾运乾阐述了关于类隔的概念。曾运乾认为"宋人于音和一门外，

---

① 转引自叶光球《声韵学大纲》，正中书局印行1936年版，第114页。

为类隔一门",这是他对类隔的范围进行界定,把音和以外的都统称为类隔,这说明曾运乾类隔的范围是很大的。曾运乾又说:"凡切语上字有沿用古音者,统谓之类隔。"这是曾运乾对类隔含义的具体表述。

关于类隔,李新魁有一段议论。李新魁说:

> 类隔切的产生,主要是古音声母相混、相合的痕迹。曾运乾《等韵门法驳议》说:"凡切语上字有沿用古音者,统谓之类隔。"类隔是与音和相对来说的,《切韵指掌图》说:"递用则名音和,傍求则云类隔。"劳乃宣《等韵一得·外篇》说:"音和者,以本母之字为上一字;类隔者,以同类隔母之字为上一字也。"在韵图里,如按类隔切找字出切,就应改变这些一、四等的端组字为二、三等的知组字的读音。真空的门法说:"类隔者,谓端透定泥一、四为切,韵逢二、三便切知等字。知彻澄娘二、三为切,韵逢一、四却切端等字。故曰:一四端泥三、二知,相乘类隔已明之。如都江切桩,丁弓切中字,浊干切坛字,知经切丁字之类是也。"真空所举的浊干切坛、丁弓切中、知经切丁等切语,都是他自撰的例子,于韵书无据。故类隔之切,实以出现于用端组字为知组字的切上字这一情况为主。①

可见,李新魁所说的"故类隔之切,实以出现于用端组字为知组字的切上字这一情况为主",其实就是对曾运乾《等韵门法驳议》"凡切语上字有沿用古音者,统谓之类隔"的解释,李先生大概是这么理解的:类隔主要是指切语上字沿用的是古音,如端组字,但被切字却是同类隔母之字(即今音),如知组字。但是,我们认为这恐怕并非曾运乾类隔概念的原意。

要理解曾运乾的类隔概念,还得看他自己是怎么说的,曾运乾说:

> 《四声等子》辨类隔切字例云:"凡类隔切字,取重唇轻唇、舌头舌上、齿头正齿,三音中清浊相同者,谓之类隔。② 如端知八母下,一四归端,二三归知,一四为切,二三为韵,切二三字;或二三为切,一四为韵,切一四字是也。假若丁吕切柱字,丁字归端字母,是舌头字,吕字亦

---

① 李新魁:《汉语等韵学》,中华书局1983年版,第132~133页。
② 曾运乾此段话引用有误,原文为:"凡类隔切字,取唇重、唇轻、舌头、舌上、齿头、正齿三音中清浊者,谓之类隔。"(无名氏《四声等子》,中华书局1985年版,第8~9页)

是舌头字。柱字虽属知，缘知与端俱是舌头纯清之音，亦可通用。（按：曾运乾《讲授笔记》曰："依三等吕横截遇去，只舌上音知母，而无舌头音端母。例云：'一四为切，二三为韵，切二三字，故从知母音贮。'"）故以符代蒲，其类奉并；以无代模，其类微明；以丁代中，其类知端；以敕代他，其类彻透；余仿此。"

《切韵考外篇》云："知三母字，古音读如端三母，非四母字，古音读如帮四母字，切语上字，有沿用古音者，宋人谓之类隔。"①

曾运乾此论我们可以从三个方面分析。

首先，曾运乾的类隔实际上是指重唇与轻唇、舌头与舌上为切这两类，而没有把齿头正齿互切视为类隔。其原因有两点：一是根据《四声等子》例证来立论。曾运乾《音韵学讲义》说："齿头正齿，不为类隔，正齿之三等，本舌音字。《四声等子》系误举，下举例证，不言齿头正齿之类隔，即可证明。"②曾运乾古声十九纽体系中，照三组归端，端组是舌音，因此说正齿音三等（即照三）本舌音字。齿头音精组仍书齿音，舌音和齿音不同类，而重唇与轻唇同为唇音，舌头与舌上同为舌音，因此曾运乾不把齿头正齿为切视为类隔。二是陈澧说法也可为证。《切韵考外篇》云："知三母字，古音读如端三母，非四母字，古音读如帮四母字，切语上字，有沿用古音者，宋人谓之类隔。"③陈澧也不把齿头正齿互切视为类隔。

其次，曾运乾所举《四声等子》辨类隔切字例证可以分为两类，第一类就是李新魁指出的端组字为知组字的切上字，这就是曾运乾所谓"以丁代中，其类知端；以敕代他，其类彻透"。韵书的反切实际表明，类隔门中舌头与舌上是可以互相为切的，多数情况下，是以端组字切知组字为主，如都江切桩，丁吕切贮。偶然也有知组切端组的，如陟邪切爹，这种情况正好印证了李新魁的说法。第二类是轻唇字为重唇字的切上字，这就是曾运乾所谓"以符代蒲，其类奉并；以无代模，其类微明"。这一类的切语上字是轻唇音非组字（即今音），而切语却是重唇音帮组字（即古音）。如果按照李先生的理解来推断，类隔就是以出现于用帮组字为非组字的切上字这一情况为主，但这种推断与韵书的反切实际是相违背的，韵书的反切实际表明，重唇与轻唇也可以互相为

---

① 曾运乾：《音韵学讲义》，中华书局2011年版，第85～86页。
② 曾运乾：《音韵学讲义》，中华书局2011年版，第86页。
③ 转引自曾运乾《音韵学讲义》，中华书局2011年版，第85～86页。

切，其中轻唇切重唇很常见，如府移切卑、武悲切眉。而重唇切轻唇的情况非常罕见，如匹问切愗。因此，我们需要对曾运乾所谓"凡切语上字有沿用古音者，统谓之类隔"做出新的解释。

最后，曾运乾认为"凡切语上字有沿用古音者，统谓之类隔"，而陈氏《切韵考外篇》云："知三母字，古音读如端三母，非四母字，古音读如帮四母字，切语上字，有沿用古音者，宋人谓之类隔。"显然，曾运乾关于类隔的概念是采用陈澧《切韵考》的观点。陈氏"知三母字，古音读如端三母，非四母字，古音读如帮四母字"是我们理解陈氏"切语上字，有沿用古音者，宋人谓之类隔"的关键，陈氏指出，类隔切实际上就是知组读如端组，非组读如帮组这两种情况。曾运乾引用陈氏之说意在说明类隔切要注意切语上字声母古读的问题。曾运乾所谓"凡切语上字有沿用古音者"只是强调类隔切的产生就是因为切语上字沿用了古音。如府移切卑是类隔切，是因为府的读法沿用了古音（读如帮）才产生了类隔切。这样理解也可以解释李新魁先生指出的第一类情况，如都江切桩是类隔切，是因为都的读法（读如端）沿用了古音才产生了类隔切。

从以上分析可以看到，类隔的范围在不同的等韵图中是不一样的。真空《门法玉钥匙》所说的类隔仅限于端、知两组字切语，《四声等子》的范围则除端、知两组字外，还包括重唇、轻唇两组以及齿头、正齿两组。敦煌《守温韵学残卷》中也把轻重唇音的互切算是类隔。如《守温韵学残卷》声韵不和切字不得例云：

> 夫类隔切字有数般，须细辨轻重，方乃明之。引例如后：
> 如都教切罩、他孟切掌、徒幸切圹，此是舌头上类隔；
> 如方美切鄙、芳逼切堛、符巾切贫、武悲切眉，此是切轻韵重隔；
> 如匹问切愗、锄里切士，此是切重韵类隔；
> 恐人只以端知透彻定澄等字为类隔，迷于此理，故举例耳，更须子细了了。①

而曾运乾和陈澧则以《四声等子》为基础，根据清儒研究上古声母的成果，在排除了齿头和正齿两组之后，得出类隔切包括重唇、轻唇互切，舌头、舌上互切的结论。

---

① 转引自赵荫棠《等韵源流》，商务印书馆1957年版，第34页。

二、曾运乾论等韵门法的产生是因等韵不符切语

曾运乾说：

> 至诸家等韵出，门法之说乃渐以加详。其故由作等韵谱者，未谙《切韵》条例，率尔成书。如正韵变韵混居一图，开口合口分成八等，正齿则二三清混，于喻则三四分居，皆不合陆氏原书，谬于《广韵》。以之上考古代切语，乖舛遂多。原其不合之处，非切语之不符等韵，乃等韵之不符切语。此等韵误排之咎，切语不任其咎也。等韵家见其不合，乃立门法，以济其说；又有不合，又别立一门。始于《四声等子》及《切韵指南》，详于明释真空之《玉钥匙》，至清代《续通志》《七音略》，又故推波助澜，张大其辞，敷衍其例，展转轇轕，不可胜穷。一若古代切语，实有此繁重苛细之法者。窃常推其症结所在，盖有由误将一等排入四等所致者；有由误将变韵掺入正韵所致者；有由误将精双喻四排入四等所致者；有由误将照一排入照二所致者；要之皆等韵之谬误，非切语之谬误也。①

曾运乾此论涉及等韵与切语的关系，而反切基本上是和韵书系统相一致的，因此等韵与切语的关系实质上就是韵图和韵书的关系。

一方面，韵图是与韵书相辅而行的，它是韵书的纲要，是韵书的简化物。② 韵图一般以五音、七音或三十六字母统"声"，以韵摄及韵部统"韵"，使韵书中纷繁的反切条理化起来，便于从反切查音，也便于从音推求反切。因此，正如劳乃宣《等韵一得》所说："古今之韵得反切而后易明，反切之理得等韵而后易解。则等韵又古韵、今韵之阶梯也。"③ 从这个角度来说，等韵与韵书是基本一致的。另一方面，韵图与韵书也有不一致的地方。这里既有韵图本身的原因，也有切语的原因。

就韵图而言，"由于韵图的编纂有一个固定的格式，有一个框框，而且，它们编制的年代又与所据韵书出现的时间有一定的距离，因此，某一种韵书的语音系统反映在韵图之中就往往出现一些不相适应的地方。韵书中的声、韵、

---

① 曾运乾：《音韵学讲义》，中华书局2011年版，第87页。
② 参见赵荫棠《等韵源流》，商务印书馆1957年版，第49页。
③ 劳乃宣：《等韵一得》，载张斌、许威汉《中国古代语言学资料汇纂》，福建人民出版社1993年版，第4页。

调各方面的音素在各个历史时期中，并不是整齐划一的。元音和辅音有各种不同的类别，而韵图要把它们毫无例外地统纳在四个格子（表现为四等）之内，这样就会受到一些限制，因而也就不能不出现一些削足适履的现象"①。但也有切语的原因。"由于韵图的制作年代与韵书出现的时间有相当的距离，而且中古韵书《切韵》和《广韵》等均有存古性质，它们所用的切语，有许多是采用魏、晋、南北朝以来出现的旧反切，而这些旧反切的制作并不划一，反切在表示字音上有许多立法未善的地方。……而且在这些韵书的反切中，保留了许多古音的痕迹。……后代的语音发展变化了，这些反切却没有随之变化，因而反切与实际读音之间的距离就越来越大。韵图分图列等的原则和格式也没有跟着语音的发展而加以及时的调整，韵图作者拘泥于四等两呼的定型（指宋元时期的韵图），这与韵书的反切所反映的复杂的语音现象，以及不断变化的读音也难以完全吻合，产生了旧格式与新读音的矛盾。在处理这些矛盾时，韵图作者当然也是竭尽心力的，但是，这些矛盾随着时间的推移，跟着韵图的继作，只有越来越突出。"② 此外，还有一些例外的切语和韵图编排产生的矛盾，是依据后来的韵书才出现的，前期的韵书不一定有这些问题。③

因此，曾运乾将等韵和切语之间的矛盾全部归结于等韵之谬误，而非切语之谬误的观点是不全面的。正如李新魁批评说："曾运乾此论，失之偏颇。其实门法之作，有的固然是为了弥补韵图制作体例方面的不足，有的门例却是因韵书中的切语有问题、产生抵牾的现象而产生的。把门法出现的原因完全归于韵图对字音的'误排'，'皆等韵之谬误'，这种说法是不公允的。"④

三、曾运乾驳各门法

曾运乾《等韵门法驳议》共"驳正"了十项门法，今逐一分析如下。

（一）内外转例

曾运乾说：

> 照、穿、床、审、禅第一，与第二，本非同母。守温字母混而为一，

---

① 李新魁：《汉语等韵学》，中华书局1983年版，第10～11页。
② 李新魁：《汉语等韵学》，中华书局1983年版，第124～125页。
③ 参见李新魁《汉语等韵学》，中华书局1983年版，第127页。
④ 李新魁：《汉语等韵学》，中华书局1983年版，第125页。

等韵家分列二等三等，故有此门法。内八转中二等牙、舌、唇、喉无字，唯齿音有照、穿、床、审第一字，故曰韵逢第一者并切第三。令知内八转之照、穿、床、审第一字，与三等各母通成一等，则无此门法。原例举姜金牛仿四字，为内转三等出切，韵逢照一，并切第三之证。意谓姜居霜切，见母出切，二等行韵，所切出者不为二等，反为三等，与通例不合。不知《广韵》姜居良切，霜色庄切，庄侧羊切，羊与章切，章诸良切，是姜霜正同一等。仿甫爽切，非母出切，二等行韵，所切出者不为二等，反为三等。不知《广韵》仿分两切，爽疏两切，是仿爽正同一等。金居森切，见母出切，二等行韵，所切者乃为三等。不知《广韵》金居吟切，森所今切，金今同音，是金森正同一等。玉牛数切，疑母出切，二等行韵，所切者，乃为三等。不知《广韵》玉在三烛，数在四觉，本不同韵，不能相证。①

曾运乾又说：

等韵家不知陆氏《切韵》有正韵变韵之分，将变韵掺入正韵，故有此门法。陆韵旧例，正韵侈音例用鸿声，变韵侈音喉、牙、唇例用鸿声，舌齿例用细声。等韵外八转二等字，如假摄之麻，梗摄之庚，蟹摄之皆，山摄之山，咸摄之咸，江摄之江，效摄之肴，皆各韵之变也。故齿音皆用照等一。等韵家以各摄二等有仅有齿音者，有五音俱备者，故分为内外转。②

照二（庄组）本有两个来源，一是三等韵的庄组字（假二等），二是二等韵的庄组字，韵图都把它们排在二等（真二等）。早期韵图的内外转之分就是针对不同的庄组字而言的。曾运乾所谓照一就是三等韵中的庄组字，即假二等。韵图中霜为生母，排在二等的位置，而被切字姜为三等，这就"与通例不合"。曾运乾从《广韵》切语出发，根据反切系联法的递用条例（如霜色庄切、庄侧羊切、羊与章切、章诸良切，因此霜章同等同韵），同用条例（如姜居良切、章诸良切，因此姜章同等同韵；又如仿分两切、爽疏两切，因此仿爽同等同韵），或《广韵》同小韵（如金、今同切语，均为居吟切）推出反切下

---

① 曾运乾：《音韵学讲义》，中华书局2011年版，第88~89页。
② 曾运乾：《音韵学讲义》，中华书局2011年版，第89页。

字与被切字实际上仍然同等同韵的结论。

曾运乾认为："等韵家不知陆氏《切韵》有正韵、变韵之分，将变韵掺入正韵。故有此门法。"他主张应区分正韵、变韵，因为变韵中的侈音如假摄之麻、梗摄之庚、蟹摄之皆、山摄之山、咸摄之咸、江摄之江、效摄之肴都是二等韵。如果区分了正韵、变韵，变韵中的侈音都是二等韵，也就很容易区分内外转，因为内、外转的区别就是以有无真正的二等韵为标准。

曾运乾虽然认为齿音的有无是区分内外转的一个重要依据，但是他说"照、穿、床、审、禅第一（按：即庄一照二组），与第二（按：即章一照三组），本非同母。守温字母混而为一，等韵家分列二等三等，故有此门法"却是有问题的。内外转门法的设立，"为的是区分庄二与庄三组为切下字所涉及的等第问题，与章组毫不相涉，曾运乾说守温的照组等韵家分列二等三等（指照二与照三），故有此门法，这就把庄三组与章组混同起来了。这一混，就把内外门的主要内容完全歪曲了"①。

(二) 广通门和侷狭门

曾运乾说：

> 门法……又以四等字之多少，分广通侷狭。侷狭门四等字少，而侷尤少；广通者四等字多，而广尤多。广门之所以别于通门者，广门中四等为古本韵，如蟹摄之齐，山摄之先，梗摄之青，效摄之萧皆是。依此推之，则咸摄之添，亦古本韵，亦应称为广门。又其四等字少，与广门相埒，等韵上乃称为狭门，此其为例不纯者也。②

广通门是指重纽韵的反切。广通门就是指切上字为喉牙唇声母字，而切下字是"支脂真谆仙祭清宵"八韵的知组、照组、来日声母的三等字，被切字应认为四等字。

侷狭与通广相对，是指切上字亦为唇牙喉音字，但切下字是"东钟阳鱼蒸尤盐侵"八韵（这些基本上是没有重纽的韵）中的精组声母和喻四母的四等字，被切字应认为三等字。

曾运乾"以四等字之多少，分广通侷狭"的说法受到李新魁的批评。李

---

① 李新魁：《汉语等韵学》，中华书局1983年版，第146页。
② 曾运乾：《音韵学讲义》，中华书局2011年版，第90～91页。

先生说:"其实,通广与偏狭的区分,主要是在于韵图列于三等(或四等)的唇牙喉音字,其切下字是否通及四等(或三等)其他的声母字的问题。四等通及三等字当然要多一些,不通及三等字,字当然要少一些。字的多少是表面现象,不是广通偏狭门设立的真意。"①

曾运乾认为:"广门之所以别于通门者,广门中四等为古本韵,如蟹摄之齐,山摄之先,梗摄之青,效摄之萧皆是。依此推之,则咸摄之添,亦古本韵,亦应称为广门。又其四等字少,与广门相埒,等韵上乃称为狭门,此其为例不纯者也。"但此说也受到李新魁的批评。李先生说:"通广与偏狭只是涉及有重纽的三等韵及一般的混合三等韵,与纯四等韵无关。由于曾运乾只从字多字少来看待通广与偏狭,所以他也把纯四等韵也扯进通广门例中去。……曾运乾的说法是不对的。通广、偏狭门法的设立,乃是为了沟通有重纽的韵部的切语(特别是切下字)及其归等的问题,不是贸然就三、四等韵之间的关系(即三等与四等韵同类不同类的问题)或字的多少来立论的,因此不必扯及纯四等韵。"②

(三) 振救门

曾运乾说:

> 此由等韵家误列精双于四等,故有此门例。意谓精等五母出切,韵逢第三,乃反切第四,此与通例不合。不知精双等列第四,此自等韵误排,非真精双必在第四也。今知各韵之弇音精双,与他纽之同类者,本同一等,则精等出切,韵逢某等,即切某矣。③

振救是指精组假四等字的反切(实际上是三等韵的精组字韵图将其列于四等),精组字作反切上字而反切下字为三等字时,被切字实际上也是三等字。但由于韵图体例规定精组三等必须排在四等,因此被切字跟反切下字的等不一致。如果不把作为切上字的精组字(即假四等,真三等,实际上和作为反切下字的同韵三等字在等第上是一致的)排在四等,就不会出现这种情况了。曾运乾所说的"各韵之弇音精双(按:即精组三等—假四等),与他纽之

---

① 李新魁:《汉语等韵学》,中华书局1983年版,第143页。
② 李新魁:《汉语等韵学》,中华书局1983年版,第144页。
③ 曾运乾:《音韵学讲义》,中华书局2011年版,第92～93页。

同类者，本同一等，则精等出切，韵逢某等，即切某矣"指的就是这种情况。

（四）喻下凭切门

曾运乾说：

> 此由等韵家不知于喻当分为二类，误排喻母字于四等，故有此门法。意谓同为喻母出切，而第三为切，韵逢第四，乃切第三；第四为切，韵逢第三，乃切第四；此甚可怪。令知于喻各母同一韵类，即同一等，则无此门例矣。①

喻下凭切门是指喻三、喻四（假四等，真三等）为切上字的反切。喻下凭切这种情况之所以产生，是因为韵图将本同属于三等韵的两种喻纽字一种列于三等（称为喻三），一种列于四等（称为喻四），因为它们本都属于三等韵，所以它们所用的切语或它们用为其他字的切语，就混用三等或四等的字，这就出现等列的参差。如果不将喻纽的一种（喻四）列于四等，就不会出现这种情况。曾运乾《等韵门法驳议》所说的"令知于喻各母同一韵类，即同一等，则无此门例矣"②，指的正是这种情况。

（五）窠切门

曾运乾说：

> 此亦由等韵误排精双喻四于四等，故有此门法。意谓知等第二出切，韵逢第四，当为端等四母类隔切，今仍三等，是与通例不合。令知精双喻四与他纽同一韵类，则无此门法矣。③

窠切门是指切下字为精组四等、喻母四等（假四等）字的反切，精组字或喻四作反切下字而反切上字为知组三等字时，被切字实际上也是三等字。如果不把精组字或喻四列于四等，就不会出现这种情况。曾运乾所谓"令知精双喻四与他纽同一韵类，则无此门法矣"是有道理的，但是曾运乾又说这类

---

① 曾运乾：《音韵学讲义》，中华书局2011年版，第93页。
② 李新魁：《汉语等韵学》，中华书局1983年版，第140页。
③ 曾运乾：《音韵学讲义》，中华书局2011年版，第94页。

反切"当为端等四母类隔切"则不妥当,因为窠切门是由反切下字为假四等的精组或喻四字引起的,与反切上字为知组并无关系。类隔切是指知组与端组字,非组字与帮组字之间相互混用产生的门法,这样就把类隔切和窠切混淆起来了。

(六)小广通侷狭门

曾运乾说:

> 此亦由等韵家误排精双喻四于四等,故有此门法。令知来纽与他纽同一韵类,即同一等,则无此门法矣。①

小广通侷狭门实际上与广通门或侷狭门并不相关,是指切上字为来母字(总在三等)的反切,反切上字为来母字,反切下字为精组字或喻四母字(假四等),被切字实际上也是三等字。

小广通侷狭门这种情况之所以产生,是因为韵图将本属于三等韵的精组字排在四等,或将本属于三等韵的喻四纽字列于四等。此门法只与反切下字的精组假四等、喻母假四等有关,而与切上字来纽无关,因此,曾运乾所说的"令知来纽与他纽同一韵类,即同一等,则无此门法矣"并不确切。

(七)正音凭切门

曾运乾说:

> 此等韵家误排照一为照二等,故有此门法。意谓照一出切,韵逢第三或第四,应切第三或第四。今切出仍为照一,与通例不符。令知照一照二本分两声,韵逢某类,即与某类通成一等,则无此门法矣。②

正音凭切门是指庄组字(假二等,真三等)为切上字的反切。庄组字作反切上字而反切下字为三等字或四等字时,被切字实际上也是三等字。但由于韵图体例规定庄组三等必须排在二等,因此被切字跟反切下字的等不一致。如果知道庄组分为二等和三等两类,不把作为切上字的的庄组字(即假二等,

---

① 曾运乾:《音韵学讲义》,中华书局2011年版,第94页。
② 曾运乾:《音韵学讲义》,中华书局2011年版,第95页。

真三等）排在二等，就不会出现这种情况了。这就是曾运乾所说的"令知照一照二本分两声，韵逢某类，即与某类通成一等，则无此门法矣"。

（八）寄韵凭切门

曾运乾说：

> 此门与上门为对待，上门照一出切，韵逢三四，仍切照一。本门照二出切，韵逢一四，仍切照二。亦由等韵家误排所致。令知凡切语下一字同类之字，即同一等，则无此门法矣。至于昌来切，昌切，《玉钥匙》举为照等第二出切，韵逢第一之证，则由不知《切韵》本例，一等决无照等出切之事也。①

寄韵凭切门是指照三组字为切上字的反切。照三组字作反切上字而反切下字无论是一等字还是四等字时，被切字应认为三等。如昌来切犥、昌给切茝。《门法玉钥匙》所说的"寄韵凭切者，谓照等第二为切，韵逢一四并切照二。言虽寄于别韵，只凭为切之等也。故曰寄韵为切"就是这个意思。曾运乾认为"凡切语下一字同类之字，即同一等"的反切原则固然是正确的，但是并没有指出寄韵凭切门的实质性问题。曾运乾又认为寄韵凭切门是"由等韵家误排所致"的说法也是不妥当的。据王力的研究，寄韵凭切门的被切字的的读音是不明确的。如"茝"字（昌给切），或者应归一等蟹摄海韵，或者应归入止摄止韵，既然称为寄韵，应以后一说为是。《说文》大徐本："茝，昌改切。"徐灏云："改，古音读如己，与芷同也。唐韵切字多用古音，盖孙叔然以来，相沿未改。"②据此，寄韵凭切门的设立可能与韵书中有存古性质的旧音有关，并非韵图作者误排所致。③

---

① 曾运乾：《音韵学讲义》，中华书局2011年版，第95页。
② 王力：《王力文集》（第五卷），山东教育出版社1986年版，第131页。
③ 曾运乾《音韵学讲义》说："陆氏《切韵》条例：正韵侈音十九纽，例用鸿声；弇音三十二纽，例用细声。变韵侈音十九纽，喉牙唇例用鸿声，舌齿例用细声；弇音喉牙唇例用细声，舌齿例无字。其轶出范围者，必后人增加，如哈韵犥昌来切，穿母三等。穿母三等例无侈音，明为后人增加字。"《音韵学讲义》又说："茝昌改切，增加字。"（曾运乾：《音韵学讲义》，中华书局2011年版，第195～196、197页）曾运乾此说是有道理的，因为有些例外的切语和韵图编排产生的矛盾，确是依据后来的韵书才出现的。

（九）交互门

曾运乾说：

> 此即唇音类隔字也。唇音类隔字取切之法，不论轻重等第，但凭为韵之等，便是所切之字。①

交互门又称轻重交互，是指轻唇音字与重唇音字互切的情形。具体是指切上字为重唇音帮组字，而切下字是三等韵字，包括《广韵》中的东三、屋三、钟、阳、药、文、物、元、月、凡、乏、微、废、虞、尤（举平以赅上、去）等韵的合口字（按：尤韵在韵图中本属开口三等，但是在这些字没有变为轻唇音之前即已转入三等合口虞韵）②，被切字应读为轻唇音；或者切上字为轻唇音字，切下字是除上举合口三等韵之外的其他字，被切字应读为重唇音。交互门之所以产生，是因为三十六字母之前，没有轻唇音，此时非组字读同帮组字。但三十六字母时期，人们用今音去读韵书中本为唇音字互切的音和切，却成了异类互用的类隔切。轻唇音产生的原因是作为切上字的重唇音声母受到作为切下字的某些合口三等韵的影响所致，因此唇音字的反切由反切下字的等第决定，这就是曾运乾所说的"唇音类隔字取切之法，不论轻重等第，但凭为韵之等，便是所切之字"。交互门是《直指玉钥匙》所立门法，在《四声等子》中，此门法被概括在类隔之内。这就是曾运乾所说的"此即唇音类隔字也"。

第二节　曾运乾《广韵补谱》

《广韵补谱》是一种表现中古韵书主要是《广韵》的语音系统的等韵图。据曾运乾学生郭晋稀介绍，曾运乾生前著有《广韵补谱》，但未印成讲义，我们目前所见的《广韵补谱》为郭先生在曾运乾指导下写出来的③，故此补谱也可以算作曾运乾的研究成果。曾运乾《等韵门法驳议》说：

---

① 曾运乾：《音韵学讲义》，中华书局2011年版，第96页。
② 唐作藩：《汉语语音史教程》，北京大学出版社2011年版，第85页。
③ 参见曾运乾《音韵学讲义》，中华书局2011年版，第9页。

> 其故由作等韵谱者，未谙《切韵》条例，率尔成书。如正韵变韵混居一图，开口合口分成八等，正齿则二三淆混，于喻则三四分居，皆不合陆氏原书，谬于《广韵》。以之上考古代切语，乖舛遂多。原其不合之处，非切语之不符等韵，乃等韵之不符切语。此等韵误排之咎，切语不任其咎也。……窃尝推其症结所在，盖有由误将一等排入四等所致者；有由误将变韵掺入正韵所致者；有由误将精双喻四排入四等所致者；有由误将照一排入照二所致者；要之皆等韵之谬误，非切语之谬误也。①

曾运乾把等韵和切语不合的责任全归结为等韵，固然有失偏颇。但是这种从韵书中语音资料出发来制定等韵图的原则是正确的。宋元等韵图各门法的设立，除了弥补韵图制作体例自身的不足，更重要的目的是协调韵图所反映的语音跟《切韵》切语实际不甚相合带来的矛盾。但由于韵图制作者不知道宋元三十六字母与《切韵》声母并不相同，即如果他不能从《广韵》的反切系统出发，那么无论他怎么设计，韵图和韵书之间的矛盾总是客观存在的。要从根本上解决韵图的弊端，就必须从《广韵》复杂的反切中分析出声类系统。曾运乾从《切韵序》得到启发，打破传统的三十六字母，以陈澧《切韵考》分析出的四十声类为基础，又根据声韵之间"音侈者声鸿，音弇者声细"的审音原则，分析出《广韵》五十一声纽（实为声类）。

曾运乾又把这五十一声纽，分为鸿声十九纽、细声三十二纽，其中，鸿声十九纽就是古本声，细声三十二纽为今变声。又根据"古音古纽，互相证明"的逻辑，并在前人研究基础上，推出脂、微分部，从而将古本音定为三十韵部。

曾运乾又从《广韵序》得到启发，认为"音既有古今南北之殊，法言斟酌损益于其间，则知其音不能无正变。于是二百六部中，有正韵，有变韵"②。至于正韵和变韵的区别，曾运乾认为"则凡正韵之侈音，例用鸿声十九纽，弇音例用细声三十二纽。凡变韵之侈音，喉牙唇例用鸿声，舌齿例用细声，亦共十九纽；弇音喉牙唇例用细声，舌齿例无字。此又《切韵》全书大例也"③。

总之，曾运乾从研究《广韵》出发，得出了古本声、今变声、古本韵、今变韵，建立起他的全套声韵学体系。从根本上说，曾运乾对《广韵》的研

---

① 曾运乾：《音韵学讲义》，中华书局2011年版，第87页。
② 曾运乾：《声韵学》，湖南教育出版社2012年版，第212页。
③ 曾运乾：《声韵学》，湖南教育出版社2012年版，第213页。

究即对《广韵》的切语的分析，对《广韵》纷繁的切语研究成果就是最终制定了研究《广韵》的等韵图——《广韵补谱》。

兹录其正摄、变摄各表，详见表5-1、表5-2。

表5-1 正摄（噫摄）

			侈音			弇音		
			开口呼		合口呼	齐齿呼		撮口呼
			十六咍	十五海 十九代		七之	六止 七志	
喉声	影一	影二	噫 哀乌开	欸乌改 爱乌代	乌	衣 医於其	譩於拟 意於记	於
	见一	见二	格 该古哀	改古亥 溉古代	姑	几 姬居之	纪居理 记居吏	居
	溪一	溪二	客 开苦哀	恺苦亥 慨苦溉	枯	岂 欺去其	起去墟 亟去吏	区
牙声		群				其 其渠之	忌渠记 ○	渠
	晓一	晓二	黑 儓呼来	海呼改 儗海爱	呼	羲 僖许其	喜虚里 意许记	虚
	匣一	匣二（于）	劾 孩户来	亥胡改 灘胡概	胡	囲	矣于纪 ○	于
	疑一	疑二	额 皑五来	磑五溉	吾	宜	疑语其 拟鱼纪 魑鱼记	鱼
舌声	端	知	德 鼟丁来	等多改 戴都代	都	知	○ 徵陟里 置陟吏	猪
	透	彻	忒 胎土来	噫他亥 贷他代	土	痴	痴丑之 耻敕里 胎丑吏	楮
	定	澄	特 臺徒哀	駘徒亥 代徒耐	徒	池	治直之 峙直里 值直吏	除

续表 5-1

				侈音				弇音			
		喻						夷	饴以羊已	异羊吏	余
舌声	泥	娘	内奴代	能奴来	乃奴亥	耐奴代	奴	尼	你乃里	○	女
		照三						之	止之而	志诸市 止职吏	诸
		穿三						叱	蚩赤之	炽昌志 齿昌里	处
		床三						食	漦俟箽	俟漦史	紓
		审三						诗	始诗止	试式吏 始诗止	书
舌声		禅						时	市时止	侍时吏 市时之	塾
		日						儿	而如之	饵仍吏 耳而止	如
	来一	来二	勒	赉洛代	䣂来改	卢		离	厘里之	吏力置 里良士	吕
	精一	精二	则	裁祖才	赍洛代 载作代	祖		即	兹子之	子即里 ○	借
	清一	清二	采	猜仓才	菜仓代 采仓宰	麁		七	○	载七吏 ○	取
齿声	从一	从二	在	裁作哉	载昨代 在昨宰	徂		疾	慈疾之	字疾置	咀
	心一	心二	塞	鳃苏来	赛先代 ○	苏		息	思息兹	笥相吏 枲胥里	胥
		邪						夕	词似兹	寺祥吏 似详里	徐

续表 5-1

			侈音				弇音			
齿声		照二				侧	菑侧持	淬阻史	戴侧吏	阻
		穿二				测	辒楚持	刹初纪	厕初吏	初
		床二				崱	茌士之		士鉏里	事鉏吏	锄
		审二				色	○	史疏士	驶疏吏	疏
唇声	帮	非	北	○	佰博乃	○	补	陂	○	○	府
	滂	敷	柏	姼普才	啡匹恺	○	普	披	○	○	敷
	并	奉	白	陪扶来	倍博亥	○	蒲	皮	○	○	扶
	明	微	墨	○	穓莫亥	穓莫代	模	眉	○	○	无

表 5-2 变摄（天幽变摄）

			侈音				弇音		
			开口呼			合口呼	齐齿呼			撮口呼
喉声	影一	影二	噫	颢於交	三一巧 拗於绞	三六效 鞠於教	乌	衣	二十幽 幽於虬	四六黝 黝於纠	五一幼 幼伊谬	於
牙声	见一	见二	格	交古肴	绞古巧	教古孝	姑	几	樛居虬	纠居黝	○	居
	溪一	溪二	客	敲口交	巧苦绞	敲苦教	枯	岂	烋去秋	○	足臭丘谬	区

续表 5-2

			侈音					弇音				
		群					其羲	虯渠幽	螑渠黝	赳巨幼	渠	
牙声	晓一	晓二	黑	虓许交	孝呼教	呼	羲		飍香幽	○	虚	
	匣一	匣二（于）	劾	肴胡茅	效胡教	胡	宥	○	○	○	于	
	疑一	疑二	额	聱五交	磽五巧	吾	宜	聱语虯	○	○	鱼	
舌声	知		德	嘲陟交	罩都教	都	知				猪	
	彻		忒	颵敕交	○	土	痴				楮	
	澄		特	桃直交	棹直教	徒	池夷				除余	
	娘		内	铙女交	獿奴教	奴	尼之叱食诗时儿				女诸处纾书墅如	
齿声	来		勒则采在塞	○	○	卢祖蔍俎苏	离即七疾息夕				吕借取咀胥徐	

续表 5-2

			侈音					弇音				
齿声	照二		璪侧交	爪侧绞	抓侧教			侧			阻	
	穿二		謤楚交	熌初爪	抄初教			测			初	
	床二		巢鉏交	齱士绞	巢士稍			崱			锄	
	审二		梢所交	籹山巧	梢所教			色			疏	
唇声	帮	非	北	包布交	饱博巧	豹北教	补	陂	彪甫烋	○	○	府
	滂	敷	柏	胞匹交	○	奅匹皃	普	披	○	○	○	敷
	并	奉	白	庖薄交	鲍薄绞	靤防教	蒲	皮	淲皮彪	○	○	扶
	明	微	墨	茅莫交	卯莫鲍	皃莫教	模	眉	缪武彪	○	谬靡幼	无

曾运乾编纂《广韵补谱》(以下简称《补谱》)是以《广韵》为依据的，但他的目的不是单纯考证《广韵》音系，而是要分析出古本声与今变声，古本韵（正韵）与今变韵，用以揭示古今语音演变的基本脉络。

此谱依等韵称摄，将曾运乾所订古韵三十部为分摄根据，又把附属于阿摄的祭、泰、夬、废四韵分离出来，另立蔼摄，又以入声韵和阳声韵相配，则三十部中的入声韵分别归属于相配的阳声韵，则为二十二摄。

此谱以正韵为正摄，变韵为变摄。一摄当中既有正韵，又有变韵，则按正韵、变韵分为两谱。如三十部之第四部（曾运乾称齐半第四）既包括正韵齐荠霁（侈音）、支纸寘（弇音），又包括变韵佳蟹卦（侈音），则将此摄分为两谱，含正韵之谱称为益摄，含变韵之谱称为益变摄。正摄和变摄共计三十二谱，即三十二张声韵调配合表。其中，正摄为一摄一谱，包括噫摄、应摄、益摄、婴摄、阿摄、蔼摄、安摄、威摄、昷摄、衣摄、因摄、乌摄、鸯摄、讴摄、翁摄、幽摄、宫摄、禾摄、谙摄、奄摄二十谱。变摄有一摄一谱的，如益变摄、蔼变摄、安摄、显变摄（应为昷变摄）、央变摄（应为莺变摄）、翁变摄、谙变摄、奄变摄八谱。变摄有两摄一谱的，如威衣变摄、应婴变摄、阿乌变摄、禾幽变摄四谱。

正摄只包括正韵，变摄则包括变韵，各谱的正摄名与《广韵》韵目及四呼对应关系如下，详见表 5-3。

表 5-3　正摄与《广韵》韵目及四呼对应关系

正摄	正韵			变韵
	侈音	弇音	侈音	弇音
古韵	《广韵》韵目	《广韵》韵目	《广韵》韵目	《广韵》韵目
噫摄	咍海代（开）	之止志（齐）		
应摄	登等嶝德（开合）	蒸拯证职（齐撮）	耕耿诤麦（开）	
益摄	齐荠霁（半）（开合）	支纸寘（半）（齐撮）	佳蟹卦（开合）	
婴摄	青迥径锡（开合）	清静劲昔（齐撮）	耕耿诤麦（开）	
阿摄	歌哿箇（开）、戈果过（合）	支纸寘（半）（齐撮）	麻马禡（开合）	
蔼摄	泰（开合）	祭（齐撮）	夬（开合）	废（撮）
安摄	寒旱翰曷（开）、桓缓换末（合）	仙狝线薛（齐撮）	删潸谏鎋（开合）	元阮愿月（齐撮）
衣摄	齐荠霁（半）（开合）	脂旨至（半）（齐撮）	皆骇怪（开）	微尾未（齐）
因摄	先铣霰屑（开合）	真轸震质（齐撮）臻栉（齐）		
威摄	灰贿队（合）	脂旨至（半）（撮）	皆骇怪（合）	微尾未（撮）
昷摄	痕很恨（开）魂混恩没（合）	欣隐焮迄（齐）谆准稕术（撮）	山产裥黠（开合）	文吻问物（撮）
乌摄	模姥暮（合）	鱼语御（撮）	麻马禡（开合）	
莺摄	唐荡宕铎（开合）	阳养漾药（齐撮）	庚梗映陌（开合）	庚梗映陌（齐撮）
讴摄	侯厚候（开）	虞麌遇（撮）		

续表5-3

正摄	正韵		变韵	
	侈音	弇音	侈音	弇音
翁摄	东董送屋（合）	钟肿用烛（撮）	江讲绛觉（开）	
幽摄	萧筱啸（开）	尤有宥（齐）		幽黝幼（齐）
宫摄	冬宋沃	东董送屋		
夭摄	豪皓号（开）	宵小笑（齐）	肴巧效（开）	
谙摄	覃感勘合（开）	侵寝沁缉（齐撮）	咸赚陷洽（开）	凡范梵乏（齐）
奄摄	添忝㮇帖（开）	盐琰艳叶（齐撮）	衔槛鉴狎（开）	严俨酽业（齐）
	谈敢阚盍（合）			

变摄名与《广韵》韵目及四呼对应关系也可依此表推出，如益变摄对应的《广韵》韵目及四呼为佳蟹卦（开合），威衣变摄对应的《广韵》韵目及四呼为皆骇怪（开合）、微尾未（齐撮），其余皆可依此类推。

声分鸿细，以喉、牙、舌、齿、唇五声为序，即曾运乾所定四气图之五十一纽系统。五十一声纽又分为鸿细两类，鸿声包括影一、见一、溪一、晓一、匣一、疑一、端一、透一、定一、泥、来、精一、清一、从一、心一、帮、滂、並、明这十九纽，细声包括影二、见二、溪二、群、晓二、匣二（喻三）、疑二、知、彻、澄、喻四、娘、照三、穿三、床三、审三、禅、日、来二、精二、清二、从二、心二、邪、照二、穿二、床二、审二、非、敷、奉、微这三十二纽。

韵分侈弇，侈音又分为开合两呼，弇音又分为齐撮两呼。采用陈澧《切韵考》的系联法考求出韵类三百零六类。[①]

声韵结合的规则是正韵侈音例用鸿声十九纽，弇音例用细声三十二纽，以鸿声十九纽横贯细声之上，细声三十二纽居于下，正可以说明音侈声鸿、音弇声细的审音原则及细声三十二纽古音读同鸿声十九纽。变韵侈音例喉牙唇及来母例用鸿声，舌声例用知、彻、澄、娘，齿声例用照二、穿二、床二、审二，亦共十九纽。将此十九纽横贯《补谱》上列。变韵弇音例舌齿例无字，故只

---

① 曾运乾非常赞同陈澧分析《广韵》韵类使用的系联法。他说："其方法可谓密矣。今依其说，取二百六韵，辨其合开，区其等第，记其正变。止一呼者，为一类；有二呼、三呼、四呼者，则为二类、三类、四类，庶足以见陆生区分韵类之意云。"（曾运乾：《音韵学讲义》，中华书局2011年版，第133～134页）

以喉牙唇细声诸纽局于《补谱》之下列。

《补谱》对切语上下字进行了改良。曾运乾认为切语上字和被切字的等呼相同，更易"矢口成音"，于是选取一百零二个常用字作为代表字，这些字又以阴声入声为先，因为阳声字带鼻音，作为声纽，不易切合；平上去入四声之中，入声短促，作为声纽，最易切合。其中，用作开口呼的切上字有噫（影）、格（见）、客（溪）、黑（晓）、劾（匣）、额（疑）、德（端）、托（透）、特（定）、内（泥）、勒（来）、则（精）、采（清）、在（从）、塞（心）、北（帮）、柏（滂）、白（并）、墨（明）；用作合口呼的切上字有乌（影）、姑（见）、枯（溪）、呼（晓）、胡（匣）、吾（疑）、都（端）、土（透）、徒（定合）、奴（泥）、卢（来）、祖（精）、麁（清）、徂（从）、苏（心）、补（帮）、普（滂）、蒲（并）、模（明）；用作齐齿呼的切上字有衣（影）、几（见）、岂（溪）、其（群）、羲（晓）、囲（匣）、宜（疑）、知（知）、痴（彻）、池（澄）、夷（喻）、尼（娘）、之（照三）、叱（穿三）、食（床三）、诗（审三）、时（禅）、儿（日）、离（来）、即（精）、七（清）、疾（从）、息（心）、夕（邪）、侧（照二）、测（穿二）、崱（床二）、色（审二）、陂（非）、披（敷）、皮（奉）、眉（微）；用作撮口呼的切上字有於（影）、居（见）、区（溪）、渠（群）、虚（晓）、淤（匣）、鱼（疑）、猪（知）、楮（彻）、除（澄）、余（喻）、女（娘）、诸（照三）、处（穿三）、紓（床三）、书（审三）、墅（禅）、如（日）、吕（来）、借（精）、取（清）、咀（从）、胥（心）、徐（邪）、阻（照二）、初（穿二）、锄（床二）、疏（审二）、府（非）、敷（敷）、扶（奉）、无（微）。

《补谱》又尽量选用影母字作为切语下字，因为影母字是零声母字，拼切最为方便。《补谱》以喉音影母排在第一，目的就是便于拼切时取以行韵。

以一百零二字为切语上字，影母字为切语下字，两相切合，矢口即可成音。比如噫摄姬字，《补谱》依《广韵》切语填"姬，居之（切）"，若按改良的切语上下字，则为"姬，几医（切）"。又如安变摄关字，《补谱》依《广韵》切语填"关，古还（切）"，若按改良后的切语上下字，则为"关，姑弯切"。改良后的切语拼切之方便可见一斑。

《补谱》虽有对切语的改良，但对类隔切不做修改，仍依韵书切语填入谱内。如翁变摄椿字，《补谱》仍依《广韵》切语填"椿，都江（切）"，央变摄盲字，《补谱》仍依《广韵》切语填"盲，武庚（切）"。

由于《广韵》是后人在《切韵》分韵基础上增字而成，因此，要恢复《切韵》的本来面目，就必须区别哪些是后人的增加字。《补谱》对《广韵》

增加字（主要在部末，也有部中的情况）有所斟酌取舍，取舍的原则是以切语是否符合声鸿音侈、声细音弇的审音原则，即声韵拼合规则，符合者则录入谱中，不符合者则不录。如第一谱噫摄咍韵，《广韵》部末有"姉""犙"两字。《补谱》说：

> 部末犙昌来切一字，姉普才切一字，皆增加字。昌来切系穿母，韵例重声十九纽无穿母，今不录。姉虽增加字，无害于例，仍之。①

此外，《补谱》还参酌《说文解字》（大徐本）、《说文解字篆韵谱》、《集韵》、《韵镜》、《韵鉴》、《切韵考》等相关著作，尤其是陈澧的《切韵考》是清儒研究《广韵》的一部重要著作，该著作的一项重要工作就是删除后人的增加字，用以恢复《切韵》的本来面目。《补谱》对《切韵考》的结论遵循择善而从的原则，曾运乾认为合理的，则采纳之；曾运乾认为不合理的，则不予采纳。如《广韵》海韵部中佁字，《补谱》未录入，至其理由，《补谱》说：

> 佁夷在切，喻母（按：重声例无喻母，亦增加字）。六止羊已切，音以。惟鉉（徐鉉）音夷止切，鍇（徐鍇）音夷采切，其增加在孙愐以前。
> 腪与改切，《切韵考》云："佁字夷在切，与腪字与改切，音同，增加字，今不录。腪字亦在韵末，亦增加字。"曾按：《韵镜》《韵鉴》均未录②

又如《广韵》职韵部中有艃字，陈澧《切韵考》认为是增加字而不录，《补谱》录入，至其理由，《补谱》说：

> 部中艃许极切，五；《切韵考》云："许极与淢字况逼切音同，虽不在韵末，亦增加字。"曾按：本韵分齐撮二呼，淢域为本韵撮口呼字，本韵本呼字少，故借唇音字为切）至许极一切，正齐齿呼晓二之入声，极力通成一例，《韵镜》《韵鉴》艃录开口图内，淢域录合口图内，可证。《切韵考》不录，非也。③

---

① 曾运乾：《音韵学讲义》，中华书局2011年版，第197页。
② 曾运乾：《音韵学讲义》，中华书局2011年版，第197页。
③ 曾运乾：《音韵学讲义》，中华书局2011年版，第199页。

因此,《补谱》对《广韵》中各切语的考订是非常谨慎的,这样就可以恢复《切韵》的本来面目。总之,此谱和黄侃的《纽经韵纬表》一样,既解决了古今音变的问题,又把古音、《广韵》、等韵整个系统都弄清楚了。

第六章　曾运乾音韵学研究的贡献与不足

第一节　曾运乾音韵学研究的贡献

曾运乾的学生郭晋稀在曾运乾《音韵学讲义》前言中总结了曾运乾音韵学研究上的四大贡献：一是曾运乾《广韵》声纽五十一类之说和正变韵例之说；二是曾运乾考订喻母古读之后重新排定古声十九纽以及对等韵门法的驳别；三是曾运乾"脂、微分部"说和创立古韵三十部；四是曾运乾声转韵转之说。之后有伏俊琏《曾运乾先生对中国声韵学的杰出贡献——兼谈古声长九纽与三十二纽之争》、曾常红《湘中第一经师——曾运乾》对曾运乾的音韵学成就进行了评述，但总体而言，他们与郭先生的观点是基本一致的。郭晋稀认为："曾先生便是通过对《广韵》的研究，来建立他的全套声韵学体系的。"①郭先生这句话实际上告诉我们，对《切韵》价值的正确认识是曾运乾音韵学研究的基点，也是曾运乾音韵学研究取得成就的最重要原因。

现存最古的韵书是《广韵》，《广韵》的前身是《唐韵》，《唐韵》的前身是《切韵》，因此，曾运乾《音韵学讲义》"广韵部目原本陆法言切韵证"一节中说："考法言切韵，孙愐唐韵，陈彭年广韵，名为三书，实同一书。"因此，《切韵》原本虽然已经不存，但《广韵》基本上保存了《切韵》的语音系统。

学界公认《切韵》对汉语语音研究具有非常重要的价值。② 结合曾运乾对音韵学研究的成就，我们认为，曾运乾至少认识到《切韵》具有两个方面的价值：一是认识到《切韵》提供了一个最早的完整可靠的汉语语音系统，研究汉语音韵尤其是上古音可以利用《切韵》作为参照系。二是认识到《切韵》是上推上古音的枢纽。而这两点都取决于曾运乾作为审音派古音学家的研究思维，"作为一个审音派的学者，除了审音派所重视的推理演绎，其操作上最主

---

① 曾运乾：《音韵学讲义》，中华书局2011年版，第1页。
② 如林焘《中国语音学史》概括指出《切韵》对汉语语音研究具有五个方面的重要价值。（林焘《中国语音学史》，语文出版社2010年版，第88～90页）

要的方法论,一是认为声和韵的考求必须综合起来,二是认为《广韵》是一个兼包古今方国之音的综合体系,古本音须于二百零六韵之中求之。其中体现的最主要的理论,是声韵'相挟而变'的理论"①。审音派比较侧重从今音和等韵学中去推求古音系统,也注意构建语音系统中的阴阳入三声相配的模式。

清儒考证古声或古韵,依据的基本上是《诗经》等先秦韵文和《说文》谐声材料,但这些语音材料都缺乏系统性,虽然研究古音会取得某些成就,但只能是一些零碎的认识。因此,黄侃批评说:

> 从前论古韵者,专就《说文》形声及古用韵之文以求古韵部;专就……而声韵条例,竟无从建立。②

《切韵》的系统性首先体现在声韵关系上。以上黄侃所谓的"音理",就是说研究古音要把声韵综合起来,黄氏因此提出了著名的声韵"相挟而变"理论。

曾运乾研究音韵学就是从《切韵》音系的声韵关系开始的。曾运乾研究《广韵》后发现,"法言切语之法,以上字定声之鸿细,而音之弇侈寓焉;以下字定音之弇侈,而声之鸿细亦寓焉。见切语上字其声鸿者,知其下字必为侈音;其声细者,知其下字必为弇音矣。见切语下字其音侈者,知其上字必为鸿声;其音弇者,知其上字必细声矣"③。曾运乾正是根据"音侈者声鸿,音弇者声细"的声韵关系考订出《广韵》五十一声纽。

曾运乾研究喻母古读也考察了《广韵》的声韵关系。曾运乾研究发现,"《广韵》全书,凡只具有喉音一母(影)、牙音六母(见、溪、群、晓、匣、疑)及唇声四母……足以明喻、于两母之部位矣"④。

曾运乾古韵三十部也是在考察声韵关系的基础上考订的。曾运乾认为:"《广韵》二百六部中,有三十二韵为古本音,此三十二韵中只有古本声十九纽。知此十九纽为古本声者,以此三十二韵为古本音也。知此三十二韵为古本音者,以其只具古本声十九纽也。古音古纽,互相证明,而又与考古诸家之说

---

① 王宁、黄易青:《黄侃先生古本音说证辨——兼论考古与审音二法之于古声研究的影响》,载《民俗典籍文字研究》第一辑,商务印书馆2003年版,第89页。
② 黄侃:《声韵略说》,载《黄侃论学杂著》,中华书局1964年版,第98页。
③ 曾运乾:《音韵学讲义》,中华书局2011年版,第120～121页。
④ 曾运乾:《音韵学讲义》,中华书局2011年版,第167页。

相吻合。"①

曾运乾对正韵、变韵的研究也与他对《切韵》声韵关系的细致考察相关，他认为："变韵与正韵之别，则凡正韵之侈音，例用鸿声十九纽，弇音例用细声三十二纽。凡变韵之侈音，喉牙唇例用鸿声，舌齿例用细声，亦共十九纽；弇音喉牙唇例用细声，舌齿例无字。此又《切韵》全书大例也。"②

曾运乾等韵学研究的重要成果就是他编纂的《广韵补谱》，该谱性质上就是一份声韵调系统表，其中的声韵既包括古本声与古本韵，又包括今变声与今变韵。谱中声韵结合的规则是正韵侈音例用鸿声十九纽，弇音例用细声三十二纽，变韵侈音例喉牙唇及来母例用鸿声，舌声例用知、彻、澄、娘，齿声例用照二、穿二、床二、审二，亦共十九纽。变韵弇音例舌齿例无字。《广韵补谱》既解决了古今音变的问题，又把古音、《广韵》、等韵整个系统都弄清楚了。因此，曾运乾对《切韵》声韵关系研究的代表性作品《广韵补谱》可算是他研究音韵学的集大成之作了。

《切韵》的系统性还体现在《切韵》各韵之间阴阳入三声相配上。曾运乾研究脂、微分部也受到《广韵》阴阳入三声相配的系统性特点的启发。曾运乾指出段玉裁和戴震研究古韵的缺失："段氏知真以下九部之当分为二，而不悟脂微齐皆灰之亦当分为二；戴氏不知脂微齐皆灰之当分为二，乃反疑真以下九部之当并合为一；皆非能真知古韵部分者也。"③ 曾运乾又看到黄侃屑部、先部无阴声相配，萧部无入声相配的不足，因此从中古《广韵》系统出发，打破了戴震脂部不可一分为二的成见，又吸收段玉裁的真、文、元三部，王念孙的祭部。根据戴氏阴阳入三声相配的古韵分部理论，把"脂微齐皆灰"分为衣部（脂部）和威部（微部），这样就形成了脂—质—真、微—物—文、祭—月相配的格局。

曾运乾又认识到《切韵》是上推上古音的枢纽，是"古今韵学的桥梁"（郭晋稀语）。研究汉语上古音离不开《切韵》，因为时代久远，如果跳过《切韵》讲上古音，很多问题都很难讲清楚。虽然《切韵》的性质问题还没有解决，但《切韵》具有一定程度的存古性质是没有争议的，因此《切韵》音系中保留了很多上古音的重要信息。④

---

① 曾运乾：《音韵学讲义》，中华书局2011年版，第441页。
② 曾运乾：《声韵学》，湖南教育出版社2012年版，第213页。
③ 曾运乾：《声韵学》，湖南教育出版社2012年版，第216页。
④ 参见林焘《中国语音学史》，语文出版社2010年版，第89页。

曾运乾认为《切韵》中含有古韵，又认为《切韵》中有古本声十九纽、古本音二十八部（按：这是采用黄侃的说法，加上曾运乾自己研究，应为三十部）。

曾运乾对上古音的重要发现都与他从《切韵》得到的启发有关。曾运乾研究上古音，非常重视《切韵序》，从《切韵序》里他悟出了"喻三归匣"说。曾运乾说：

> 法言《切韵》自序，首述全书之大例云："支（章移切）脂（旨夷切）鱼（语居切）虞（遇俱切），共为一韵；先（苏前切）仙（相然切）尤（于求切）侯（胡沟切），俱论是切。"上四字举音和双声，以明分别部居之意；（支脂分部，古韵分灰齐两部，段玉裁所咤为独得胸襟者。鱼虞分部，古韵为模侯两部，江永从顾氏音表析出者）下四字举类隔双声，以明分别等第之意。（先苏心母一等字，仙相心母二等字；侯胡匣母一等字，尤于匣母二等字）所谓"欲广文路，自可清浊皆通；若赏知音，即须轻重有异"者也（《切韵》全书大例，统括于此二语中，开卷东、中、同、虫四字，即将此例复述。拙著《切韵释例》《广韵补谱》即全根据此二语。若如今等韵，则侯在匣母一等，尤在喻母三等，尤侯两字，分隶两类，与上举支、脂、鱼、虞、先、仙六字之各为双声者，不侔矣）。此征之法言自序，而知匣、于在当是同隶一纽者也。①

曾运乾从《切韵序》悟出了"音侈者声鸿，音弇者声细"的声韵关系，进而考订出《广韵》五十一声纽。

曾运乾又从《切韵序》悟出了正韵、变韵之说。曾运乾说：

> 法言《切韵》自序云："因论南北是非，古今通塞，欲更捃选精切，削除疏缓。"……二百六部中，有正韵，有变韵。②

曾运乾对上古脂、微分部的研究也会求证于《切韵》及《切韵序》。曾运乾说：

---

① 曾运乾：《音韵学讲义》，中华书局2011年版，第166页。
② 曾运乾：《声韵学》，湖南教育出版社2012年版，第212页。

第六章　曾运乾音韵学研究的贡献与不足

> 颇疑陆法言制《切韵》时，齐韵原分为两部，一为娃摄之鸿声侈音，一为衣摄之鸿声侈音。后人因其音近，并为一部，如歌戈合一、寒桓合一之比。不然，《广韵》于细声弇音之支纸寘及脂旨至，不必剖判入微若此者也。此虽无明显证据，然《唐韵》皲栘两字，别为一部，今《广韵》混入齐部，则其遗迹之仅存者也。《切韵》原序云："支脂鱼虞，共为一韵。"鱼虞之别，今所共知；支脂之别，世多未晓。段玉裁分之支脂为三，以为独得胸襟；不知支尚当分系娃阿，脂亦当分系衣威也。此后人研究《切韵》者，所当究心者也。①

陆法言的《切韵序》被曾运乾解读得这么细致入微，我们不能不佩服他敏锐的洞察力。曾运乾就曾明确指出他的音韵学成就与他对《切韵序》的领悟是密切相关的。郭晋稀回忆说：

> 曾先生曾对我说，他的读书最得力于读作者的自序，他对声韵学的贡献，主要是读懂了陆法言的《切韵·自序》，他研究《史记》的成绩，主要是读懂了《太史公自叙》。②

金克木也回忆曾先生教他音韵学的时候，讲过这么一段微言大义。曾运乾说：

> 古书往往条理不明，严密不足，现在人说古人著的书不"科学"。其实我们有一部古书非常严密，那就是《切韵》。陆法言的序非常重要。那里面有几句话，读通了才懂《切韵》，才能读《广韵》，学音韵学。"支、脂、鱼、虞共为一韵，先、仙、尤、侯俱论是切。"这两句话一定要考究明白。③

金克木还回忆说："他又重复一遍那两句话，仿佛千言万语说不尽其中

---

① 曾运乾：《音韵学讲义》，中华书局2011年版，第190～191页。
② 郭晋稀：《等韵驳议》（草稿），载西北师范学院中文系油印本1984年6月。
③ 金克木：《记曾星笠先生》，载《比较文化论集》，生活·读书·新知三联书店1984年版，第257页。

奥妙。"①

　　曾运乾音韵学研究最为杰出的成果，当是"喻三归匣、喻四归定"说，"脂、微分部"说及《广韵》五十一纽之说。杨树达、董同龢、罗常培、周秉钧、陈新雄等学者都对他的音韵学成就给予了高度赞扬和充分肯定。伏俊琏认为："如果说钱玄同是既持旧术、因旧材而又注意汲取现代语言学理论和方法，具有承前启后作用和从传统向现代过渡特点的音韵学家的话，那么曾运乾先生则是持旧术、因旧材的集大成者和最终总结者。"②

　　曾运乾在音韵学上的重要成就理应让他在学术史上占有重要的地位，但遗憾的是，事实却并非如此。作为一部专门给语言学家立传的宏伟著作，《中国现代语言学家传略》（中国语言学会主编）收录了中国近一百多年来的现代语言学家318人，却偏偏忽略了"于声韵之学创获甚夥"（陈新雄语）的曾运乾，难怪何九盈因此怀疑该书的价值了。目前通行的大学音韵学教材，我们一般只能看到曾运乾的"喻三归匣、喻四归定"说及《广韵》五十一纽之说，而见解和王力基本相同甚至发表时间更早的"脂、微分部"说却往往忽略不谈。

　　这不能不让我们思考其中的原因。这里既有历史条件的客观原因，"由于他的声韵学著作大都发表于解放前，有些只以讲义的形式刊布，所以知之者不多"③。也有曾运乾自身的主观原因。他是一个"继承另一种旧传统的学者，既慎于书，又讱于言，而且教学方法也不易为学生领会；可能他的门人也是同样"④，因此，虽然他历任几所大学的教授，但传他学问的门人并不多，这很大程度上影响了他在学术界的知名度。

第二节　曾运乾音韵学研究的不足

　　首先，需要指出的是，曾运乾作为和黄侃同时的审音派古音学家，"两人

---

　　① 金克木：《记曾星笠先生》，载《比较文化论集》，生活·读书·新知三联书店1984年版，第257页。

　　② 伏俊琏：《曾运乾先生对中国声韵学的杰出贡献——兼谈古声十九纽与三十二纽之争》，载《西北师大学报》（社会科学版）1993年第6期，第39～43页。

　　③ 伏俊琏：《曾运乾先生对中国声韵学的杰出贡献——兼谈古声十九纽与三十二纽之争》，载《西北师大学报》（社会科学版）1993年第6期，第39～43页。

　　④ 金克木：《记曾星笠先生》，载《比较文化论集》，生活·读书·新知三联书店1984年版，第259～260页。

论古音之说，几如出一辙"①。黄侃的古本音说（具体结论即古声十九纽、古韵二十八部）以及他最著名的声韵"相挟而变"理论曾受到"循环论证"的批评，但陈新雄、黄典诚、李开、王宁、黄易青、李长仁等学者的研究都已经充分证明②，"黄侃的古韵二十八部和古声十九纽并不是简单地用逻辑推理的方法得出的结论，而是在继承几百年来古音研究成果的基础上，辅之以丰富而广泛的文献资料的考证，精密的审音才最后形成的"③。黄侃"古本音的考求过程，是在前人研究成果的基础上，发现某些具有一定规律性的现象，于是提出一种理论假设，然后在实际中运用这种理论假设。这是由审音派特别重视声音的系统性、变化的规律性所决定的。这种从实际现象中发现问题，提出假设，然后验证的方法，在当今世界是被广泛承认的、科学研究的最一般方法"④。总之，黄侃的研究并没有用循环论证。

古本音之说，"黄侃倡之，而曾运乾和之"，正"所谓前修未密，后出转精者也"⑤。和黄侃的古声研究比较，曾运乾"后出转精"的最重要成果就是"喻三归匣、喻四归定"说。但研究证明，曾运乾"喻三归匣、喻四归定"说是既根据异文、声训、音注、谐声、双声等材料，又根据声韵相配的规律以及声类的系统性，即考古法和审音法相结合得出来的。和黄侃的古韵研究比较，曾运乾"后出转精"的成果是"脂、微分部"说。但研究证明，曾运乾"脂、微分部"说虽然是在审音的基础上发现的，但仍以《诗经》押韵、《说文》谐声材料进行了充分的验证。因此，曾运乾的古音研究也自然不应受到循环论证的批评。曾运乾《广韵》五十一声纽说所根据的"音侈者声鸿、音弇者声细"的原则也不能说明他的证明方式是循环论证，详见前文"曾运乾对《广韵》声类、韵类的研究"的有关论述。

---

① 陈新雄：《黄侃与曾运乾之古音学》，载《陈新雄语言学论学集》，中华书局2010年版，第197页。
② 参见陈新雄《黄季刚先生及其古音学》，载《中国学术年刊》（台）1993年14期；黄典诚《从十九纽到四十一声——为纪念黄侃先生诞生一百周年而作》，载《文史哲》1986年第2期；王宁、黄易青《黄侃先生古本音说证辨——兼论考古与审音二法之于古声研究的影响》，载《民俗典籍文字研究》（第一辑），商务印书馆2003年版，第86～121页；李开《黄侃的古音学：古本声十九纽和古本韵二十八部》，载《汉语古音学研究》，上海人民出版社2008年，第262～270页；李长仁《黄侃探求古音的方法辨正》，载《古汉语研究》1992年第2期。
③ 李长仁：《黄侃探求古音的方法辨正》，载《古汉语研究》1992年第2期，第43～46页。
④ 王宁、黄易青：《黄侃先生古本音说证辨——兼论考古与审音二法之于古声研究的影响》，载《民俗典籍文字研究》第一辑，商务印书馆2003年版，第91页。
⑤ 陈新雄：《黄侃与曾运乾之古音学》，载《陈新雄语言学论学集》，中华书局2010年版，第196～206页。

郭晋稀在《音韵学讲义》前言部分讲到曾运乾古音学研究的一些缺失。其一就是曾运乾提出可以从《说文》形声变例来推考古声、古韵。但由于他所著《说文声类谱》一书不知存亡，故今人只能从曾运乾《谐声声母表》来分析他从《说文》形声变例来推考古声、古韵的方法。但"可惜的是：详考曾运乾《谐声声母表》，自乱其例者又复不少。比如从娄得声之字，嫠遱等十九字皆舌音；从数得声之字，有籔籔，不能推源其从娄得声，归于舌类，应该以其从数得声，归于齿类。曾运乾单取娄字以入舌声，不取数声以入齿声，就暇瑜互见了"。郭晋稀因此怀疑曾运乾因不能妥善处理形声字复杂的情况，而最终放弃了《说文声类谱》的撰写。

曾运乾研究形声的变例分为两类：第一类是以双声为声者纽同韵异。第二类是以叠韵为声者韵同纽异。曾运乾以形声变例推求古声，是指第二种情况，即谐声关系的各字发音部位不同，如曾运乾所举扒、舭属喉牙变易，委、绥属喉舌变易，殳、股属牙舌变易，千、年属舌齿变易，录、剥属舌唇变易等例证。以上郭先生批评曾运乾不能把从娄得声、从数得声分为两类声纽的情况，据现代学者研究，应该理解为远古汉语有[sl]复辅音的证据。"这是因为谐声字是历史形成的，自成系统而又是有层次的；主谐字产生被谐字，被谐字又可做主谐字产生新的被谐字；……这种发音部位较远的谐声完全可以理解为相谐两字的声母原是一种复辅音，后来分化、演变为单辅音声母。"① 因此，娄、数的语音演变情况可以表示为：数[sl]→[s]、娄[sl]→[l]。

曾运乾在《音韵学讲义》的"讲授笔记"一节中说：

> 六书形声略例：六书形声为古声韵学成立之依据，有正例，有变例。正例者，读法悉如形声声母者也。变例者，读法不全与形声声母相应，纽韵常有出入者也。清代诸家，于古韵各有独到处，于古声则未暇详究，故于形声之正变，未能窥其全体。今为剖析于下，本分为二，二又分为四。②

曾运乾所谓"本分为二，二又分为四"的原则跟以上所讲的"主谐字产生被谐字，被谐字又可做主谐字产生新的被谐字"实际上是一致的，但这个原则却不能解决如果主谐字和被谐字的声母发音部位不同将如何处理的问题。

---

① 唐作藩：《汉语语音史教程》，北京大学出版社2011年版，第26～27页。
② 曾运乾：《音韵学讲义》，中华书局2011年版，第410页。

曾运乾未能像高本汉、董同龢、李方桂等学者那样，从复辅音角度来解释这个问题，这固然跟他的认识上的水平有关，但更与他所处时代的局限性有关。即使现在越来越多的学者认为上古汉语有复辅音存在，但关于复辅音声母的研究，依然还有不少问题需要进一步研究。①

郭先生又指出曾运乾"喻四归定"说的不足，这一点我们在前文的"曾运乾的古声研究"中已进行了有关论证，今不再赘述。

曾运乾在黄侃古声十九纽的基础上，根据他的"喻三归匣、喻四归定"说对古声十九纽系统进行了调整，其古声系统相比黄侃更为合理。但是曾运乾也继承了黄侃古声十九纽中不合理的成分。比如和黄侃一样，曾运乾把群母归入溪母，这是因为黄侃的古本音说认为二、三等的声母均是今变声，如钱大昕、章炳麟以及曾运乾考订的古音所无的知、彻、澄、非、敷、奉、微、娘、日、喻三、喻四等十一纽都在二、三等，群母只有三等，因此群母是今变声。但把群母并入溪母是不合理的，因为五音之中喉、舌、齿、唇均有浊音，唯独牙音没有，这在音理上是说不过去的。曾运乾又接受了黄侃把邪母作为心母变声的说法，但这种归并是缺乏说服力的。邪母只与四等韵搭配，即邪母出现在四等位置上，但按黄侃古本音的说法，出现在一、四等韵的为古本声或古本纽，那么邪母就应是古本声而不是今变声了。而且现代学者的研究证明，邪母字的情况是很复杂的。钱玄同《古音无邪纽证》和郭晋稀《邪母古读考》都认为邪母归定。高本汉则认为从邪是配对的送气和不送气浊音。李方桂《上古音研究》认为邪母与喻四上古来源相同。因此，王力认为黄侃把邪母并入心母，并没有强有力的理由。②

在上古声调的研究上，曾运乾认为上古有六个声调，即阴平、阳平、阴上、阳上、阴入、阳入。这六个声调从大体而言，只有平上入三声，而无去声。这是受到了段玉裁的"古无去声说"的影响。但曾运乾又受到江永《音学辨微·五辨清浊》提出的"四声八调说"影响。四声八调是中古四声到近代由于声母清浊不同而分化成阴阳两类的现象。但这种根据声母清浊而产生声调分化的现象为什么也能够出现在上古呢？曾运乾并没有拿出任何证据进行证明。因此，曾运乾不像他研究古声、古韵那样从《诗经》押韵、《说文》谐声等材料出发，而只是推演前人有关古声调研究的一些观点，并把两种不同声调的意见调和在一起，其观点自然是缺乏说服力的。

---

① 参见李无未《汉语音韵学通论》，高等教育出版社2006年版，第108页。
② 参见王力《汉语语音史》，商务印书馆2017年版，第20页。

曾运乾《切韵五声五十一纽考》把喉音影母，牙音见、溪、晓、疑母，舌音来母，齿音精、清、从、心母等共十母分作两类，又把唇音中陈澧误并于明母的微母分立出来，加上陈澧所分四十类，这样就析出共五十一声类，五十一声类的说法已得到学界普遍的认同。但曾运乾在陈澧《切韵考》基础上按鸿细把反切上字分类的研究，只能算是声类的研究而不是声纽的研究。现代音韵学已经明确地把声类和声纽区分为两个虽有联系但有区别的概念，学者们都把《广韵》的声类根据音位归纳原则再合并为三十几个声母，曾运乾的五十一声类也被他的学生郭晋稀合并为三十六个声母，因此，曾运乾把五十一声类看作五十一声纽是不太确切的。

此外，曾运乾在《等韵门法驳议》中将等韵和切语之间的矛盾全部归结于等韵之谬误，而非切语之谬误的观点因其片面性而受到了李新魁的批评。

总之，曾运乾音韵学研究上存在的一些缺失，有些固然是他认识上的不足，但也与研究课题的难度有关，研究谐声声母时候遇到的复辅音的问题，研究正变韵遇到的上古有无［i］介音的问题至今还无法解决，因此我们是无法苛求前人的。跟这些缺失相比，曾运乾在古音学上的贡献是巨大的，尤其是他的"喻三归匣"说、《广韵》五十一纽说以及"脂、微分部"说都应该在汉语语音史上写下光辉的一笔。何九盈在《中国现代语言学史》的序言中提出评价学术著作的一个重要原则：要坚持正确的历史观点。这一原则的意思是说，所有的学术著作都是特定的时代背景、文化背景之下的产物，离开一定的历史背景、具体的历史条件，就不可能正确地评价学术上的功过是非。① 在这一原则的指导之下，何九盈在《中国现代语言学史》中对曾运乾的"喻三归匣、喻四归定"说，"脂、微分部"说以及《广韵》五十一纽说给予的评介无疑是客观公正的。②

---

① 参见何九盈《中国现代语言学史》（修订本），商务印书馆2008年版，第3页。
② 参见何九盈《中国现代语言学史》（修订本），商务印书馆2008年版，第280～281页、第303～305页、第348～349页。

参考文献

[1] 曹述敬.音韵学辞典［M］.长沙：湖南出版社，1991.
[2] 陈复华.汉语音韵学基础［M］.北京：中国人民大学出版社，1983.
[3] 陈复华，何九盈.古韵通晓［M］.北京：中国社会科学出版社，1987.
[4] 陈彭年.钜宋广韵［M］.上海：上海古籍出版社，1983.
[5] 陈天倪.曾运乾传［M］//陈天倪.尊闻室剩稿.北京：中华书局，1997.
[6] 陈新雄.古音学发微［M］.台北：文史哲出版社，1983.
[7] 陈新雄.古音研究［M］.台北：五南图书出版有限公司，1999.
[8] 陈新雄.声韵学［M］.台北：文史哲出版社，2005.
[9] 陈新雄.戴震答段若膺论韵书对王力脂微分部的启示［J］."中央研究院"历史语言研究所集刊，1988（1）.
[10] 陈新雄.黄季刚先生及其古音学［J］.中国学术年刊（台），1993（14）.
[11] 陈新雄.曾运乾之古音学［J］.中国语文，2000（5）.
[12] 陈新雄.曾运乾古韵三十摄榷议［M］//陈新雄.陈新雄语言学论学集.北京：中华书局，2010.
[13] 陈新雄.黄侃与曾运乾之古音学［M］//陈新雄.陈新雄语言学论学集.北京：中华书局，2010.
[14] 陈志萍.曾运乾《尚书正读》"倒语"研究［D］.扬州：扬州大学，2011.
[15] 戴震.答段若膺论韵［M］//戴震撰，汤志钧校点.戴震集.上海：上海古籍出版社，1980.
[16] 戴震.声韵考［M］.北京：中华书局，1985.
[17] 戴震.转语二十章序［M］//戴震撰，汤志钧校点.戴震集.上海：上海古籍出版社，1980.
[18] 邓洪波.箴言书院及其藏书（上）［J］.图书馆，1988（6）.
[19] 董同龢.上古音韵表稿［M］.台北："中央研究院"历史语言研究所，1944.
[20] 董同龢.汉语音韵学［M］.北京：中华书局，2011.
[21] 段玉裁.六书音均表［M］//段玉裁.说文解字注.上海：上海书店出版社，1992.

[22] 富金壁，牟维珍.王力《古代汉语》注释汇考［M］.哈尔滨：黑龙江人民出版社，2004.
[23] 伏俊琏.曾运乾先生对中国声韵学的杰出贡献：兼谈古声十九纽与三十二纽之争［J］.西北师大学报（社会科学版），1993（6）.
[24] 伏俊琏.读《声类疏证》［M］//张士昉，郭令原，等.郭晋稀纪念文集.兰州：甘肃教育出版社，2000.
[25] 伏俊琏.曾运乾先生对汉语音韵学的杰出贡献［M］//张士昉，郭令原，等.郭晋稀纪念文集.兰州：甘肃教育出版社，2000.
[26] 伏俊琏.郭晋稀教授学术成就简介［J］.社科纵横，1991（1）.
[27] 符岚.笃情音韵　湘学第一：记音韵学家曾运乾［J］.书屋，2013（2）.
[28] 葛毅卿.隋唐音研究［M］.南京：南京师范大学出版社，2003.
[29] 耿振生.20世纪汉语音韵学方法论［M］.北京：北京大学出版社，2004.
[30] 耿振生，赵庆国.王力古音学浅探：纪念王力先生逝世10周年［J］.语文研究，1996（2）.
[31] 郭建勋，陈聪灵.论郭焯莹《读骚大例》的研究方法［J］.云梦学刊，2016，37（2）.
[32] 郭锡良.汉字古音手册［M］.增订本.北京：商务印书馆，2010.
[33] 何九盈.上古音［M］.北京：商务印书馆，1991.
[34] 何九盈.中国现代语言学史［M］.修订本.北京：商务印书馆，2008.
[35] 何九盈.古韵三十部归字总论［M］//何九盈.音韵丛稿.北京：商务印书馆，2004.
[36] 胡安顺.音韵学通论［M］.北京：中华书局，2003.
[37] 湖南大学校史编委会.湖南大学校史（公元976—2000）［M］.长沙：湖南大学出版社，2003.
[38] 胡先泽.喻母考［J］.东北师大学报，1984（1）.
[39] 胡有猷.胡林翼家书简述［J］.益阳师专学报，1984（4）.
[40] 黄典诚.从十九纽到四十一声：为纪念黄侃先生诞生一百周年而作［J］.文史哲，1986（2）.
[41] 黄侃.黄侃论学杂著［M］.北京：中华书局，1964.
[42] 黄侃.文字声韵训诂笔记［M］.上海：上海古籍出版社，1983.
[43] 江永.古韵标准［M］.北京：中华书局，1985.
[44] 江永.音学辨微［M］.北京：中华书局，1985.
[45] 金克木.记曾星笠先生［M］//金克木.比较文化论集.生活·读书·新

知三联书店，1984.

[46] 金理新.再论喻母古读［J］.温州师范学院学报（哲学社会科学版），1998（2）.

[47] 金周生.读曾运乾《喻母古读考》札记二则［J］.声韵论丛，1994（1）.

[48] 李葆嘉.当代中国音韵学［M］.广州：广东教育出版社，1998.

[49] 李葆嘉.清代古声纽学［M］.上海：上海古籍出版社，2012.

[50] 李葆嘉.论古音十九纽的重新发现［J］.南京师大学报（社会科学版），1995（2）.

[51] 李斌，陈志萍.曾运乾《尚书正读》语序观刍论［J］.湖南科技大学学报（社会科学版），2011，14（6）.

[52] 李长仁.黄侃探求古音的方法辨正［J］.古汉语研究，1992（2）.

[53] 李方桂.上古音研究［M］.北京：商务印书馆，1980.

[54] 李开.围绕脂、微分部的古音学史演进［J］.东南大学学报（哲学社会科学版），2007（5）.

[55] 李开.汉语古音学研究［M］.上海：上海人民出版社，2008.

[56] 李荣.切韵音系［M］.北京：科学出版社，1956.

[57] 李无未.汉语音韵学通论［M］.北京：高等教育出版社，2006.

[58] 李肖聃.曾星笠君墓表［M］//李肖聃.李肖聃集.长沙：岳麓书社，2008.

[59] 李新魁.汉语音韵学［M］.北京：北京出版社，1986.

[60] 李新魁.韵镜校证［M］.北京：中华书局，1982.

[61] 李新魁.汉语等韵学［M］.北京：中华书局，1983.

[62] 李永斌.反切与陈澧的反切系联法［J］.学术论坛，1983（6）.

[63] 李元.音切谱［M］//顾廷龙.续修四库全书 245.上海：上海古籍出版社，1996.

[64] 辽宁省地方志编纂委员会办公室.辽宁省志·社会科学志［M］.沈阳：辽宁人民出版社，2000.

[65] 林焘.中国语音学史［M］.北京：语文出版社，2010.

[66] 刘冠才.论上古汉语中的匣母字［J］.锦州师院学报（哲学社会科学版），1995（1）.

[67] 刘晓南.汉语音韵研究教程［M］.北京：北京大学出版社，2007.

[68] 刘晓南，鲁国尧.学术是链［J］.古汉语研究，2002（1）.

[69] 刘艳梅.章炳麟古韵学"队"部独立考论［J］.东南大学学报（哲学社会

科学版），2008（4）.

[70] 陆志韦.古音说略［M］.台北：台湾学生书局，1979.

[71] 陆志韦.证《广韵》五十一声类［M］//陆志韦语言学著作集（二）.北京：中华书局，1999.

[72] 陆宗达.季刚先生二三事［M］//程千帆，唐文.量守庐学记.北京：生活·读书·新知三联书店，1985.

[73] 罗常培.汉语音韵学导论［M］.北京：中华书局，1956.

[74] 罗常培.唐五代西北方音［M］.北京：商务印书馆，2012.

[75] 罗常培.周秦古音研究述略［M］//罗常培文集（第六卷）.济南：山东教育出版社，2001.

[76] 罗常培.《经典释文》和原本《玉篇》反切中的匣于两纽［M］//罗常培文集：第七卷.济南：山东教育出版社，2008.

[77] 罗昕如.新化方言研究［M］.长沙：湖南教育出版社，1998.

[78] 麦耘.音韵学概论［M］.南京：江苏教育出版社，2009.

[79] 宁继福.佟老和他的老师曾运乾先生［M］//吉林省社会科学院（社科联）.佟冬同志百年诞辰纪念文集.长春：吉林文史出版社，2005.

[80] 潘悟云.非喻四归定说［J］.温州师专学报（社会科学版），1984（1）.

[81] 潘悟云.汉语历史音韵学［M］.上海：上海教育出版社，2000.

[82] 齐佩瑢.训诂学概论［M］.北京：中华书局，1984.

[83] 钱大昕.潜研堂文集：卷十五［M］.北京：商务印书馆，1935.

[84] 钱大昕.十驾斋养新录［M］.上海：上海书店，1983.

[85] 钱坫.诗音表［M］//顾廷龙.续修四库全书245.上海：上海古籍出版社，1996.

[86] 钱玄同.钱玄同音学论著选辑［M］.太原：山西人民出版社，1988.

[87] 钱玄同.钱玄同文字音韵学论集［M］.上海：上海古籍出版社，2011.

[88] 乔秋颖.江有诰、王念孙关于至部的讨论及对脂微分部的作用［J］.徐州师范大学学报，2006（3）.

[89] 邵荣芬.匣母字上古一分为二试析［J］.语言研究，1991（1）.

[90] 邵荣芬.切韵研究［M］.北京：中华书局，2008.

[91] 时建国.曾运乾的《切韵》五十一纽说［M］//张士舫，郭令原，等.郭晋稀纪念文集.兰州：甘肃教育出版社，2000.

[92] 时建国.曾运乾古韵三十部说略［J］.古汉语研究，2009（2）.

[93] 史存直.汉语语音史纲要［M］.北京：商务印书馆，1981.

［94］索绪尔.普通语言学教程［M］.高名凯,译.北京:商务印书馆,1980.
［95］唐作藩.音韵学教程［M］.北京:北京大学出版社,2002.
［96］唐作藩.汉语语音史教程［M］.北京:北京大学出版社,2011.
［97］唐作藩.上古音手册［M］.增订本.北京:中华书局,2013.
［98］唐作藩.江永的音韵学与历史语言学［M］//唐作藩.汉语史学习与研究.北京:商务印书馆,2001.
［99］桃江县志编纂委员会.桃江县志［M］.北京:中国社会出版社,1993.
［100］吴定宇.中山大学校史(1924—2004)［M］.广州:中山大学出版社,2006.
［101］吴仰湘,陈先初.湖湘文化通史:第5册［M］.长沙:岳麓书社,2015.
［102］无名氏.四声等子［M］.北京:中华书局,1985.
［103］万里.湖湘文化大辞典·语言文字分篇:上卷［M］.长沙:湖南人民出版社,2006.
［104］万献初.音韵学要略［M］.武汉:武汉大学出版社,2012.
［105］汪寿明,潘文国.汉语音韵学引论［M］.上海:华东师范大学出版社,1992.
［106］王力.汉语史稿［M］.北京:中华书局,1980.
［107］王力.中国语言学史［M］.太原:山西人民出版社,1981.
［108］王力.同源字典［M］.北京:商务印书馆,1982.
［109］王力.清代古音学［M］.北京:中华书局,2013.
［110］王力.汉语语音史［M］.北京:商务印书馆,2017.
［111］王力.王力文集:第4卷［M］.济南:山东教育出版社,1986.
［112］王力.王力文集:第5卷［M］.济南:山东教育出版社,1986.
［113］王力.王力文集:第6卷［M］.济南:山东教育出版社,1986.
［114］王力.王力文集:第17卷［M］.济南:山东教育出版社,1989.
［115］王力.王力文集:第18卷［M］.济南:山东教育出版社,1991.
［116］王力.古韵脂微质物月五部的分野［M］//王力.王力语言学论文集.北京:商务印书馆,2000.
［117］王力.上古韵母系统研究［M］//王力.王力语言学论文集.北京:商务印书馆,2000.
［118］王宁,黄易青.论清儒古音研究中考古与审音二者的相互推动［J］.古汉语研究,2001(4).
［119］王宁,黄易青.黄侃先生古本音说证辨:兼论考古与审音二法之于古声

研究的影响［M］//民俗典籍文字研究：第一辑.北京：商务印书馆，2003.

［120］王宁，黄易青.黄侃先生古本音说中的声韵"相挟而变"理论：兼论古今音变的"条件"［J］.陕西师范大学学报（哲学社会科学版），2003（4）.

［121］王念孙，等.高邮王氏遗书［M］.罗振玉，辑印.南京：江苏古籍出版社，2000.

［122］王平.孙文昱是《广韵》五十一声类说的创始人［J］.汉字文化，1991（4）.

［123］王显.清代学者在古韵分部研究上的贡献［M］//中国社会科学院语言研究所古代汉语研究室.古汉语研究论文集：二.北京：北京出版社，1984.

［124］魏征等.潘徽传［M］//隋书：卷七十六.北京：中华书局，1973.

［125］夏剑钦.曾运乾先生与他的《声韵学》［J］.古汉语研究，2013（2）.

［126］邢向东.神木方言研究［M］.北京：中华书局，2002.

［127］徐从权.脂微分部问题研究：兼论古韵再分类［M］//郭锡良，鲁国尧.中国语言学：第七缉.北京：北京大学出版社，2014.

［128］徐通锵.语言论：语义型语言的结构原理和研究方法［M］.北京：商务印书馆，2014.

［129］许嘉璐.传统语言学辞典［M］.石家庄：河北教育出版社，1990.

［130］严学宭.《广韵》导读［M］.北京：中国国际广播出版社，2008.

［131］杨剑桥.音韵学入门［M］.上海：复旦大学出版社，1987.

［132］杨剑桥.汉语音韵学讲义［M］.上海：复旦大学出版社，2005.

［133］杨佩祯.东北大学八十年［M］.沈阳：东北大学出版社，2003.

［134］杨树达.曾星笠传［M］//曾运乾.音韵学讲义.北京：中华书局，2011.

［135］杨树达.积微翁回忆录［M］.北京：北京大学出版社，2007.

［136］杨晓识，席聪聪，朱效清.湘中第一经师：曾运乾［M］//曾常红.湘籍近现代文化名人·语言文字学家卷.长沙：湖南师范大学出版社，2011.

［137］叶光球.声韵学大纲［M］.南京：正中书局，1936.

［138］殷寄明.上古喻纽字浅议［J］.杭州大学学报（哲学社会科学版），1995（3）.

［139］殷寄明.汉语同源字词丛考［M］.上海：东方出版中心，2007.

［140］严学宭.《广韵》导读［M］.北京：中国国际广播出版社，2008.

[141] 曾运乾.毛诗说[M].长沙：岳麓书社，1990.
[142] 曾运乾.音韵学讲义[M].北京：中华书局，2011.
[143] 曾运乾.声韵学[M].长沙：湖南教育出版社，2012.
[144] 张斌，许威汉.中国古代语言学资料汇纂[M].福州：福建人民出版社，1993.
[145] 张民权.论传统古音学的历史推进及其相关问题[J].古汉语研究，2011（1）.
[146] 张世禄.中国古音学[M].北京：商务印书馆，1930.
[147] 张舜徽.湘贤亲炙录[M]//张舜徽著，周国林编.张舜徽学术文化随笔.北京：中国青年出版社，2001.
[148] 张玉来.点检廿世纪汉语音韵学通论性著作[M]//中国音韵学研究会等.音韵论丛.济南：齐鲁书社，2004.
[149] 章太炎.文始[M]//上海人民出版社编.章太炎全集：七.上海：上海人民出版社，1999.
[150] 章太炎.新方言[M]//上海人民出版社编.章太炎全集：七.上海：上海人民出版社，1999.
[151] 章太炎撰，庞俊、郭诚永疏证.国故论衡疏证[M].北京：中华书局，2008.
[152] 章太炎.国故论衡[M].长春：吉林出版集团股份有限公司，2017.
[153] 赵秉璇，竺家宁.上古汉语复声母研究综述[M]//赵秉璇，竺家宁.古汉语复声母论文集[C].北京：北京语言学院出版社，1998.
[154] 赵黎娴.白语的系属问题研究简述[J].中央民族大学学报（哲学社会科学版），2009，36（6）.
[155] 赵荫棠.等韵源流[M].北京：商务印书馆，1957.
[156] 赵元任.说清浊[M]//赵元任著，吴宗济、赵新那编.赵元任语言学论文集.北京：商务印书馆，2002.
[157] 中国语言学会.中国现代语言学家传略：四卷[M].石家庄：河北教育出版社，2004.
[158] 中国科学院图书馆.续修四库全书总目提要[M].北京：中华书局，1993.
[159] 中国社会科学院语言研究所.中国语言学论文索引甲编[M].北京：商务印书馆，1978.
[160] 中国社会科学院语言研究所.方言调查字表[M].修订本.北京：商务印书馆，1981.

［161］周法高.玄应反切考［M］//历史语言研究所集刊：第20册.北京：中华书局，1987.

［162］周玉秀.论《广韵》变韵与《韵镜》二、三等韵之关系［J］.西北师大学报（社会科学版），2003（2）.

［163］周祖谟.问学集［M］.北京：中华书局，1966.

［164］邹汉勋.邹叔子遗书七种［M］.长沙：岳麓书社，2011.

后　　记

本书是以我的博士学位论文为基础，在我的导师马重奇教授的悉心指导下完成的。马先生的为人处世、对学问孜孜不倦的追求、对教育事业的忠诚都是我一辈子学习的榜样！我虽天性愚钝，但在先生的严格训练下，学术上也渐有小小收获。在本书拟出版之际，先生欣然答应拨冗为本书写序。在此我要衷心感谢马先生，我的点滴进步都离不开他的苦心栽培！此时此刻，还要感谢我的硕士导师钟明立教授，是钟先生最早将我引入音韵学这个神圣的领域。

感谢陈泽平、林玉山、祝敏青、林志强等诸位老师。在长安山上研读音韵的三年，我深深感到老师们渊博的学识、严谨的治学态度，当然还有他们身上散发出来的人格魅力。感谢王进安、李春晓、陈鸿、汪银峰等老师，感谢肖峰、张金发、任翔宇、董国华等师兄，他们或给我的研究提出了许多宝贵的意见，或在生活上给予我诸多关爱和帮助。感谢张伟、林琳、张莹莹、阮红青等同学，大家一起度过了紧张而难忘的三年时光。

感谢夏剑钦、曾禹辉、陈见红、薛虎军、龙玉牛等先生（女士）。他们为本研究的资料收集提供了大量的帮助。特别是陈见红女士，她把已故丈夫戴维先生搜集到的宝贵资料慷慨地赠送于我。作为曾运乾的侄孙，曾禹辉先生把曾运乾族谱提供给我，还带我走访曾运乾的故乡，并给我细说曾运乾的家族源流。

感谢教育部盲审平台的匿名评审专家，感谢论文答辩的各位评委老师，感谢中山大学出版社的编辑王睿老师，这次修改酌情采纳了上述专家学者和编辑老师对本书提出的中肯意见。

最后，感谢我的妻子和长子。在考博之时，因两地分居的原因，长子跟我在一起学习生活。他特别乖巧听话，使我能挤出时间全力以赴地复习迎考。在读博期间，妻子默默地承担了家里的一切经济负担和精神负担。家庭的温暖是我前进的动力！

限于笔者水平，书中难免有错漏之处，恳请专家和读者批评指正。

尹喜清
2020 年 12 月于邵水河畔